高等学校会展经济与管理专业
本科系列教材

# 大型演艺活动策划与管理

## （第2版）

主　编　郑建瑜

重庆大学出版社

## 内容提要

本书是读者了解大型演艺活动行业的一本入门教材,系统介绍了大型演艺活动概述、大型演艺活动的策划、大型演艺活动立项与可行性分析、大型演艺活动营销策略与管理、大型演艺活动的战略执行与控制、大型演艺活动的运营管理、大型演艺活动的配套管理、大型演艺活动的市场组织、大型演艺活动的品牌塑造与经营、大型旅游演艺活动的策划等内容。

本书内容丰富,理论与实践紧密结合,融合中外大型演艺活动相关理论,前瞻性与现实性相统一。本书既可作为高等院校会展经济与管理专业或方向及其他旅游管理类专业的教学用书,也可作为会展相关企业职工培训的教材。

**图书在版编目(CIP)数据**

大型演艺活动策划与管理／郑建瑜主编. --2 版
. --重庆:重庆大学出版社,2017.9(2024.8 重印)
高等学校会展经济与管理专业本科系列教材
ISBN 978-7-5689-0768-2

Ⅰ.①大… Ⅱ.①郑… Ⅲ.①文娱活动—组织管理—高等学校—教材 Ⅳ.①G241.3

中国版本图书馆 CIP 数据核字(2017)第 201086 号

高等学校会展经济与管理专业本科系列教材
### 大型演艺活动策划与管理
(第 2 版)
主 编 郑建瑜
责任编辑:尚东亮 版式设计:尚东亮
责任校对:邹 忌 责任印制:张 策

*

重庆大学出版社出版发行
出版人:陈晓阳
社址:重庆市沙坪坝区大学城西路 21 号
邮编:401331
电话:(023) 88617190 88617185(中小学)
传真:(023) 88617186 88617166
网址:http://www.cqup.com.cn
邮箱:fxk@ cqup.com.cn(营销中心)
全国新华书店经销
重庆升光电力印务有限公司印刷

*

开本:787mm×1092mm 1/16 印张:18.75 字数:444 千
2014 年 1 月第 1 版 2017 年 9 月第 2 版 2024 年 8 月第 11 次印刷
印数:18 001—20 000
ISBN 978-7-5689-0768-2 定价:49.00 元

# 编委会

# 总　序

　　在经济全球化和文化多元化日益加深的大背景下,会展业已经发展成为新兴的现代服务型产业,会展经济在经济全球化浪潮中脱颖而出,成为世界经济发展的亮点。进入 21 世纪以来,中国会展业搭上了经济快速发展和综合国力不断增强的快车,近几年更以每年20%～30%的速度增长,并以其强大的产业带动效应、集聚效应和辐射效应逐渐成为众多省(市)的支柱型产业,正朝着国际化、科技化、精细化和绿能化方向发展。中国正在由世界会展大国向世界会展强国挺进。

　　商务部 2011 年年底发布的《关于"十二五"期间促进会展业发展的指导意见》中明确指出:会展业是现代服务业的重要组成部分,影响面广、关联度高、发展潜力大,在推动产业结构调整、加快转变经济发展方式中的重要作用日益凸显,必须从科学发展观的战略高度,认识发展会展业的重要性,将其作为一项长期任务抓紧抓好。教育部 2012 年颁布的《普通高等学校本科专业目录(2012 年)》中,将旅游管理类专业上升为与工商管理学科平级的一级大类专业,这意味着隶属于旅游管理类专业的会展经济与管理专业有了更高的学科地位。正是在这种会展经济繁荣发展和对会展人才需求急剧增长的背景下,积极整合会展教育资源,为我国会展业的发展提供强有力的人才保证和智力支持,使我国会展教育逐渐进入繁荣发展阶段,建设一套高质量和高水准的"高等学校会展经济与管理专业本科系列规划教材"则成为当前会展教育的现实迫切需要。

　　在教育部高等学校旅游管理类专业教学指导委员会的大力支持和指导下,重庆大学出版社历时 3 年在全国开设有会展经济与管理本科专业或方向的学校积极调研,充分论证,并征求高校和行业企业中众多会展专家对本专业课程设置及课程内容等方面的意见,在中国会展教育的开创者和著名学者、教育部、高等学校旅游管理类专业教学指导委员会副主任,中国会展经济研究会创会副会长,湖北大学中国会展研究中心主任、旅游发展研究院院长马勇教授,以及教育部高等学校旅游管理类专业教学指导委员会主任、云南大学工商管理与旅游管理学院院长田卫民教授的具体策划和指导下,邀请了全国20多所开设有会展经济与管理本科专业的高等学校知名教授、学科带头人和一线骨干专业教师,以及会展行业专家、海外专业教师等参与积极论证、精心编撰,而成"高等学校会展经济与管理专业本科系列规划教材"。

会展领域专业人才的缺乏已成为制约我国会展业大发展的一大瓶颈,该套教材旨在为培养高校会展本科专业人才提供有力的教育支撑,缓解发展我国会展业大量引进国外人才的局面,真正促进我国会展教育的大繁荣大发展。该套教材着重达到两个目标:第一,完善我国会展专业高等教育体系,在全面总结中国会展产业发展的理论成果和实践经验的基础上,推进中国会展专业的理论发展和学科建设,提高中国现代会展从业人员的专业素养和理论功底;第二,在本科会展教育的过程当中,能够产生强有力的示范效应和带动效应,积极推动本科会展经济与管理专业课程改革与建设的持续健康发展。

本套教材定位于会展产业发展人才需求层次较高的本科教育,是在对我国会展教育人才培养方向、培养目标和教育特色等方面的把握以及对会展发达国家会展教育学习借鉴的基础上编写而成的,具有较强的前瞻性、系统性和完整性。本套教材主要有以下四大亮点:

第一,内容前沿。本套教材尽可能地将当前国内外会展产业发展的前沿理论和热点、焦点问题吸收进来以适应会展业的现实发展需要,并突出会展教育的中国特色。

第二,体系完整。本套教材围绕"融前沿、成体系、出精品"的核心理念展开,将会展行业的新动态、新业态及管理职能、关系管理等都融于教材之中,将理论与实践相结合,实现多角度、多模块组合,形成完整的教材体系,出版精品之作。

第三,注重引用。本套教材在保持本学科基本内容的基础上,注重处理好与相邻及交叉学科的关系,有重点、有关联地恰当引用其他相关学科的理论知识,以更广阔的视野来构建本学科的知识体系。

第四,较高水准。参与本套教材编写的作者很多是中国会展教育的知名专家,学历层次高、涉及领域广,包括诸多具有博士学位的经济学、管理学和工程学等多方面的专家和学者,并且还有会展行业高水平的业界精英人士。我们力求通过邀请知名优秀的专业作者以保证所出教材拥有较高的水准。

在会展教育新形势新背景下,会展本科教材有新的需求,编写一套有特色、高质量的会展教材是一项复杂的系统工程,需要专家学者、业界精英、出版社等的广泛支持与集思广益。本套教材在组织策划和编写出版过程中,得到了会展业内专家、学者以及业界精英的广泛支持与积极参与,在此一并表示衷心的感谢!

"路漫漫其修远兮,吾将上下而求索。"希望这套教材能够满足会展本科教育新形势下的新要求,让我们一起努力,开拓创新,为中国会展教育及教材建设贡献一份力量。

高等学校会展经济与管理专业本科系列规划教材

编委会

2014 年 10 月

# 前　言

自20世纪90年代以来,伴随着社会主义市场经济在中国的逐步建立和完善,我国的会展业也在不断地发展与完善,并且粗具规模,形成了包含节事、会议、展览、演艺、赛事、公司活动、奖励旅游在内的大会展的概念。而在国内以及世界范围内开始兴起的大型演艺活动就包含于其中。演艺是一个宽泛的概念,目前学术界也没有准确的定义,它可以包括演唱会、各种大型赛事的开闭幕式、旅游演艺活动等。但就目前来看尚未形成统一的认识。

从整体上看,中国的大型演艺活动产业的宏观管理体制和微观运作机制相对于西方发达国家还相差很远。而且,国内对大型演艺活动的相关理论研究成果也很匮乏,处于理论研究严重滞后于市场发展的状况。对于大型演艺活动的研究多数集中在演艺活动与旅游的结合上,大众媒体对大型演艺活动的关注也多是集中在明星的演唱会及一些商业演出上,很少上升到系统的理论高度,更不用说进行跨区域的研究。而就国际而言,他们的管理会相对成熟许多,形成了不少可以借鉴的模式。

在中国会展教育开办的十几年时间里,会展教育经过分化发展,已经形成了学科体系的基本雏形。如今,会展专业已经形成中等职业教育、高等职业教育、普通本科教育和研究生教育这样完整的教育层次体系,这展示了会展教育发展的历程和成果,同时也提出了学科建设中的一些迫切需要解决和面对的问题。其中最重要的一点,就是如何在不同教育层次上对会展教育目标和教育模式进行准确定位。同时,在有关会展的教材方面也需要花费大量的时间来完善。

在编写本书时,我们力求系统、完整、准确地介绍大型演艺活动的基本理论和知识,通过理论与实践相结合,构建可以应用于会展经济与管理专业有关大型演艺活动课程的特色教材。

本书对大型演艺活动从产业的、区域的角度及企业的层面进行了系统的理论研究。书中每个章节后都配有相关的案例、专家评析和复习思考题，以便帮助读者更好地理解各章节的内容。

我们通过多方面查阅收集资料、访谈、翻译外国文献、开研讨会等方式，吸收了国内外的研究成果，在此基础上形成了自己的观点和结论。本书具有较强的专业性、系统性、时代性、实用性和前瞻性。本书还具有很好的理论和实践相结合的资料来源，可作为广大高等院校相关专业的教学用书以及企业大型演艺活动策划与管理人员的培训教材，也可供各级政府和大型演艺活动理论研究者借鉴。

本书由上海师范大学旅游学院会展经济与管理专业负责人郑建瑜博士担任主编，负责大纲和第2章至第8章的编写，以及全书的统稿和修改工作。上海师范大学旅游学院旅游管理专业研究生范梦撰写了第1,9,10章，在此表示衷心的感谢。

在我国，对于大型演艺活动的研究还是一个全新的领域，将大型演艺活动策划与管理中的理论和实践问题作为一个专题来研究，是一种富有挑战性的尝试。本书在这个领域里进行了开拓性的探索和研究，作者真诚地希望能通过本书为我国的大型演艺活动的策划与管理探索出一条适应市场趋势的道路。同时，由于作者水平有限和时间紧迫，书中尚有不足之处，希望各位读者和业内专家不吝赐教，以使本书不断得到完善，使其能够为我国大型演艺活动事业的发展做出一些贡献。

编　者
2017 年 5 月

# 目　录

# 第1章
# 大型演艺活动概述

【本章简介】

　　本章主要讲述了大型演艺活动的内涵、大型演艺活动的性质和特点、大型演艺活动的基本类型、大型演艺活动的功能,以及大型演艺活动的发展趋势。通过本章的学习,可以对大型演艺活动有一个概念性的了解,为以后的学习打下基础。

**【案例导入】**

## "中国风"曲目沉醉全场

2015 年 12 月 15 日,在香港中乐团首席指挥阎惠昌先生的指挥棒下,一首威严庄重、奔放激昂的古曲《将军令》拉开了 2016"亿达之声"新年音乐会的大幕。音乐会上,大连国际会议中心大剧院里座无虚席,1 600 余名观众在恢宏悠远的中国民族乐声中,回望 2015,迎接渐行渐近的 2016。

此次"亿达之声"新年音乐会的演出曲目均为中国民族音乐,浓郁的中国风给滨城市民带来耳目一新的感受。近年来,"亿达之声"新年音乐会每年都会邀约海内外一流的交响乐团来连进行交响乐演奏。为了弘扬民族文化,今年亿达邀请了大中华区域内的顶尖民乐乐团——香港中乐团来连演出。

本场演出的压轴曲目为程大兆名曲《黄河畅想》。演奏前,主办方为现场每位观众派发了一个拨浪鼓,阎惠昌先生亲自引领台下观众,千余个拨浪鼓共同营造了震人心魄的宏大鼓浪,击打出让人血脉偾张的母亲河的气势,全场沸腾,掌声雷动。

据活动主办方介绍,蜚声海内外的香港中乐团成立于 1977 年,是香港唯一拥有百余位专业演奏家的大型专业中乐团。乐团艺术总监兼首席指挥阎惠昌先生担任多所音乐学院客席教授,现为香港演艺学院荣誉院士及其音乐学院访问学人,并兼任台湾国乐团音乐总监。在他的指挥下,乐团"植根传统,融汇中西"的演出直击人心。

以上案例中提到的音乐会就是大型演艺活动中的一种。本章主要讲述大型演艺活动的内涵、大型演艺活动的性质和特点、大型演艺活动的基本类型、大型演艺活动的功能,以及大型演艺活动的发展趋势。通过本章的学习,可以对大型演艺活动有一个概念性的了解,为以后的学习打下基础。

# 1.1 大型演艺活动的内涵

## 1.1.1 与大型演艺活动相关的概念

1)演艺(performing arts)

演艺的历史大致同人类的历史一样长,并且几乎存在于各种文明中,从早期的宗教仪式到古希腊洋洋大观的舞台,从乡村的草台班子到帝王的心爱之物,还表现为各种各样的不同形式——既包括喜剧、木偶戏、皮影戏、杂耍、哑剧等古老的表演形式,也包括冰上舞蹈、马戏、歌剧、音乐剧、相声、小品、芭蕾等比较现代的艺术形式,此外,还有诸如电影、电视、录像等引领 20 世纪娱乐趣味的大众艺术。

演,指根据事理推广发挥、推演。艺,指才能、技能。演艺是指以戏剧、音乐、舞蹈以及说唱和技艺表演为主要形式的表演艺术,在精神生产领域,是作为面向社会并从多层次的观众群体中获取社会和经济效益以维持和促进自身发展的文化产品,并以此形成表演艺术行业。演艺是具有一定原创性、传统性、专业性的艺术行业,而它的发展与相关行业密切相关,因此它极富衍生功能和发展潜力。

2)活动(activity)

对于活动一词,人们有许多种不同的解释。以《现代汉语词典》收录的关于活动的定义为例,活动一词是指为了达到某种目的而采取的行动。活动的范围很广,一次班级聚会、一次野外旅游、一次展览会、一次比赛等,都可以称为活动。

3)事件(event)

有些学者也将 event 译为活动,因此业内近年来出现了"事件旅游""特殊事件""标志性事件",同时也出现了"大型活动""重大活动""特殊活动"等不同说法。事实上,两者并没有明显的区别,只是翻译有所不同而已。美国卡盖瑞大学的盖茨(Getz)教授曾将事件定义为短时间内发生的一系列活动项目的总和及发生时间内环境管理、设施管理和人员的独特组合。

4)大型活动(large events)

约翰尼·艾伦等指出,大型活动往往指经过精心计划而举办的某个特定的仪式、演讲、表演或庆典,大型活动标志着某个特殊场合或要达到的特定的社会、文化或社团的目标或目的。大型活动可以包括各种节目和庆典、重大市民活动、独特的文化演出、重要的体育赛事、社团活动。大型活动的清晰内涵应该包括:大型活动是一次性的、不会再重复发生或至少不是经常发生的。比如某个节庆可以是一次大型活动,但并非所有的大型活动都是节庆。

## 1.1.2 大型演艺活动的内涵

关于大型演艺活动的内涵,可以从以下 5 个方面来理解。

1)目的

举办大型演艺活动的主要目的是庆祝、娱乐、市场营销、教育和重聚等。在初期时,大型演艺活动的举办承载了较多的文化动因,随着社会不断变化发展,举办大型演艺活动的目的变得更加多元化。例如,对于旅游业来说,大型演艺活动可以提高举办地的知名度,树立起良好形象,促进当地旅游业的发展并带动相关产业的发展。

2）内容

大型演艺活动的内容可以说是包罗万象、五花八门，从普罗大众的民间艺术到高雅古典的歌剧芭蕾，可以说是无所不包。大型演艺活动的内容体现着当地的特色和浓厚的文化传统，而文化积淀和地方特色恰恰也是它的基础。

3）形式

首先从规模上看，大型演艺活动应该有许多人参与。其次，活动的质量和影响力高低也要被考虑在内。由于多数参与者的目的是通过参加大型演艺活动获得特殊的、愉快的、带有娱乐性的经历，因此活动的表现形式要多样化以调众口，并且要欢快活泼又具有亲和力。

4）功能

大型演艺活动具有文化功能、经济功能和社会功能等，不但能带来经济效益，还可以起到文化传承、传播、保护的作用。以旅游业为例，近几年，各大景区内的大型演艺活动的火爆使人们越来越认识到大型演艺活动的经济内容载体功能及其潜在的巨大价值。

5）实质

当今的大型演艺活动虽然还离不开文化传统，但其更多的是具有商业性质的活动。大量的人流使举办期间的举办地在零售业、娱乐业、住宿业、餐饮业等服务性行业的收入大大增加，同时还促进了交通、贸易、金融、通信等行业的发展。整个市场的销售量大幅度增加，商业活动更加频繁。

## 1.2　大型演艺活动的性质和特点

### 1.2.1　大型演艺活动的性质

结合我国的实际情况，大型演艺活动一般具有如下性质：

1）意义的重大性

大型演艺活动的举办一般意义重大，对社会、对企业都是如此。大型演艺活动往往耗费较多的资源，包括人力、物力和财力。如一个产品要进入一个中心城市，恐怕要花费数百万元的宣传费用。因此，没有重大意义的演艺活动是不值得搞的。

2）传播的社会性

大型演艺活动本身就是一个传播媒体，其作用像一个大众传播媒介。这个传播媒介在大型演艺活动开展之后，就开始发挥传播作用，并且能够产生广泛的传播效果。由于大型演艺活动本身吸引了众多人员与媒体的参与，因此，大型演艺活动的信息是通过公众和媒体来传播的。这是在策划大型演艺活动的过程中必须要考虑的一个很重要的性质。

3）运作的可靠性

在组织大型演艺活动的过程中,关键环节的成功与失败只有一次机会。大型演艺活动不同于拍摄电影、电视剧,不可以反复拍摄或重新编辑。通常情况下,大型演艺活动都是现场直播,一旦出现失误就无法弥补,最后也许会导致整个活动的失败。

4）参与的广泛性

与会人员众多且社会化程度较高是大型演艺活动的突出特性。由于大型演艺活动的策划、组织、实施和参与都需要大量的人力和物力,因此会有众多人员参与其中。当然,并不是参与人数众多就一定是大型演艺活动。大型企业要召开全体大会,参与人数自然不在少数,但也不能因此就称之为大型演艺活动。这是因为大型演艺活动和一般活动的根本区别不仅在于参与人员的数量,还在于该项活动的社会化程度。

5）投资的超大性

一个大型演艺活动需要投入的资金和费用往往都比较多,一般不可能用很少的资金圆满地做出一个大型演艺活动。较多的时间、金钱以及物质投资是大型演艺活动最基本的特性。因此,如果没有特别的需要,一般不宜贸然举办大型演艺活动。

6）审批的严格性

需要一定行政级别批准是举办大型演艺活动的前提条件。大型演艺活动的举办必然会引起社会大众的普遍关注,吸引大量观众、媒体报道,并会涉及一定程度的经济利益,有些活动甚至可以影响整个社会经济,并在全球媒体中引起强烈的反响。

## 1.2.2 大型演艺活动的特点

1）生产和消费的同步性

大型演艺活动的进行和观赏是发生在同一个时空背景条件下的,演艺活动的现场性使它的生产在开始的同时,消费也即刻启动。这个特性使演艺活动与一般消费品表现出巨大差异。

2）文化属性

大型演艺活动是基于本土文化基调上的演绎,其举办必然受到主办地长期发展的历史文化的影响,使得大型演艺活动本身带有一定的文化性。

一般的大型演艺活动越来越多地将当地的文化与旅游一体化,是以文化,特别是民族文化、地域文化、节日文化等为主导的,有浓厚的文化气息和文化氛围。随着旅游业的发展,文化旅游节开始逐步演化为以大型演艺活动为载体,以旅游和经贸洽谈为内容的全方位的经济活动。兰溪中国彩船会以积淀深厚的中国江南地区水文化和兰溪彩船文化为背景,以江浙地区的"母亲河"钱塘江上游的兰江和地处"三江之汇""六水之腰"的"彩船之城"兰溪为载体,通过举办"中华水上彩船台阁盛会"以及各种具有兰溪民俗特色的文化活动,促进中国彩船文化建设和社会主义精神文明建设,同时也将兰溪旅游综合成一个全面完整的旅游产品。

### 3)不可存储和不可转移

虽然有各种媒体模式可以将大型演艺活动的内容录制保存,但大多数大型演艺活动的现场环境不可复制也无法用摄影机还原给观看者。大型演艺活动无法由目的地运输到客源地供游客消费,也不能随着所有权的转移被带走,因此大型演艺活动的品质高低是其能否吸引游客的关键。

### 4)多样性

大型演艺活动是一个内涵非常广泛的集合概念,任何能够对旅游者产生吸引力的因素,经过开发都可以成为大型演艺活动。此外,大型演艺活动在表现形式上也往往呈现出多样化的特点。它可以是会议庆典、花车游行及各种形式的文化娱乐活动,也可以是体育赛事;它的主题可以是纪念某个名人,可以是纪念某个历史事件,也可以是当代的庆典;活动的内容可以有宴会、戏剧、音乐、舞蹈、杂技表演、狂欢游行等各种形式,涉及政治、经济、文化、商业等多个方面。如上海服装节就由11项活动组成,分别为开幕式、博览会、国际著名服装品牌及设计师作品发布、流行趋势信息发布、经典联想、"中华杯"服装设计大赛、国际模特大赛、国际服装论坛、创意服饰绘画艺术展示、主要街区商业营销活动。

### 5)地方性与国际性

大型演艺活动的举办往往会带有许多地方色彩。随着旅游的发展,有些已经成为反映旅游目的地形象的指代物,如大连的时装节、青岛的啤酒节等。广州的广交会是其在国际市场推广广州形象的重要活动,而一年一度与中国传统佳节——春节相连的广州花会,则体现了花城广州形象的地方性。在我国,少数民族节日更是具有其独特的地方性,大型演艺活动的地方色彩会更为浓烈。此外,宗教的固定传统节日与庙会活动融合,又成为该地宗教圣地或该寺庙的代表性活动。例如,福建、台湾等地的"妈祖诞辰"庆典,几乎成为当地最隆重的大型演艺活动。

同时,随着世界经济的发展、科技的进步、交通通信的便捷,世界逐渐变得多元化,大型演艺活动也在吸引着世界各地的游客,也开始具有国际化的特性。北京作为中外文化交流的中心,不仅能为西方游客提供东方文化的精品,也能为包括中国游客在内的东方游客提供西方文化的展示舞台。一年一度的国际电影节,每一季的各种国际性的艺术汇演、文化展览,以及富有中国传统特色的京剧和杂技等体现中国各地、各族绚丽多彩的艺术文化的表演活动,都充分体现了中华民族的风采和魅力。不同的文化和艺术形式将在北京得到交流和发展,让来此地参加大型演艺活动的国内外人士进一步了解中国日新月异的变化。

### 6)短期性

对于每一项大型活动来说,都有季节和时间的限制,大型演艺活动也是如此,都是在某一事先计划好的时段内进行的。当然,大型演艺活动的时间不是随意决定的,往往要根据当地的气候条件、交通状况、接待能力、经费落实、旅游淡旺季、主题确定、策划组织需要的时间等条件,从具体的实际情况出发来确定。如河南洛阳的牡丹花卉节只能在牡丹花期集中的四月举办,上海南汇的桃花节只能在阳春三月举办。要具有充足的饭店客房等旅游接待设施和便利的交通等基础设施,来接待在短暂的时间内从四面八方涌来的旅游者,这给举办大型演艺活动的地区和城市既带来了机遇,也带来了挑战。另外,越大型越正规的演艺活动,其时间控制的要求越高,不能随意选择时间,也不能随意更改时间。

### 7)较强的综合性

首先,在文化上,大型演艺活动既要突出举办地的传统文化及特色,同时还要兼顾各个参与者所代表的文化背景或特色;在技术上,大型演艺活动要追求硬件设施和技术的有机结合,特别是信息技术和一些声光电技术的使用;在经济上,大型演艺活动要追求多方经济利益的共赢。例如,奥运会实际上是一个大型文体演艺活动,既包含各种公众人文活动和综合经济项目,也包含部分工程技术项目。这其中涉及场馆建设、技术系统、城市交通等技术类项目,又涉及城市经营、品牌营销、环保绿化等社会经济项目,还包含火炬接力、奥运文化、开闭幕式等公众参与项目。

其次,这种综合性还体现在大型演艺活动的包容性上。例如,德国的慕尼黑啤酒节和我国的青岛国际啤酒节既是啤酒文化的宣传盛宴、市民的狂欢节,同时又是商品博览会,是供应商、采购商、销售商、消费者、投资者相聚洽谈的盛会。

另外,一项大型演艺活动还可能包括以某个地点为中心的多个表演场所,各场所都举办一系列的活动,主题各不相同却有内在联系。它们拥有自己的组织系统、管理者、员工和各自的特征,有一定的自主权,但都必须与活动的全面计划保持一致,服从统筹安排。

## 1.3　大型演艺活动的基本类型

大型演艺活动可以按照不同的分类标准分为许多类型。了解大型演艺活动的类型对于开发和策划好大型演艺活动、推动会展业和旅游业的发展有着十分重要的意义。可以参照以下几种标准对大型演艺活动进行分类。

### 1.3.1　按照大型演艺活动的属性划分

按照大型演艺活动的属性来分,大型演艺活动可以分为传统节日活动、现代庆典活动和其他重大活动三大类。

#### 1)传统节日活动

从传统节日的发展历史来分可分为古代传统型和近代纪念型两种。

（1）古代传统型

古代传统型节日活动是指追溯历史文化、反映和弘扬民族传统文化的大型演艺活动。新春元宵节的逛花灯活动、上海龙华庙会、西方的圣诞节庆典、巴西狂欢节等,都属于这一类型的大型演艺活动。

（2）近代纪念型

近代纪念型节日活动是指各国国庆节、国际劳动节、儿童节、美国帕萨迪纳的玫瑰花车大游行、法国奥尔良的圣女贞德节等这样纪念、特定日期或人物的节日活动。

2）现代庆典活动

（1）与生产劳动紧密联系的大型演艺活动

我国广州花会、深圳的荔枝节以及菲律宾的捕鱼节、阿尔及利亚的番茄节、摩洛哥的献羊节、意大利丰迪的黄瓜节、美国新墨西哥州哈奇城的辣椒节、西班牙的鸡节等都是与生产劳动紧密联系的大型演艺活动。

（2）与生活紧密联系的大型演艺活动

潍坊风筝节、上海旅游节、大连和上海的服装节、青岛啤酒节、内蒙古的那达慕大会等都是与生活紧密联系的大型演艺活动。

3）其他重大活动

其他重大活动包括大型演出、大型展览和体育盛事等。其中，体育盛事主要指世界上定期举办的大型体育活动，如奥运会、世界杯足球赛、亚运会、F1 方程式大赛等，不仅数量很多，而且规模越来越大。大型国际体育活动有人数众多的运动员、教练员、随队工作人员、记者以及大量的"拉拉队员"和观众参加。举办大型体育活动，对自然旅游资源缺乏的国家或地区来说，可以吸引更多的游客；对具有较好旅游接待条件和设施的国家或地区，可以最大限度地利用现有条件和设施。举办大型体育活动，可以为一个城市树立新的形象提供良好的机会，提高主办国家和城市的知名度；同时，还可以提供发展旅游业的契机，从而带来更多的客源，获得巨大的经济效益。

## 1.3.2 按照地域划分

按照地域划分，大型演艺活动可以分为国际性大型演艺活动、洲际性大型演艺活动、国家级大型演艺活动、城市大型演艺活动。

1）国际性大型演艺活动

这类活动在世界范围内有重要影响，活动参加者来自世界各地，对城市的经济将会产生重大影响，对于举办地的区位条件要求也相对较高。例如，奥运会的开闭幕式、世博会、奥斯卡颁奖典礼、爱丁堡国际艺术节以及国内的南宁民歌节都属于此类活动。

2）洲际性大型演艺活动

洲际性大型演艺活动往往只对某一个洲产生比较大的影响，例如欧盟内部货币统一进程中的公投、欧洲杯、亚运会等。这类活动对举办地的影响也是非常巨大的，对于举办地的要求也是非常高的。例如多哈亚运会的总投资高达 28 亿美元，这在亚运会历史上是空前的。28 亿美元的投入几乎是前一届亚运会——釜山亚运会的 10 倍。由于其服务的对象大多数是非本国运动员,因此对于服务人才的要求也很高。

### 3)国家级大型演艺活动

这种大型演艺活动往往局限在某一个国家的范围内,对世界范围内的其他国家或地区不会产生太大的影响,其参与者也往往是该国国内的居民,涉及的范围比较小。我国大部分城市举办的旅游节就属于此种类型。各国举办的足球联赛也属于此类。一直受到人们追捧的全国平民选秀活动也可以归为此类。

### 4)城市大型演艺活动

根据盖茨的理论,大型活动至少要有 100 万参加者的要求,这类大型演艺活动一般要求充分调动城市内部居民,同时还需要开展城市整体营销,推广活动品牌。例如上海旅游节,作为上海五大大型演艺活动之一,仅世纪公园接待参观人数就高达 400 万。

## 1.3.3 按照活动内容划分

根据活动内容可分为体育、娱乐、艺术和文化、商场市场营销和促销活动、展览、节日庆祝活动等。

### 1)娱乐、艺术和文化

来自演出协会的数据显示,2008 年,北京营业性演出场所共演出 13 232 场,观众 808.9 万人次,总收入 6.27 亿元,与 2007 年相比,演出场次基本持平,观众人次略有增长,而演出收入却得到了大幅增加,增幅达到了 50%。演出收入从 4 亿元增加到 5.7 亿元,平均每 3 人就有一个人看过演出。

爱丁堡艺术节是始于 1947 年的国际艺术节,经过数十年的发展,这一艺术节已从最初的一个节目发展为如今的爱丁堡国际节、边缘艺术节、军乐节、国际图书节、国际电影节、国际爵士乐节、视觉艺术节和多元文化节等 11 个独立的节目。爱丁堡军乐节于 1950 年首次加入爱丁堡艺术节。如今,军乐节的演出节目已经不仅限于军乐和列队训练,节目类型更加多元化,以体现各国各地的不同风情。每年 7 月底至 9 月初在苏格兰首府爱丁堡举办的艺术节目前已成为世界上最大的综合性节目。它不仅能吸引世界顶级艺术家,而且还成为艺术爱好者的朝圣地,为爱丁堡和苏格兰创造了不凡的文化、社会和经济效益。仅 2006 年爱丁堡国际艺术节开幕式上,就吸引了近 17 万观众。来自世界各地的 3 100 名艺术家在 236 个地点举办 1 700 场演出。演出场地既有正规的音乐厅和剧场,也可在街头进行即兴的表演。演出内容涵盖歌剧、戏剧、音乐和舞蹈等。

### 2)商场市场营销活动

商场营销和促销活动的目的是挖掘潜在的客户,使自己的产品体现出与众不同的特色以获得更多消费者的青睐。消费者、潜在的消费者、销售部门都可能成为活动的参与者与观众,媒体往往也关注这些活动,并给予及时的报道,在短时期内会产生轰动。但这种活动与本书定义的大型演艺活动差距较远。

3）节日庆祝活动

节日庆祝活动源于人们对于生活的热爱，尤其是传统节日，不仅有着悠久的历史，而且其形成过程也是一个民族或国家的历史文化长期积淀凝聚的过程。大型演艺活动中有许多是节日庆祝活动。中央电视台春节联欢晚会自1983年开办至今，已成为全球华人除夕夜不可或缺的一道"年夜大餐"。据统计，2006年1月28日16点整至1月29日1点整，央视网站页面点击量达到296 226 099次，访问页次达47 923 265次；收看春节晚会视频直播的人次为4 095 038次，最高同时在线人数为467 278人，最大带宽超过5.38 Gbit/s。其中，来自境外的收看春晚网络视频直播的人次为892 304次，最高同时在线人数75 036人，最大带宽超过4.9 Gbit/s。网友的主要来访地区是美国、英国、澳大利亚以及中国台湾和中国香港等地。尽管近几年春晚在人们心目中的满意度下降，但其收视率的绝对数依然是其他任何一家媒体所不能比的，其家庭收视率一直在90%以上。

## 1.3.4　按照主办单位划分

1）政府主办

这类大型演艺活动是指由政府出面组织的大型演艺活动，例如奥运会开闭幕式、上海世博会。这类大型演艺活动，因为得到了政府的大力支持，所以无论是在前期准备还是在现场管理时，都会有强大的资金支持，并且能得到很好的宣传。

2）民间主办

这类大型演艺活动是指由民间组织自发组织的大型活动，例如巴西的狂欢节、傣族的泼水节、彝族的火把节等。

3）企业主办

这类大型演艺活动多是企业组织的商业大型演艺活动，如大连的服装节、北京国际汽车展等。

## 1.3.5　按照大型演艺活动的主题划分

按照大型演艺活动的主题划分，可分为宗教性、文化性、商业性和政治性的大型演艺活动。

1）宗教性的大型演艺活动

这类大型演艺活动的代表有古尔邦节、复活节、麦加朝圣等。

2）文化性的大型演艺活动

比较有代表性的是巴西嘉年华、戛纳国际电影节、上海国际文化艺术节等。

3）商业性的大型演艺活动

如五年一次的世界博览会、一年两次的广交会、一年一度的德国法兰克福书展等均属于商业性的大型演艺活动。

4）政治性的大型演艺活动

像两国邦交建立周年庆典、世界银行大会、APEC等都是政治性的大型演艺活动的代表。

### 1.3.6　按照大型演艺活动涉及的内容划分

按照大型演艺活动涉及的内容划分,可以分为单一性和综合性的大型演艺活动。

1）单一性的大型演艺活动

单一性的大型演艺活动的活动内容和形式比较单一,例如瑞士伯尔尼的洋葱节、法国的香槟节、新加坡的食品节等。

2）综合性的大型演艺活动

综合性的大型演艺活动的活动内容和表现形式具有广泛的综合性,例如杭州的西湖国际博览会、上海旅游节等。

## 1.4　大型演艺活动的功能

一项大型演艺活动的举办不仅能够吸引旅游者、消费者、赞助商、承包商等参与者,还能给主办地带来多种连带效应。它一方面推动了当地经济的发展,带来了经济效应;另一方面为当地的文化定位奠定了基础,带来了社会效益。大型演艺活动的举办对于举办城市、地区乃至国家而言都会产生重要的影响。

尽管因为评估的方便性以及其他诸多方面的原因,经济方面的影响总是被强调得最多,但是现有的研究已经对大型演艺活动从经济影响、旅游和商业影响、社会影响、政治影响等诸多领域进行了卓有成效的研究。

### 1.4.1　大型演艺活动的经济影响

1）促进消费和就业及经济发展

大型演艺活动集聚大量人流后产生的其他经济效益,包括伴随大型演艺活动场所所设置的购物、餐饮功能,以及部分需游人单独购票才能观看的演艺活动的门票收入,都成为当前各旅游区重要收入来源。另一方面,大型演艺活动的开展需要投入大量人力物力,包括外来技术人员、本土居民参演等,因此它常常带来众多的就业岗位,解决了旅游区开发后原住民再就业问题。

2）促进相关行业的发展

大型演艺活动的举办往往涉及许多行业的供应商，像奥运会开闭幕式这样国际性的大型演艺活动就涉及服务业、建筑业、通信业、运输业等，几乎涵盖了第三产业和第二产业的所有行业。2006年世界杯虽然没有取得德国主办方的预期经济效益，但是世界杯对于服务业的促进作用还是得到了公认。超过90%的旅游观光者对于德国的接待业表示满意。德国的铁路运输业也凭借世界杯走出了低迷状态，世界杯期间德国铁路共运输旅客1 500万人。

3）改善基础设施建设

举办大型演艺活动可以极大地促进城市的交通、通信、城建、绿化等基础设施和配套服务设施建设的步伐。"一个会议改变了一个城市"，中国1999年的花博会对昆明乃至整个云南都有着深远的意义和影响，使昆明的基础设施建设提前了至少10年。2004年雅典奥运会虽然亏损巨大，但各界人士却有着不同的看法。雅典大学的经济学教授拉尼罗斯在接受记者采访时说："从组委会来说，这届奥运会是亏本的，这是必定无疑了。但奥运会对雅典的城市建设和人民生活是一个很大的推动，奥运会使雅典城市建设水平上了一个新台阶。就在一年前，雅典还没有有轨电车，也没有连接市区和机场的地铁，一些高速道路还没有建成，大量运动场馆也没有建成，而现在这些都有了。另外，我们还多了几百辆公共汽车和救护车，以及遍布全城的高清晰度摄像机网络。希腊政府把未来20年对雅典的投资都花在这4年了。"

## 1.4.2　大型演艺活动的旅游和商业影响

1）完善产品结构，延长逗留时间

国内的景区景点多的是静态的、展示性的游览项目，少的是动态的、参与性的娱乐项目，由此造成了游客的旅游体验不足、逗留时间较短。而主题公园的机械式娱乐项目，虽然刺激性较强，但文化底蕴较浅，并且不适合儿童、老人和体弱者。旅游演艺活动的出现刚好可以使游客获得精神的愉悦、文化的体验，从而延长在旅游目的地的逗留时间，增加在目的地消费的概率。例如，开封的"清明上河园"，如果没有表演可看的话，游客在园区走完一圈最多只需一个半小时，但事实上园内每天轮番上演着《盘鼓迎宾》《杨志卖刀》《汴河大战》《梁山好汉劫法场》《王员外招亲》等十多场演出，几乎每隔半小时就会在园内不同的地点上演一场不同的演出，由此，游客在时间允许的情况下，就会看完一场演出再等待下一场演出，从而大大增加游园时间，时间增加就意味餐饮、购物、娱乐之类消费的增加。

夜生活单调乏味是国内很多旅游地的通病，游客的休闲娱乐需求得不到满足，自然就难以留住。如果能开发出成功的旅游演艺产品，使得游客能够白天看景色、晚上看演出，就可能使游客在当地多留一天。据桂林旅游局发布的数据，《印象·刘三姐》使游客在桂林停留时间增加了0.34天。

2）拉长产业链条，增加就业机会

大型旅游演出往往要经过长达几年的酝酿和生产制作，并且通过核心产业、直接相关产业与配套服务产业共同构成一个庞大的旅游演艺产业体系,可能涉及演艺策划与创作、演职人员教育培训、演职人员中介经纪、印刷出版、玩具制造、工艺品制造、旅游纪念品制造、音像制品制造、灯光设备制造、音响设备制造、舞台设备制造、演出道具制造、化妆品生产、服装加工制造、媒体广告、销售代理以及旅游、咨询、保安、保洁、交通、餐饮、住宿、金融、法律等诸多产业。

这么庞大的产业链势必会产生巨大的经济拉动作用,由此为社会提供更多的就业机会。并且,这些就业机会中的很大一部分留在了当地,如《印象·丽江》雪山篇的500多名演员全是来自纳西族、彝族、普米族、藏族、苗族等十多个少数民族的普通农民。

### 3)实现创新发展,延长生命周期

根据生命周期理论,旅游地的发展会经历导入期、成长期、成熟期、停滞期、衰退或复苏期等阶段。因此,旅游景点,尤其是主题公园等人造景点,一旦过了鼎盛期,就有可能走下坡路。要避免衰退、保持良性发展,就要不断创新,提高游客的到访率或重游率。景点内设施设备等硬件,一旦投入就会形成沉没成本,很难改变。相形之下,文娱表演就具有更大的挖掘、创新和发展空间,因而成为产品创新的重要切入点。杭州宋城在创意构思上,跟开封清明上河园非常相似,之所以能历久弥新,很大程度上是因为那台不断根据观众口味更新改版的《宋城千古情》。

### 4)塑造旅游形象,强化旅游营销

研究表明,旅游者的决策行为会受到旅游形象的影响,强烈鲜明的旅游形象更容易引起旅游者的注意、激发旅游者的兴趣。而成功的旅游演艺产品往往能以现代科技手段和精巧构思策划,展示目的地文化,演绎景区主题,并具有很强的视觉冲击力和旅游吸引力,能在瞬间抓住观众的眼球,并在事后留下回味余地。由此,旅游演艺产品也就成了目的地的形象代表和活动名片。很多旅游者甚至为了一台精彩的节目而专程前往旅游地观赏。巡演类的演艺节目往往被直接用作旅游促销的手段。例如贵州省就曾在北京举行了《多彩贵州风》大型文艺演出暨文化旅游推介活动。整台节目展现了苗族、水族、布依族、彝族、侗族等贵州少数民族的灿烂文化,像是一幅浓缩了的贵州文化旅游地图,观众由此对贵州的文化产生无限的神往。

### 5)改善旅游淡旺季的差异

季节性问题是许多旅游目的地一直感到非常困难的问题。从目前旅游经济发展的实践来看,已经有许多旅游目的地通过淡季举办相关大型演艺活动的方法很好地解决了这个问题。大型演艺活动甚至还能成为目的地延长旅游旺季或者形成一个新的"旅游季"的重要手段。

旅游资源、旅游活动具有季节性是一个不争的事实。在城市的旅游业发展中,存在着"淡季""旺季"之分。旺季时,游人如织;淡季时则是游客寥寥,资源闲置,人浮于事。通过对本地旅游资源、民俗风情、特殊事件等因素的优化整合,举办别出心裁、有卖点的、丰富多彩的大型演艺活动,一方面可以吸引游客,为游客提供新的旅游选择,另一方面,可以调整旅游资源结构,为城市旅游业的发展提供新的机会,并能较好地解决旅游淡季市场需求不足的问题。例如哈尔滨的国际冰雪节,既充分利用了当地的旅游资源,又缓解了旅游市场的淡旺季。在国际冰雪节期间,有逾百万的游客来哈尔滨旅游,市内各大宾馆酒店的入住率比平时普遍提高了

30%～50%。相反,如果举办地在旺季也策划一定的大型演艺活动,有时非但不能取得预期的积极效果,反而可能产生许多负面效应。

### 1.4.3 大型演艺活动的社会文化和心理影响

1)演绎文化精髓,保护文化遗产

大型演艺活动之于当地的文化遗产,可以说是一把双刃剑。一方面很多学者指出,通过演艺方式展现给游客的文化是舞台化的、失真的"伪文化";但另一方面也有很多学者指出,假如没有这些文化展示,并由此而引起游客的好奇,所谓原汁原味的真实文化也不会引起公众的注意,更有可能在"寂"寞中湮灭。在"前台"展示"伪文化"的同时,"后台"却保存了真文化,也就是说观众看到的虽然是经过加工处理的失真的舞台表演,但由此当地居民日常生活中的真实文化却得以不受打搅地加以保存。并且,因为公众的关注与推崇,容易激发当地人起文化自豪感,自觉地保护濒临失传的文化遗产。

2)提高当地居民对大型演艺活动的参与水平以分享体验

上海世博会举办期间,普通老百姓参与世博会可以有多种途径。第一,可以参观世博园区。世博会主题涉及很多老百姓关心的问题,各国把他们最好的理念、文化、历史拿来展览。在世博会举办期间,有大量文艺演出,包括世界各国的一些精彩文艺演出,还包括中国各民族的一些文化演出。这些演出应该说有着非常好的观赏性和参与性。第二,可以参加论坛。在世博会园区内有适合各界人士参与讨论的论坛,还可在网上进行的讨论,给老百姓更多的渠道来参与世博会。

3)恢复传统文化的活力,注入新的精神

以北京奥运会为例,中国在申奥的过程中提出了"人文奥运、绿色奥运、科技奥运"的口号,其中"人文奥运"被认为是第一位的、最具东方文化特色的一个口号,也是中国申办成功的一个重要筹码。中国要实现为奥林匹克运动留下一份独一无二的世界性遗产,"人文奥运"的建设无疑是中国申奥成功后的一项重要内容。"人文"在很大程度上可以用"文化"来表征。绝大多数学者都认为中国传统精神文化是建设"人文奥运"的思想宝库。中国传统精神文化底蕴深厚、源远流长、博大精深,必将对消除奥运会中的人文危机起到重要的作用。各种不同的文化都是人类共同的精神财富,而奥运会本身就已经成为一个全球性的盛会,奥林匹克运动成为世界性的文化现象,在世界范围内产生了广泛的影响,对促进不同民族、不同文明间的交流,维护世界和平做出了卓越的贡献。西方社会现代化进程中理性精神的弘扬是西方社会率先实现现代化的重要条件之一,这一历史经验对于正在迅速向现代化目标迈进的中国的传统精神文化也具有重要的意义。

在中国传统精神文化中,美即是符合义理的生命精神,是与人的高尚本质相一致的,是能满足人的健康精神生活所需要的生命精神。但是,随着中国传统理论精神的发展,审美意识亦要有现代性转型。审美意识的现代性转型本质特征集中体现在对人的个体自由的关注方面,"人"是现代审美意识的主题,审美必须以具有个性主体意识的每个人的个性自觉为前提,否则会沦为丧失主体性的群体伦理规范。通过体育运动追求真善美是现代奥运会的指导思想。在美和尊严的指导下，奥运会逐渐形成一整套特有的恢宏、庄严、华彩而凝重的传统仪式，它对人们审美能力的陶冶虽然无形，但影响深远。

4）形成社区自豪感并强化社区精神

仍然以奥运会为例，举办奥运会是一个动员民众、振奋民心、集结名气的过程。自东京奥运会以后，日本青年掀起了学外语的热潮。为举办1988年的汉城奥运会，韩国人掀起了一股英语学习热，许多中青年人加强英语学习，以便在奥运会期间更好地为各国来宾服务和介绍自己的国家。我国自申办奥运会开始，北京就掀起了外语学习的热潮，北京市民中广泛开展了"市民讲英语活动"。市民外语水平的提高，有助于提高市民的素养和国际间的文化交流。当然，外语学习只是市民素质提高的一个方面。1980年莫斯科奥运会后，苏联社会学家经调查得出结论，莫斯科和列宁格勒（现称圣彼得堡）两市居民的体育热情与参与积极性都有明显提高。1988年汉城奥运会以后，根据韩国开发院的调查，79.1%的韩国人认为"这次奥运会开阔了人们尤其是青少年的国际视野，增长了人们的见识"。对于我国来说，如果筹备和举办奥运会与当前正广泛开展的素质教育结合起来，可以对一些不良社会风气的扭转发挥独特的作用，形成市场经济对广大民众的素质要求，如自尊、自律、诚实、守信的社会风气，对国民尤其是青少年的思想观念、生活方式会产生巨大影响。

## 1.4.4　演艺活动的政治影响

1）提高主办地的国际声望，塑造主办地的形象

城市形象是一个综合的形象塑造系统，需要大量的时间和精力来打造。而大型演艺活动的举办对于目的地的形象塑造和改善作用是其他营销手段不能比拟的。2008年的北京奥运会和2010年的上海世博会是让世界了解中国的大好机遇，有了解才会有合作，有合作才能发展。通过举办奥运会和世博会，塑造了中国的形象。日本举办了1964年的东京奥运会和1970年的大阪世博会。由于全国动员上下一心，这两项活动成为拉动日本国民经济的巨大动力。1961—1970年，日本经济平均增长率高达11.4%，两大活动使日本经济跃上了一个更高的台阶。在欧洲，西班牙在1992年举办了巴塞罗那奥运会和塞维利亚世博会后，国民生产总值实现了大幅度的增长，改变了在欧洲穷国的地位。韩国20世纪80年代的政坛斗争比较激烈，但为了筹备1988年汉城奥运会，政坛各派停止争吵，齐心协力办好奥运会，韩国在汉城奥运会和大田世博会之后经济发展上了一个新台阶。在韩国的振兴和现代化进程中，汉城（现名首尔）一直发挥着火车头的作用。20世纪80年代，汉城主办了两次国际性的体育赛事，使城市形象得到空前的提升。1986年，汉城申办了1988年奥运会并主办了同年的第十届亚运会，这是汉城城市营销的坚定起点。从此，汉城加快了城市建设的步伐并抓住了建设国际化都市的机会。特别是汉城克服了政治危机等重重困难后，大力解决环境污染和城市建设中的问题，积极推进汉江的综合开发工程，不仅修建了蓄水池和河岸，还修建了汉江边城市高速公路，使1988年的汉城奥运会给全世界留下了深刻的印象。1988年汉城奥运会对韩国经济起飞产生了巨大的推动作用。实践证明，韩国利用举办奥运会把汉江北岸发展了起来。韩国因为举办奥运会，当年

就使经济出现了 12.4% 的增长。1985—1990 年,韩国人均国内生产总值从 2 300 美元增加到了 6 300 美元,实现了从发展中国家向新兴工业化国家的转变。韩国汉城奥运会给予韩国的政治影响和精神力量更加强烈。

2）提高规划和行政管理方面的能力

雅典奥运会期间,城市管理的宗旨是向游客和世界展示一个"开放、人文和安全"的雅典,一个充满参与和庆典气氛的雅典。城市管理办法规定,在奥运会期间,希腊主要街道将遍插彩旗和悬挂彩色标语,特别是在穿越雅典市中心历史古迹的 7 条共长 13.5 千米的道路两侧,将着力打扮,使之与奥运会和雅典独有的悠久历史和谐统一,并交相辉映,同时在一些主要广场举办高品位的文化活动。城市管理办法对商品供应、垃圾清理和确保交通畅通等都做出了具体安排。届时,在有关区域的商店将延长营业时间,"奥林匹克公路网络"将确保奥林匹克大家庭成员畅通无阻,"奥林匹克交通线"将为游客、观众和服务人员提供便利的交通。奥运会期间,公共系统将 24 小时运转,游客和观众持门票可以免费乘坐交通工具。此外,有关方面还将对奥运会主会场周围的主要道路以及雅典市中心、停泊旅馆型豪华游轮的比雷埃夫斯港和从此港至格理发扎滨海地区的道路严加管制,对进出比赛场所的周边区域进行控制,并对在这些地区的泊车做出严格规定。

大型演艺活动举办期间,将有来自世界各地的观众前来参观旅游,对城市管理来说既是一种挑战也是一个调整提高的机遇。在大型演艺活动的筹备期间,城市管理部门应该首先提升硬件设备,提高服务水平;其次,应该做好各种应急预案;再者,在大型活动举办期间,可以通过实战提高应对能力,提升城市管理水平。

# 1.5  大型演艺活动的发展趋势

## 1.5.1  国际大型演艺活动的发展现状

1）国际大型演艺活动的历史回顾

从远古到 19 世纪初,在人类漫长的生活岁月里,形成了诸多丰富多彩、形式各异的节日风俗。这些节日风俗都是伴随历史的发展而形成的,反映了各个民族生息、发展、进步的过程。大型演艺活动最初就是起源于人类的这些节日风俗。所谓"节",一般是对一年的气候变化而言的,也有以纪念某一重大事件而被称为"节"的。节日风俗的形成过程,大致是根据生活的需要,经历了由不自觉到自觉,由不定型到定型,逐渐发展和补充的过程,其内容有生产方面的,有祭祀类的,也有表彰、庆贺性质的。古代的大型演艺活动吸引来自四面八方和异国他乡的人来参与,促进了古代人们的旅行。可以说,古代的旅行家、学者、商人和传教士等都可算作现代大型活动的先驱。但那一阶段的大型演艺活动并没有带来真正意义上的节事旅游,因为那时真正的旅游业还没有形成。

19 世纪 40 年代以后,旅游作为一种广泛的社会现象在世界上兴起,并逐渐成为人们日常生活中不可缺少的部分。第二次世界大战后,特别是进入 20 世纪 60 年代以后,世界的旅游业进入高速发展时期,并迅速成为许多国家的支柱产业。大型演艺活动越来越受到人们的青睐,每一个国家都有自己的多种大型演艺活动。德国的狂欢节经过 750 多年的发展,这个基督教结束斋戒的宗教性节日已发生了巨大的变化,现在已成为充满世俗风情的欢庆大典,"让大家都来欢乐",成了节日举办的宗旨,每年吸引着数百万人参加,其中包括大量涌入的各国游客。有着 400 多年历史的瑞士的芦苇节实为选妃盛典,当传统的内涵与现代的气息结合使其成为一年一度的盛大节日时,也成了最吸引游客的一大热点。历史长达几个世纪的西班牙奔牛节将体育与旅游结合起来,体育娱乐性使体育竞争被淡化,不仅使游客领略了当地的民俗风情,感受了这个民族特有的精神风貌,又得到了很好的放松,还满足了锻炼和保健的需要。

2)国际大型演艺活动发展的若干趋势

(1)国际大型演艺活动将更受人们欢迎

就全球范围而言,各国对大型演艺活动和节事旅游的重视程度在迅速提高。许多瑞士大旅游批发商认为,传统的团体多地观光游览在这里已经失宠,越来越多地被散客旅游、家庭小团体和专项旅游取代。目前的消费倾向正在明显地向专项旅游发展。一些重大的专项大型演艺活动产品,如大型节庆活动,音乐、文化节等活动,受到了大小旅游批发商们的普遍重视。有些大旅游批发商为大型演艺活动开设了专职部门,如 ITV 旅行社设立了文化旅游部。目前在瑞士公民 17 种旅游方式中"经历大型活动"这一项位居第 7,可见大型演艺活动的概念已深入人心。大型演艺活动和由此产生的节事旅游,已成为人们度过休闲时间的最佳方式之一。随着社会的进步,越来越多的人将参与到放松、休闲、娱乐的大型演艺活动中去。

(2)国际大型演艺活动将更加综合化和多样化

发展大型演艺活动最重要的一点就是挖掘当地的民族文化,因为体验异国他乡的民情风俗是旅游者出游的主要动机。民俗风情作为一个民族或一个地区的生活方式,在节日喜庆中能充分体现一种原汁原味的真实感和人情味,从而使旅游者得到直接和充分的体验。在大型演艺活动中把服饰表演、饮食品尝、游艺杂技、民间工艺等活动有机地组合起来,一方面可以丰富节庆活动的内容,另一方面还可以促进当地旅游资源的综合开发,既激活某些公共设施、商店、市场等静态吸引物,又吸引投资、经济开发及基础设施改造,做到充分利用现有一切资源,取得最大经济效益、社会效益和环境效益。

(3)国际大型演艺活动将更加品牌化和专业化

大型演艺活动品牌在会展业和旅游业中扮演了十分重要的角色,它本身就是一种会展和旅游吸引物,能提高会展和旅游目的地的知名度,丰富会展和旅游产品,延长旅游旺季,扩大客源地的分布。如今,大型演艺活动的主办者越来越重视大型演艺活动品牌的塑造和经营。美国的玫瑰花节、意大利的狂欢节、马来西亚的国际风筝节等品牌都对本国会展业和旅游业的发展起到了不可替代的作用。随着大型演艺活动的发展,专业化管理将日益显示其重要性,大型演艺活动的专职管理部门已经成为旅游业和会展业发展最快的一个机构。它们在客源地设立办事处进行全年的运营,为当地提供了很多新的就业机会。大型演艺活动的管理不仅已形成一个专业领域,而且其专业化程度亦将变得越来越高。

（4）国际大型演艺活动宣传力度将更加强大

大型演艺活动对会展业和旅游业市场的国际竞争，将引起各国宣传促销力度的不断增强。世界著名的西班牙奔牛节在举办之前，政府会印制大量的日程表和节目单，便于国内和国际游客挑选自己喜爱的活动项目；日本交通公社等大型旅行社会提前 5 年将国内的节庆计划公布于众。做超前的宣传促销是著名大型演艺活动获得成功的基础。从大型演艺活动宣传的发展趋势看，更多的国家将会像一些发达国家一样采取全方位出击的策略，花大力气建立覆盖面比较广的驻外旅游机构，为宣传提供组织保证，如美国有遍及 80 多个国家和地区的 180 多个驻外旅游机构，德国有 39 家驻外旅游机构。许多国家除了印制精美的宣传品外，还派促销团到各客源国进行宣传。

### 1.5.2 我国大型演艺活动的发展状况

随着我国现代旅游业的发展，大型演艺活动也伴随着一般性旅游娱乐从无到有地成长起来。在一些人工旅游景点中，从观赏性的表演到最后以游客参与为主的所谓"大家乐"活动，几乎成为必不可少的一种旅游吸引因素，而宣传和推出各具特色的大型演艺活动，更成为 20 世纪 90 年代以来我国招徕国际旅游者、开发节事旅游资源的重要内容。

#### 1）我国大型演艺活动的发展历程

（1）形成时期

大型演艺活动在我国可谓源远流长，从远古时期的祭天地、祭神灵、祭祖宗的仪式活动到 20 世纪 70 年代末的各民族庆典活动，经历了一个从萌芽到成型的漫长历史过程。在这一时期，我国的大型演艺活动经过了人们从不自觉开展到自发组织的过程。如我国有许多节日起源于礼尚往来的中华民族传统美德。每年农历正月，正值农闲季节，人们在一年辛勤劳动之后，需要休养生息，所以把春节作为合家团圆、庆祝丰收、展示成绩、亲友互访、交流信息的日子来庆祝。而且，随着春天的来临，天气也慢慢地暖和起来，正是举办大型演艺娱乐活动的好时候。元宵节礼花灯和闹花灯充分说明了中华民族对生活的热爱。我国各少数民族的节日更是在地域性的影响下，体现出不同民族的特殊风貌和独特个性。如彝族每年"虎月"（阴历七月）"火把节"的主要活动就是"打牛"，并在晚上开展斗牛、摔跤、骑马和弹月琴等活动，表现出彝族人民勇敢、强悍的民族性格。可以说，在 20 世纪 80 年代前，我国的大型演艺活动多属于民间自发的活动，即使有寻求节庆体验的旅行者，也仅仅是少数，还没有形成真正意义上的节事旅游。

（2）起步时期

改革开放后，我国在各方面进入了一个全面发展的时期。1979—1990 年，旅游事业的大发展充满了无限的生机和活力。以国际旅游为主导，以国内旅游为基础，协调发展，共同促进，是当时我国旅游业发展的大格局。旅游部门从旅游产品的角度进行旅游资源开发，使我国进入了重点旅游资源较大规模开发和建设的新阶段。"七五"期间，国家公布了 38 座国家历史文化名城、40 个国家重点风景区和 258 处全国重点文物保护单位，有力地推动了各地旅游资源的开发和保护。同时，各地也投资建设了一批有特色的旅游点，增加了娱乐场地和观赏内容，增强了我国旅游业发展的后劲。但由于我们对旅游资源和旅游产品的开发在认识上有局限性和片面性,还没有认识到大型演艺活动和会展业的重要性,以及它们对旅游发展的重要作用,因此,大型演艺活动的发展比较缓慢,节事旅游处于起步阶段。虽然各地都举办了各种各样的大型演艺活动,但总的来说,对大型演艺活动这样一个重要的旅游资源和专项旅游产品的重视仍然不够。

（3）发展时期

1991 年以后,我国在旅游资源开发的保护工作上进入一个突飞猛进的阶段。国家旅游局借鉴国际上举办大型演艺主题年活动的成功经验,举办了系列旅游年活动,在全国各地推出的旅游专线中配合举办了丰富多彩的文化活动,很好地展示了我国作为世界著名文明古国的风姿,逐渐形成了在国际上有一定影响的一批大型活动,如云南西双版纳的泼水节、路南石林的火把节、大理的三月节、贵州的蜡染艺术节、哈尔滨的冰雪节、潍坊的风筝节、青岛的啤酒节、内蒙古的那达慕大会、大连的国际服装节、洛阳的牡丹节、广州的春节花市等。这些大型演艺活动对吸引旅游者、推动当地的经济和旅游发展起到的作用是有目共睹的,人们对大型演艺活动的重要性的认识也在实践中不断得到提高和深化。正因为这样,我国开始从民间自发组织大型演艺活动到政府有意识地推广,又进入到一个有计划、有组织的主动开发的新阶段。我国在成功地举办昆明世界园艺博览会后,又主动申办了 2008 年北京奥运会、2010 年上海世博会,以及许多世界大型文化、娱乐、体育、旅游等活动,并取得了成功,这些都是很好的例证。

2）我国大型演艺活动的发展趋势

（1）我国大型演艺活动的发展前景将更为广阔

1999 年昆明世界园艺博览会、1999 年国庆 50 周年大庆、千年庆典等一系列大型演艺活动和各地开发的形式多样、各具特色的地方和民族大型演艺活动,使我国以大型演艺活动为重要内容的旅游资源的开发速度和规模都上了一个新台阶。这不仅为扩大内需、活跃市场及我国会展业和旅游业的快速发展起到了显著的推动作用,更为我国大型演艺活动的进一步发展积累了宝贵的经验。近年来,我国综合实力的不断增长、基础设施的不断完善、国民收入的不断提高,又为大型演艺活动的进一步发展打下了坚实的基础。我国已经成功举办了 2008 年北京奥运会、2010 年上海世博会等大型演艺活动,我们可以毫无疑问地断言,在我国发展大型演艺活动的前景是十分广阔的。

（2）我国大型演艺活动将向系列化、参与化方向发展

大型演艺活动系列化是举办地产生轰动效应、激活潜在市场的有力手段。上海旅游节、杭州西湖博览会等都已成为我国系列化和参与化的大型演艺活动的典范。通过大型演艺活动来吸引公众传播媒介,产生某种光环效应,配合一系列小型活动来吸引各种志趣的参与者,已成为我国大型演艺活动的一种发展趋势。具有连续性、一致性、互补性和协调性的系列大型演艺活动,会使大型演艺活动的主题更加饱满,大型演艺活动的内容更为丰富,其吸引力更强、效益更好。大型演艺活动的系列化发展必然也将增强大型演艺活动参与的广度和深度,使"局外人"变成"局内人",让参与者真正领略大型演艺活动的丰富内涵。

（3）我国大型演艺活动将向市场化和专业化方向发展

大型演艺活动和会展业都是市场经济发展到一定阶段的产物。市场化操作经营是国外成功的大型演艺活动的基本运作模式，由大型专业的服务或策划公司承办，政府部门起到协调、支持的作用。而由于我国社会主义市场经济体制还不够健全，市场化运作机制还不够完善，大型演艺活动的发展起步较晚，因而许多大型演艺活动仍是政府主办和安排，或仍带有很多明显的计划经济的影子，使企业难以通过公平竞争的方法来介入和进行市场化操作。大型演艺活动的市场营销，也没有受到相应的重视，处于滞后的状态，缺乏积极有效的营销策略和宣传。在大型演艺活动的管理方面，体制也还没有理顺，缺少统一的大型演艺活动的管理部门，造成管理无序、档次不高、缺少品牌意识和明确定位，从而影响到大型演艺活动应有的规模和效益。大型演艺活动的管理和策划的专业人才也相当缺乏，从业者大多是半路出家，没有经过专业培训，无论是管理水平还是策划、服务，同国外相比都还有很大的差距。因此，加强国际交流与合作，学习先进的经验，逐步建立我国大型演艺活动的市场化经营体制和模式，培养大型演艺活动策划与管理的专业化人才，实施对大型演艺活动的专业化管理，使我国大型演艺活动向市场化和专业化方向发展，这是我国大型演艺活动发展的强烈要求和必然趋势。

**【相关链接】**

## 2015 年中国演出市场年度报告

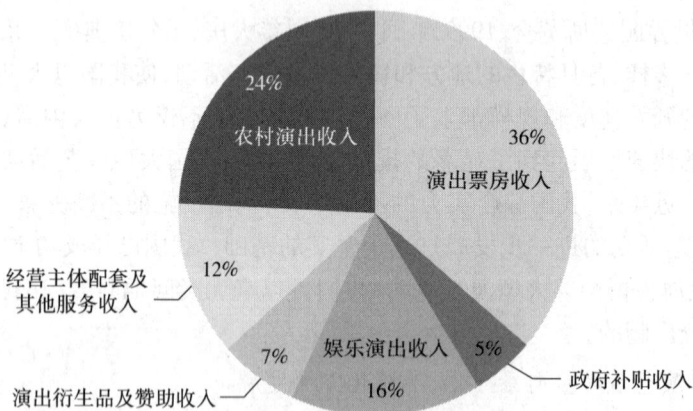

2015 年演出市场各类收入对比图

除上述演出市场经济数据外，2015 年中国互联网演艺市场规模近 80 亿元，比 2014 年上升 48%。

**一、演出票房收入**

专业剧场演出 8.41 万场，比 2014 年场次上升 2.56%；票房收入 70.68 亿元，比 2014 年上升 6.95%。

大型演唱会、音乐节演出 0.19 万场，比 2014 年上升 35.71%；票房收入 31.80 亿元，比 2014 年上升 23.78%。

旅游演出 5.52 万场,比 2014 年下降 8.31%;票房收入 35.17 亿元,比 2014 年下降 8.34%。

演艺场馆娱乐演出 47.58 万场,比 2014 年下降 0.48%;票房收入 24.07 亿元,比 2014 年上升 32.47%。

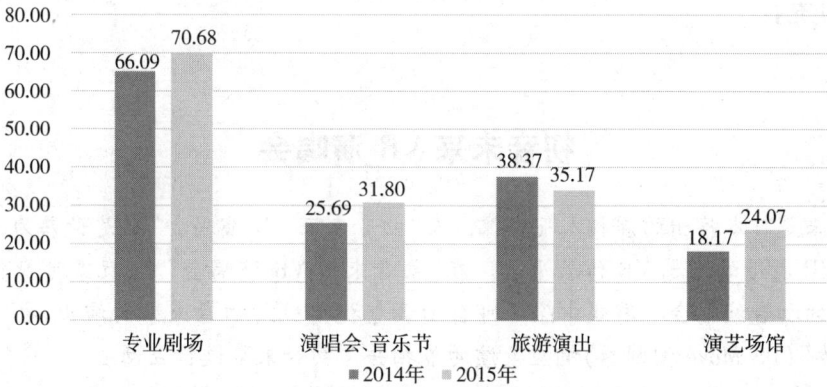

2014 年、2015 年演出市场票房收入构成对比(单位:亿元)

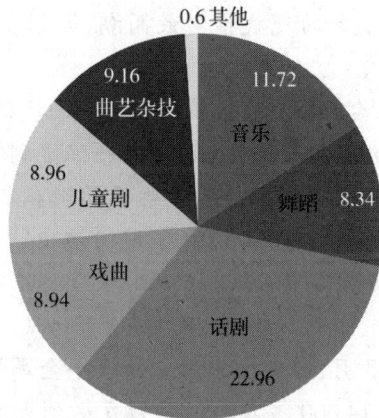

2015 年专业剧场演出票房收入构成对比(单位:亿元)

## 二、农村演出收入

农村惠民演出 6.26 万场,政府补贴 3.69 亿元;

农村商业演出 104.36 万场,演出收入 18.63 亿元。

## 三、演出衍生产品及赞助收入

演出衍生品收入 2.77 亿元,比 2014 年上升 4.53%;

演出赞助收入 22.89 亿元,比 2014 年上升 9.05%;

音乐节衍生品及其他收入 3.58 亿元,比 2014 年上升 32.59%。

## 四、演出经营主体配套设施及其他服务收入

剧场物业及配套服务收入 19.96 亿元,比 2014 年上升 7.89%;

演艺场馆票房以外其他收入 30.68 亿元,比 2014 年下降 8.34%;

舞美企业非演出活动设备租赁及服务收入 4.59 亿元,比 2014 年上升 6.50%。

## 五、政府补贴收入(不含农村惠民补贴)

文艺表演团体政府补贴 52.88 亿元,比 2014 年下降 1.14%;

演出经纪机构政府补贴 2.56 亿元,比 2014 年下降 4.12%;

专业剧场政府补贴 53.00 亿元,比 2014 年下降 1.45%。

【案例补充】

# 初音未来 VR 演唱会

初音未来是日本推出的虚拟人气偶像。而"初音未来 VR 演唱会"则是世嘉为索尼虚拟现实头显 PS VR 打造的专属 VR 体验平台。在"初音未来 VR 演唱会"中,玩家可身临其境地感受嗨翻全场的初音演唱会。游戏中除了可自由调整视角观看初音未来的演出,也可以挥舞手中的"荧光棒"(PS Move 控制器)响应表演的节拍并与初音未来进行互动。

"初音未来 VR 演唱会"是能够体验 VR 空间内所有举行的初音未来演唱会的软件,玩家将化身为演唱会会场里炒热气氛的一位观众,享受角色们的舞台表演及互动反应,体验现实中所无法实现的演出。更将演唱会的气氛推向最高潮,开张了一场专业玩家与初音的特别舞台。

2016 年 1 月底,初音未来在台北国际电玩展上开了一场虚拟现实演唱会。近几年来,借助"90 后""阿宅"大军的键鼠,二次元偶像风靡网络。而一旦提到"虚拟偶像","初音未来"便是宛如代言人一般的存在。这个扎着绿色双马尾的电子歌姬在 2007 年登陆三次元,并在 2009 年举办了"现场演唱会",随后在新加坡等地进行了巡回演出。2016 年 1 月底,初音未来又在台北国际电玩展上开了一场虚拟现实演唱会。

## 初音未来的 VR 秀

初音到底有多火? 2010 年 3 月,雕刻初音形象的 3 个金属板放置在日本 Akatsuki 太空飞行器舱板上进入太空,在日本有 14 000 多人提议将她发送到太空中。因为这个二次元角色在网络上的高知名度,许多企业提出了各种 CD 化、动画化、游戏化的产品方向。现在,索尼决定把"她"带到虚拟现实中,首先帮她举办几场 VR 演唱会。

2015 年 6 月的美国 E3 游戏展上,索尼联手 SEGA Games 推出了 PS VR 的技术展示影片《SEGA feat. HATSUNE MIKU Project:VR Tech DEMO》。因为 E3 展并未对一般玩家开放,当时也只有一台展示机,仅有少数人士得以体验。索尼随后在 9 月的东京电玩展前发布了 PS VR 宣传片,其中,一名 JK 少女在 VR 世界里与初音未来玩得很开心。索尼之后又在上海 ChinaJoy 2015 展会上提供了排队试玩,VR 版初音未来首度对一般民众公开。《SEGA feat. HATSUNE MIKU Project:VR Tech DEMO》就是一场初音未来的虚拟现实演唱会,根据后来流出的现场视频录像,黑匣认为,这一 DEMO 的 VR 模块明显取自世嘉发售的 PSP 电子游戏《初音未来歌姬计划》。从图像质量看,其专门针对 PS VR 平台进行了高画质调整,"画质感人"。部分歌词会以超大立体字呈现在背景上。初音在舞台上左跑右跳,能够清楚听出 5.1 环绕声道。玩家的位置还能变为舞台正中央,初音近在眼前。由于沉浸感强烈,有玩家因为担心砸到她而不敢挥动荧光棒。"OSHOTOKILL"在体验时"甚至一度觉得自己被双马尾打脸,还往后缩了一下"。

**虚拟现实正成为初音未来的未来**

虚拟现实演唱会已经为游戏和硬件厂家带来了商机。索尼娱乐全球工作室总裁吉田修平指出:"今年于部分场合开放试玩 PS VR 以来,得到不错的反馈,其中初音未来计划 VR,有粉丝体验完后,直呼 PS VR 上市后铁定买。"但未来还不止于此。初音未来就在 VR 演唱会中"植入广告",一边唱歌一边展示眼药水宣传词。

日本的眼药水厂商 ROHTO 在 2014 年就推出了和初音合作的演唱会广告,2015 年 NICONICO(日本最大的视频网、弹幕网站鼻祖)超会议结束之后,又在 APP 上推出了演唱会《初音未来 VR Special LIVE》公开的版本,只需搭配 VR 眼镜观看内置在 APP 里的 VR 演唱会。黑匣体验了一番,画面质量相当高,眼药水的广告植入也毫不违和,虚拟的初音与现实的眼药水和谐共处于同一空间,虚拟现实正承担起为阿宅们"突破次元壁"的重任。

**Coldplay 虚拟现实演唱会**

2016 年 10 月 25 日,腾讯直播了 BIGBANG 澳门演唱会,最高近百万观众同时在线,超过 12 万人的付费数字创下中国演唱会在线付费直播新纪录。腾讯此次直播的技术含量颇高,为粉丝提供了主视角、后台视角、VIP 视角和 360° 全景等多种视角选择。

如果选择了 360° 全景视角,粉丝就可以通过腾讯"炫境" APP 搭配 VR 眼镜来观看虚拟现实直播。不过,因为 360° 摄像机被放在了远离主舞台的位置,再加上网络和码率等因素,直播视频的清晰度不足,而且视频中的声音依然停留在 2D。虽然如此,巨头腾讯在演唱会直播上尝鲜 VR,依然为 VR 演唱会在国内的发展增添了想象空间。

# 专家评析

大型演艺活动近年来在我国甚至是世界范围内开始蓬勃发展,不仅能够大力促进经济的增长,带动第三产业的发展,扩大就业,解决一些社会问题,同时还能丰富人们的休闲娱乐活动。

# 复习思考题

1. 简述大型演艺活动的内涵。
2. 大型演艺活动的性质和特点有哪些?
3. 从不同的角度对大型演艺活动进行分类。
4. 大型演艺活动的功能主要有哪些?
5. 比较我国与外国的大型演艺活动发展趋势的异同点。

# 第2章

## 大型演艺活动策划

【本章简介】

　　本章主要讲述了大型演艺活动的策划原理、如何策划及策划流程。通过本章的学习,可以对大型演艺活动策划的方法有一定的了解。

**【案例导入】**

# 世界电信日系列大型文化活动策划方案

### 一、主题背景

电信日是电信行业独有的节日。按惯例,市公司每年将举办一次517主题宣传活动。2005年517电信日的主题为"行动起来,创建公平的信息社会(Creating an Equitable Information Society:Time for Action)"。根据电信日统一的主题,结合公司2005年总体宣传思路,整个活动将以两个方面为宣传主线:①2005年是浙江移动"客户满意服务年",我们要强化"业务服务双领先"的概念;②温州移动荣获全国五一劳动奖状一周年,一年来温州移动不断为客户所想,努力提升业务水平和服务质量。

### 二、活动主题

动感移动。注释:①动感是年轻、活力且赋有生命力的象征,这与中国移动的企业形象相一致;②移动新业务以及移动信息化、全球通客户差异化服务等为政府、企业及百姓生活带来了极大的方便,数据业务的发展正处于活跃时期,发展前景非常之广阔,有"动感"之意。

### 三、总体构想

活动分4个部分组成,主要由大客户回报晚会、517户外主题活动、全球通主题俱乐部系列活动几个部分组成。

第一部分:大客户回报晚会,主要针对集团客户和银卡会员。目前初步选定国内的3个演出团为备选。①5月14日,踢踏舞《激情爱尔兰》;②5月15日至5月17日,刘晓庆话剧《金大班》;③5月24日至5月26日,陈佩斯喜剧《阳台》。以上待定。

第二部分:外场活动,活动主体及高潮部分。主要针对中、低端客户群。517电信日当天在五马街举行广场文化活动,广场文化活动分动态演出和静态展示两个区。动态区主要由移动员工表演的与移动相关的特色节目和本地演员表演的文艺节目及手机展示秀构成,中间穿插手机拍卖、现场捐赠环节,发动现场观众奉献爱心。静态展示区包括手机展示、SP新业务展示体验、现场捐赠义卖区、图片展示区4个区。

第三部分:活动的延伸部分。利用"六一"儿童节之机,邀请前期参与资助的客户代表3至5人和温州市区学生代表、媒体记者到儿童福利院捐赠慰问和联欢活动。

第四部分:举办全球通主题俱乐部系列讲座。作为517整体活动的一个补充,以浙商俱乐部、高尔夫俱乐部、新女性俱乐部为主题,每个主题各开展一次活动,来进一步提高客户的感知。

以上案例是某个大型演艺活动策划方案中的一部分,而本章主要讲述了大型演艺活动的策划原理、如何策划及策划流程。通过本章的学习,可以对大型演艺活动策划的方法有一定的了解。

# 2.1 策划原理

## 2.1.1 情感原理

情感是人所持有的一种心理过程和心理状态,是主体对客体是否满足自身的需要而产生的态度评价或情感体验。情感在性质和内容上取决于客体是否满足了主体的某种需要,满足了需要,就产生了积极、肯定的情感,否则,就会产生消极、否定的情感。情感对人的行为有选择性和指向性的作用,人对于那些符合或满足自身需要的客观事物,总是产生一种积极的、肯定的、喜爱和亲近的态度和情感体验,而对那些与自身需要无关或相抵触的客观事物则报之消极、否定、厌恶和疏远的情感倾向,而且人们面临着外部的各种各样的刺激和信息,这些都能唤起主体的注意,都能引起主体的兴趣。实际上,人们对许多刺激物或信息视而不见、充耳不闻,而只有当这种刺激和信息直接或间接地、现实或潜在地符合了主体的某种价值需要,才能诱发主体产生积极、肯定、喜爱和亲近的情感体验。项目策划面向的策划客体为人时,人作为情感体验的主体,对策划产生积极或消极、肯定或否定的评价,将会影响策划的成败。

人有七情六欲,重情又是中国人特有的品质,加强情感沟通,激发主体人的积极、肯定、喜爱和接受的情感及情绪体验,对策划的成功有着重要的作用。在策划者与策划对象之间架起一座心灵的桥梁,传达爱心,引发共鸣,这能取得意想不到的效果。

"希望工程"就是一个精彩的情感诉求式的项目策划。近代中国的历史是一部斗争史,民族的振兴是国人的希望,其中"教育兴国"被众多国人推崇。提高国民的素质,增强民族的素质,兴我中华,一直是勤劳的中国人的追求目标。"希望工程"的推出,正应了人们的这种情感需求,这种"教育治国""教育救国"激起了人们的这一民族情结,因此引起了海内外华人的关注。孩子是中华民族的希望与未来,教育是中华民族腾飞的催化剂,正因为人们在民族情感上产生了强烈的共鸣,所以这项策划收效很好,在神州大地上掀起了爱的高潮。上至中央领导,下至平民百姓,近至国内各界人士,远至世界各地侨胞,人们纷纷解囊相助,把希望给予了"希望工程"。

"希望工程"体现了中华民族的凝聚力,体现了中华民族的民族情结,在人们的心目中唤起了爱心的共鸣,唤起了国人振兴民族的责任感,正因为如此,这项策划至今长盛不衰,为中国的教育注入了一股新生的力量,为中华民族的振兴提供了千古留存的创意大手笔。因此,我们可以得出,合理利用人们的情感,会在策划中取得巨大的功效。

## 2.1.2 心理原理

### 1)项目策划的心理基础

项目策划作为人类智慧的具体体现形式,无论属于哪个范围、领域,无论是施于己或用于人,都是人的一定心理活动的结果。离开了人的心理活动,就不可能有项目策划的产生。所以，项目策划也可看作人脑对人与人之间、刺激因素及知识体验的创造性吸收，并随之发生的一系列思维活动。策划从本质上说是人脑对客观事物的主观反映，但只有客观事物，没有人脑的参与，没有人的高级思维活动，就不会产生对客观事物的理性认识。心理活动反映各种事物的映像，但又并不完全等同于客观事物本身，而是区别于实在物质的一种观念上的东西。并且，人脑对客观事物的反映，受反映者条件的制约，既受个人的知识结构、阅历经验、个性特征的制约，因此，它又带有个体色彩的主观特征。它是思维的成果，是观念中理性的东西，最集中体现了人的心理现象的最根本的特征。

**2）项目策划的心理障碍**

所谓项目策划的心理障碍是指策划者在策划之前或过程中，在个人心理上形成的定势，致使思维导向背离客观事物的一面，从而使策划失败。为了克服策划中的心理障碍，我们先列举几种情况，以便策划者在进行项目策划时多加注意。

**（1）畏惧现象**

在外行看来，项目策划业与赌博业有许多相似之处，特别是当事者都要付出一定的代价，都要冒一定风险。但是，风险就意味着机遇，机遇就意味着成功的开始。风险与机遇并存，风险大也意味着一定程度上的创新。成功的项目策划背后是无数的坎坷，都会存在相当大的风险，尤其是在当今日益变化的市场经济中，非人为因素层出不穷，策划业面临的风险更大。但在策划业的实际操作中，资历越深的策划人，策划风险的意识越强。不管是初出茅庐的策划新秀，还是历经沧桑的策划大家，都是力求用最小的代价换取最大的成功，在策划的全过程中，付多少代价，冒多少风险，这都是策划人十分关注的问题。

畏惧心理是正常人的共同心理特征，也是策划者的一个重要的心理特征。尤其在中国人的观念里，求稳、怕出事的心理更为突出，这一心理特征，在常人来说，是生活安宁的基础，给人们带来的利大于弊，而对于一个策划者来说，畏惧心理是策划的一大心理障碍。由于存在这样一种心理，有许多本不困难的问题变成难题，本已到手的胜利功亏一篑。三国时期，袁绍畏惧风险，失掉了许多次消灭曹操的大好时机，使自己的优势变成劣势，由安全转入险境；诸葛孔明因"向不弄险"，拒绝采纳魏延直捣曹操腹地的建议，失去了北伐中原的有利时机；司马懿因畏惧风险，对处于空城之中的诸葛亮不敢发动攻击，千军万马被琴声所退，诸葛亮策划出了一出千古流传的"空城计"。

任何策划都要付出一定的代价，都要冒一定的风险，俗话说"凡多人事险中求"。风险、机遇与成功是三朵姐妹花，项目策划者要从心理上消除畏惧，才能减少精神束缚，放手开拓创新，设计出高人一筹的方案来。

**（2）刻板印象**

所谓刻板印象是指人们常常将事物按一定的特征分为若干类，对每一类都有一个固定的看法，并作为判断的依据。刻板印象是对人、事、物的最初步、最简单的认识，它虽然有利于对事物做出概括性的反映，但也容易形成错误的判断。

例如亚都加湿器的品牌市场进入项目中就犯了上述错误。起初，亚都品牌进入北京市场时，销路很好，待北京市场稳定后，他们决定进军天津市场。他们认为天津与北京地缘很近，人文相似，人民收入水平也差不多，所以认为在天津不需要做先期调研或其他投入，就会产生好的销售结果。然而事与愿违，北京地区销售看好的加湿器到了天津却无人问津。

亚都加湿器在进入天津市场的项目策划中，失败之笔就在于没有认真分析天津与北京的具体差别，而是以刻板的认识对待天津市场，因而无法取得成功。而事后，亚都改变了思维模式，展开了一系列的市场活动，使亚都加湿器深入到天津老百姓的家里，取得了最终的胜利。

（3）初次现象

所谓初次现象是指一种先入为主的思想方法，即用过去的印象或先听到的消息所形成的各种认识去评价事物、做出判断或决策的错误心理。

项目策划者在进行策划时，常受到先入为主的心理定式的影响，以致对客观情况做出错误的判断，使策划失去了正确的前提条件。"从三岁看老""一碗水看到底"，这些都是这种现象在生活中具体的生动表现。作为策划者，要坚决摆脱这种固定的思维方式，用全面的联系的观点分析问题，进而找出解决问题的创意。不能想当然，无论什么问题，都要拿到实践中去检验，进而再作用于实践，要经过思维—实践—思维这样一个过程，才能适合变化的客观条件，做出正确的策划。

（4）井底蛙效应

所谓井底蛙效应是指在进行策划时，只见眼前利益、局部利益，而忽略长远利益、全局利益的一种心理。

在项目策划的具体实践中，往往表现出一种急功近利的行为，以至于为了局部利益而放弃全局的利益，为了眼前的利益而放弃了长远利益，为了追求近期的利益，往往忽略对方式、方法的正确性研究。在自我的印象中，却又常常把眼前利益和局部利益看成极为重要的长远利益和全局利益，这种策划心理，常导致策划的失误以致失败。

在日常的生活中，想买一个物美价廉的商品是人们的共同心理，哪怕稍稍少花一点钱，也会感到心理上的满足和成就。有经验的策划者，常常利用这一心理，放出诱饵，"欲将取之，必先予之"；但是，如果策划者急功近利，贪图小便宜，则可能吃大亏。

3）项目策划的心理规律

尽管策划千变万化，但策划的运作与成功有心理规律可循。主要有：

（1）满足心理需求

心理需求是人们心理活动的前提条件，是人的行为产生的原因，也是个性积极性的源泉。心理学家马斯洛把人的需求分为5个层次：生理需求、安全需求、爱和归属的需求、受尊重的需求、自我实现的需求。人们的这些需求在人际活动中都是有一定体现的，项目策划者要善于利用这些需求，从而有效地满足这些心理诉求。除了上述讲的5个层次外，还包含一个总体策划上的心理需求，即"知己""知彼"的需求，"知己知彼，百战不殆"这一条也是策划与较量的基础和关键。情况不明就不能拿出针对别人的有效方案来，就等于盲人骑瞎马，必然处处碰壁。作为一个策划者，凡能了解策划对象的心理需求，以合理的方式满足他们的相应需求，就能做到有的放矢，取得成功。

（2）利用心理弱点

人在反映客观现实事物时,由于各种客观与主观因素的干扰,有时候不能完全地、正确地反映客观事物;即使正确地反映了客观事物,受人的心理素质和活动水平的制约,经历理性思维的阶段,也不一定就能得出与实际完全吻合的判断来;即使能得出正确的思维结论,由于人们的心理对客观现实的适应及所处的状态,也未能客观地反映现实。因此,合理、恰当地利用心理弱点,会产生意想不到的效果。

### 2.1.3　人文原理

项目策划的人文原理即利用人与自然界之间的和谐,激起人对自然的利用开发的热情,从而达到资源的优化配置。

20世纪末的昆明世界园艺博览会就是一个很好的证明。这次博览会是由国际博览局和国际园艺生产者协会批准并经正式注册的A1类专业博览会。从1999年5月1日到10月31日,历时184天,其主题为:"人与自然——迈向新世纪"。

博览会的展览内容主要有悠久的园艺传统和丰富的园艺品种,传统文化与现代文化相结合的庭院建设,保护自然环境、维护生态平衡的结果,独具匠心、充满魅力的花坛,与园艺、园林和环境相关的纪念品,以及各地的风味食品。此外,还举行了大型文化演出、联欢活动、庆典活动、学术活动、各国馆日活动等,并以世界先进的娱乐、旅游设施开展文化、旅游、观光等活动。

中国政府十分重视这次盛会,时任国务院总理李鹏向世界各国首脑签发了邀请函,并在1996年12月成立了中国1999昆明世界园艺博览会组织委员会,时任国务院副总理李岚清担任组委会主任,并设立了云南省园艺博览局,具体负责博览会的工作。

这次博览会的参展园林主要是珍奇树木园,它位于世博园中部,占地面积为25 400平方米。园内移栽培植各种植物70余科300余种,共计2万余株,分为木兰科种植区、珍稀濒危植物栽培区、经济林区、森林植物种植资源区等。除此之外,还有名贵药草园、秀丽盆景园、君子竹园、民族菜园、蔬菜果园等。

这次世博会是自然界物种的盛会,体现了人与自然的和谐,园林花卉与舞台奇葩共艳,自然景观与人文景观交相辉映。在开幕式上,还演出了独具东方艺术魅力的舞龙狮、民族歌舞、山西威风锣鼓等。

昆明世博会的举行,生态环境与人文环境珠联璧合,奏出了一首人与自然和谐的主题曲。

### 2.1.4　创新原理

项目策划能否有新的突破,是其成败的关键。创新能吸引人们的兴趣,吸引人们参与其中,从而使策划力挫群雄,实现其自身的价值。创新不仅是项目策划的原则,而且还是其重要的特征,因此,我们对创新要认真对待,仔细研究,掌握其规律,应用于策划实践,从而更好地指导现实生活。

创新原理转换成心理学和创造性思维学的术语,就是创造性思维,具体要注意以下两个问题:

首先,策划者根基要深厚,要具有渊博的知识,如天文、地理、历史及社会学、伦理学、心理学、管理学、营销学等领域的知识,从而形成策划者策划的文化积淀,在这种文化积淀中培养创新的思维。

其次,策划者要有创造性的思维,策划创新的关键在于能否打破固有的思维模式,走向广阔的思维领域;能否摆脱单一的思维模式,跨入立体的思维空间。

佛学讲道,要求有悟性,这种悟性也是创新之道。策划同样也要求独具匠心的"悟",别出心裁的"悟"。

原理之一:攀龙附凤,借梯上楼。即利用现成的名人效应以及知名度,推进策划活动的顺利进展。这种创新原理是利用一定的条件,使之变成炒作的焦点,进而以点带面,由表及里地带动策划的顺利进行。

原理之二:老树开花,推陈出新。即利用受众的怀旧心理及策划对象的历史底蕴进行策划诉求,在旧中求新。例如"孔府家酒"的品牌项目策划中,策划者把其包装设计成古色古香的样式,勾起了人们对伟大哲人孔子的怀念以及对那个时代的神往,从而使受众产生共鸣。

原理之三:反弹琵琶,逆向思维。即运用逆向思维,打破常规,反其道而行之。例如"傻瓜"项目中,策划者一反当时追求照相机的多种功能的时尚,推出了新一代简单易用的"傻瓜相机",结果一炮走红。

### 2.1.5 造势原理

项目策划的造势原理是指策划者在进行策划时,利用一定的活动项目,比如文化节、博览会等,进而推广与之相关或不相关的事物的知名度,从而取得一定的效益。

这种原理具体体现在"文化搭台,经济唱戏"的大型演艺活动中,例如亚太啤酒节就是一个经典的案例。四川绵阳,巧借亚运之风,于1990年4月下旬在成都体育馆广场举行了首届"亚太啤酒节",这是以啤酒为主题的大型文化项目,从工程的策划到具体操作步骤及工程所取得的成果,都表明它是一个十分成功的项目工程。

在20世纪80年代,中国的啤酒行业发展速度惊人,全国各地的啤酒厂纷纷投产上马,在大好形势下,四川省啤酒行业的竞争自然也很激烈。1989年成都啤酒市场形成了"亚太啤酒""绿叶啤酒""山城啤酒"三足鼎立的局面。四川人人公共关系事务所策划人员深入分析了当时的啤酒市场,于1989年12月策划制订了啤酒节的方案。1990年2月,啤酒节公关策划被推荐给了绵阳市啤酒厂,厂里的策划人员经过仔细考虑,确定了以本厂"亚太啤酒"命名本次啤酒节,抓住此次机遇,与四川人人公共关系事务所签订"亚洲啤酒节公关服务合同"。承办啤酒节的有关策划者,通过各种新闻媒介,大做广告宣传,制造声势,于当年4月10日,在成都岷山饭店召开了啤酒节的新闻发布会。此次发布会成为罕见的新闻界的大聚会,对绵阳啤酒厂的形象与品牌宣传,起到了举足轻重的作用。

在啤酒节期间,成都笼罩在一片喜悦中。在啤酒节会场,迎门而立的是一个大型广告牌,上面写着"亚运之年喝亚太,更添风采"。文化娱乐节目丰富多彩,有啤酒竞饮欢乐赛、接酒趣味赛等。这个项目给企业带来了巨大的经济效益,节省了大量的广告宣传费用,对促进成都啤酒行业的良性竞争、维持竞争秩序起到了特有的作用。同时,大大提高了亚太啤酒的知名度与美誉度,塑造了企业的良好市场形象。可见利用节日项目进行造势,要特别注意节日与所要表现事物的内在联系,进而将两者有机地结合起来,相互融合。

## 2.2　大型演艺活动的策划

### 2.2.1　大型演艺活动策划的职能

1）计划职能

计划职能是大型演艺活动策划的首要的、基本的职能,它决定和影响了其他两项职能的执行和实施。为了使大型演艺活动的各个环节能够协调有序地进行,大型演艺活动机构在开展经营活动之前必须制订严密、统一的活动计划。

（1）计划职能的含义

计划职能有广义和狭义之分。广义的计划职能是指制订计划、执行计划和检查计划执行情况三个紧密衔接的工作过程。狭义的计划职能则是指制订计划的过程,即组织根据实际情况,通过科学的预测,权衡客观的需要和主观的可能,提出在未来一定时期内要达到的目标以及实现目标的手段和途径的过程。大型演艺活动的计划职能就指其狭义职能,可将其概括为"5W1H"六个方面,即"做什么（What to do）""为什么做（Why to do）""何时做（When to do）""何地做（Where to do）""谁去做（Who to do）""怎么做（How to do）"。这六个方面的具体含义是:

"做什么":要明确计划职能的具体任务和要求,明确每一个时期的中心任务和工作重点。"为什么做":要明确计划职能的宗旨、目标和战略,并论证可行性。"何时做":规定计划中各项工作的开始和完成进度,进行有效的控制和对能力及资源进行平衡。"何地做":规定计划的实施地点或场所,了解计划实施的环境条件和限制,以便合理安排计划实施的空间组织和布局。"谁去做":计划不仅要明确规定目标、任务、地点和进度,还应规定由哪个主管部门负责。"怎么做":制订实现计划的措施,以及相应的政策和规则,对资源进行合理分配和集中使用,对人力、生产能力进行平衡,对各种派生计划进行综合平衡等。

实际上,一个完整的计划还应包括控制标准和考核指标的制定,也就是告诉实施计划的部门或人员,做成什么样、达到什么标准才算是完成了计划。

（2）计划职能的特征

计划职能的特征可以概括为目的性、首要性、普遍性、效率性和创造性5个方面。

①目的性。每一个计划及其派生计划都是旨在促使企业或各类组织的总目标和一定时期目标的实现。计划职能是最能够清楚地显示出策划基本特征的一项策划职能。

②首要性。相对于其他策划职能,计划职能处于一切策划活动的首要地位,这不仅是因为从策划过程的角度来看,计划职能先于其他策划职能,而且是因为在某种情况下,计划职能是能够首先保证策划活动付诸实施的唯一一项策划职能。

③普遍性。虽然计划职能的特点和范围随各级策划人员职权的不同而不同,但它却是各级策划人员的一个共同职能。所有的策划人员,无论是总经理还是基层工作人员都要从事计

划职能。人们常说,策划人员的主要任务是做决策,而决策本身就是计划职能的核心。

④效率性。计划职能的任务,不仅是要确保实现目标,而且是要从众多方案中选择最优的资源配置方案,以合理利用资源和提高效率。既要"做正确的事",又要"正确地做事"。

⑤创造性。计划职能总是针对需要解决的新问题和可能发生的新变化、新机会而做出决定的,因而它是一个创造性的策划过程。正如一种新产品的成功在于创新一样,成功的计划也有赖于创新。

（3）计划职能的程序

大型演艺活动计划职能的程序依次包括:估量机会、确定目标、确定前提条件、拟订可供选择的方案、评价各种备选方案、选择可行方案、拟订派生计划和编制预算8个环节。

①估量机会。对机会的估量,要在实际的计划职能开始之前就着手进行,它是计划职能的一个真正起点。其内容包括:对未来可能出现的变化和预示的机会进行初步分析,形成判断;根据自己的长处和短处搞清自己所处的地位;了解自己利用机会的能力;列举主要的不确定因素,分析发生的可能性和影响程度。

②确定目标。这一环节是在估量机会的基础上,为组织及其所属的下级单位确定计划的目标。要说明基本的方针和要达到的目标,说明制订战略、政策、规则、程序、规划和预算的任务,指出工作的重点。

③确定前提条件。计划职能的前提条件就是计划实施时的预期环境。按照组织的内外环境来分,可以将计划职能的前提条件分为外部前提条件和内部前提条件;按照环境的控制程度,可以将计划职能前提条件分为不可控的、部分可控的和可控的三种前提条件。前述的外部前提条件越多,不确定性越大,就越需要通过预测工作来确定其发生的概率和影响程度。

④拟订可供选择的方案。通常,最明显的方案不一定就是最好的方案,在过去的计划方案上稍加修改或略加推演也不会得到最好的方案。做好这一环节的工作需要发挥策划人员的创造性。此外,方案也不是越多越好。即使可以采用数学方法、借助电子计算机的手段,也需要对候选方案的数量加以限制,以便把主要精力集中在对少数最有希望的方案的分析上面。

⑤评价各种备选方案。评价各种方案实质上就是一种价值判断。它一方面取决于评价者所采用的标准,另一方面取决于评价者对各个标准所赋予的权数。显然,确定目标和确定计划前提条件的工作质量,直接影响到方案的评价。

⑥选择可行方案。这是计划职能的关键环节,也是做出决策的实质性阶段——抉择阶段。可能遇到的情况是,有时会发现同时存在两个以上的可行方案。在这种情况下,必须确定首先采取哪个方案,而将另一个方案进行细化和完善,作为备选方案。

⑦拟订派生计划。派生计划是总计划的基础,是总计划下的分计划。总计划要靠派生计划来保证。

⑧编制预算。预算实质上是资源的分配计划,是把计划转化为预算,使之数字化。预算工作做好了,可以成为汇总和综合平衡各类计划的一种工具,也可以成为衡量计划完成进度的重要标准。

（4）计划职能的要求

①做好信息预测工作,切实改善决策质量。关于信息、预测、决策和计划之间的相互关系,

毛泽东同志在《中国革命战争的战略问题》一文中曾作过精辟的阐述。他指出："指挥员的正确的部署来源于正确的决心,正确的决心来源于正确的判断,正确的判断来源于周到的和必要的侦查,和对于各种侦查材料的连贯起来的思索。指导员使用一切可能的和必要的侦查手段,将侦查得来的敌方情况的各种材料加上去粗取精、去伪存真、由此及彼、由表及里的思索,然后将自己方面的情况加上去,研究双方的对比和相互的关系,因而构成判断,定下决心,做出计划——这是军事家在做出每一战略、战役或战斗计划之前的一个整个的认识情况的过程"。由此,我们不难看出,信息、预测、决策和计划之间的相互关系是:信息、预测是决策和计划的基础,决策是计划的核心,计划是决策的安排。因此,做好计划工作,首先要做好信息和预测等基础工作,同时更重要的是,要切实改善决策的质量。

②在确定目标的同时,要考虑相应的条件和手段。一份完整的计划或计划书至少要包括确定预订目标、前提条件和相应手段三部分,三者缺一不可。确定条件实际上是计划工作中的可行性分析,有了可行性分析才能保证目标的科学合理,从而避免出现"计划计划,墙上一挂"有名无实的局面。

③确定计划期限并使不同期限的计划相互衔接。确定计划期限是计划工作中的另一个重要问题,它涉及计划的许诺和兑现问题。一般来说,期限越长,许诺越大,兑现越难;反之亦然。因此,在制订计划时,要谨慎确定计划的期限,但这并不意味着计划期限越短越好,否则就会导致管理中的短期行为。解决计划期限的一个有效的方法就是滚动式计划方法。其编制方法是在已编制出的计划的基础上,每经过一段固定的时期便根据变化了的环境条件和计划的实际执行情况,从确保实现计划目标出发对原计划进行调整。每次调整时,保持原计划期限不变,而将计划期限顺序向前推进一个滚动期。滚动式计划方法依据远粗近细的原则,既保证了计划的准确性,又实现了不同期限计划的相互衔接问题。

④在保持计划相对稳定的同时,保持其灵活性。计划作为组织对未来工作的基本安排和行动指南,一经制订不要轻易修正、改变,即保持计划的相对稳定性。但这并不意味着可以忽略环境条件和执行情况的变化,而拘泥于原有计划。事实上,计划只是组织探索未来、适应环境的一种反映形式,一旦环境条件发生了变化,就要做出相应的调整;若环境条件发生重大变化,还要做出重大调整。当然在实际工作中,尤其是制订计划之前,要尽可能充分地考虑到各种变化,尽量减少频繁、重大的调整,否则,计划便失去了存在的意义。

⑤要进行局部试点,并要有信息反馈。如前所述,计划只是组织探索未来、适应环境的一种反映形式,不管事前做过多么充分的调查研究和准备工作,都很难完全准确地规划未来,即难免有所偏差。偏差越小,失误越少,自然越好。而实际上,在重大问题的计划上却往往偏差很大,失误很多。为了减少重大失误,对于长期的重大问题的计划一般采取先行试点的方法,即"种实验田"。这样可以取得成功经验和失败教训,既完善了原有计划,也避免了全面推广可能造成的重大损失。

### 2)组织职能

#### (1)组织职能的含义

从结构的角度来理解组织职能,就是在分析组织环境的基础上把总任务,即组织的总体目标分解成一个个具体任务,然后将有关任务合并而组成相应的基本工作单位,即设置部门,同时把权力和责任授予每个部门的负责人的一系列活动。具体来说,组织职能主要包括以下几个方面的任务:确定组织目标;对目标进行分解,拟订派生目标;明确为了实现目标所必需的各项业务工作或活动,并加以分类;根据可利用的人力、物力以及利用它们的最佳途径来划分各类业务工作或活动;授予执行有关各项业务工作或活动的各类人员以职权和职责;通过职权关系和信息系统,把各层次、各部门联结成为一个有机的整体。其中,划分任务、设置部门和授予权责是组织职能的核心。

总之,通过有效的组织工作,使组织结构合理,运转高效,资源配置优化,关系处理得当,积极性得到充分发挥。

（2）组织结构的含义

组织结构就是表现组织各部分排列顺序、空间位置、聚集状态、联系方式以及各要素之间相互关系的一种模式,它是执行管理和策划任务的体制。组织结构犹如人体的骨架,在整个策划系统中起"框架"作用。

组织结构可以分解为复杂性、正规化和集权化三个方面来理解。复杂性指的是组织分化的程度。一个组织越是进行细致的劳动分工,具有越多的纵向等级层次,组织单位的地理分布越是广泛,则协调人员及其活动就越困难。组织依靠规则和程序引导员工行为的程度就是正规化。有些组织仅以很少的规范准则运作,另一些组织,却具有各种规定指示员工可以做什么和不可以做什么。一个组织使用的规章条例越多,其组织结构就越正规化。采用集权化的组织会考虑制定决策的权力的分布。在一些组织中,决策是高度集中的,问题自下而上传递给高级管理人员,由他们选择合适的行动方案。而另外一些组织,其决策制定权力则授予下层人员,这被称作分权化。

（3）大型演艺活动组织结构的运行原理

组织结构的运行是组织结构动态的一面,它是相对于静态而言的。设计出的组织结构,仅仅是一个框架,尚处于静态之中。为了使组织结构在实现目标的过程中做出贡献,就必须使它运转起来。组织结构的运行主要涉及集权及分权、直线与参谋两个问题。

①集权意味着职权集中到较高的管理层次,分权则表示职权分散到整个组织中。集权与分权是相对的概念,不存在绝对的集权和分权。按照集权与分权的程度不同,可形成集权制与分权制两种领导方式:集权制指管理权限较多地集中在组织最高管理层,分权制就是把管理权限适当分散在组织的中下层。

集权制的特点是,经营决策权大多数集中于上层主管,中下层只有日常的业务决策权限;对下级的控制较多,下级的决策前后都要经过上级的审核;统一经营,统一核算。分权制的特点是,中下层有较多的决策权,有一定的财务支配权;上级的控制较少,往往以完成规定的目标为限;在统一规划下可独立经营,实行独立核算。

②直线与参谋。直线职权意味着作出决策、发布命令并付诸实施,协调组织的人、财、物,保证组织目标实现的基本权力。参谋职权则仅仅意味着协助和建议的权力,它的行使是保证直线管理者作出的决策更加科学与合理的重要条件。在任何一个现实的组织中,各级管理人员的职责都兼具直线和参谋的因素,它们是使组织活动朝向组织目标的不可分割的整体。

### 3）控制职能

（1）控制职能的含义

简单的控制职能只涉及批评某位下属人员，指出他的问题。而广义的控制职能则涉及策划的其他各种职能，它使策划工作成为一个封闭的系统。控制职能是对组织内部的策划活动及其效果进行衡量和校正，以确保组织的目标以及为此而拟订的计划得以实现的过程。控制职能是每一位负责执行计划的策划者的主要职责，尤其是直线策划人员的主要职责。

（2）控制职能的意义

任何机构及其承办的活动项目都需要控制。这是因为即便是在制订计划时进行了全面的、细致的预测，考虑到了实现目标的各种有利条件和影响因素，但由于环境条件是变化的，策划者也受到其本身的素质、知识、经验、技巧的限制，预测不可能完全准确，制订出的计划在执行过程中也可能会出现偏差，会发生未曾预料到的情况。这时，控制职能就起到了执行和完成计划的保障作用，以及在该策划控制中产生新的计划、新的目标和新的控制标准的作用。通过控制职能，能够为策划者提供有用的信息，使之了解计划的执行进度和执行中出现的偏差及偏差的大小，并据此分析偏差产生的原因；对于那些可以控制的偏差，通过组织机构查究责任，予以纠正；而对于那些不可控的偏差，则应立即修正计划，使之符合实际。

使策划过程形成相对封闭的系统。在这个系统中，计划职能选择和确定了组织的目标、战略、政策、方案和程序，然后，通过组织领导等职能去实现这些计划。为了保证计划目标的实现，就必须在计划实施的不同阶段，根据由计划产生的控制标准，检查计划的执行情况。这就是说，虽然计划工作必须先于控制活动，但是其目标是不会自动实现的。一旦计划付诸实施，控制工作就必须穿插其中进行。它对于衡量计划的执行进度，揭示计划执行中的偏差以及指明纠正措施等都是非常必要的。同时，要进行有效的控制，还必须制订计划，必须要有组织保证，必须要配备合适的人员，必须给予正确的指导和领导。所以说，控制职能存在于策划活动的全过程中，它不仅可以维持其他职能的正常活动，而且还可以在必要时通过采取纠正偏差的行动来改变其他策划职能的活动。

（3）大型演艺活动控制职能的程序

作为一种封闭系统，控制职能的基本程序包括确定控制标准、评定活动成效、分析衡量成果和采取纠正措施等4个环节。

①确定控制标准。策划控制过程的第一步就是确定一些具体标准，这是整个控制工作的质量保证。所谓标准，就是评定成效的尺度，它是从整个计划方案中选出的对工作成效进行评价的关键指标。标准的类型一般有时间标准、生产率标准、消耗标准、质量标准和行为标准等。最理想的方式是以可考核的目标直接作为标准。但更多的情况往往是需要将某个计划目标分解为一系列的标准。

②评定活动成效。对于评定成效而言，主要问题是如何及时地收集适用和可靠的信息，并将其传递到对某项工作负责而且有权采取纠正措施的策划者手中。常用的控制方法有：个人观察、统计报告、口头报告、书面报告和抽样检查。

③分析衡量结果。分析衡量结果的工作就是要将标准与实际工作的结果进行对照，并分

析其结果,为进一步采取管理行动做好准备。一旦工作结果在容限之外,就可以认为是发生了偏差。这种偏差可能有两种情况:一种是正偏差,即结果比标准完成得还好;另一种是负偏差,即结果没有达到标准。如果工作结果出现负偏差,那么偏差的原因也可能是各种各样的。因此,策划者就不能只抓住工作的结果,而应该充分利用局部控制,将工作过程分步骤分环节地进行考虑,分析出偏差出现的真实原因。一般来讲,原因不外乎三种:一是计划或标准本身就存在偏差;二是由于组织内部因素的变化,如营销工作的组织不力、生产人员工作的懈怠等;三是由于组织外部环境的影响,如宏观经济的调整等。事实上虽然各种原因都可以归结为这三点,但要做出具体分析,不仅要求有一个完善的控制系统,还要求策划者具有综合分析能力和丰富的控制经验。

④采取纠正措施。控制过程的最后一项工作就是采取管理行动,纠正偏差。偏差是由标准与实际工作成效的差距产生的,因此,纠正偏差的方法也就有两种:改进工作绩效,修订标准。

## 2.2.2 大型演艺活动的主题策划

### 1)大型演艺活动的主题

主题是指大型演艺活动的核心思想,大型演艺活动的开展必须围绕主题来进行。只有这样,大型演艺活动的组织工作才能有条不紊地展开;大型演艺活动才会有鲜明的形象、生动的内容、高度的凝聚力和巨大的号召力。策划任何大型演艺活动都必须首先确定活动的主题。没有主题,就没有核心;没有核心,就必然无纲无目,一片混乱。鲜明确切的主题是成功申办和举办任何大型演艺活动的关键。没有主题或主题不鲜明的大型演艺活动都是不可能取得成功的。

### 2)大型演艺活动主题的确定要点

#### (1)体现特色

体现特色,就是说大型演艺活动主题的选择要和主办地的特点有机地结合起来,以更新的观念和创新的勇气,因地制宜,紧紧抓住举办地的地理位置、政治、经济、自然、文化、发展等诸多方面所具有的最鲜明的特点,来确定体现举办地特色的主题,策划"独一无二"的大型演艺活动项目。策划中坚持独特性原则,就能使大型演艺活动开展错位竞争,以更为鲜明的主题、形式和内容,使大型演艺活动产生更大的吸引力、更强的竞争力和更长的生命力。

凡是成功的大型演艺活动的策划,都能体现独特性的原则。比如:葡萄牙里斯本是靠海的港口城市,里斯本的历史、社会、经济、人民生活和城市发展都离不开海洋。为纪念航海家达·伽马开辟新的通往印度的贸易航线500周年,为告诫人们海洋不仅是人类过去和现在的财富,更是人类未来的财富,教育人类要爱护保护海洋,因此,选择"海洋——未来的财富"为里斯本申办世博会的主题是再确切不过了。又如1994年马来西亚将国际国内的节日与各种文化、宗教、庆典活动结合在一起,把民俗旅游与风光旅游结合在一起,推出马来西亚旅游年,根据自己的地理、历史、民族文化和宗教的特点,安排了18项大型旅游活动,如吉隆坡的国际风筝节、沙巴的"风下的土地"活动、沙捞越的"鸟之乡"活动及嘉威达雅节等,主题各不相同。由于每一项活动的主题都很有特色,这就使得整个马来西亚旅游年热闹非凡,终年不衰,取得了很大的成功。

（2）表达共性

表达共性,就是说大型演艺活动的主题应该表达人们普遍关注的共性,这样能使人们尽管有不同的立场和利益,但仍然因为能从大型活动中获取共同的利益及有益的信息和启迪而加以接受,并乐于参加。比如:德国汉诺威根据德国是一个科技高度发达国家的特点,确立 2000 年汉诺威世博会的主题"人类·自然·技术",这就充分地表现了人类当前最关心的共同问题:人类、自然环境和科学技术之间的关系。

（3）以人为本

以人为本,就是说大型演艺活动的主题应体现对人类利益的关注和维护。人类是世界上最宝贵的财富,我们强调关注和维护人类的利益,归根结底是为了人类更好地生存与发展。以人为本的主题是各国人民共同关注和感兴趣的主题。刚才所举德国汉诺威世博会的主题就既表示了人类共同关心的问题,也体现了对人类利益的充分关注和维护。

（4）发布信息

发布信息,就是说大型演艺活动的主题应能向全国或全世界发布最明确的信息,表明大型演艺活动的核心内容和举办地所要关注和努力的问题。上海最后确定的世博会主题——城市,让生活更美好——就是充分注意到以上 4 点的最好范例。这也就是 2010 年上海世博会的主题能得到国际展览局成员国普遍接受和我国取得申办成功的重要原因之一。

### 3）与大型演艺活动主题相关的因素

大型演艺活动策划的关键之一是主题的确定,但在主题确定前、中、后的时间内,还必须注意与大型演艺活动的主题相关的因素。充分注意和考虑这些因素,直接关系到确定的主题能否突出并充分发挥其作用。

（1）主题物品

大型演艺活动一般应有与活动主题相吻合的具体实物,如潍坊风筝节的"风筝",大连国际服装文化节的"服装",青岛啤酒节的"啤酒",余姚杨梅节的"杨梅"等。这些物品就是主题物品,它们是整个活动的灵魂和载体,承载着大型演艺活动的主题内容。缺乏实实在在的主题物品的大型演艺活动,不能有效地影响现代公众的心态和行为,公众无法感知、无法"拥有",就会觉得活动有些抽象、虚幻,因而产生不了参与的欲望。所以,大型演艺活动如果缺乏可感人的、具体的主题物品,影响就比较有限,公众参与的人数也就有限,"以节兴节"的目的也不可能达到。

（2）主题吉祥物

吉祥物或象征图案是表达某种文化主题内容的物品或图案,是经过深思熟虑的、理想化设计的活动饰物。吉祥物或象征图案不是一般意义上的艺术作品,而是创作者基于公众审美情趣和思想境界所设计的专题作品。其中的创意构图以及色彩组合都涵盖着丰富的内容,一经审定通过,一般就不轻易改动,具有相对的稳定性,并可能成为"圣物"。吉祥物或象征图案的主要效用是标示活动、展示活动主题、烘托活动气氛和诱导公众情趣,让公众或心潮澎湃、或庄重肃穆、或兴奋激动。为了形象直观地展示大型演艺活动的主题,诱发公众的美好心理,在认真审视活动主题的前提下,应根据公众的审美情趣创作具有文化韵味和形象特色的图案或实物,并将其定位为大型演艺活动的吉祥物或象征图案。

（3）主题典故与趣闻

公众对于历史典故或趣闻,一般都比较感兴趣。无论是社会节假日还是其他节庆日,都有自己的典故。根据大型演艺活动的主题,挖掘出相关的典故与趣闻,有利于烘托整个大型演艺活动的主题,提升活动的文化品位,增强活动的吸引力。如情人节,其典故就妙趣横生,充满了人文色彩和美好情趣。如果在大型演艺活动中将这些典故整理成为一个个完整的故事,并形象地展示出来,不仅可以烘托活动主题的文化品位,而且可以满足公众的求知心理,从而更好地达到大型演艺活动的举办目的。

由于人文因素的介入,任何一种大型演艺活动都有自己的趣闻。如举办地有关历史人物、历史事件、历史遗迹以及历史发展的趣闻等。这些趣闻内容故事性强,能够有效地吸引公众,增强活动的吸引力。如在湖北兴山昭君旅游文化节中,组织者策划香溪河河灯展放会的创意灵感就是来源于"昭君别乡"这个古老的民间传说。

（4）主题仪式

策划大型演艺活动时,既要重视硬件,又要重视软件。硬件的策划主要是指对大型演艺活动举办地和举办场所的形象和具体物质条件的策划。软件的策划则指对大型演艺活动程序和仪式的设计。主题仪式设计要注意以下两个方面:第一,要融合民族文化。就是说,要用文化眼光来对待活动的程序编排,从仪式上与民族文化仪式谋求融合,在活动的开幕式及闭幕式上,编排一些国家性、民族性、地方性的仪式;或在活动中间有意识地安排一些民族性的文化娱乐项目,表现当地的民族文化风采。第二,要突出活动的主题。策划大型演艺活动的程序和仪式:一是要设计相对稳定、寓意比较深刻、有一套规范要求、能在每次活动中均要演示并通过演示还能影响公众文化性心态的主题仪式;二是要设计气氛活跃、娱乐性强而又符合大型演艺活动的主题要求的节目,以影响公众的休闲性文化心态。

（5）主题氛围

大型演艺活动的文化性表现于活动的氛围,即基于某种文化理念而营造出来的场面特色,包括活动场地的基调、音乐音响和装饰色调等。大型演艺活动的基调是欢快喜庆,同时突出文化性。在以节日文化魅力和欢庆为基调、开展大型演艺活动的过程中,音乐、音响和装饰色调对于烘托大型演艺活动的现场气氛、影响公众的欢快心态,具有重要的作用。所以在策划大型演艺活动中,应高度重视音乐、音响和色调的选择和策划。

【相关链接】

## 北京再秀"好声音",让音乐节随手而来

2015 年 10 月 8 日晚,作为一年一度金秋时节北京极具魅力的文化盛事,以"乐享浪漫"为

主题的第十八届北京国际音乐节于中山公园音乐堂盛大开幕。已经走过18个年头的北京国际音乐节，以其独具特色的艺术内涵及深远的品牌影响力，将目光对准欧洲音乐历史上尤为丰富的艺术宝库，让世人再次倾听北京这座古典而时尚的城市回荡的浩瀚乐音，回望西方古典音乐浪漫主义巅峰之上的绮丽景观。

因为北京国际音乐节的到来，让历史悠久的文化古都——北京，沉浸在一股浓郁的艺术氛围中，时而优美、时而浩荡的古典乐曲响彻在金秋时节的北京，为这个城市注入了浪漫而复古的气息。正如著名作曲家陈其钢在此次音乐节开幕式上亮相的《京剧瞬间》，在西方作曲技法的基础上，融入大量的民族元素，京剧"过门"旋律在作曲家手中进行无穷变幻，伴随着京剧"武场"的伴奏乐器和其他西方管弦乐队打击乐器的点缀，使得乐曲整体错落有致，韵味独特。

小提琴大师郑京和听后连连称赞，听完陈其钢的音乐非常感动，其中浓郁的中国元素也是世界的。如此备受夸赞的开幕作品也受到很多在场观众的好评，而离开音乐会现场后，仍感到意犹未尽的古曲迷们还可以通过音质表现优异的智能手机等产品来欣赏更多优秀的音乐作品，满足对古典音乐的热爱之情。

唯美而强劲的古典乐曲通过智能手机内置的 HiFi 芯片处理，将不同乐器发出来的唯妙乐音和谐呈现的同时，又将各自低沉、纯属、响亮、紧凑的节奏与特色的音效有层次地传递出来，取悦双耳，温润心境。如钢琴的"娓娓道来"、大提琴的"沉稳凝重"、小提琴的"高昂明朗"，通过智能手机 Hi6402 音频解码芯片的特别处理，呈现细腻而动听的震撼音效，让热爱音乐的人们随时身处音乐盛宴。

据悉，本届音乐节在17天的时间内将举行18场演出，涵盖2场歌剧演出、9场交响乐演出，尤值一提的是还将在时尚中心三里屯举办都市系列音乐会并推出4场风格迥异的演出，可见古典的音乐盛事也逐渐融入日新月异的时尚元素，不仅吸引着更多不同年龄层音乐爱好者的关注及喜爱，还借助诸如华为智能手机等时尚数码产品的科技力量，让好音乐随手而来，让音乐节就在身边。

## 第二届南京森林音乐会开幕

2016年9月14日晚，由江苏省委宣传部、南京市人民政府主办的2016第二届南京森林音乐会，在中山陵音乐台开幕。来自全球多个国家和地区的音乐家，会聚在这座中国极具魅力的"森林剧场"，将连续四晚为数万观众奉献精彩绝伦的演出。

市长缪瑞林说，文化是城市发展的动力之一，文艺气息浓郁的城市一定充满魅力。南京山川形胜，文脉悠长，文雅、文艺一直是南京市的底色和气质。举办森林音乐会，正是为了契合城市资源禀赋，坚持精致、生态、人文、特色城市发展取向，顺应人民群众对高品位文化生活向往的重要举措。我们相信，通过持续不断地举办森林音乐会等文艺品牌活动，古都金陵一定会更加彰显城市魅力、会聚五湖四海宾朋，提升文化南京品牌影响力。

2015年举行的首届南京森林音乐会取得圆满成功，吸引了7万多名观众参与其中，受到各界广泛好评。2016年第二届南京森林音乐会延续"南京，让世界倾听"的主题，融汇了东西方多种音乐形态，更加注重品质品位、更加凸显观众体验。活动贯穿整个中秋假期，期间将举办两岸乐团联袂献演的"月圆两岸情"中秋专场音乐会、由"钢琴王子"理查德·克莱德曼登场献技的"秋日的私语"音乐会，以及"玫瑰欢乐颂"轻音乐演奏会等。9月15日至16日，还将举行为期两天两晚的南京森林音乐狂欢季——大型户外音乐节，上演古典与流行的激情碰撞。

开幕会当晚，拥有300多年历史的斯洛文尼亚爱乐乐团，为观众奉献了一场名为"森林的交响"的大型音乐会。在英国著名指挥家詹姆斯·贾德指挥下，乐团精心演绎的14首传世经典，将观众带入自然的怀抱中，使其感受到音乐的独特魅力。

## 中原首届琵琶讲与演交流展示音乐会

中原首届琵琶讲与演交流展示音乐会于2016年8月9号顺利举办。为了更好地促进各地间琵琶教学的互动交流，让更多琵琶音乐爱好者全面认识本次活动，中原首届琵琶讲与演交流展示音乐会共策划了3个板块。

在8月9号上午8点30分左右，中原琵琶风——中原首届琵琶讲与演交流展示音乐会给来自豫、冀、晋等地代表队提供了一个展示自我的平台，首先举办了集体演奏会，乐曲内容丰富，包含齐奏和重奏，充分展现了学子们的精神面貌和风采，同时展示了各个单位的琵琶教学成果。演奏会一直延续到上午10点左右，接着是名家琵琶讲座，由热闹转为安静，展开了学术形式的琵琶交流会议。本次研讨会邀请了我国著名琵琶演奏家、教育家、中国音乐家协会琵琶学会会长、中国民族管弦乐学会琵琶专业委员会会长李光华教授，中央音乐学院教授、青年琵琶演奏家赵洁，青年琵琶演奏家、中央音乐学院琵琶教师、中国民族管弦乐学会琵琶专业委员会理事江洋等多位顶尖专家参与主题讲座，旨在推动琵琶艺术在未来有更好的发展。

下午3点，由中国琵琶专业院校在校大学生以及年轻琵琶演奏家担任独奏、重奏、协奏的专业演奏音乐会拉开了序幕，现场观众的掌声贯穿着一曲又一曲，既有传统乐曲的古韵雅音，又有现代作品的悦耳动听，殿堂级演奏让参与的观众得到了心灵的升华。终了，以年轻琵琶演奏家高悦茗的一首经典琵琶协奏曲《草原英雄小姐妹》落幕。此曲是由刘德海、王燕樵、吴祖强根据同名动画片于1973年创作完成，对演奏者的综合素质要求很高。而六岁起就跟随梁格非老师学习琵琶，进入中央音乐学院后跟随赵洁老师继续深造学习的琵琶演奏家高悦茗在整个曲子演奏过程中，能够完美地处理好作品的细节，在音色的变化、技术技巧的呈现、情感的把控上都是恰到好处。值得一提的是，高悦茗在多年琵琶演奏经历中，在国内外的各种重大比赛中均有斩获，例如在2012年获得台北华人艺术节特别金奖，2014年获得新加坡华人艺术金奖，2015年荣获韵嘉华欧洲艺术节金奖等，是琵琶事业优秀的接班人，更是一位充满表现力的演奏家。

中原琵琶风——中原首届琵琶讲与演交流展示音乐会整整持续了一天，内容丰富、形式多样，音乐会现场观众反应不错。本次活动旨在继承弘扬中华传统文化，丰富民众的文化生活，使豫、冀、晋的琵琶艺术得到更好的发展。

### 2.2.3　大型演艺活动的定位策划

定位是确定商品在市场中的位置的必要手段。各种大型演艺活动的策划都是在良好的定位基础上进行的。大型演艺活动定位的具体运用因人、因物、因时、因地而不同。

定位策划的方法有主题定位和市场定位两种,前者是从供给者角度考虑,后者是从需求者角度来策划。

### 2.2.4 大型演艺活动场馆选址建筑策划

场地场馆的选址应该择优选择,既要做定性分析,又要做定量分析。选择最佳位置的方法很多,如成本比较法、图上作业法。一般要解决以下3个问题:①工程地质、水文等自然条件是否可靠。②建设时的"三通"即交通、供电、供水等施工条件是否落实。③参加大型演艺活动的人数是否有保障。

### 2.2.5 大型演艺活动的策划原则

1)系统性、综合性和协调性原则

策划和举办大型演艺活动,是一个社会经济、政治、文化、环境的系统工程,涉及交通、住宿、餐饮、通信、购物、贸易等许多相关行业。大型演艺活动的策划过程是活动各部分和各要素系统化的过程,所以在策划中要从整体出发,使各环节、各部门、各层次相互制约和相互作用,有序进行。大型演艺活动集环境、资源、资金、人力和潜力于一体,受多种因素的制约和干扰,所以需要搞清楚该系统的诸要素及诸要素之间的关系,从经济效益、社会效益和环境效益三者综合统一的角度,根据大型演艺活动的主题、举办活动地的现实条件和未来发展的情况,动态地进行策划,以确定在活动举办中不同阶段的主题、目标、规模和手段。大型演艺活动与旅游活动密切相关,而旅游是综合性的社会现象,在策划时,只有考虑各方面的关系和影响,才能在举办和管理上使旅游业良性循环,社会持续发展。系统性要贯穿整个策划过程,例如,在不同层面上,各构成部分和各部门要有机结合、协调发展以及综合考虑各要素间的关系,而且应该做到有重点、有次序,构成一个完善的良性循环的策划系统。

2)参与性原则

由于大型演艺活动参与者的需求正向多样化、高层次的方向发展,因而将贸易、展览、会议与举办地的自然风光、名胜古迹、文化娱乐、购物等有机组合在一起,使大型演艺活动更为丰富多彩,已成为一种趋势。如今,人们希望大型演艺活动能包含有吸引力的文化、运动的内容和参与的机会。传统的走马观花的游览方式只是为人们提供了从旁欣赏的机会,远远没有让人参与到活动项目中去那么亲切,那么激动人心,那么让人难以忘怀。参与性的活动能给参与者一种体验,而这种体验正是大型演艺活动参与者追求的。西班牙就十分强调开发具有地方和民族特色的各种参与性活动,利用各种可能的机会吸引游客。该国巴斯克地区的民间节庆和宗教活动很频繁,当地政府及文化部门对此十分重视,扶持利用当地的这些大型演艺活动,大力推销当地的旅游资源、各种文化娱乐活动及郊野式参与活动,让大型演艺活动的参与者感到趣味无穷,取得了较好的效果。所以,在策划大型演艺活动的过程中应该考虑参与性原则,策划出能提供大型演艺活动莅临者参与机会的各种活动,让他们通过亲身参与,留下难忘和美好的回忆。

### 3）市场化原则

市场化原则就是要走出政府出钱包办的旧模式，把举办大型演艺活动和会展当成一个产业来经营。这样，在策划大型演艺活动时就不仅要根据市场的需求来开发大型演艺活动的产品和服务，而且要在调查现有市场的需求和发展趋势的基础上找出消费的亮点，开发适合市场发展趋势的需求并具有前瞻性的大型演艺活动产品和服务，来引导市场的需求和消费。这样策划出来的大型演艺活动产品和服务就能受到市场的欢迎，并具有旺盛的生命力。

大型演艺活动策划的市场化原则还要求按市场化运作的要求来策划大型演艺活动的组织和经营。也就是说，要改变政府办节的做法，淡化政府行为，强化市场行为，坚持市场化规律，引入公平竞争机制，权责分明，既要考虑社会效益，又要最大限度地追求经济效益。

大型演艺活动策划的市场化原则还要考虑大型演艺活动结束后的总结和市场评估，应该将大型演艺活动当作一项产品，注意它的品牌注册和无形资产的维护。

目前，我国许多重大的大型演艺活动已经改变了原来政府操办的模式，北京为奥运会、上海为世博会都成立了专门的会展公司，按市场化原则进行运作。

### 4）针对性原则

大型演艺活动策划一定要坚持针对性原则，也就是说，策划大型演艺活动要针对大型演艺活动的市场定位和参与对象来策划。这样策划出来的活动主题、内容和形式、产品价格和服务，就更会受到大型演艺活动参与者的欢迎，更会增强大型演艺活动的吸引力，因而，大型演艺活动成功的可能性也就越大。

### 5）可操作性原则

大型演艺活动策划需要遵循可操作性原则，也就是说，要从实际情况出发，按照一定的程序，制订出最佳方案，以取得经济效益、社会效益、环境效益的统一。方案中的经济指标必须符合大型演艺活动参与者的消费能力和市场的消费水平，方案的实施途径也必须切实可行，策划的内容和形式必须具有前瞻性和吸引力，也不脱离实际，具有可操作性。

### 6）创新独特原则

一项成功的大型演艺活动，不仅应该充分满足市场的需要，更重要的一点是活动各方面的创新独特性，正所谓"物以稀为贵"。这种特色反映在举办地的自然环境、人文历史、民俗风情或者大型演艺活动各项主题活动的内容、形式上等诸多方面。在如今大型演艺活动已经在各地"泛滥成灾"的情况下，如何利用好各项优势，迎合广大大型演艺活动的参与者"求新探奇"的心态，尽力在大型演艺活动的每个方面出奇招、新招，已经成为大型演艺活动策划人员所面临的主要问题之一。

### 7）宣传原则

①从时间上来说，对于一项大型演艺活动的宣传应当分为事前、事中以及事后，必须保证

宣传在时间上的完整性,确保这项活动给予广大参与者的印象的连贯性。

②在媒体的选择上要具有一定的技巧,针对本次大型演艺活动的目标市场,谨慎地选择对本次宣传有利的有效媒体,在宣传的频率上也要加以注意。

③在大型演艺活动举办期间,活动组织者要善于挖掘活动中的亮点,可以邀请媒体到活动现场进行现场采访,也可以将活动过程中发生的一些趣事透露给广大市民,借着媒体的宣传力度和媒体上的曝光率让广大市民了解正在进行的活动,并且能够参与其中。

④在大型演艺活动的具体活动安排上可以结合当时的时事,或者是最近发生的重大事件,比如活动期间正值九九重阳节,可以利用这个"节中节"邀请一些老年艺术家和孤老院的老年人一起到活动现场联欢,这样不仅可以树立本次大型演艺活动在广大市民心中的良好形象,而且能够达到很好的宣传效果,可谓一举两得。

⑤在大型演艺活动宣传的时候不仅需要选择有效媒体,更重要的是要建立起自己的宣传阵地。除了可以在报纸、电视、广播等常规媒体上开辟一个活动专栏以外,还可以连同当地的旅游部门在网络上建立一个大型演艺活动的网站。在这里市民不仅可以看到活动的举办期间每天的活动情况,另外还可以通过网上的介绍了解一些关于大型演艺活动举办地的历史文化、民风民俗等,在宣传活动本身的同时,也将大型演艺活动举办地推上了宣传的第一线。

8)持续发展原则

良好的生态环境一直以来都是旅游业赖以生存和发展的基础,以前正是由于人们大量地进行破坏性的开发,才给我们生活的这片土地带来了难以弥补的伤害。而如今随着可持续发展的推行,在开发和利用资源、生态环境的同时,所有开发商都必须注意对环境的保护。在开发策划大型演艺活动的时候要考虑到举办地生态环境的承载力,经开发后控制该区生态系统保持在自行调节和正常循环的稳定水平上。另外,持续发展的原则还体现在策划一场大型演艺活动要策划好的不仅仅是一场活动,眼光要放长远,在一次活动结束后要进行可持续性研究,分析这一活动是否有继续举办下去的条件和市场,争取多办出一些规模大、影响范围广的大型演艺活动。

## 2.3　大型演艺活动的策划流程

### 2.3.1　项目调研

项目策划要做出正确的决策,就必须通过营销调研,及时掌握市场情况,使决策建立在坚实可靠的基础之上。只有通过科学的项目调研,才能减少项目的不确定性,使市场决策更有依据,降低项目策划的风险程度。另一方面,项目策划在实施过程中,可以通过调研检查决策的实施情况,及时发现决策中的失误和外界条件的变化,起到反馈信息的作用,为进一步调研和修改决策方案提供新的依据。

1）项目调研的内容

作为项目决策的依据，项目调研涉及项目活动的全过程，具有丰富的内容。常见的项目调研活动包括：

①项目市场的特点；

②项目销售分析；

③项目市场的潜力；

④项目经济趋势研究；

⑤项目竞争产品研究；

⑥项目行情研究；

⑦项目竞争者实力研究。

2）项目调研种类

（1）项目广告调研

调研内容包括：

①广告动机；

②广告版面；

③广告媒介；

④广告效果；

⑤广告竞争。

（2）项目经济调研

①经济趋势；

②经营业务；

③内部员工；

④行业状况；

⑤财政状况。

（3）项目责任调研

①项目消费者权利；

②生态环境状况；

③社会价值观念；

④国家政策导向；

⑤国家法律规定；

⑥行业自律条规。

（4）项目产品调研

①竞争项目产品状况；

②项目产品检验；

③项目产品包装设计。

（5）项目市场调研

①市场潜力；

②市场份额；

③市场特性；

④市场壁垒。

（6）项目环境调研

项目环境调研是指调查分析影响项目进展的各种环境因素的活动。根据项目环境因素的性质，可以把项目环境分为微观环境和宏观环境。

微观环境包括：企业自身、项目中介、竞争者、项目消费者。

宏观环境包括：人口因素、经济因素、生态因素、科技因素、政治法律因素、社会文化因素。

3）项目调研要求

项目调研是一项重要而又复杂的工作。项目调研的质量关系到最终获取市场信息的可靠性，进而影响整个项目活动的开展，因此对项目调研提出了几点要求：

（1）科学性原则

由于项目调研工作的复杂性，需要有一整套科学的调研方法作为成功的保证。可供选择的具体调研方法是很多的，必须遵循科学的原则来运用这些具体方法。首先，策划者必须贯彻实事求是的科学精神，保证调研结果的客观性，不可用主观臆测来代替对客观事实的观察。其次，需要在调研工作中进行认真细致的观察，对观察结果做合理的假设与推断，并对推断的结论进行可靠的检测和验证。

（2）复合型原则

在项目调研中，调查者切忌过分地依赖某一种自己熟悉或偏爱的调查方法。对同一问题采用不同的方法进行调查研究，可以将通过不同方法获得的调研结果相互验证和补充，提高项目调研的可靠性。另外，也应从多种渠道获取信息，以有利于提高调研结果的可信度。

（3）价值型原则

项目调研获得的信息可以为企业带来一定量的价值，但是进行项目调研也必须投入一定的成本。因此，在进行项目调研时，必须注意所获得信息的投入产出比例关系。调查策划者应明确哪些调研项目，采取哪些调研方法，应投入多少成本，取得多大的效用等。调研成果的价值大小依赖于它本身的可靠性。

（4）创造性原则

项目调研应当是一种创造性的工作，需要调研者具有强烈的创新精神。项目的诉求者一般都是消费者，因此处于变化之中。在进行项目调研时，调研者应当发挥创造性的思维，不断地发现新问题，研究新问题。

4）项目调研程序

项目调研是一种有计划、有组织的策划活动，必须遵照一定的工作程序，具体来说包括确定调研专题、确定调研目标、确定调研计划、实施调研计划、提出调研报告5个阶段。

（1）确定调研专题

项目调研的问题很多，不可能通过一次调研就解决所有的问题，因此，在组织每次项目调研时应找出关键性的问题，确定调研的专题，但调研专题的界定不能太宽、太空泛，以避免调研专题不明确具体。选题太宽，将会使调研人员无所适从，不能发现真正需要的信息；选题太窄，不能通过调研充分反映市场的状况，使调研起不到应有的作用。由此可见，调研专题的选择要适当。

（2）确定调研目标

在确定调研目标时，应当努力使问题定量化，提出明确具体的数量目标。

根据项目调研目标的不同，调研项目可分为探索性调研、描述性调研和因果关系调研3种类型。

①探索性调研。探索性调研一般是在调研专题的内容与性质不太明确时，为了了解问题的性质，确定调研的方向与范围而进行搜集初步资料的调查。通过这种调研，可以了解情况，发现问题，从而得到关于调研项目的某些假定或新设想，以供进一步调查研究。

②描述性调研。描述性调研是一种常见的项目调研，是指对所面临的不同因素、不同方面状况的调查研究，其资料数据的采集和记录，着重于客观事实的静态描述。

③因果关系调研。因果关系调研是指为了查明项目不同要素间的关系，以及查明导致产生一定现象的原因所进行的调研。通过这种形式调研，可以清楚外界因素的变化对项目进展的影响程度，以及项目决策变动与反应的灵敏性，具有一定程度的动态性。

（3）制订调研计划

项目调研专题和目的的确定之后，紧接着就是调研计划的制订。调研计划的内容包括资料来源、调研方法、费用预算等项目。

①确定资料来源。项目调研计划制订必须要考虑资料来源的选择。调研资料按其来源不同，可分为第一手资料和第二手资料。第一手资料指为了一定的目的采集所得的原始资料。采用第一手资料的费用比较高，但资料的价值相当大。这种资料常常来自现场的调查。第二手资料是指为了其他目的而采集的现成资料。在现代项目调研中，往往采用第二手资料的形式来进行调研工作。这样比较方便，而且成本也比较低。调研人员可以从内部资料中获取，也可以利用外部资料间接获取。常见的内部资料常来自企业的财务报表、资金平衡表、销售统计以及其他报表档案；外部资料常来自政府的文件、书籍、报纸、期刊，以及各种出版物。项目调研的起点来自于第二手资料，但是这样的第二手资料必须精确、可靠并且真实。

②确定调研方法。项目调查资料的采集往往采用3种调查方法：观察法、询问法和实验法。

a. 观察法：观察法是一种单向调研法，主要是由项目调查人员通过直接观察，进行实地记录，以获取所需的资料。这种方法也可以采取跟踪观察的形式在不同的地点连续进行，以获取动态的数据记录，供调研人员使用。也可以从不同角度对调查对象进行观察，从而对调查对象作整体评价。

b. 询问法：询问法是一种双向沟通的行为，一般分为口头询问法和书面询问法。采用口头询问法时，由项目调研人员直接通过言语与访问对象进行交谈，从交谈中获取所需要的信息资料,也可以采取座谈会的形式。这种方法简单、快速、灵活,但要求询问者的思维敏捷,能及时捕捉有价值的信息资料。书面询问法是指调研人员事先制订出了调查表,以当面填写或邮寄填写的形式收集信息。这种询问法速度比较慢,但成本比较低,资料比较丰富。

c.实验法:实验法是指将调查对象随机地分成若干组,通过有意识地控制实验条件中的若干变量,以此来观察条件变化后的各种反应,从中找出各种反应的差别。这种方法可以控制实验条件,排除其中非可控因素的影响,从中找出因果联系,所以运用比较广泛。

③确定费用预算。项目调查需要一定的费用支出,要合理地制订费用预算,确保调研费用支出小于调研后产生的效益。

(4)调研计划的实施

在调研计划制订出之后,就到了计划的实施阶段。这一阶段又具体包括:数据资料的收集、加工处理和分析3个步骤。

①数据资料的收集。数据资料的收集阶段往往费用很高,但对整个项目活动的开展具有重要意义。调研主管人员必须监督现场的工作,采取相当的措施防止失真信息的出现。

②数据资料的加工处理。收集的数据资料要经过一个去伪存真、去粗取精和科学加工处理过程,以保证分析工作的客观性,从而更好地指导整个项目活动的顺利进展。

③数据资料的分析。数据资料经过搜集、加工、处理之后,要对其进行分析,从中取得具有普遍意义的规律性。分析方法主要有定量分析与定性分析两种。随着网络技术及计算机技术的发展,出现了数据处理软件,这为项目调研工作带来了便利,从而缩短了分析的时间,提高了工作的效率。

(5)提出调研报告

调研报告是将调研数据分析结果书面化的形式,也是对整个调研工作的总结。

一般来说项目调研报告包括两种形式:一种是技术性报告,着重报告市场调研的过程,内容包括调研目的、调研方法、数据资料处理技术、主要调研资料摘录、调研结论等。报告面对的对象是调研人员。另一种是结论性报告,着重报告调研的结果,提出调研人员的结论与建议,供上级决策人物参考。

## 2.3.2 项目市场细分与选择

### 1)项目市场细分

项目市场细分就是指按照项目消费者或用户的差异性把市场划分为若干个子市场的过程。市场细分的客观基础是消费者需求的差异性。

(1)项目市场细分的作用

①项目市场细分有利于集中使用资源,优化资源配置,避免分散力量。对市场进行细分,深入了解每一个子市场,衡量子市场的开发潜力,然后集中投入人力、物力、财力资源,形成相对的力量优势,减少费用,提高效益,降低风险,发展能力。

②项目市场细分有利于提高项目的成功率,产生一定的社会效益。市场细分充分关注了相关产业项目消费者需求的差异性,以消费者为中心来进行市场理性思考。市场细分化的间

接效果使广大相关行业消费者的需求得到满足,并且在活动项目的实施中获益,从而营造项目企业的美誉度,达到企业的可持续发展。

③项目市场细分有利于增强项目企业的适应能力和应变能力。对消费者市场进行细分,增强了市场调研的针对性,市场信息的反馈加快,项目企业能及时、准确地规划项目活动的进行。

④项目市场细分有利于提高项目的市场竞争力。市场细分的过程中,不仅要对消费者需求进行细分,而且也要对竞争对手进行细分,弄清哪个子市场竞争比较缓和。针对诸如此类的情况,制订合理的项目战略,夺取市场份额,增强竞争能力。

⑤项目市场细分有利于挖掘更多的市场机会。通过对市场进行细分,可以全面了解项目市场广大消费者群体之间在需求程度上的差异。而在市场中,满足程度不够,或者满足出现真空时,市场便有可获利的余地,市场机会也就随之而来。抓住这样的时机,结合自身的资源状况,推出特色的项目产品,占领市场,取得效益。

(2)项目市场细分的程度

项目市场细分是一个连续的过程,具体要经过划分细分范围、确认细分依据、权衡细分变量、实施小型调查、评估细分市场、选择目标市场、设计项目策划等步骤。

①划分细分范围。这是指对细分哪一种服务市场以及哪一地位进行细分进行界定。这个细分范围取决于多种因素,其中主要的有项目承办单位的人力、财力、物力,项目的目标与任务,项目目前的行业优势状况。

②确认细分依据。这是指确认市场细分标准。这些细分标准主要有人口因素(包括性别、年龄、收入等)、心理因素、地理因素等。

③权衡细分变量。细分变量对项目市场细分起着重要的作用。细分变量使用不当,有可能使细分结果与市场的实际情况相差甚远,从而导致项目决策的失误,由此可见,对细分变量,要做深入的了解分析,科学合理地权衡比较。

④进行小型调查。在项目调查中,已对项目市场状况进行了数据的收集、整理、分析,可以说大致掌握了整体情况。为了进一步了解细分市场,也为了检测项目调查的效率,可以安排小规模的市场调查,但是投入费用要尽量小。

⑤评估细分市场。根据小型市场调查,对各个子市场进行评价、分析。

⑥选择目标市场。即通过评估,从众多的子市场中选择出最好的一个,最好按加权平均方法综合考虑各相关因素。

⑦设计项目策略。目标市场确定后,相应地制订出价格策略、产品策略、渠道策略、促销组合策略等。

(3)项目消费者细分的因素

对项目消费者细分,主要考虑到地理因素、人口因素、心理因素、行为因素、收益因素等,下面简要分析其中的几个因素。

①地理因素。主要变量包括:国家、地区、城市、乡村、气候和地形地貌。例如体育项目中的足球在巴西就比较流行,因为足球给巴西带来了几十年的荣耀;旅游项目中,南方人比北方人喜欢出行旅游,旅游企业可以推出针对南方人的旅游项目,如冰城游等。

②人口因素。其具体变量有:年龄、性别、职业、教育、家庭人口、家庭生命周期、民族、宗教和社会阶层。项目活动的开展要充分注意到人口因素的影响,针对消费者的不同特点,策划出不同口味的项目活动。

③心理因素。其具体变量有:生活格调、个性、购买动机、价值取向和对价格的感应程度。项目活动与消费者心理因素的关系十分密切,应根据消费者心理因素的不同,推出符合其需求的不同档次的演艺活动。

以上只是对3种因素进行了简要的分析,其细分因素还是有很多的。此处不再一一列举说明。

2)项目市场的选择

项目市场细分之后,存在着众多的子市场,如何在子市场中选出自己的目标市场,主要有以下几种策略:

(1)集中性策略

集中性策略是指以追求市场利润最大化为目标,项目不是面向整体市场,而是将主要力量放在一个子市场上,为该市场开发具有特色的项目活动,进行广告宣传攻势。这种策略主要适合于短期项目活动,成本小,能在短期内取得促销的效果。

(2)无差异策略

无差异策略是指项目活动面对已细分化的市场,从中选择两个以上子市场作为目标市场,分别向每个子市场提供有针对性的活动。这种策略配置的促销活动应有分有合,针对不同的子市场,广告宣传应针对各自的特点有所不同,从而调动各个子市场消费者的消费欲望,达到实际消费行为。

### 2.3.3　项目策划书撰写

在一系列前期工作结束后,应着手编写项目策划书。项目策划书的主要构件有以下几项:

①封面。它包括策划主办单位、策划组人员、日期、编号等最基本的信息。

②序文。它阐述此次策划的目的、主要构思、策划的主体层次等。

③目录。它展示策划书内容的层次排列,给阅读人以清楚的全貌。

④内容。它阐述策划创意的具体内容,应做到文笔生动、数字准确无误、运用方法科学合理、层次清晰。

⑤预算。为了更好地指导项目活动的开展,需要把项目预算作为一部分在策划书中体现出来。

⑥策划进度表。包括策划部门创意的时间安排以及项目活动本身进展的时间安排。在制订时间表时要留有余地,具有可操作性。

⑦策划书的相关参考资料。项目策划中所使用的二手信息材料要引注出处,以便查阅。

其他一些细节读者可视情况决定是否有必要添加进去或放在那些相应的栏目里边,包括:

①举办地概览;

②交通要求;

③旅馆；

④每日精细的日程安排；

⑤地图坐标；

⑥花费概要；

⑦活动包括的内容；

⑧详细列出没有包括什么；

⑨活动的其他选项和强化选项；

⑩公司概况；

⑪参考文件；

⑫支持材料；

⑬细节资料：地理方面的、人口特征、客户目标、客户喜欢和不喜欢的、节目结构和内容、预算数据；

⑭目的地方面：场地数据，当地风俗和文化，公众节日和季节性的重要时刻，购物招牌店和营业时间，当地活动和风情，所在时区、气候、语言、电力供应、货币、入场线路、地区地图等。

总的来看，编写策划书要注意以下几个要求：

①主题鲜明；

②文字简明扼要，并尽量运用图表、数据、图片、模型；

③内容完整，逻辑性强，有说服力；

④有一定的美感；

⑤有可操作性。

### 2.3.4　项目方案实施

项目策划书编写好后，应该制订相应的实施细则，以保证项目活动的顺利进行。要保证策划方案的有效实施，应做好 3 个方面的工作：

1）监督保证措施

科学的管理应从上到下各环节环环相扣，责、权、利明确，只有监督才能使各个环节少出错误，以保证项目活动的顺利开展。

2）防范措施

事物在其发展过程中有许多不确定的因素，要根据经验或成功案例进行全面预测，发现隐患，防微杜渐，把损失控制在最小限度内，从而推动项目活动的开展。

3）评估措施

项目活动发展的每一步，都应有一定的评估手段以及反馈措施，以便及时发现问题，更正偏差，以及进行事后总结。

【案例】

# 第一届察哈尔火山国际音乐节
# 活动策划方案

● **主题**:让心灵去旅行——看火山·游草原·听音乐

● **活动宗旨**

为了树立"火山草原"的国际旅游品牌形象,实现察右后旗火山草原四季旅游繁荣,采取"企业主导,政府扶持,市场化运作"的模式,内蒙古沃尔夫文化传播有限责任公司将联合北京、河北、山西三地五家知名文化传播公司,全力打造第一届察哈尔火山国际音乐节。本次音乐节将音乐艺术与北国的广袤草原、火山碧水紧紧相偎,使游客用聆听音乐的心情感受伟大自然的神圣,向他们展示出一幅"人·自然·音乐"的和谐画卷。

● **组织机构**

主办单位:中国音乐家协会　中国旅游协会

承办单位:内蒙古沃尔夫文化传播有限责任公司

协办单位:北京虎跃鹰飞文化传媒有限公司

　　　　　北京远航兄弟文化传媒有限公司

　　　　　山西文扬文化传媒集团有限公司

支持单位(拟):国家体育总局

　　　　　　　内蒙古自治区人民政府

　　　　　　　内蒙古自治区宣传部

　　　　　　　内蒙古自治区旅游局

　　　　　　　内蒙古自治区文化厅

　　　　　　　乌兰察布市人民政府

　　　　　　　察右后旗人民政府

媒体支持:中央电视台(文体频道)、内蒙古电视台、自治区及所有乌兰察布市市属媒体。

● **亮点创新活动**

1. 开幕式中俄蒙乐团交响乐演出。

2. "梦中的火山草原"国际摄影大赛。

3. 现代音乐(汪峰、崔健等摇滚原创音乐;扭曲机器、二手玫瑰等摇滚乐队)。

4. 老年夕阳秀(老年合唱、老年模特秀、老年器乐表演)。

5. "火山草原精灵"全国青少年才艺展示赛(声乐、器乐、舞蹈、书画、摄影)。

6. 火山草原知识讲座。

7. "察哈尔民族音乐"演出。

8. 火山篝火化装舞会。

9. 祭天、祭火、祭敖包。

10. 快乐自驾英雄会。

11. 环火山自行车邀请赛。

12. 察哈尔文化国际学术研讨会。

- **吉祥物**：火山草原兄妹

- **宣传工作**

1. 营造火山草原音乐节氛围；

2. 组织媒体、网站开展相关报道；

3. 邀请外地媒体；

4. 通过宣传招募外地游客参加音乐节。

- **组织分工**

**一、综合活动一组**：北京虎跃鹰飞文化传媒有限公司

负责综合事宜，包括文件起草、联络、制订预算，以及配合内蒙古沃尔夫文化传播有限责任公司组织音乐节系列活动。

**二、策划招商组**：

负责策划、组织演出活动，以及招商。

**三、活动二组**：

配合内蒙古沃尔夫文化传播有限责任公司组织火山会场活动。

**四、活动三组**：山西文扬文化传媒集团有限公司

配合内蒙古沃尔夫文化传播有限责任公司组织草原会场活动。

**五、活动四组**：北京远航兄弟文化传媒有限公司

配合内蒙古沃尔夫文化传播有限责任公司组织天鹅湖会场活动。

**六、旅游接待服务组**：

制订旅行社报价和招募旅游人员参加本次音乐节。

**七、宣传组**：

负责宣传，包括网站推广、媒体宣传、氛围营造，以及招募外地游客。

**八、旅游商品组**：

配合某旅游企业组织开展创意集市、旅游纪念品招商和销售等工作。

- **地点及时间说明**

1. 开幕会场：6号火山（2015年7月24日至2015年7月27日）

2. 分会场：草原民俗村（2015年7月28日）

3. 分会场：天鹅湖度假村（2015年7月31日）

4. 闭幕会场：6号火山（2015年8月20日）

- **活动方案设计**

【6号火山开幕式】

红·迎着朝阳奔跑

**一、活动时间**：2015年7月24日至2015年7月27日

**二、活动说明**

（一）人员组成

游客、参赛选手及家属、赞助企业员工及活动工作人员等。

1. 游客由各旅行社自行组织人员(自助游客除外)。活动时间可为2天1宿(套票)、4天3宿(折扣套票)供游客自主选择,选择其他时间段按天收费。

2. 参赛选手及家属、赞助企业员工由内蒙古沃尔夫文化传播有限责任公司组织。参赛选手活动时间7月25日至26日,2天1宿;赞助企业员工活动时间统一安排。参赛选手由内蒙古沃尔夫文化传播有限责任公司协同音乐家协会、摄影家协会联合组织到白银查干报名,进行节目编排。

3. 经媒体宣传报名的游客统一到内蒙古沃尔夫文化传播有限责任公司登记报名。

4. 活动工作:市旅游局负责指导和监督,内蒙古沃尔夫文化传播有限责任公司负责组织及执行。活动时间为24至27日,4天3宿。

(二)主题涂鸦及创意集市

1. 在宾馆内、外设置3块主题涂鸦板,内蒙古沃尔夫文化传播有限责任公司负责制作。

2. 设立"创意集市"(由旅游局负责)。

### 三、活动安排

时间:2015年7月24日

(一)组织上车

时间:7点

地点:集宁火车站

说明:组织游客、参赛选手及相关人员到集宁站集合上车。上车后,工作人员为每人发放活动资料(包括宣传册、活动安排说明等),以及森林音乐节主题歌歌谱一份。有小乐队到各车厢演奏音乐并教唱主题歌。

(二)下车接待

时间:10点20分

地点:白银查干(相关宾馆)

说明:游客下车时,管弦乐乐队奏迎宾曲。工作人员组织把游客、参赛选手、企业员工带到宾馆,发放房间钥匙及相关资料;宾馆外放迎宾曲,宾馆内5支乐队组合演奏。

(三)12点午餐

(四)草坪/湖边音乐欣赏

时间:13点30分

地点:天鹅湖草坪场

说明:由导游现场讲解,游客可以参与其中。草坪音乐突出"静"的主题,有弦乐四重奏、吉他组合、手风琴与长笛吉他组合、萨克斯分布在草坪上。

(五)开幕式演出——火山之夜

时间:16点30分

地点:未定

说明:开幕式演出可分为3大篇章,有"火山之夏""人之情""乐之美"。开场前,由小动物装扮的演员在舞台上进行节目表演。节目元素为交响乐(中俄蒙乐团)。演出时间约1小时10分钟。交响乐队在台上准备就绪,由"××"带队的8个身着小动物服饰的乐手由观众席走向舞台,提前热场。

★节目单附后

（六）18 点晚餐

（七）篝火晚会

时间：19 点 30 分

地点：未定

说明：

1. 由老狼、北京著名 The Verse 乡村音乐组合作热场表演，时间为 20～30 分钟（节目单未定）。

2. 主持人开始主持篝火晚会：篝火仪式—舞蹈热场—集体舞—迪斯科（设领舞）。

3. 场地设有烤肉台、啤酒及饮料。

时间：2015 年 7 月 25 日

（一）7 点早餐

（二）3 号、5 号火山

时间：8 点 30 分

地点：宾馆大厅

说明：此活动可分两组。组织坐车，前往 3 号火山，观石海、看山顶音乐会。山顶组织一场小型音乐会（蒙古族风情组合），并进行火山知识讲座，与游客进行互动联欢，一起唱主题歌，专家为游客及参赛者作基本发声指导，摄影留念，时间约为 40 分钟；另一组登 5 号火山。两组均由"火山草原兄妹"做导游，登山沿途有音乐。

（三）11 点 30 分午餐

1. 上午 10 点 30 分将到达第二批游客包括参加比赛的选手，入住宾馆。宾馆外放音乐节主题歌。

2. 参加周六、日开幕式，15 点返集宁。

3. 下午 13 点 30 分开始天鹅湖草坪湖面音乐欣赏（演出内容与开幕式当天一致）。

（四）青少年才艺展示赛（舞蹈、器乐、成人声乐专场）

时间：13 点

地点：未定

说明：参赛选手到主会场进行才艺比赛，此次比赛要进行前期报名编排，台下有专家评委点评，可设 3 个分赛场，15 点 30 分结束比赛。

（五）音乐交流会（音乐知识讲座）

时间：16 点（时间可根据比赛时间定，争取前提）

地点：未定

说明：老狼、The Verse 乐队以及北京著名音乐人与参赛选手进行音乐交流，并进行音乐知识讲座。交流会预计 16 点 30 分结束。

（六）18 点晚餐（自助）

（七）颁奖晚会

时间：19 点

地点：6 号火山主会场

说明:1.进行颁奖仪式(证书、颁奖嘉宾、主持人等)。

2.乐队现场伴奏,获各专业前三等奖的参赛者汇报演出,节目中穿插乐队大赛进入复赛的选手演出(节目待定)。

3.篝火晚会(同上)。

时间:2015 年 7 月 26 日

(一)7 点早餐

(二)登山

时间:8 点 30 分

地点:未定

说明:山顶音乐会,蒙古族风情组合现场演奏,与游客进行互动联欢,"火山草原兄妹"做导游,登山沿途有音乐。

(三)12 点午餐

1.参加比赛的选手和家长 15 点返集宁。

2.上午 10 点 30 分将到达另一部分游客,主要是老年游客入住宾馆。宾馆外放音乐节主题歌。

3.下午 13 点 30 分天鹅湖草坪音乐会(演出内容与开幕式当天一致)。

(四)两部分活动同时进行

A 夕阳秀场

时间:13 点 30 分

地点:未定

说明:老年合唱、老年器乐表演及老年模特表演(草原时装秀)。现场有嘉宾乐队(乐队大赛获奖乐队)串场演出。预计时间至 16 点。

B 乐队大赛(决赛)

时间:13 点 30 分

地点:未定

说明:比赛方案附后。

(五)17 点晚餐

(六)火山草原联欢会

时间:19 点

地点:未定

说明:老年人的相关比赛颁奖、Cosplay 现场演出、乐队大赛获奖选手助演。演出结束后,联欢会正式开始。

时间:2015 年 7 月 27 日

(一)湖边晨练

时间:5 点

地点:湖边

说明:吹起床号,组织游客一同参加晨练,6 点钟有专业老师作发声指导等。

（二）7 点早餐

（三）登火山

时间：8 点 30 分

地点：未定

说明：青年人登大山，老年人登小山。沿途有音乐，山顶有音乐会现场演奏，"火山草原兄妹"做导游。

（四）12 点午餐

（五）自由活动

（六）15 点返回集宁（宾馆大厅有乐队现场演出，13 点至 14 点）

【草原民俗村分会场】

### 绿·舞动青春激情

**一、活动时间**：2015 年 7 月 28 日

**二、活动地点**：草原民俗村

**三、活动说明**

（一）人员组成：游客、参赛选手及赞助企业员工及活动工作人员等；游客由旅游公司负责组织，其他人员由沃尔夫组织前往。

（二）预计活动时间为一天一宿。

**四、活动安排**

时间：2015 年 7 月 28 日

（一）组织上车及下车接待

时间：8 点

地点：集宁

说明：组织游客、参赛选手及相关人员到指定地点集合上车。上车后，工作人员为每人发放活动资料（包括宣传册、活动安排说明等）。下车入住宾馆。分发房间钥匙。

（二）草坪湖边音乐欣赏

时间：10 点 30 分（具体时间可进行调整）

地点：未定

说明：3～4 个乐队风格演出。

（三）蒙古包午餐

时间：11 点 30 分

地点：山坡蒙古包

说明：游客在蒙古包里观赏民族舞蹈及音乐，含午餐。品尝烤全羊/烤肉（另收费）。节目包括编排有当地民族特色的节目、现代元素风格蒙古族乐队演出，其他音乐元素待定。

（四）全国青少年才艺展示赛（书法、绘画专场）

时间：13 点

地点：未定

说明：由儿童进行现场表演书法和绘画，预计 14 点结束，同时进行现场点评。

（五）观景

时间：15点

地点：天鹅湖、草原天然氧吧、火山餐厅等

（六）"二手玫瑰"现场演出

时间：16点30分

地点：未定

说明：现代摇滚风格现场演出。

（七）15点30分晚餐

参加一日游游客乘车返集宁。

（八）"邂逅天鹅湖"化装舞会

时间：19点

地点：草坪

说明：1.发放化装道具（面具/首饰/服装等）；

　　　2.在场地周边设计篝火、甜点和饮料；

　　　3.音乐风格有四步、迪斯科等。


【天鹅湖分会场】

### 蓝·感受生命旋律

一、活动时间：2015年7月31日

二、活动地点：天鹅湖度假村

三、活动说明

（一）人员组成：

游客、参赛选手、赞助企业员工及活动工作人员等。游客由旅游公司负责组织；其他人员由沃尔夫组织前往。

（二）可当天返集宁，也可次日早餐后前往火山参加闭幕式。

四、活动安排：2015年7月31日

（一）组织上车及下车接待

时间：7点

地点：白银查干

说明：组织游客、参赛选手及相关人员到指定地点集合上车。上车后，工作人员为每人发放活动资料（包括宣传册、活动安排说明等）。下车入住宾馆。分发房间钥匙。选择一家主宾馆，大厅中有迎接的乐队。

（二）草坪湖边音乐欣赏

时间：9点30分

地点：草坪

说明：现场有小乐队，游客可以在湖边游玩。

（三）游湖—露营野餐—游乐项目

时间：12点

地点:天鹅湖

说明:游湖时,乐队在船上演奏;在草坪举行啤酒烧烤(午餐野营),现场有小型音乐会。游客参加滑草、溜锁等游乐项目。

(四)摇滚音乐会

时间:16点

地点:天鹅湖边

说明:蒙古族乐队主题摇滚、部分地方特色节目。

(五)17点30晚餐

参加一日游游客乘车返回集宁。

(六)篝火啤酒烧烤大联欢

时间:19点

地点:天鹅湖边

说明:主持人现场主持,Cosplay演出,乐队大赛获奖乐队进行演出,在场地周边设计篝火。


时间:2015年8月1日

(一)早餐6点30分

(二)前往火山、草原


【火山闭幕式】

### 多彩·展示艺术风情

**一、活动时间**:2015年8月20日

**二、活动说明**

(一)人员组成:

游客、参赛选手、赞助企业员工及活动工作人员等。游客由旅游公司负责组织;其他人员由沃尔夫组织前往。

(二)在不同地点设置涂鸦板,举办"我梦中的火山音乐节"涂鸦大赛,并进行评比,选出10位优秀涂鸦者给予奖励。

(三)在活动地点设创意集市,进行商品出售等(旅游局负责)。

**三、活动安排**

时间:2015年8月20日

(一)组织上车及下车接待

时间:8点30分

地点:白银查干

说明:组织游客、参赛选手及相关人员到指定地点集合上车。上车后,工作人员为每人发放活动资料(包括宣传册、活动安排说明等)。下车后,蒙古族风格舞蹈队进行迎接,安排宾馆,分发房间钥匙。

(二)草坪湖边音乐欣赏

时间:10点

地点:天鹅湖

说明:湖边音乐欣赏。

(三)11 点 30 分午餐

(四)全国青少年才艺展示赛(摄影赛、绘画、少儿声乐专场)

时间:13 点

地点:未定

说明:绘画及摄影场地设于园区内,由专人组织;少儿声乐设置比赛场。

(五)游园

时间:15 点

地点:未定

说明:"小动物"及"火山草原兄妹"分别带队进行全国景色游览,并对景点进行介绍。游园路线未设计。

(六)闭幕式演出

时间:16 点 30 分

地点:未定

说明:历时约一个小时。演出元素包括儿童交响乐、蒙古和俄罗斯节目、儿童舞蹈以及其他器乐表演。

(七)18 点晚餐

不观看闭幕式演出的游客可当天返回集宁。

(八)"燃烧青春"主题篝火晚会

时间:19 点

地点:户外(6 号火山)

说明:The Verse 乐队演出,演出结束后,与游客一起互动联欢。现场有篝火,结束时燃放烟火。

**备注:**

(一)区域规划方案、赞助策划方案、媒体宣传方案、环保工作方案、安全工作方案正在制订中;

(二)环火山自行车邀请赛,祭天、祭火、祭敖包等系列活动正在策划中。

# 复习思考题

1.大型演艺活动的策划有哪些原理?

2.大型演艺活动策划的职能有哪些?

3.大型演艺活动策划书如何撰写?

4.大型演艺活动的策划流程包含哪些?

5.简述大型演艺活动的实施方案。

# 第3章
## 大型演艺活动立项与可行性分析

HUIZHAN
会展经济与管理

【本章简介】

　　本章主要讲述大型演艺活动的立项、可行性分析以及立项的策划书如何撰写等内容。通过本章的学习，可以对大型演艺活动的立项以及可行性分析等的原理及方法有一定的了解。

**【案例导入】**

以工业项目可行性研究报告为例,可行性报告的编写规范一般包括下列11项内容。第一部分是可行性研究总述,第二部分是项目的背景以及发展概况,第三部分是市场分析和项目规模,第四部分是建设条件以及厂址选择,第五部分是项目工程技术方案,第六部分是环境保护和劳动安全,第七部分是企业组织与劳动定员,第八部分是项目实施进度安排,第九部分是项目投资估算与资金的筹措,第十部分是财务、经济和社会效益评价,第十一部分是得出可行性研究的结论与提出建议。

本章正是要讲述大型演艺活动的立项、可行性分析以及立项的策划书如何撰写等内容。通过本章的学习,可以对大型演艺活动的立项以及可行性分析等的原理及方法有一定的了解。

# 3.1 大型演艺活动立项

## 3.1.1 大型演艺活动立项的流程

大型演艺活动项目的立项,就是要把大型演艺活动作为一个项目确定下来,这个活动要不要做以及为什么要做,如果说在项目创意和策划阶段就已经有所涉及的话,那现在就是要最终确定下来了。大型演艺活动项目的立项过程是由项目团队和项目利益相关者共同参与的一个过程,该阶段的主要流程包括:

①进一步确定大型演艺活动项目的目标。这是大型演艺活动项目立项的首要工作,也是项目立项最主要的目的之一。

②起草大型演艺活动项目建议书。它的首要目的就是劝说评阅项目建议书的上级或专家同意或认可所需立项的项目。

③进行大型演艺活动项目申报审批工作。大型演艺活动项目由于规模较大、涉及面较广,需要事先向有关部门申报,在获得相关部门审核批准后,才有立项的法律和行政依据。

④制订项目章程。项目章程,也称"项目许可证书""项目委托书""项目使命说明",是正式批准项目的文件。其目的是正式承认项目的地位,授权项目经理能够在项目内部调配组织资源用来开展项目活动。

⑤组织大型演艺活动项目的启动会议。项目启动会议是项目立项的最后一道程序,标志着项目的正式开始。会议的主要目的是获得项目利益相关者对项目的高度支持,取得项目团队成员对项目理解的一致,为项目的具体执行提供组织上的保证。

## 3.1.2 市场信息的收集

1)产业信息

这包括了产业性质(投入期、成长期、成熟期和衰退期)、产业规模(生产总值、销售总额、进出口总额和从业人员数量等)、产业分布状况(产品的分布、地区的分布)、厂商数量(潜在参展商和专业观众）、产品销售方式（适合举办展览会的产业一般都是那些以"看样成效"为主的行业，还得考虑产品的销售渠道模式及其成熟度，比如批发市场还有季节性等）。收集这些包括国内外的信息。

2）市场信息

从策划举办一个展览会的角度出发，需要收集的市场信息主要有市场规模、市场竞争态势、经销商数量和分布状况、行业协会状况、市场发展趋势、相关产业状况等。

3）有关法律法规

不管是产业还是市场，它们都不同程度地受到国家现有法律法规的影响和约束，对举办展览会存在着重大的影响。我们应了解的有：产业政策、产业发展规划、海关有关规定、市场准入规定、知识产权保护、其他规定等。

4）相关信息

展览会过多，我们很难进行全面收集，但至少应该收集到相关展览会的下述信息：同类展览会的数量和分布情况、相比于同类展览会的竞争优势、重点展会的基本情况。

5）获取信息的方法

一是委托专门的市场调查机构帮助收集，二是收集现成的资料，三是市场抽样调查，四是通过网络收集。

### 3.1.3　题材的选定

题材就是举办一个大型演艺活动计划要向观众展示的内容。

1）确定在哪个行业举办活动

我们需要将市场细分出来，那么如何分：细分市场的规模和发展潜力、细分市场的赢利能力、细分市场的结构吸引力和办展机构自身的办展目标和资源。接下来就是选择这个展览会的具体题材了，主要有新立题材、分列题材、拓展题材和合并题材。

2）新立题材

这是指以办展机构从来没有涉及的产业作为举办新展览会的展览题材。一般来说，办展机构为确定新立题材进行市场调查的产业不止一个，而是好几个。也就是说，同时对几个题材展开调查，以便经过分析后确定一个或几个可以进入办展的题材。那么办展机构可以从收集到的信息中选新立题材，亦可从国外已经举办的展览会的有关题材中选择新立题材。

3）分列题材

这是指办展机构将已有的展览会的展览题材再做进一步的细分，从原有的大题材中分列出更小的题材，并将这些小题材办成独立的展览会的一种选择展览题材的方式。当然，这并不是说你想分就分,一般要满足以下几个条件才可以分列:一是原有的展览会已经发展到一定的规模,某一细分题材达到一定的展览面积;二是由于场地限制等原因,这个细分题材的展览面积受限;三是细分出来的这个题材不会对原有的展会造成太大影响;四是这个细分的题材和原有展览会其他题材之间有相对的独立性。

### 4)拓展题材

这是指将现有展览会所没有包含的,但与现有展览会的展览题材有密切关联的题材,或者是将现有展览会展览题材中暂时还未包含的某一分题材列入现有展览会展览题材的一种方法。拓展展览题材是扩大展览会规模的一种常用的有效方法。一可扩大招展展品范围;二可扩大参展企业数量和观众来源。当然还需具备以下条件:一是计划拓展的题材与现有展览会的展览题材要有一定的关联性;二是计划拓展的题材的加入不会造成与现有展览会操作上的任何不便;三是现有展览会的专业性不会因计划拓展的题材的加入而受到影响。

### 5)合并题材

这是指将两个或两个以上彼此相同或有一定关联的展览题材的现有展览会合并为一个展览会,或者是将两个或两个以上的展览会中彼此相同或有一定关联的展览题材剔除出来,放在另一个展览会里统一展览出的一种方法。

## 3.1.4　大型演艺活动项目立项策划

### 1)活动名称

活动的名称一般包括 3 个方面的内容,即基本部分、限定部分和行业标志。

### 2)举办地点

活动在哪个国家、哪个城市、哪个场馆举办,是在不同的地方轮流办,还是在同一个地方一直举办。

### 3)举办机构

举办机构是指负责活动的组织、策划、服务和营销等事宜的有关单位。可以是企业、行业协会、政府部门和新闻媒体等。一般有主办单位、承办单位、协办单位、支持单位等。

### 4)举办时间

一是指举办大型演艺活动的具体日期,二是指活动的筹备和举办日期。

### 5)活动范围

在上面我们提到如何选择和确定活动题材的方法,这个对选择和确定活动范围也同样适合。根据活动定位,范围一般包括政府、社会组织等,内容涉及一个或几个行业、或者是一个行业中的一类或几类企业。

6）活动频率

活动频率是指活动一年举办几次还是几年举办一次，或者是不定期举行。活动频率的确定受题材所在产业的特征的制约。这包括产业的生命周期、产品的生命周期。

7）活动规模

活动规模包括 3 个方面，一是活动的场馆面积是多少，二是参加单位的数量是多少，三是参加的观众有多少。在策划活动时，我们都要做出预测和规划。活动定位、活动费用和活动初步预算、人员分工和活动的宣传推广计划、活动进度和相关活动计划等相关内容需要考虑。

# 3.2 大型演艺活动可行性分析

## 3.2.1 大型演艺活动项目的环境分析

1）外部环境分析

外部环境指在一定时空内的社会中的各类组织均面对的环境，可分为政治、经济、社会、技术和自然 5 个方面。

政治环境，指一个国家或地区的政策、法律、制度等情况。不同的国家（地区）对大型演艺活动的发展有着不同的要求，即使同一个国家（地区）在不同时期，其产业的发展导向、政策的倾斜等都有所差异。另外，政局的稳定性、国际局势等也会影响大型演艺活动产业的发展。

一个国家（地区）的社会文化环境包括居民的、文化水平、宗教信仰、风俗习惯、价值观念等。举办地居民的教育程度、文化水平决定了他们的需求层次；宗教信仰和风俗习惯会使居民禁止或抑制某些活动；价值观念会影响居民对大型演艺活动目标的认可程度。当地居民的支持程度及社会公众的参与程度往往是一个大型演艺活动成功与否的重要决定因素之一。

经济环境主要分为宏观和微观两个方面，直接影响着大型演艺活动的规模、档次及市场地位。大型演艺活动产业是综合性、关联性很强的产业，对举办地的交通及配套设施要求较高，需在有限的空间与时间内集中大量的人流、物流、资金流等，每一环节的畅通是大型演艺活动顺利举办的前提。当地经济的发展水平直接影响着大型演艺活动产业的发展。

技术环境主要是指大型演艺活动举办企业所处领域的信息化、科技化及网络化水平。技术环境直接影响着大型演艺活动的质量与档次、规模大小及大型演艺活动服务的人性化水平，是现在大型演艺活动产业发展面临的最直接的挑战。

自然环境，主要指大型演艺活动举办地的地理环境、气候条件和资源禀赋状况等。大型演艺活动产业与旅游业有着不可分割的关系，举办地旅游资源丰富是大型演艺活动增强吸引力的主要条件之一。

对外部环境的分析有助于大型演艺活动管理者在大型演艺活动定位、项目推广、举办时间等方面做出正确的决定,促其针对大型演艺活动产业发展面临的挑战及早做出准备。

大型演艺活动产业对外部环境的依赖性是较高的。总体来说,大型演艺活动产业的发展对大型演艺活动所在地经济、社会的发展能起到积极推动的作用。但同时也应看到,如果在大型演艺活动产业发展的过程中管理规划不当,也可能会对当地社会、经济的发展带来消极影响。

2)行业环境分析

按照波特的驱动行业竞争的5种力量分析,大型演艺活动产业面临着更为直接的5种竞争力量。为此,在进行大型演艺活动项目的可行性分析时,要对这5个方面的因素认真加以分析。

(1)行业内现有竞争对手的分析

在现实中,一个题材的大型演艺活动不止一个,大型演艺活动要想取得成功,必须明确竞争对手的基本情况,如其发展历史、公司概况、规模、资金、技术力量等,并密切关注其发展动向。

(2)参与者和观众分析

大型演艺活动举办单位密切关注参与者的动态,建立起专业化的服务体系、目标参与者数据库和观众平台,注意与参与者及观众保持良好的沟通,建立定期的信息反馈渠道。

(3)大型演艺活动主办者分析

大型演艺活动主办者多为政府部门、行业协会等。大型演艺活动企业要与他们建立良好的合作关系,保持经常性的沟通,从而熟悉国家、地方的经济发展态势以及行业发展动态,进而使大型演艺活动项目更具有针对性。

(4)潜在入侵者分析

由于大型演艺活动产业良好的发展态势,目前各地都在争取以大型活动产业为契机带动城市整体经济的发展,大型演艺活动产业成为新的增长点。由此导致潜在入侵者的数量上升,这是大型演艺活动企业不能忽视的问题。

(5)替代品分析

大型演艺活动替代品分析的关键在于分析能够对大型演艺活动各专业缓解造成影响的相关企业,从而更好地从策划、组织、管理的过程中建立起规范的服务体系,增强企业的竞争力,保证大型演艺活动的质量与持续性。

通过行业环境分析,可找出对本企业最直接、最有威胁的竞争对手,明确本企业在行业中的市场地位,及时调整经营策略。

## 3.2.2　大型演艺活动项目的可持续发展分析

1)大型演艺活动项目可持续发展的指标分析

大型演艺活动项目能否持续发展取决于大型演艺活动企业的竞争力。反映企业竞争实力的指标主要有以下3个:

（1）销售增长率

销售增长率指大型演艺活动企业当年的销售状况与往年相比的增长幅度。可用大型演艺活动的参加人数等来表示，若呈现正增长，则表示企业具有持续发展的潜力。

（2）市场占有率

市场占有率反映企业在整个大型演艺活动市场中的占有份额及相对地位，可调查行业内同类大型演艺活动的举办数量，得出本企业相对竞争能力的强弱。

（3）获利能力

获利能力是反映企业竞争能力及持续发展能力的重要指标。一个大型演艺活动企业如果获利能力不足，很难长期发展下去。

市场占有率只表明了企业目前与竞争对手相比的竞争实力，并未告诉我们这种实力能否维持下去，并未反映销售大型演艺活动是否能带来足够的利润。因此，只有销售增长率、市场占有率、获利能力三者结合才能反映大型演艺活动企业持续发展的潜力。

**2）大型演艺活动项目持续发展的影响因素**

（1）大型演艺活动主题的影响力

大型演艺活动能否持续发展与主题的定位息息相关，大型演艺活动主题的影响力大小主要看该主题能否代表产业发展的前沿动态，是否是参与者及观众所期盼的，是否有足够的市场发展空间与政策空间，是否有行业内权威企业的支持等。

（2）项目团队的素质

由于大型演艺活动产业是一个新兴综合性产业，涉及旅游、交通、金融、餐饮等多个方面，大型演艺活动项目管理者应运用系统工程的观点、理论和方法，对项目执行中的各环节进行统筹安排，才能收到良好的效益，发挥项目整体的功能。其中，项目管理者的素质尤为关键，目前许多成功的大型演艺活动项目都是依靠项目管理者多年的举办经验及项目组成员的通力合作。

（3）大型演艺活动服务体系的建设

大型演艺活动服务体系是否完善与分工是否明确，影响着参与者的决策。大型演艺活动产业是一个关联带动性很强的产业，其服务体系包括对活动前的市场需求调查，活动中的相关食宿游等服务，活动后的运输、清洁和各项数据的评估等。只有为参与者提供了优质、专业、及时的服务，才能使之成为忠诚顾客。

综上所述，在分析了大型演艺活动的市场环境并精心选择了一个大型活动项目的主题后，应本着创新、务实的原则，加强外部的环境跟踪、市场调查及内部的管理规范化建设，才能延伸大型演艺活动的生命周期，提高大型演艺活动的竞争力。

### 3.2.3　大型演艺活动项目的财务分析

财务分析是运用财务数字与报表等，对企业的经营成果进行评价与分析，以反映企业经营过程中的利弊与未来发展前景。对大型活动项目而言，在价格制定的基础上，进行财务预算，分析大型演艺活动项目的成本与利益,对大型演艺活动的资金进行筹措与规划,以分析项目的可行性。

大型演艺活动项目财务分析的过程与企业财务管理中的财务分析有所不同,它主要着眼于成本收益的预算、损益平衡的分析、现金流的控制和资金的筹措计划等。以下将围绕大型演艺活动项目的价格制定、成本收益预算、现金流控制几个环节展开论述。

1)大型演艺活动项目的价格定位

大型演艺活动项目的价格定位不仅决定着大型演艺活动竞争力的高低,也是进行财务分析的基础,只有确定了定价的主导思想后才能采取相应的方法。一般来讲,主办方的定价策略和定价方法主要有以下几种:

(1)定价策略

①当前利润最大化策略:主办方着眼于当前获取最大利润,倾向于制定较高的价格,以期在短期内收回投资,获得利润。当市场竞争激烈时,这一策略也给自己留有了较大的降价空间。

②市场份额领先策略:主办方意在夺取一个占主导地位的市场份额,采取的策略是拥有最大的市场份额,最终具有成本优势,从长期来看使企业保持较高的利润。

③质量领先策略:这是以保证项目参与者给观众提供一个优质产品为宗旨而采取的高价位定价策略。

④生存策略:当市场竞争进入白热化时,主办方为了生存而采取的低价策略,因为在短期内生存比经营更为重要。

⑤其他目标策略:主办方也可利用价格策略达到一些其他目标,如通过低价抵御竞争者的进入,或制定与竞争对手同样的价格来稳定市场等。

(2)定价方法

一般来说,大型演艺活动企业在选择定价方法时,要考虑成本、需求及竞争3个因素。成本构成了价格的底线,而消费者的需求及对产品的价格认知构成了价格的上限,竞争者的价格水平及其他一些外部因素则决定了企业在上下限之间能否找到合适的价格水平。

①以成本为中心的定价法。这种定价方法是在成本的基础上附加一定的加成比例作为价格。

②以需求为中心的定价方法。这种定价方法主要考虑参与者对大型演艺活动的期望和接受程度,并根据参与者对大型演艺活动的反应和接受能力来制定价格。具体有以下3种定价方式:

a.区分需求定价法。这种定价方法是指根据参与者、预订时间等的不同,采取不同的销售价格。

b.理解价值定价法。此种方法即根据市场上的行情来确定参与者可接受的大致价格。

c.需求心理定价法。此方法即根据参与者的心理和主办方的品牌形象有意提高价格,以提升大型演艺活动的档次,以质取胜,增强竞争力。

③以竞争力为中心的定价方法。此种方法是依据市场竞争状况及大型演艺活动企业自身

的定位来制定价格的方法。具体又有以下 3 种策略：

a. 随行就市法，即按照同类大型演艺活动的市场行情来定价。若采用此种方法，由于价格水平是一定的、难以改变的，主办方应在成本控制上下功夫，争取更大的利润空间。

b. 率先定价法，即根据竞争者可能的报价，结合自己的成本预算和利润预期率先定价，旨在争取主动权。

c. 渗透定价法。这是旨在以低价进入市场，扩大市场占有率为目标的一种定价方法。采用这种定价方法，主办方须有强大的实力，不指望在短期内收回投资。

2）大型演艺活动项目的成本收入预算与损益平衡分析

大型演艺活动项目的成本收益预算对项目的管理至关重要，它提供了一种量化的数字指标，使各部门贡献具有可比性，便于进一步分析其经济可行性。

举办一个大型演艺活动的成本费用一般包括：

第一，大型演艺活动场地费用，包括场地租金、设施（灯光、音响等）费用等；

第二，大型演艺活动宣传推广费，包括资料印制费、宣传广告费用等；

第三，管理费，包括办公费用、人员活动费用等；

第四，其他相关活动费用，包括场地布置、开闭幕式、答谢会等活动的费用；

第五，税费；

第六，其他不可预见费用。

举办一个大型演艺活动的收入，通常有以下几项：①门票收入；②广告收入；③赞助；④其他相关收入。

在预测了成本与收入后，接着要进行损益平衡分析，为此要解决以下两个问题：一是在价格初定的前提下，大型演艺活动项目必须达到多大的规模，主办方才能收回成本。此时的总收入等于总成本，否则，不具有举办价值。二是在销售量初定的情况下，价格应为多少，才能达到损益平衡，从而为主办方确定销售的价格提供参考。

3）现金流量的控制

大型演艺活动项目都有一定的时间跨度，要求必须对现金流量进行控制，尤其是时间很长的大型演艺活动项目，如奥运会、世博会、亚运会等的开闭幕式，如果没有对现金流进行有效的控制，就难以保证大型演艺活动项目的成功举办，也无法保证此类大型活动的可持续发展。

现金流量是现金流入与现金流出的统称，是反映大型演艺活动项目在实际运行期内发生的现金流入与流出的数量，两者在某一点上之差为净现金流量。

不同大型演艺活动项目的现金流是不同的。对于一些不以盈利为目的的大型演艺活动项目，主要依靠举办单位或其他企业赞助获得收入。由于在项目筹备前期已获得大部分收入，因而在项目的前期准备阶段，现金收入应该大于现金支出，最后项目是否盈利，要看两者的差额大小。有些大型演艺活动项目主要依靠收取参与费用或提供其他服务获取收入，而参与者在预订时只交纳很少一部分预订费用，因而此类大型演艺活动项目的现金收入在前期要小于现金支出，应密切关注其现金流量的变化。

### 3.2.4　大型演艺活动项目的可行性研究报告

大型演艺活动项目可行性研究报告主要包括以下几项内容：

1）总论

总论是可行性研究报告的首要内容，它综述了报告中的各个主要问题和研究结论，并对活动可行与否提出了结论和建议。总论应包括以下几个方面：

①活动项目的背景。包括活动的名称、组织单位、举办地点、承担可行性研究工作的单位、研究工作概况等。

②可行性研究的结论。包括对活动可行性报告中涉及的如举办规模、资金筹措、经济分析等重大问题的结论。

③主要分析资料。在总论部分可将报告中使用到的主要资料汇总并列出，以使活动决策者对活动项目有一个综合的了解。

④存在的问题和建议。对该活动的主要问题进行说明并提出解决的建议。

2）可行性研究的详细内容

这一部分是对总论的细化，详细说明了可行性研究的各个问题和研究结论，包括以下几个方面：

①活动项目的概况。主要说明活动的创意、立项、发起过程以及活动举办的必要性、可行性研究工作的概况等。

②市场分析和举办规模。详细阐述市场需求预测、价格分析，并确定举办规模。

③举办条件和地点选择。研究相关资源、资金等供应的可行性、可靠性，以及活动场址选择的条件等。

④环境保护和安全保障。包括项目对环境的近期和长远影响、对劳动者健康的影响，并提出有效的防治措施。

⑤活动组织和劳动定员。包括活动组织机构、劳动定员总数、工资、劳动力来源以及人员的培训工作、培训费用等。

⑥活动项目的实施进度安排。这是可行性研究报告中的一个重要组成部分，包括活动的各阶段说明、活动实施进度等。

⑦活动项目投资估算和资金筹措。说明活动所需的投资总额，分析资金的筹措方式，并制订用款计划，对资金的每一种来源及其筹措方式逐一论述。

⑧财务效益、经济效益和社会效益评价。包括活动成本和收入估算、财务评价、社会效益和社会影响分析等。

3）活动项目可行性研究结论与建议

根据前面的分析，对活动在经济效益、社会效益、技术可行性上进行全面的评价，对活动方案进行总结，提出结论和建议。主要内容包括：

①对活动方案的各个重大问题的结论性意见；

②对可行性研究中尚未解决的问题提出解决方法和建议；

③对可行性研究中的争议性问题给出结论；

④对于不可行的内容说明其问题和处理意见；

⑤可行性研究报告的附件。

# 3.3　大型演艺活动策划书

## 3.3.1　大型演艺活动预备阶段的文案的概念

大型演艺活动预备阶段的文案是指一次大型演艺活动从确定展览题材,收集信息,进行展览项目立项策划一直到大型演艺活动正式开幕前的预先准备阶段涉及的所有文本文案。

## 3.3.2　大型演艺活动预备阶段的文案种类

一般来说,大型演艺活动预备阶段的文案包括大型演艺活动立项策划书、大型演艺活动项目立项可行性研究报告、参展说明书、大型演艺活动招展方案、大型演艺活动招展函、招展进度计划、观众邀请函、参展合同、展出工作方案、大型演艺活动费用预算表、大型演艺活动宣传推广计划、广告文案等。

## 3.3.3　大型演艺活动立项原则

一般情况下,大型演艺活动立项的原则包括:保护名牌大型演艺活动、扶持专业大型演艺活动、鼓励境外来展、优行全国大型演艺活动、促进新型项目、扩大展场销售、遵循办节能力、参照申办顺序。这些原则并不是孤立使用,在大型演艺活动立项时需综合运用并按照活动项目的实际情况来选择适当的原则。

## 3.3.4　大型演艺活动立项策划书的写作

1) 大型演艺活动立项策划书的概念

所谓大型演艺活动立项策划,就是根据掌握的各种信息,对即将举办的大型演艺活动的有关事宜进行初步规划,设计出大型演艺活动的基本框架,提出计划举办的大型演艺活动的初步规划内容,主要包括:大型活动名称和举办地点、举办机构、举办时间、大型演艺活动规模、大型演艺活动定位、招展计划、宣传推广和招商计划、大型演艺活动进度计划、现场管理计划、相关活动计划等。

大型演艺活动立项策划书是为策划举办一个新的大型演艺活动而提出的一套整体规划、策略和方法,它是对以上各项内容的归纳和总结。

2）大型演艺活动立项策划书的内容结构

一般地，大型演艺活动立项策划书主要包括以下内容：

①市场环境分析：包括对大型演艺活动展览题材所在产业和市场的情况分析，对国家有关法律、政策的分析，对相关大型演艺活动的情况的分析，对大型演艺活动举办地市场的分析等。

②提出大型演艺活动的基本框架：包括大型演艺活动的名称和举办地点、举办机构的组成、展品范围、举办时间、举办频率、大型演艺活动规模和大型演艺活动定位等。

③大型演艺活动价格及初步预算方案。

④大型演艺活动工作人员分工计划。

⑤大型演艺活动招展计划。

⑥大型演艺活动招商计划。

⑦大型演艺活动宣传推广计划。

⑧大型演艺活动筹备进度计划。

⑨大型演艺活动服务商安排计划。

⑩大型演艺活动开幕和现场管理计划。

3）详细条目

（1）大型演艺活动名称

大型演艺活动的名称一般包括 3 个方面的内容：基本部分、限定部分和行业标志。如"第93 届中国出口商商品交易会"，如果按上述 3 个内容对号入座，则基本部分是"交易会"，限定部分是"中国"和"第 93 届"，行业标志是"出口商品"。下面分别对这 3 个内容做一些说明：

①基本部分：用来表明大型演艺活动的性质和特征，常用词有：大型演艺活动、博览会、展销会、交易会和"节"等。

②限定部分：用来说明大型演艺活动举办的时间、地点和大型演艺活动的性质。大型演艺活动举办时间的表示方法有 3 种：一是用"届"来表示，二是用"年"来表示，三是用"季"来表示。如第 3 届大连国际服装节、2003 年广州博览会、法兰克福春季消费品大型活动等。在这 3 种表达办法里，用"届"来表示最常见，它强调大型演艺活动举办的连续性。那些刚举办的大型演艺活动一般用"年"来表示。大型演艺活动举办的地点在大型演艺活动的名称里也要有所体现，如第 3 届大连国际服装节中的"大连"。

大型演艺活动名称里体现大型演艺活动性质的词主要有"国际""世界""全国""地区"等。如第 3 届大连国际服装节中的"国际"表明本大型活动是一个国际展。

③行业标志：用来表明展览题材和展品范围。如第 3 届大连国际服装节中的"服装"表明本大型活动是服装产业的大型活动，行业标志通常是一个产业的名称，或者是一个产业中的某一个产品大类。

（2）大型演艺活动地点

策划选择大型演艺活动的举办地点，包括两个方面的内容：一是大型演艺活动在什么地方举办,二是大型演艺活动在哪个展馆举办。策划选择大型演艺活动在什么地方举办,就是要确定大型演艺活动在哪个国家、哪个省或是哪个城市举办。策划选择大型演艺活动在哪个展馆举办,就是要选择大型演艺活动举办的具体地点。具体选择在哪个展馆举办大型演艺活动,要结合大型演艺活动的展览题材和大型演艺活动定位而定。另外,在具体选择展馆时,还要综合考虑使用该展馆的成本,展期安排是否符合自己的要求以及展馆本身的设施和服务等因素。

(3)举办机构

举办机构是指负责大型演艺活动的组织、策划和招商等事宜的相关单位。举办机构可以是企业、行业协会、政府部门和新闻媒体等。根据各单位在举办大型演艺活动中的不同作用,一个大型演艺活动的举办机构一般有以下几种:主办单位、承办单位、协办单位、支持单位等。

主办单位:拥有大型演艺活动并对大型演艺活动承担主要法律责任的举办单位。主办单位在法律上拥有大型演艺活动的所有权。

承办单位:直接负责大型演艺活动的策划、组织、操作与管理,并对大型演艺活动承担主要财务责任的举办单位。

协办单位:协助主办或承办单位负责大型演艺活动的策划、组织、操作与管理,部分地承担大型演艺活动的招商和宣传推广工作的举办单位。

支持单位:对大型演艺活动主办或承办单位的大型演艺活动策划、组织、操作与管理,或者是对招商和宣传推广等工作起支持作用的举办单位。

(4)举办时间

举办时间是指大型演艺活动计划在什么时候举办。举办时间有3个方面的含义:一是指举办大型演艺活动的具体开展日期;二是指大型演艺活动的筹展和撤展日期;三是指大型演艺活动对观众开放的日期。

展览时间的长短没有一个统一的标准,要视不同的大型演艺活动的具体情况而定。有些大型演艺活动的展览时间可以很长,如"世博会"的展期长达几个月甚至半年;但对于占大型演艺活动绝大多数的专业贸易展来说,展期一般以3~5天为宜。

(5)展品范围

大型演艺活动的展品范围要根据大型演艺活动的定位,举办机构的优劣势和其他多种因素来确定。根据大型演艺活动的定位,展品范围可以包括一个或者是几个产业,或者是一个产业中的一个或几个产品大类,例如,"博览会"和"交易会"的展品范围就很广,如"广交会"的展品范围就超过10万种,几乎是无所不包;而德国"法兰克福国际汽车大型活动"的展品范围涉及的产业就很少,就只有汽车产业一个。

(6)举办频率

举办频率是指大型活动是一年举办几次还是几年举办一次,或者是不定期举行。从目前会展业的实际情况看,一年举办一次的大型演艺活动最多,约占全部大型演艺活动数量的80%,一年举办两次和两年举办一次的大型演艺活动也不少,不定期举办的大型演艺活动已经是越来越少了。举办频率的确定受展览题材所在产业的特征制约。几乎每个产业的产品都有一个生命周期,产品的生命周期对大型演艺活动的举办频率有重大影响。产品的投入期和成长期是企业参展的黄金时期,大型演艺活动的办节频率要牢牢抓住这两个时期。

(7)大型演艺活动的规模

大型演艺活动规模包括3个方面的含义:一是大型演艺活动的展览面积是多少,二是参展单位的数量是多少,三是参观大型演艺活动的观众有多少。在策划举办一个大型活动时,对这3个方面都要做出预测和规划。在规划大型演艺活动规模时,要充分考虑产业的特征。大型演艺活动规模的大小还会受到参与观众数量和质量的限制。

(8)大型演艺活动定位

通俗地讲,大型演艺活动定位就是要清晰地告诉参展企业和观众该大型演艺活动"是什么"和"有什么"。具体地说,大型演艺活动定位就是举办机构根据自身的资源条件和市场竞争状况,通过建立和发展大型演艺活动的差异化竞争优势,使自己举办的大型演艺活动在参展企业和观众的心目中形成一个鲜明而独特的印象。大型演艺活动定位要明确大型演艺活动的目标参展商和观众,举办目标,举办活动的主题等。

(9)大型演艺活动价格和初步预算

大型演艺活动价格就是为大型演艺活动的展位出租制定一个合适的价格。大型演艺活动展位的价格往往包括室内展场的价格。在制定大型演艺活动的价格时,一般遵循"优地优价"的原则,即那些便于展示和观众流量大的展位的价格往往要高一些。大型演艺活动初步预算是对举办大型演艺活动所需要的各种费用和举办大型演艺活动预期获得的收入进行的初步预算。在策划举办大型演艺活动时,要根据市场情况给大型演艺活动确定一个合适的价格,这对吸引目标参展商参加大型演艺活动十分重要。

(10)人员分工、招展招商和宣传推广计划

人员分工计划、招展计划、招商和宣传推广计划是大型演艺活动的具体实施计划,这4个计划在具体实施时会相互影响。人员分工计划是对大型演艺活动工作人员的工作进行统筹安排。招展计划主要是为招揽企业参展而制订的各种策略、措施和方法。招商计划主要是为招揽观众参观大型演艺活动而制订的各种策略、措施和方法。宣传推广计划则是为建立大型活动品牌和树立大型演艺活动形象,并同时为大型演艺活动的招展和招商服务的。

(11)大型演艺活动进度计划、现场管理计划和相关活动计划

大型演艺活动进度计划是在时间上对大型演艺活动的招展、招商、宣传推广和展位划分等工作进行的统筹安排。它明确在大型演艺活动的筹办过程中,到什么阶段就应该完成哪些工作,直到大型演艺活动成功举办。大型演艺活动进度计划安排得好,大型演艺活动筹备的各项准备工作就能有条不紊地进行。

现场管理计划是大型演艺活动开幕后对大型演艺活动现场进行有效管理的各种计划安排,它一般包括大型演艺活动开幕计划、大型演艺活动展场管理计划、观众登记计划和撤展计划等。现场管理计划安排得好,大型演艺活动会秩序良好。

【案例】

# 啤酒节策划方案

## 一、策划背景分析

21世纪是充满挑战和机遇的世纪,改革开放以来,随着我国社会主义市场经济体制的建立和完善,全球经济体制一体化的相互渗透和融合发展,市场经济体制在不断地改革出新。随着人民生活质量的提高,休闲文化活动已成为现代人追求完美生活的体现。

兰州是甘肃省省会,地处黄河上游,位于中国陆域版图的几何中心,市区南北群山环抱,东西黄河穿城而过。气候宜人,冬无严寒,夏无酷暑。兰州市现辖三县五区,总面积1.31万平方千米,其中市区面积1 631.6平方千米,居住着汉、回、满、藏、裕固、东乡等38个民族,总人口280万人,其中非农业人口150万人。

本届啤酒节已被市洽办确定为今年兰洽会的一项活动内容,将进一步提高啤酒节的辐射力、影响力、规模效益和我省啤酒企业知名度,推动地产企联手打造企业品牌,实现强强联合,将此次啤酒节办出特色,办出水平,使之成为啤酒文化鲜明、庆典色彩浓郁、高水准、万众参与、万民共欢的庆典活动。

"中国兰州啤酒节"坚持以"交流、发展"为宗旨,抢抓西部大开发机遇,积极借助这次"兰洽会"对兰州市经济发展带来的推动作用,充分发挥本市以及全省的整体经济优势,努力扩大活动的深远影响,确保"会节"期间的内容新颖、健康,广告真实、合法、多样,遏制虚假、违法广告出现,加强企业形象宣传和产品宣传,提高企业知名度,为各地企业、商家提供良好的广告服务环境,共同打造都市名片。围绕啤酒文化展示兰州独特的民俗风情及陇原风貌,以兰州特有的人文景观及旅游资源为活动主题,通过啤酒节的多种宣传手段得以实现。

## 二、策划宗旨

- 迎接省内外市场新的机遇和挑战,推动西部大开发战略实施。
- 为"兰洽会"创造节会气氛,为节会聚集人气。
- 进一步提高"中国兰州啤酒节"的影响力,打造都市名片。
- 同时提高省内整体品牌形象,推动旅游业、餐饮业及相关服务业的发展。
- 为省内啤酒企业和相关产业打造品牌,扩大产品覆盖面。
- 为建立市场良性竞争创造环境。

## 三、策划执行阶段的媒体选择

- 报纸:《兰州晚报》《兰州晨报》《甘肃广播电视报》《甘肃日报》。
- 电台:甘肃广播电台交通广播;都市调频。
- 电视:甘肃有线电视台、兰州有线电视台、甘肃卫视。
- POP类:户外场地、活动场地、宣传彩页、礼品。

媒体设置:

| 媒　体 | 规　格 | 价　格 | 套　色 | 标　准 |
|---|---|---|---|---|
| 兰州晚报 | | | | |
| 兰州晨报 | | | | |
| 甘肃日报 | | | | |
| 甘肃广告电视报 | | | | |
| 甘肃卫视 | | | | |
| 甘肃有线电视台 | | | | |
| 兰州有线电视台 | | | | |
| 甘肃广播电台交通广播·都市调频 | | | | |

（兰州晚报、兰州晨报中根据价格等具体协商事宜确定一家。甘肃广播电视报、甘肃日报中根据价格等具体协商事宜确定一家。）

### 四、策划第一执行阶段的媒体策划

● 媒体对象：

兰州市全体市民。

● 指导思想及活动主题：

坚持以"交流、发展"为宗旨，抢抓西部大开发机遇，积极借助这次"兰洽会"对兰州市经济发展带来的推动作用，充分发挥本市以及全省的整体经济优势，努力扩大对活动的深远影响，确保"会节"期间广告真实、合法、多样，遏制虚假、违法广告出现，加强企业形象宣传和产品宣传，提高企业知名度，为各地企业、商家提供良好的广告服务环境。

通过啤酒节的多种宣传手段得以实现、展示兰州独特的民俗风情及陇原风貌，以及兰州特有的人文景观及旅游资源为活动主题。

● 广告宣传策略：

第二届中国兰州啤酒节广告宣传活动分公益性形象宣传和商业性广告宣传两大类。形象宣传主要通过各级电视台、报刊等媒体，各种事件活动，印刷品及临时户外广告向外界呈现"节会品牌"等。商业广告则力求形式上的新颖、独特，通过政府协助广告委托代理公司开展招商工作，吸引更多的企业单位参与，以烘托"会节"气氛，替企业树立良好的品牌形象，为大会组委会创造收益。

广告宣传时段划分：

（1）第二届中国兰州啤酒节的广告宣传分为公益性形象广告宣传和商业性广告宣传两大类。

公益性形象广告由大会组委会（政府）投入，部分可由政府协调当地企事业单位赞助。

商业性广告由企事业单位认购。

（2）广告宣传时段：围绕"节会"筹备、召开各时期工作重点、目的的不同，广告拟分3个阶段进行：前期宣传；后期宣传；会期宣传。并根据这3个不同的时期设计了不同的宣传重点与活动方案。

第一阶段前期宣传：

这个时期宣传的主要目的是通过大量公益广告形式的设置、发布，着重表现兰州市地方风土人情以及整个甘肃独特的自然风光、民俗风情等旅游资源及丰富的物产资源，同时发布"第二届中国兰州啤酒节"召开的信息，让更多的客商周知本次"会节"，并前来参加"会节"，为以后的广告宣传打下良好的基础。时间定为会期前两个月开始，持续三周时间。操作方式以大会组委会筹资做公益宣传。

第二阶段后期宣传：

这一阶段的广告宣传主要是为了营造会节前期气氛，加强对外吸引力，为会期各项工作做好准备。通过该阶段的广告形式，突出体现兰州市诚邀各界朋友共饮狂欢，共谋发展的良好心愿。时间定为会期前一个月。操作方式以政府投入为主，政府协调当地知名企业赞助为辅。

第三阶段会期宣传：

该时期限定为从大会开幕前5日至大会圆满结束后，大约共计15天。这一阶段的广告宣传主要是为达到营造"会节"气氛、兰州市人民喜迎八方来宾、把酒同欢，展示兰州市及甘肃省的名优产品、为外地客商提供宣传企业及品牌的舞台、为大会组委会创造收益的目的，是整个"啤酒节"广告宣传的核心。操作方式将以企业认购为主。

● 广告宣传实施细则：

（3）公益性形象广告宣传：

①开幕前2~3个月，确定本届"会节"的会徽、会标、吉祥物等各项VI系统内容，以便于宣传工作的开展。

②从"会节"倒计时100天开始，利用市内公交车，在车内悬挂彩旗，宣传本届"会节"，注明"会节"召开的日期及地点。同时在出租车内张贴宣传口号。

③围绕"会节"倒计时100天的到来，在当地主要媒体刊发关于节会介绍等内容的广告，同时自这一日起利用报眼发布"会节"倒计时，直至"会节"开幕。

②和③主要是针对当地市民做宣传工作，旨在使兰州市民了解"会节"召开的情况，激励市民的参与意识，共同为美化兰州形象、成功地举办好"会节"作贡献。

④与中央电视台相关栏目合作拍制甘肃省形象片，主要展现甘肃独具特色的自然风光、民俗风情、沙漠风光及人文景观，并在片尾发布"会节"召开的公告，至"会节"前二个月起在省级电视台黄金时段播放。

⑤选择一份全省发行的报刊或杂志作为媒介，举办关于兰州的历史特色、旅游风光、物产资源以及西部大开发在甘肃等内容的相关活动。

⑥设计制作精美的"会节"邀请函，按拟订名单发送。

⑦设计印制宣传折页及提袋，随招商工作的开展分送参加"兰洽会"的四省十四方和邀请参会地区，以及新闻发布会时作为对外宣传的一个重要媒介赠送。

⑧开辟本届"会节"专门网站，供各地的上网者通过互联网进入该站点进行咨询了解。

④~⑧主要是对外宣传，重点在于突出兰州独特的自然景观、历史景观及民族特色，树立良好形象，吸引更多的经贸团前来参加啤酒节，带来更多的投资者，借以促进本市的经济发展。

⑨会期前一个月，设计印制宣传招贴、彩旗、条幅等，在兰州市汽车站、各旅游景点及主要街道发布，以烘托强烈的节日气氛。

⑩要求本市各广告公司利用各自的闲置广告位(灯箱、路牌等),做关于"兰洽会"的公益宣传,并制作一定数量的公益条幅由大会组委会统一悬挂。

(4)"会节"广告管理办法:

①一切广告活动必须遵循国家《中华人民共和国广告法》的有关规定。

②啤酒节不但是对外宣传兰州市,更是宣传整个甘肃省的一个契机,要办好这次节会,做好宣传工作,必须得到各部全方位的支持,特别是财政上的帮助。

③广告宣传是节会的一个重要项目,直接影响节会的成功与否,兰州市政府要重视本次广告宣传活动,必须采取行政手段干预企业参与,并保证一定比例的公益性广告。

④节会时限和范围内的一切广告均由组委会办公室统一审批,广告经营业务由办公室统一管理。任何单位和个人未经批准,不得借节会名义,向企业商家等单位承接广告业务的制作、发布和收取任何费用。所有节会期间的广告标"第二届中国兰州啤酒节组委会监制"等字样,以便审查及监督。

⑤商业广告由广告委托代理公司在政府协助下进行招商,招商工作按以下3步同时开展:

政府干预强制企业参加会节期间的广告宣传;

政府协调,广告委托代理公司采取发送广告邀请函、上门宣传、替企业策划宣传方案等方式,引导企业参加会节期间的广告宣传;

与其他广告公司合作,共同完成招商工作。

⑥节会时限和范围内的一切广告活动均由广告委托代理公司策划、设计、制作、发布。

⑦协调各有关部门之间的关系,如广场管理办、城建、工商、绿化办、市容等部门,确定各部门的职责与权力,各部门必须积极配合广告实施工作,特别是城建部门要配合广告委托代理公司做好清理、审查和监督工作,杜绝违规广告出现,做到广告宣传在办公室与广告委托代理公司的参与管理下规范、健康而有序地发布实施。

⑧政府要全力支持广告工作,及时协调解决广告招商、发布过程中遇到的各种问题。

⑨给广告委托代理公司工作人员发放"会节"专门工作证,以减少在广告实施过程中的麻烦与阻力。

⑩广告认购企业,如自制、自带广告设备,必须按指定地点设置,且符合组委会对材质、色彩、规格等的统一要求,不得影响市容、市貌。

⑪广告活动所获收益由大会组委会和广告委托代理公司按一定比例合理分配。

(5)广告工作操作流程:

①前期宣传和后期宣传主要由政府出资或政府干预企业赞助,由广告委托代理公司策划、设计并制作、发布。

②会期宣传由广告代理公司印发广告招商函、政府协助引导企业按需直接到组委会办公室认订各类广告项目,由广告委托代理公司策划、设计并制作、发布。

③组委会办公室制定统一的广告设置图以及各种广告造型形式,制订广告项目的规格、数量、颜色、放置地点及价格,参展企业及广告认购单位自愿选择适合本企业产品的广告宣传形式,也可根据企业要求在不影响整体规划的前提下设置其他临时项目。

④各企业欲认购广告项目须先领取广告认订表,填报后与广告宣传的有关资料及设计稿一并送组委会办公室,所需费用汇入指定账号内,待制作完成后,组委会办公室统一通知各单

位前来验收。

（6）效果评估及总结：

通过"会节"前多形式、全方位的宣传活动，在全省范围内扩大兰州市的影响，使更多的外地客商前来参加本届"兰洽会"。同时，由"中国兰州啤酒节"吸引大量游客来兰观光旅游，为招商引资、开发旅游资源等做好宣传。同时，让兰州市人民深切领会本次盛会对兰州市及整个甘肃经济发展的重要意义，全民动员，积极参与。

会期的广告形式主要采用色彩艳丽的临时性项目，内容以宣传西部大开发、甘肃、兰州等公益广告与其他商业广告相结合为主，以达到宣传政策、美化城市、渲染气氛、为组委会创收的社会效益和经济效益双丰收的目的。

宣传工作是整个"啤酒节"的一个重心，以上是我公司为"第二届中国兰州啤酒节"广告宣传工作提出的一些建议，具体的操作形式，广告项目、价格等有待双方仔细商榷，制订严密的实施方案，并严格执行。

### 五、开幕式及活动执行方案

- 第二届中国兰州啤酒节开幕式庆典活动草案

（1）组织安排：

活动时间：2003 年 7 月 25 日 8：30—10：30 开幕式。

活动地点：东方红广场兰州体育馆。

（2）场景布置：

①主席台；

②充气拱门；

③签到台；

④气球。

（3）准备工作：

①礼仪小姐：　名（暂定）。负责迎宾、引导、剪彩。

②军乐队：　名，排列在主席台左前侧。

③胸花：　朵，供来宾佩戴。

④花篮：　个，置于大门进出口处。

⑤签到系列：供来宾签到。（签字本、签字笔）

⑥剪彩系列：供来宾剪彩。

⑦主席台盆花：围绕主席台摆放。

⑧音响：开幕式专用音响。

⑨贵宾室：开幕式前贵宾休息处。

（4）开幕式程序：

①主席台于开幕式前一天布置完毕。

②签到、剪彩系列、胸花于开幕式前一天准备完毕。

③开幕式当天：

08：30 所有庆典人员到位。

08：50 各表演队按指定位置站好。

08:55 乐队开始奏乐。

09:45 引领出席开幕式的领导及嘉宾就位。

09:50 主持人宣布仪式开始,介绍领导及嘉宾,介绍"本届中国兰州啤酒节"的重要意义、深远影响及参展单位等情况。

10:00 奏乐。

10:02 请甘肃省商贸委领导致开幕词。

10:07 组委会领导致欢迎词。

10:12 请(甘肃省人民政府领导)宣布本届大会开幕。

同时抡锤敲鼓放酒、放飞信鸽,升腾彩球。

10:20 剪彩仪式。

10:30 仪式结束。

● 活动内容

各分会场同时进行:

①专题文艺会演:体现"啤酒文化"和"民间地方特色文艺会演"。

②拳坛争霸大赛。

③垒啤酒瓶大赛。

④评选啤酒先生(女士)。

⑤啤酒小姐服装 SHOW。

⑥召开理论研讨会:举行新品品尝招待会。

⑦招商洽谈供货会。

⑧"星光灿烂"狂欢啤酒之夜。

## 六、招商计划

项目〈一〉 第二届中国兰州啤酒节 独家冠名

招商报价:10 万元

市场回报:

①甘肃电视台专题;

②兰州晚报、兰州晨报、甘肃广播电视报、甘肃日报软性广告支持;

③电台专题报厂商、产品;

④赞助商产品促销活动演出;

⑤开幕式及相关活动场地广告支持;

⑥其他相关活动等。

项目〈二〉 第二届中国兰州啤酒节 产品制造商招商

①招商条件:

有一定规模经济实力的机构;

有良好的售后服务及市场潜力企业;

由 CI 型向品牌战略计划的企业。

②招商报价:20 000 元或实物赞助。

③市场回报：

相关媒体软性广告支持；

报刊电台等媒体人物专访活动等；

现场促销活动；

场地广告支持。

项目〈三〉 第二届中国兰州啤酒节 场地招商

①招商报价：2万元。

②场地选择：酒店、夜总会、娱乐场所。

③市场回报：

相关媒体软性广告支持；

报刊电台等媒体人物专访活动等；

电视现场录播；

现场促销活动；

场地广告支持；

场地内60%广告发布权。

# 专家评析

在策划活动之前，活动的组织方就已经分析了举办"啤酒节"所具备的"三性"：必要性、可行性、紧迫性。根据这些分析，可以看出，好的大型演艺活动在策划立项前，都要进行可行性方面的分析，这些分析是成功举办一项大型演艺活动的基础和保障。

# 复习思考题

1. 大型演艺活动立项前，需要收集哪些方面的市场信息？

2. 大型演艺活动项目的环境分析包括哪些？

3. 大型演艺活动产业发展的积极影响与消极影响有哪些？

4. 大型演艺活动的立项原则有哪些？

5. 影响大型演艺活动项目持续发展的因素是什么？

# 第4章
## 大型演艺活动营销策略与管理

**HUIZHAN**
会展经济与管理

【本章简介】

    本章主要讲述大型演艺活动营销的含义、营销策划、营销流程、营销策略及营销方法。通过本章的学习，可以对大型演艺活动的营销及管理的一些原理与方法有一定的了解。

【案例导入】

# 2015草莓音乐节——互联网公司营销五宗"最"

从演出现场赞助商来看,互联网公司仍占据着草莓音乐节营销的半壁江山。毕竟,草莓音乐节是国内年轻人参与最多、规模最大的一次音乐盛会,众多定位于这类群体的互联网公司自然是不愿意放弃这个极好的宣传平台。在2015上海草莓音乐节上,惊艳的互联网公司也是可圈可点,不妨看看以下的现场盘点。

**最多元互动:陌陌科技**

陌陌科技可谓是草莓音乐节的常客。今年再战音乐节,陌陌以"就缺你"为主题展开各种互动营销,体感游戏、免费酒水、各种美食、潮流乐器。"缺你合影"的背景墙,相框、背包、帽子、雨伞、防潮垫等在内的"包你不缺"大礼包,各种"缺人"的贴纸,等等。草莓音乐节陌陌展台前,可谓啥也不缺,应有尽有。就连新媒体宣传也五味俱全,甚至还请出了同道大叔等知名漫画师助阵。总的来说,陌陌展台足够新颖,品牌贴合度也较高。不足在于陌陌的贪多,让人抓不住重点和亮点,所以也未引发网友的晒发热情。如果能去繁从简,或许会收到更好的效果。

**最粉红贴心:大姨吗**

大姨吗算得上小编在草莓音乐节上看到的最粉红、最奇葩、最贴心、辨识度最高的互联网企业了。要知道,第一眼看到大姨吗那门前一簇簇桃花,粉嫩十足的姨妈庙,我就基本能猜出来这是一款为女性经期健康服务的APP。走进一看,这里面创意点还真是挺多,美女姨妈神Cosplay、萌萌哒的大姨吗大头娃娃总是能吸引一堆年轻人驻足合照。免费送出姨妈万灵上上签和姨妈养颜棒棒糖,也契合了大姨吗的产品主题。而在新媒体传播上,除了以互联网公司惯用的免费送票等方式吸引转发扩散,现场还为妹子们准备了"大姨吗"特制版姨妈巾和大头娃娃的扇子,这些礼品起到了极好的传播效果。在新浪微博上搜索"草莓音乐节"关键词,发现被网友晒出次数最多的就是大姨吗。展台不是最豪华宽敞的,工作人员不是最多的,免费礼品也不是最多样的。大姨吗靠着精准的定位,以小博大,就能触发网友晒单分享。这份用心创意,值得借鉴。

**最直接粗放:搜狗网址导航**

参加音乐节不是一次两次了,不过像搜狗网址导航这样直接粗放做营销的互联网企业,则不多见。要不是因为今年车展禁止车模了,我一度以为自己走错了展会。说实话,一堆穿着比基尼的大胸美女展示身上的搜狗LOGO的确是赚足了眼球。但草莓音乐节毕竟不是男人为主的车展和游戏展。在这个妹子总是多于男人、青春文艺味十足的草莓音乐节上,这样弄几个大胸妹儿到各大舞台前招摇,总有一种格格不入的怪异感。而从新媒体分享效果来看,也是差强人意。建议以后搜狗网址导航在做线下活动之前还是要多做做市场调研,否则没有"夺主",就只剩下"喧宾"了。

**最呆萌吸睛：京东**

除了那块不规则的 LED 屏幕，京东在草莓音乐节上最大的亮点莫过于那只飞上天空的京东狗了。除此之外，京东前期的新媒体宣传也很给力到位：请来众多段子手出列，为其在草莓音乐节的活动预热，帮其卖耳机等数码产品。估计前期耳机卖得太好了。五一当天，京东及京东电脑数码等微博并没有对草莓音乐节现场进行相关展示。整体营销显得虎头蛇尾，不免有些让人遗憾。

**最土豪舔屏：美丽说**

美丽说在草莓音乐节开辟了很大的一块展位来宣传，并搬来了代言人鹿晗的各种视觉物和 LED 视频。别说，名人的号召力就是大，无论是线下还是线上，都引发了广泛的围观和讨论。再配合美丽说推出的最草莓 look iwatch 大奖、送扇子等常规营销方式，获得了不少露脸的机会。

# 4.1 大型演艺活动营销的含义

1985 年美国市场营销协会对市场营销学进行的定义：市场营销是对货物、劳务与计谋的构想、定价、促销和分销等方面进行计划和实施，以达到个人和组织的目标的交换过程。大型演艺活动的营销是活动组织者的重要活动之一，它不仅要回答在现实的市场营销活动中提出的各种问题，而且更为重要的是如何开辟市场、营造市场以及在激烈的市场竞争中获取丰厚的利润。市场营销活动是大型演艺活动策划管理的重中之重，抓好营销这一环是大型演艺活动创造效益的有力砝码。在营销策划之前，有必要了解一下市场营销理论的发展，因为理念直接影响营销活动安排。

## 4.1.1 基本理论回顾

### 1）营销理念的发展

现代市场营销的基本观念是"以消费者为中心"，"以消费者需要作为企业经营活动的出发点和归宿"。这一经后人总结概括的营销观念首次提出时确实给人以耳目一新的感觉。但是，这一观念的形成经历了一个渐进的过程：生产观念、产品观念、推销观念、营销观念、社会营销理念。生产观念是在卖方市场的条件下采用的，由于产品供不应求，许多商品都是消费者上门求购。产品观念将营销活动的中心放在不断去改进产品，这一理念认为消费者喜爱高质量、多功能和具有某些特色的产品。持有产品观念的企业通常致力于生产优质产品，并不断精益求精。推销观念的出现是伴随着卖方市场向买方市场转变的同时出现的。基于此营销理念的营销活动主要集中于利用广告技术来刺激消费者，促成消费者的购买行为。营销观念的出现是营销理念上的一次革命，这一理念认为实现营销目标的关键在于正确确定目标市场的需要和欲望。这种观念抛弃了以企业为中心的指导思想。社会营销理念要求企业在制订营销策略时要权衡三方面的利益，即企业利润、目标顾客需求的满足和社会利益。企业通过营销活动，充分有效地利用人类资源、地球资源,在满足消费者需求、取得合理利润的同时,保护环境,减少公害,维持一个健康和谐的社会环境以不断提高人类的生活质量。

上述的营销理念对于大型演艺活动的营销来说同样适用,譬如,社会营销理念。对于大型演艺活动的营销来说,同样要注意社会利益、经济利益、环境利益和观众利益的平衡。随着市场的不断改变,同时也由于大型演艺活动活动产品的特殊性,大型演艺活动的组织者要从营销观念上树立以顾客需求为中心的导向,并关注大型演艺活动的开展给目的地带来的各种积极和消极影响,权衡利弊,适当开发。在营销实践上,要通过市场调查或其他获取市场信息的合理手段去分析客源市场的产品并增加目的地的可进入性。随着营销活动的深入,大型演艺活动的营销者还需要进行营销观念的创新,把满足顾客需求的传统营销观念转变为"不仅满足顾客需求,还要创造顾客需求"的新的营销理念。诸如服务营销、体验营销、绿色营销等新的营销理念对于指导开展大型演艺活动的营销活动来说意义重大。

### 2)市场营销学的几个重要概念

#### (1)需求

人的各种需要、欲望和需求是有区别的。人的需要是指没有得到某些基本满足的感受状态。需要不是社会和营销者所能创造的。人本主义心理学家马斯洛将人的需要分为生存需要、安全需要、归属的需要、尊重的需要和自我实现的需要。人的欲望是指没有能够得到某些基本需要的具体满足物时的愿望,受到个性和社会文化的限制。人的需求是指对于具有支付能力并愿意购买的某个具体产品的欲望。对于大型演艺活动而言,活动的举办会给主办地带来大量的旅游者。策划者应了解旅游者的需要,开发出适应旅游者需要且符合旅游者购买能力的活动产品。

#### (2)市场营销组合

1964年美国麦卡锡教授首次将市场营销组合概括为4P,即产品(product)、促销(promotion)、价格(price)、渠道(place)。

产品(product)——在残酷的市场竞争中,产品专业知识乃是制胜法宝。销售人员在寻求赞助或者其他活动要素时所展示的专业化知识水平将使他摆脱竞争的阻碍,这种对于产品的深度理解可以说服客户,他们正在选购的产品物有所值,物超所值,同时,也有利于培养客户的忠诚度,增强客户对产品的信心。

每一件活动产品都是由历史、质量以及其中独一无二的创造性价值所共同组成的。即使是组织者的过往历史或者是经验,也可以从他的这些经历中提炼出一个更加新颖的活动。一个大型的演艺活动,因为年年办,所以一定要保持一种持续的创新能力,不断呈现给顾客、赞助商新鲜的节目来吸引他们的目光。同时,这种创新还必须是基于原有的活动之上,与原有的活动主题密切相关。这种不断创造相似活动的能力,在潜在客户面前展示其神韵风采时,会令客户打开眼界,印象深刻,使他们对活动管理人的创意能力表现由衷的认可。

促销(promotion)——即使创造出了精彩纷呈的活动产品,但是如果没有制订出一份产品促销的战略计划,那么这件产品只能成为一株永远不为世人所知,深藏于深山之中的灵芝。即使在策划像NBA总决赛表演、狂欢节大游行以及世博会等规模宏大、举世瞩目的重大事件时也必须制订出周密完善的商业促销计划。

促销是强化活动认知的发动机。绝大多数的活动管理人利用各种各样的传媒来为自己的产品进行促销。例如早在1986年Sunfest就意识到促销的重要性。组委会通过各种旅游杂志来宣传自己的品牌。此后,组委会在各种媒体上都进行了铺天盖地的宣传。甚至在当地任何一场艺术表演活动中,你都可以看到Sunfest的横幅。随着网络时代的到来,Sunfest的策划者已经考虑到通过网络来进行宣传。任何人都可以在网上搜索到大量关于Sunfest的介绍与安排。同时,活动的主办方还通过网络吸引更多的媒体朋友来报道这一场盛会。他们在网上为记者朋友准备了丰富的活动资料,包括历史图片、历史活动介绍等。这样的方式,实际上也是在节约活动成本。

不过,在促销当中重要的一点是,大型演艺活动的策划者必须认真地选择媒体渠道。促销战略的制订是要使大型演艺活动与观众的需求、想法和愿望匹配。

价格(price)——确定价格的因素一般有两个:第一个因素是事件的经营成本,第二个因素是来自同类事件的竞争。在营销活动中,大型演艺活动组委会常常通过价格战略来吸引顾客。如在回报赞助商的过程中,通常以赠送销售门票的方式来进行,为了吸引更多的顾客前来,通常提供一些优惠券。又如在销售门票的过程中,组委会还通过提供优惠门票为自己的俱乐部留住长期而稳定的客源。

渠道(place)——在大型演艺活动的市场营销中渠道也同样代表着一切。营销渠道的选择将决定最终采用哪些市场营销手段来推动营销。

### 4.1.2　大型演艺活动营销

#### 1)大型演艺活动的营销内容

大型演艺活动带来的丰厚回报吸引了越来越多的企业,各级政府也将目光转移到举办大型演艺活动上来。传统的市场营销的经典理论在提及市场营销的基本问题时,概括为"5W1H"。

(1)Why(为什么)

为什么要进行大型演艺活动的市场营销活动? 可以很简单地说,"吸引消费者,获得利益"。由于大型演艺活动本身的特殊性质,决定了大型演艺活动必须吸引大量的参加者。处于现在这样一个竞争激烈的环境下,究竟有什么可以吸引观众前来参加我们的活动? 在回答这一问题的时候,事实上,你正在试图去了解你的目标观众的真实心理需求,设计你的活动产品,满足甚至超过观众的心理期望。

(2)Who(营销对象)

在本书第1章当中,曾探讨过大型演艺活动的不同类型。那么在市场营销的过程中,首先要界定活动的类型。这是一个国际性的大型演艺活动还是一个区域性的,又或者是省市的、地方性的。活动的不同类型决定了营销对象的范围。其次,要了解目标受众的不同需求,他们对什么样的活动感兴趣,他们对什么项目有意进行赞助。再次,要根据受众群体的不同来开展营销活动、提供服务。对于那些非常熟悉活动运作的受众,我们的营销活动相对会轻松一些;对于那些对活动不是很了解的受众而言,我们则需要详细讲述活动情况,讲述活动特色,提供更为细致的服务。

（3）When（什么时候举办）

大型演艺活动的举办时间需要经过特别的分析,因为时间制订得是否科学准确将直接影响到参加者的数量以及活动本身的质量。2008 年奥运会游泳项目的全部 32 个项目的半决赛和决赛都是在北京时间上午 10 点进行,而不是晚上这一奥运会惯例时间,跟游泳决赛全部定在上午进行不同,北京奥运会的体操决赛只是将男女团体和男女全能 4 项决赛分别改在上午 10 点和 11 点开始,其余 10 个单项的决赛时间不变。奥运会上中国队的夺金"大户"跳水也未能幸免。由于美国选手在跳水项目上具有一定实力,跳水决赛安排在北京时间下午的 1 点半开始。由于美国与中国有十几个小时的时差,游泳、体操以及田径这些深受美国观众热爱的项目决赛如果放在北京时间的上午举行,便正好赶上美国国内晚上的黄金时间。而一旦比赛还是按照惯例在晚上进行,无疑将大大地影响现场直播在美国的收视率,也直接影响到美国全国广播公司 NBC 的经济利益。除了游泳和体操的大部分决赛放在上午进行,国际奥委会还宣布北京奥运会的跳水比赛还是安排在下午。国际奥委会唯一没有松手的是田径,也使田径比赛最后还是逃离了美国全国广播公司 NBC 的"魔爪",除了马拉松以外的所有田径项目的决赛依然安排在晚上进行。事情的起因源于 NBC 以 35.5 亿美元的天价买下了 2000 年到 2008 年奥运会北美地区的独家电视转播权,他们还向国际奥委会提出了一个很无理的要求——将 2008 年北京奥运会的游泳、体操和田径比赛的决赛时间由晚上改到上午。尽管澳大利亚和欧洲一些国家此后一直试图说服国际奥委会不要一味跟着 NBC 走,但最终还是未能挽回败局。作为对澳大利亚的补偿,国际奥委会将他们相对较强的跳水项目的决赛都安排在下午 1 点 30 分举行。而为了照顾 2012 年奥运会的举办地英国,国际奥委会又将北京奥运会的赛艇决赛由通常的比赛时间上午改到下午。国际奥委会之所以做出这样的决定不全是由于商业运作的缘故,更主要的是考虑到了这些体育项目的主要电视观众的空闲时间。

（4）Where（在哪里举办）

大型演艺活动的主办地的选择也是一门学问。就像世博会每次的申办,国际展览局对每次申办的城市都要进行周密的考虑。一般应包括是否具有旅行的可达性、方便性以及地方支持的可获利性。奥运会也是一样。2014 年冬奥会申办城市评估标准:政府支持度、法律问题及社会舆论(包括奥林匹克宪章和世界反兴奋剂条例的执行情况)、总体基础设施、体育场馆、奥运村、环境情况与影响、住宿、交通、安保、往届体育赛事经验、财务、总体工程与遗产。

（5）What（营销什么）

2006 年以湖南卫视"超级女声"为代表的海选之风愈刮愈烈,甚至某些地级市在评选教师时也掀起了平民海选之风。海选的成功并不在于湖南卫视是首创,其标杆意义在于,调动了大众参与的积极性,娱乐融合商业元素的成功典型,为中国的营销导入了一种新的传播方式。

2）大型演艺活动营销的原则

（1）系统原则

大型演艺活动的营销工作是一个系统工作。坚持系统原则要求我们把大型演艺活动的营销策划当作是一个整体来进行考察,系统综合地进行分析,抉择最优方案,以实现决策目标。过于侧重一个突现的灵感而缺乏系统的思考,不从活动的总体角度来进行考虑的话,对整个活动形象与风格的维护来说非常不利。1992年,正在申办第27届奥运会的悉尼提出了"分享奥林匹克精神"这一口号,因此,这一口号实际上是首先作为申办口号出现的。从1992年悉尼仍在申奥时起,这句口号一直被沿用到2000年悉尼奥运会落幕,而更加令人叹服的是,"分享奥林匹克精神"从悉尼申奥开始就几乎成了悉尼奥运会的精神支柱,它启发和感召了悉尼奥运会的视觉设计、形象推广等一系列活动,为悉尼奥运会整体形象的塑造做出了巨大贡献。

(2)人文原则

人文原则强调在大型演艺活动的营销活动中要把握人文精神,并把它贯彻到策划的每一个环节中去。人文精神包括人口以及文化的意识。人口意识是指人口的数量和质量水平、年龄结构、家庭婚姻等表现出的社会思想;文化意识包括人们在特定社会中所形成的特定习惯、观念、风俗以及宗教信仰等所表现出的社会思想。把文化因素渗透到大型演艺活动项目的各个方面,才能迅速占领市场,建立自己的项目个性。

(3)心理原则

心理学认为,人情,为人类所独具。人非草木,孰能无情?情感在人的生活和实践活动中起着重要的作用。消费者的任何活动都是在一定的情感推动下完成的。因此,广告内容只有与消费者有了情感沟通,才能诱发消费者的购买行为。关注消费者的心理需求就是关注市场。对消费者的真实的心理需求把握得越准确,就越能在营销活动中取得成功。

(4)应变原则

所谓应变就是随机应变,它要求大型演艺活动的营销策划者在动态变化的环境中,及时准确地把握未来发展变化的目标、信息,预测活动可能发展变化的方向、轨迹,并以此为依据来调整营销策划目标和修改策划方案;预测活动对象的变化趋势,掌握随机应变的主动性;及时调整营销策划目标,修改营销方案。当客观情况发生变化影响到策划目标的基本方面或是主要方面时,要对目标做必要的调整,自然也就要对大型演艺活动的方案进行修正,以保证调整后的营销方案与营销目标一致。

(5)可行性原则

可行性原则是指大型演艺活动营销的方案是否达到切实可行的策划目标和效果。要求大型演艺活动的营销策划应当时刻体现科学性、可操作性,在实施过程中合理有效地利用人力、物力、财力和时间,实施效果能够达到该方案设计的具体要求。策划方案要达到有效、可行,一是要用最小的消耗和代价争取最大的利益;二是所冒的风险最小,失败的可能性最小,经过努力基本上有成功的把握;三是要能圆满地实现营销策划的预定目标。

3)大型演艺活动营销类型

营销活动可以按照不同的标准分成不同的类型。本书主要从不同的利益主体角度来进行分类。

(1)内部营销

从本质上来说,大型演艺活动的产品是一种服务性产品,而服务的质量取决于服务提供者的综合素质和教育水平。因此,要特别重视一线员工的重要作用。

内部营销产生于20世纪80年代初期。它起源于一种观念,即企业存在一个内部市场,员工是这个市场的主体,这样企业就会在内部产生许多等同于外部市场的活动,这为发展新的服务导向提供了一种思路和方法。内部营销是一项管理策略,其核心是如何培养具有顾客意识的员工,就是在把大型演艺活动产品推向外部市场之前,首先开展面向内部员工的市场营销活动。内部营销的最终目标是要鼓励高效服务市场营销体系的建立,构建一个组织成员能够愿意为企业创造"真正的顾客"的体系。另外,内部营销作为一种全面的管理过程,整合了大型演艺活动的多项功能。一方面,它确保大型演艺活动组织各个层次上的员工在一种自觉为顾客服务的环境中,理解和体验服务活动以及相关的各项内容。另一方面,它确保所有员工随时准备好用以顾客为导向的方式参与到服务管理的过程中来。内部营销关注树立顾客导向的营销思想。对于大型演艺活动组织来说,只有做到内部营销和外部营销相结合,才能形成良好的关系营销的局面。

市场营销部门需要注意两类人员即接触者、支持者这两类人员的重要作用。接触者与参展商或者专业观众保持定期接触,其主要工作是开展销售活动和直接为客户提供服务,如项目经理、项目组成员等。支持者虽然不涉及营销组合,也不怎么接触展商或专业观众,但其行动可能会极大地影响展览公司的行为,例如公司的人力资源部门、信息部等。

（2）赞助营销

赞助已经成为大型演艺活动行销的一种普遍形式,其双赢的方式吸引着无数赞助商和大型演艺活动组织者。对于赞助商来说,赞助是一个绝对的投资机会,通过赞助过程得到潜在的商机和利润,运用标志、促销手册和媒体策略等向尽可能多的潜在消费者宣传企业或产品,并将品牌与观众等消费者最喜欢的大型演艺活动相联系,建立和提升或改变品牌的形象和名誉;而对于大型演艺活动组织者而言,赞助已经成为为达到特定目的与目标消费群体进行沟通的工作,是资金筹措的重要渠道,也是降低活动风险的一种重要方法。

（3）供应商营销

活动组织不可能有时间和精力提供所有活动中的各项服务。因此,必然会将一些服务外包,这就涉及了服务供应商的营销。一般来说,大型演艺活动的服务内容包罗万象,涉及的供应商包括广告代理商、视听设备供应商、灯光照明供应商、保安公司、交通运输公司、场馆管理商、保险经纪、酒店、翻译、医疗卫生、印刷商、搭建商等。一方面,主办方也是这些服务提供商的营销对象,在活动策划中,肯定有大量的服务供应商请求参与到活动的策划筹备工作中来,这时候主办方要制订公开严格的资质审查标准择优录取。另一方面,主办方也是服务供应商的营销主体,要争取一些有影响力的国际知名的服务供应商加盟。

（4）媒体营销

现代新闻媒体在大型演艺活动的宣传促销中起着举足轻重的作用,制订每次大型演艺活动的媒体传播方案,充分利用媒体种类多、传播广、时效快、信息灵的特点,通过媒体来提升活动的影响力。

现在已经有很多媒体开始与新媒体在传播方式、制作方式和独特的受众群体上进行深层次的互动。在欧美,尤其是欧洲的几大电视台节目内容提供商在过去3年中有非常高收视率的节目都有一个统一的特点,那就是多媒体互动。

(5)政府营销

每个大型演艺活动的主办者都希望得到政府的大力支持,这种支持可以是资金或人力上的,但更重要的是政策上的。市场部门在面向政府部门开展营销时,应该突出大型演艺活动对当地经济的推动作用,除了创造直接的经济效益外,还有吸引外部投资,促进产业结构调整等作用。2010年世博会和2008年北京奥运会可以说是带有浓厚的政治色彩。2002年第九届全国人大五次会议上所做的政府工作报告表示,中国政府支持在上海举办2010年世博会。中国政府和人民将恪守在2010年上海世博会申办报告中的各项承诺。如果中国取得2010年世博会举办权,中国政府将全力确保认真执行《国际展览公约》的规定,保证在财力上给予2010年上海世博会全力支持并做最终担保,采取一切措施为所有参展人员提供安全保障和入境便利,特别是为发展中国家参展提供优惠。

我们还可以根据活动的不同阶段将活动的营销分为活动前营销、活动中营销和活动后营销;可以根据营销手段的不同,分为:公关营销、电话营销、直邮营销、网络营销等。本书以下章节会做详细论述,本节不再赘述。

## 4.2　大型演艺活动营销计划

大型演艺活动的营销需要缜密的计划,在确定了大型演艺活动的营销类型和方法之后,本节主要探讨的是根据大型演艺活动的环境、市场状况和营销目标等做计划,做到有的放矢。

### 4.2.1　大型演艺活动的市场细分

随着大型演艺活动资源的不断深化和活动数量的持续增加,大型演艺活动市场也相应不断扩大,市场需求的类型也日趋多样化。因此任何单位大型演艺活动都不可能独自占有整个大型演艺活动的市场,而只能占有或者分享大型演艺活动整体市场中的一个或几个市场。市场细分就是要根据一定的标准将整体市场分割成若干个具有不同需求特征的子市场,以便确定大型演艺活动所要满足和占有的具体目标市场。

市场细分,不是简单分解,而是一个分类组合的过程。市场细分,从某种意义上来说,可以说是主办单位从更具体的角度寻找和选择市场机会,以使主办单位能够将具有特殊需要的顾客群与主办单位的营销组合对策有机衔接起来。

1)市场细分的意义

任何一个大型演艺活动,即使规模很大的主办单位也难以满足大型演艺活动全体买方互有差异的各种要求。因此,在主办单位获得了市场机会,进一步明确了大型演艺活动主题和形式的具体方向以及需要什么样的服务之后,还要从提高经营效率和效益的角度出发,根据自己的能力,进一步明确为哪些人服务,即确定为大型演艺活动全体买主中的哪类或者是哪几类买主服务,选择主办单位为之服务的目标市场。

由于各个不同的市场部分在消费者需求上存在明显的不同点,因此组织者在实施市场细分时,就应该以影响消费者需要、欲望和购买行为的有关因素为基本线索和依据进行。不同的细分市场在需求倾向上的差异性,不仅可以表现在对产品的要求上,而且还可以表现在对市场营销组合要求的异同上。因此,主办单位在选择某一细分市场为目标市场之后,需要注意从整体营销活动和整个营销组合的角度与其保持适应性。

### 2)市场细分的基本方法

市场细分是主办单位选择目标市场实行营销的前提和基础,同时也是主办单位进入市场的有效途径和策略。大型演艺活动的市场细分可以根据地理环境、社会人口、生活方式、消费水平、消费习惯等进行划分。

根据不同细分市场需求的差异性,可以选择恰当的细分市场,使大型演艺活动组织机构能够根据自身的能力和优势,确定其具体的目标市场。

#### (1)地理环境因素

由于地理位置的不同,其文化、气候和生态环境也不相同。大型演艺活动的营销者可以开发不同特征的消费区域,使消费者的特征具体化、形象化。地理因素的细分主要考虑活动参加者的居住特点。大型演艺活动潜在的地理分布包括该地区的居民、附近地区的观光者、省内的游客、外省市的游客、国外的游客。

#### (2)社会人口因素

年龄、性别、职业、收入、教育、民族、语言、宗教、居住情况和职业现状等都是社会人口环境细分市场最常用的方法。职业(一般指家庭中收入的主要提供者)的划分是营销人员最常用到的一种细分的方法。

#### (3)生活方式因素

购买者的心理消费因素是按照购买者心理细分,与价值、观念直接相联系的分析因素。一般与个性或生活方式有关。

### 4.2.2 大型演艺活动的市场定位

大型演艺活动机构是通过提供大型演艺活动的组织服务和服务商品的交换来实现经营目标的。那么这种服务商品生产和交换的市场在哪里,市场对这种服务商品的质量、规格、档次、价格、销售方式有什么具体要求,市场能够为大型演艺活动组织提供什么样的经济效益和发展前景,这一系列事关大型演艺活动机构经营成败的问题,必须通过确定其目标市场和对目标市场进行科学的分析、研究和预测才能回答。

选择目标市场的过程,实际上就是大型演艺活动组织机构为其服务商品确定市场位置的过程。大型演艺活动机构必须以市场细分结果为基础,并根据本机构所拥有的各种资源和优势,决定其目标市场。目标市场可以是一个,也可以是多个子市场。多个目标市场可以是同等重要的,也可以是有主次的;有的是近期目标市场,有的是中期目标市场,有的是远期目标市场;有时既有现实目标市场,也有潜在目标市场。

### 4.2.3 大型演艺活动的市场营销计划

1）大型演艺活动营销创意

所谓创意,即好点子,它能在两种事物之间建立独特的关联,而这种关联性有利于企业或组织发挥自身的竞争优势。营销创意是指企业在制订营销计划的过程中所产生的创新理念或活动,包括为实现营销目标而采取的方法,时间计划和资源分配等,但它不描述营销活动的具体过程。

形成营销创意是大型演艺活动组织营销计划的重要组成部分,它能够反映组织如何最有效地在市场上运用技能和资源,勾画了总的营销计划和确定可以在哪些营销组合要素上实现突破。

按照由易到难的排列顺序,形成营销创意常用的方法有以下 5 种:模仿创造法、移植嫁接法、联想类比法、逆向思维法和组合创造法。

2）大型演艺活动的营销组合的确定

大型演艺活动从本质上来说是一种服务性的产品,基于这种观点,笔者认为,服务营销的组合完全适用,即 7P。因本章第三节将详细阐述,这里也不多说。重点强调 3 点。

(1)保留顾客

客户关系管理(CRM)是伴随着互联网和电子商务的发展而进入中国的。大型演艺活动运用 CRM 技术主要有以下几个方面的收益:

①整合客户资源。通过实施 CRM,大型演艺活动组织可以有效地开发和利用顾客资源,从而与客户建立长期合作关系。

②降低顾客成本。众多研究成果表明,开发一个新客户的成本大约是维系一个现有顾客成本的 6 倍。通过实施 CRM 可以降低营销成本。

③提高服务品质。

(2)顾客推荐

实施服务营销,提高顾客的满意度与忠诚度的最大的好处之一就是忠诚顾客为其他潜在顾客的推荐。顾客推荐将形成对企业有利的效应,最终可以提高活动的赢利水平。

(3)营销计划的执行与控制

不管营销计划制订得多么科学,归根到底还是要落实到具体的部门和人员上。大型演艺活动组织首先应该根据自身实际和营销计划的要求,设计出合理的营销组织结构,并明确各相关部门和人员的职责和任务。其次,还应对计划的完成情况和具体营销活动实行严格控制,以确保预期目标的实现。其中,市场营销控制主要包括年月度营销计划控制、企业获利能力控制、效率控制和营销战略控制。在实施和控制营销计划时,大型演艺活动组织必须达到以下 5 个标准:

①根据企业实际情况或产品特点,设立合理的营销组织,并明确规定所有人员的任务和权力,充分发挥每个营销人员的积极性。

②本着"时时监控、及时改进"的要求,检查实际业绩和计划目标之间存在的偏差,并果断

地采取改进措施,以保证营销计划的顺利实现。

③运用获利能力控制来测定不同的销售区域、客户群体、销售渠道的获利能力,并为决策人员调整营销组合策略提供有用的信息。

④效率控制主要是对广告、人员推销、促销手段及分销渠道的效率控制,目的是确保营销组合要素的功能执行的有效性。

⑤在实施营销战略控制时,活动组织不能局限于评价某一个问题,而是要对企业或者产品的营销环境、目标、组织、程序以及方法等全部活动进行系统性的评价。

# 4.3 大型演艺活动的营销公关

公共关系作为一种客观存在着的社会关系和社会现象,有着悠久的历史,但它作为一项专业活动,形成一套独立的学科体系,却只有近百年的历史。要认识公共关系对于当代市场营销的作用,就要从了解公共关系的起源入手,认识公共关系的含义及其功能。

## 4.3.1 公共关系起源

现代意义上的公共关系起源于美国。19 世纪下半叶,美国经济开始从自由竞争走向垄断,垄断财团一方面占有着社会的绝大部分财富,另一方面封锁企业的各种信息,既排斥工人,也排斥新闻媒体。企业内部发生的各种丑闻加剧了资本家与工人的对立,也激起了公众与新闻界的不满。

20 世纪初,著名的记者艾维·李提出"公众必须被告知"。他认为,一家企业、一个组织要获得良好的声誉,不是依靠向公众封锁消息或者以欺骗来愚弄公众,而是必须把真实情况披露于世,把与公众利益相关的所有情况都告诉公众,以此来争取公众对组织的信任。1903 年,艾维·李开设了世界上第一家宣传顾问事务所,提供传播和宣传服务。在艾维·李等专业人士的帮助下,杜邦、洛克菲勒等财团,都先后改变了对公众保持沉默的做法,变消极防御为主动沟通,逐步摆脱了困境。艾维·李因将"公共利益与诚实"带进公共关系领域而被称为"公共关系之父"。在公共关系历史上,第一个用科学来指导公共关系工作的是爱德华·博内斯。1923 年,他出版的论述公共关系理论的著作《舆论明鉴》成为公共关系学的第一部经典之作。他主张公共关系的重要职责不仅是向社会作宣传,而且要向工商业组织提供政策咨询,使其行为符合社会利益,"投公众所好"构成了博内斯公共关系思想的重要内核。

公共关系在美国兴起的同时,也迅速传入英国,在第二次世界大战之后推广至欧洲大陆与亚洲。1955 年,国际公共关系协会在英国伦敦成立,标志公共关系作为一项世界性的独立行为而存在。

## 4.3.2 公共关系的含义

1)公共关系的定义

斯坦利(Stanley)将公共关系定义为:公共关系是一种管理功能,它判断公众的态度和意见,让组织的政策符合公众的利益,制订并执行行动方案,以赢得公众的理解和善意。

公共关系学会给出了更简洁的定义:公共关系是组织慎重而有计划地在组织与其公众之间建立并不断保持相互理解的关系。

从定义可以看到公共关系的核心内容即寻求组织与公众之间的相互理解,意思是组织需要了解外部世界及内部员工对它的看法,然后努力通过公关,确保这些看法符合自己所期望的形象和要实现的目标。达到这一目的的最基本的方式是双向交流。

这个定义的另一个重点是对应于"公众"一词的理解。广告的最基本用途通常是告知消费者或潜在消费者相关信息。公关则定义了一个更广义的目标受众,有的受众与公司之间没有直接交易关系,因此,公关包含了广泛的交流需求与目标,目标不一定局限于最终销售。广告当然也可以被当作一种公关工具,但它对许多公众和目标受众来讲,并不是最好的交流方法。

### 2)公众的定义

公众是任何有某些共同特征的、某组织需要与之交流的集体。因为每个公众需要的信息不同,且与组织有着不同的关系,对组织发布的信息也有不同的理解。因此,对不同的公众存在着不同的沟通问题。

(1)商业团体

商业团体指任何与公司有业务关系的人或与之竞争的人。因此,顾客、供货商和竞争者显然属于这一团体。这部分公关的主要作用是与其他以销售为导向的营销活动(如广告)配合使用。公关的重点在于发布产品信息,表明组织的态度和建议,对产品提供保证,或更广泛地宣传良好的公司形象。

(2)内部团体

内部团体由公司内部工作的人员组成,包括管理层、行政人员、生产人员和工会。内部公关极其重要,应当通过多种形式的公关活动,让员工知晓企业在做什么,增强他们的主人公意识,使他们产生归属感,这有助于建立预期的企业文化。

(3)媒体

媒体是个重要团体,媒体包括电视、广播、全国和地方报刊,是一个既代表自身权益又是公关工具的公众。不管组织是想向公众发布好消息,还是想在危机中减少敌意媒体的反应,与媒体之间保持良好关系都是最基本的。

(4)一般公众

一般公众包括当地社区、特殊利益集团,特别是舆论制造者和引导者。组织需要被看成是一个好的企业公民,需要在社区中扮演一个适当的角色。大型演艺活动的组织方可以通过赞助当地公益活动来积极宣传自己。

## 4.3.3 公共关系的效用

### 1)销售效用

从心理学角度来看,影响顾客购买行为的因素很多,包括顾客所处的文化、社会和组织环境、个人因素、行为因素及人际因素等,但起决定作用的应是个人因素和行为因素。而大型演艺活动的组织方可针对顾客的疑虑和不满开展公共关系活动,以协调与顾客的关系,解除疑虑,达成交易。通过协调关系既发展了新顾客,也有利于保留老顾客。

2)网络效用

大型演艺活动的组织方利用针对顾客的公共关系活动可以建立营销网络。通过网络平台,可以获取大量的市场信息,以利于公司及时、准确地做出决策。同时,利用信息网络,组织方可以发布与传播演艺活动的信息;通过服务网络,组织方可以稳定市场,扩大销售。

3)关联效用

在当前买方市场条件下,市场上每类产品都有成千上万个品牌,若想找一个虚位以待的空隙,机会非常少。要想把自己的新产品成功地定位于消费者心目中,大型演艺活动的组织方可以将自己的品牌用某种方法与其他品牌的位置发生关联,从而将产品定位于消费者的心目中。这种方法将自己的品牌同著名品牌相提并论,抑或是将新观念与老观念相对照,使组织方与同行业的老大产生关联,建立和谐的关系,以提高组织方或活动的信誉。

### 4.3.4 营销公关策略

公共关系的目标与功能是通过具体的公共关系活动来实现的。这些活动包括:

(1)调研活动

组织方可以通过民意调查、报刊检索等多种方式来收集企业内部与外部环境的变化信息,了解公众对演艺活动的主题、经营、质量、门票价格及销售方式等诸方面的意见和建议,并及时按改进后的情况告知公众。如此可跟踪消费者需求趋势,尽力满足消费者及其他公众要求,保持组织方与公众之间良好的沟通关系。

(2)举办与参加专题活动

当遇有较为重大的事件或纪念日,公关人员就要策划、组织诸如新闻发布会、庆功会等专题活动,将企业重大事项消息迅速传播至各类公众,强化与各有关公众之间的信息与情感联络。

(3)对外联络协调工作

演艺活动的组织方要设法建立同政府、银行、新闻界、行业协会、消费者协会等社会各界人士的稳定的沟通关系,定期主动或经常性地向这些公众介绍活动的组织情况,以征求其意见与建议、争取其理解与支持,这样既可避免误解而造成的不必要的麻烦,又可使组织方一旦陷入困境而易于挽救不良后果,顺利克服困难。

(4)媒介事件策划

所谓媒介事件就是指专为新闻媒介进行报道而策划的事件。演艺活动的组织方中的公关人员应利用一些可能有助于提高活动知名度与美誉度的事件,经过富有创意的设计,来吸引新闻舆论的注意,进而借助大众传播媒介而广泛吸引其他公众的注意,以此推广活动的影响。

（5）其他日常活动

公共关系工作还包括许多日常活动的组织与安排,如组织内部沟通,内部文稿与宣传资料的编纂、制作等,活动组织方的公关人员作为企业决策层的重要参谋人员,还要主动向决策人员提供各种意见、建议和决策方案,积极参与决策。

公共关系对市场营销有一定的促进作用,然而,以公共关系活动作为促销手段,一般难以起到立竿见影的效果,它往往立足于长远,对消费者的导向具有"润物细无声"的作用。

# 4.4　演艺活动营销策略

## 4.4.1　定位策略

### 1）大型演艺活动定位的目的和意义

定位一词是由两位著名的广告经理人 A. 里斯和 J. 屈特于 1972 年在《广告时代》杂志上首先提出来的。营销大师科特勒对其下的定义是:对公司的提供物和形象的策划行为,目的是使它在利益相关者的心中占据一个独特的有价值的位置。

大型演艺活动的形象定位的目的和意义主要表现在以下几个方面:

①为大型演艺活动赢得好的发展环境:大型演艺活动能够通过形象宣传,将自己的优势展示给公众,引起公众的兴趣和喜爱,可以为大型演艺活动树立良好的形象,赢得较好的发展环境。

②有利于大型演艺活动内部的健康发展:大型演艺活动对外形象宣传,对员工来说无异于一面镜子,可以促使其改进工作,改善内部关系。一方面可以提高员工的工作质量,另一方面可以增强大型演艺活动内部的凝聚力和向心力。

③实现差异化营销:一方面以独特的方式在其客户的心目中占有一席之地,为能够拉到大量的赞助打下坚实的基础;另一方面可以让游客、观众等消费者增强好感和信任度,把其与类似活动区分开来,真正实现差异化营销策略。

④提高大型演艺活动的知名度和美誉度:由于形象宣传的内容为大型演艺活动的优势,因而可以获得公众的认知和认可,这样就可以在很大程度上提高大型演艺活动的知名度和美誉度。

⑤有利于吸引人才和资金技术:大型演艺活动的形象宣传能够增强公众的好感和信任度,这就为吸引人才、资金、技术打下了坚实的基础。

### 2）大型演艺活动定位的策略

正因为大型演艺活动定位的意义重大,因此在开展大型演艺活动过程中,首先要对活动项目进行有效的定位。主要的定位策略有:

（1）特色定位

根据大型演艺活动所具有的某一项或者是某几项鲜明的特色来进行定位。用来定位的大型演艺活动的特色是观众、赞助商等所重视的,并且是他们能够感觉到的,能够给他们带来某些利益。

（2）功能定位

根据大型演艺活动的主要功能来进行定位。根据大型演艺活动功能中符合大众需要的一项或者几项特别突出的功能经过策划来进行定位。

（3）优势定位

这种定位方法以活动的人才、技术、质量、管理、成就、资源或者产业优势等因素作为定位的基础,以大型演艺活动的规模、品位、质量、技术等表现大型演艺活动的实力。其目的在于宣传活动的领先优势,增强公众对于大型演艺活动产品的信任度,消除消费者心目中的顾虑。

（4）理念定位

理念是活动的整体观念、活动宗旨和价值观念。这种定位方式以活动主题的理念为基础,在定位中阐明了活动的宗旨和价值观念。这样有利于使全体项目成员树立共同的价值观念,培养和增加项目成员的凝聚力和向心力,给外在广大社会公众心中留下良好的印象,得到公众的理解和支持。北京奥运会的特色被定位为:中国风格、人文风采、时代风貌、大众参与。所谓中国风格,就是要展现中国悠久的文化和历史,要有浓厚的中国韵味;人文风采,就是要体现中国优秀的哲学思想,促进人与人、人与自然的协调,并展现"和而不同"的文化观念,把奥运会办成多元文化的精彩纷呈的庆典;时代风貌,就是要表达出中国人民追求和平与发展,追求各国人民和睦相处的时代特征;大众参与,就是要体现出由为十几亿中国人以及数千万海内外华人华侨所拥有的中国举办,要体现出既是历史上举办人口最多的一届,同时也是参与最广的一届奥运会。

（5）逆向定位

逆向定位来自于逆向思维的启发。在定位的时候,一定要有反其道而行的意识和能力。逆向定位策略可基于大型演艺活动的功用、价位、服务和情感等方面展开。逆向定位的关键点在于大家都在往大路上挤,而你选择一条可能走得更快的小路。做别人不屑一顾的事情,反而容易找出属于自己品牌的位置。

（6）利益定位

直接将大型演艺活动能够带给观众、赞助商、承包商等主要利益共同体什么样的利益作为大型演艺活动定位的主要内容。这种利益有生理的也有精神的。李宁公司通过赞助北京传统的群众体育项目——春季长跑赛,扩大企业品牌的美誉度,提升与北京地区消费者的亲和力;为确保李宁公司对该项目的赞助利益最大化,通过体育结合赛事特征以及项目执行情况,按照李宁公司实际市场需求,对赛事活动的宣传内容、方式、效果进行设计和分析。在比赛中,参赛者为我们充分诠释了"运动没有绝对的记录"的深刻内涵。参与者上至92岁高龄的台湾老人,下到7岁的北京小学生,这也成为比赛中的一大亮点。"重在参与"的体育精神已经完全融入参赛者的心中。秉承"一切皆有可能"运动理念的李宁体育用品有限公司派出一支150人的参赛队伍,公司董事长李宁先生和总经理张志勇先生也应邀出席,协同北京市委领导跑了全民健身方阵。

（7）公益定位

公益定位即通过支持公益事业，倡导精神文明新风，阐述活动自身的文化理念，以对社会负责任的态度，争取公众的认可。以 Sunfest 为例，作为一个在争取赞助的大型演艺活动组织来说，在争取赞助商的赞助的同时，还在时刻考虑对于社会的责任，从组织的伦理价值观来说就已经高人一等。让我们来看看组委会在 2003 年之后的决策。2003 年，Sunfest 将这一年作为回馈社会的一年。在当年的组织政策当中，组委会决定以一个赞助商的身份来为一些非营利性的社会机构筹措经费。同时，Sunfest 还在大学中设立了专门的奖学金。另外，当年组委会向 1 000 名贫困人员派发了赠票。组委会还决定，在今后的长期运作中，常年为一些因家境贫困而无法实现艺术梦想的年轻人提供专业的艺术教育。通过这样的方式，组委会不仅维护了自己的品牌形象，实现了组织成立的初衷，同时也为他们争取到更多的赞助，创造了良好的社会舆论环境。似乎任何一个赞助这个活动的企业，都是在践行其组织自己的伦理价值观。组委会的这样一些决策实为融资的最高境界。

### 4.4.2　产品策略

任何一种产品都有其市场生命周期，也就是说它必然要经历一个由进入市场到退出市场的过程。产品的生命周期依据其需求量、销售额和利润额的变化可以分为介绍期、成长期、成熟期和衰退期 4 个阶段。大型演艺活动产品在生命的各个阶段有着不同的特点和规律性，这就要求大型演艺活动机构采取与产品生命周期各阶段特征相适应的、灵活的营销策略，使产品在有限的生命周期内创造尽可能多的社会和经济效益。

1）介绍期

在介绍期内，大型演艺活动产品一般处于试验性经营阶段，产品的市场范围、数量和质量都存在着劣势，因此大型演艺活动机构必须采取有效的营销策略，迅速提高接待能力和服务质量，增加和稳定客源量，在扩大销售量的同时增加经营利润额，尽量缩短介绍期的时间，使产品早日进入成长期。这一阶段可选择的营销策略主要有：

（1）高格调价格

高格调价格又称为双高策略，通过较高的促销投入和较高的价格，使市场上的潜在客源及时了解和购买产品，从而使企业迅速占领市场，并在介绍期获取一定的营业利润。这种策略适合于实力雄厚的大型演艺活动机构在客源潜力巨大的市场条件下使用。

（2）低格调价格

低格调价格又称为双低策略，是指采取较低的促销投入和较低的定价措施，使市场上的潜在客源逐步了解和购买产品，并尽量降低大型演艺活动的组织和经营成本，从而保证大型演艺活动机构在介绍期内保持微利经营局面。这种策略适合于实力明显不足的大型演艺活动机构在潜在客源比较分散的市场条件下使用。

（3）全面渗透策略

全面渗透策略又称为密集式渗透策略，是指通过较高的促销投入和较低的价格，使市场上的绝大多数潜在客源及时了解和购买产品,不惜亏本的迅速、全面占领市场,缩短介绍期时间,以求尽早进入成长期。这种策略适用于实力强大的大型演艺活动机构在竞争激烈的市场条件下采用。

(4)局部渗透策略

局部渗透策略又称为选择性渗透策略,是指通过较低的促销投入和较低的价格,使市场上迫切需要该产品又不太计较价格高低的部分潜在客源能够比较方便地购买、使用这种产品,从而占领局部市场。这种策略适用于实力较弱的大型演艺活动机构在潜在客源较少、竞争微弱的市场条件下使用。

2)成长期

在成长期内,大型演艺活动产品一般处于扩大再生产的快速发展阶段。产品在供给、需求上的数量不断增加,竞争日益激烈,因此大型演艺活动机构应及时转换经营策略,迅速提高接待能力、提高组织经营和服务质量,不断拓宽客源渠道,加大促销力度,调整产品价格,保持竞争优势,在扩大销售量的同时增加营业额和利润额。这一阶段可供选择的营销策略主要有:

(1)强攻型策略

为了满足急剧增长的市场需求和增加组织机构的经济效益,应该集中人力、物力、财力,增加和改进大型演艺活动接待设施和服务项目,使产品质量不断提高、销售量不断上升、利润率不断提高,这就是所谓的强攻型营销策略。在介绍期已经投入了较大的促销费用或已拥有充足客源的大型演艺活动机构适用于这种策略。

(2)攻心型策略

集中人力、物力、财力,重点营建网络化市场分销渠道,进行大规模市场促销活动,提高产品的市场知名度,确立品牌地位,并积极开拓新市场,使产品拥有相对稳定和供不应求的供需环境,从而达到刺激消费者购买欲望,促使潜在消费者向现实消费者转化,加速产品交换进程的营销目的。在介绍期重点进行产品开发的机构或实行全面渗透策略的机构,多采用这种营销策略。

(3)封锁型策略

通过降低价格或者实行优惠价格折扣等措施,保持和增强产品的竞争力,扩大市场占有份额,防止其他大型演艺活动机构介入市场,形成相对的垄断或卖方市场的局面,为大型演艺活动机构产品生产和交换创造良好的市场条件。在介绍期实行高格调策略或局部渗透策略的机构,一般会转而采取这种市场营销策略。

3)成熟期

在成熟期内,大型演艺活动产品处于收获的黄金季节。总的来看,供给量、需求量、销售额、营业额、利润额都达到高峰,而经营成本降到最低点。因此,大型演艺活动机构应该根据各自产品的特点和市场需求的变化采取不同的营销策略,不失时机地提高销售量,实现最佳的经济效益。这一时期,可供选择的营销策略主要有:

（1）进攻型策略

经营效益比较好的大型演艺活动机构，一般会借助于产品质量优势或品牌优势，全面出击，继续扩大市场占有份额，并延长成熟期的时间，通过增加销售量，提高经营利润。

（2）防守型策略

经营效益一般、经济实力有限的大型演艺活动机构，一般会采取灵活的、有效的价格策略，利用分销渠道和促销宣传等措施，维持已占有的市场份额。同时，通过成本控制、降低经营成本，保持较高的经营利润。

（3）撤退型策略

经营效益不佳或者是处于市场竞争劣势的大型演艺活动机构，应该急流勇退，以避免进一步亏损。与此同时，把人力、物力、财力集中投入到新产品的开发和新市场的开发上，以谋求在其他产品经营领域的成功。

4）衰退期

在衰退期内，大型演艺活动产品一般处于更新换代阶段，具有产品供给量过剩，需求量减少，经营成本升高，销售量、营业额和利润额持续下降，市场竞争逐渐减弱等特征。根据衰退期的一般特征，大型演艺活动机构必须采用有效的营销策略，尽量延长产品的生命周期，或以新产品替代老产品，或者干脆退出市场。这一阶段可供选择的营销策略主要有：

（1）固守型策略

这一阶段很多大型演艺活动机构在激烈的市场竞争中被淘汰，这为幸存者维持大型演艺活动经营提供了现实性和可能性。因此接待能力强、品牌优势突出、市场占有率高的机构，一般采用固守型的策略，维持正常的大型演艺活动组织与经营，延长产品的生命周期，以获取尽可能多的经济效益。

（2）转移型策略

由于市场需求不断萎缩，许多大型演艺活动机构根据企业长远发展的需要，着手开发新产品，以取代老产品，从而满足市场需求转移的需要。这包括对老产品进行改造，增加新的附加功能；放弃部分需求不足的老产品，集中人力、物力、财力，提高其他尚能适应市场需求的部分老产品的质量；更新老产品，提供新的替代产品等。

（3）放弃型策略

产品老化，经济效益不佳的大型演艺活动机构，应该适时放弃现有的产品市场，另谋出路。在产品已经衰老、经济效益持续下降，但企业仍然拥有一定经济实力的情况下，大型演艺活动机构可以转产，开辟新的产品和经营领域。

### 4.4.3 价格策略

价格是大型演艺活动商品交换的中介产物，具有调节产品供求关系的重要职能。为了实现市场营销的战略目标和任务，大型演艺活动机构必须根据市场需求、供给、竞争等因素的特点和变化情况，采取相应的价格策略。比如，在市场需求不足的情况下，可以通过各种优惠价格刺激需求量;在供不应求的情况下,可以通过适当提高产品价格,以获取更多的利润;在市场竞争激烈的情况下,可以采取低价策略,增强产品的竞争力等。

大型演艺活动的定价不能盲从,要根据大型演艺活动的举办目的以及举办地的经济水平制定适宜的价格。定价不能够过低,也不能过高。过低的价格往往会影响活动的形象和声誉,因为人们相信物有所值的道理,一分价钱一分货;过高的价格又会造成大量空闲座位而导致亏损。

### 1)低价策略

它是指大型演艺活动机构为了实现市场营销战略目标和完成某种战略任务,而制定和实施的较低产品价格。低价策略的主要功能有:可以使新的产品迅速进入并占领市场,刺激需求量,增强产品的竞争力,延缓产品的生命周期等。

### 2)高价策略

它是指大型演艺活动机构为了实现市场营销战略目标和完成某种战略任务,而制定和实施的较高产品价格。高价策略的主要功能有:增加活动组织经营的利润;提高大型演艺活动产品质量,确立品牌地位;为扩大组织经营规模或拓展经营范围累积资金;适当限制过度需求量或选择理想的消费群体。

### 3)差价策略

它是指大型演艺活动机构为了实现市场营销战略目标和调节供需关系而制定和实施的具有差异性的产品价格。如淡旺季差别价格,特邀嘉宾、志愿者与一般观众差别价格,团体观众与个体观众差别价格,义演与商演差别价格。差价策略的主要功能有:调节各种活动产品的季节性需求不平衡情况,调节各种活动产品的区域性需求不平衡情况,刺激部分疲软活动产品的市场需求量,巩固重要客源市场。

### 4)消费心理价格策略

它是指大型演艺活动机构为了实现市场营销战略目标和激发潜在客源的消费欲望,而制定和实施的具有满足消费者心理需求功能的产品价格。

## 4.4.4　分销策略

分销渠道是指产品从生产领域向消费领域转移时所经过的途径。大型演艺活动分销渠道策略,就是要通过一定的手段和方法,选择和建立合理的分销渠道,使活动产品有效地转移到消费领域。大型演艺活动产品组织与消费的同步性,决定了其分销渠道比较短,也就是说它的分销渠道的中间环节比较少。而大型演艺活动产品的不可贮存性,又决定了其分销渠道比较宽,即它必须同时选择多个分销渠道,以便使活动产品能够在特定的时间被观众欣赏。

### 1)直接分销与间接分销策略

直接分销渠道策略是指大型演艺活动机构直接把产品销售给消费者。其主要优点是产品交换便利、销售成本低、市场信息反应快。其不足之处是:机构组织力量分散、市场覆盖面窄、专业化程度低。多数大型演艺活动机构都不同程度地采用直接分销渠道策略,如通过本机构的市场部门、网络预订系统、街头售票点和志愿者进行产品销售。

间接分销渠道策略是指大型演艺活动机构通过中间商把产品销售给消费者。其主要优点是,组织可以集中力量组织主题活动,利用中间商扩大市场占有份额,通过预定代理机构提高销售专业化水平。大型演艺活动机构经常选择的间接销售渠道有旅行社、饭店、剧院、报刊零售商和网络预订销售代理商。

### 2)短渠道与长渠道分销策略

分销渠道的长度是指渠道的纵向联系。大型演艺活动机构通过一道中间商把产品销售给消费者,称为短渠道策略。大型演艺活动机构通过两个或两个以上中间商把产品销售给消费者称为长渠道策略。由于大型演艺活动持续时间一般比较短,而且主要依靠活动主题吸引观众,所以大型演艺活动机构一般采取短渠道分销策略。但是,为了克服国别文化障碍和地理距离障碍,组织大规模国际性活动的组织机构,往往通过国内外多道中间商进行长渠道销售。

### 3)窄渠道和宽渠道分销策略

分销渠道的宽度是指分销渠道的横向关系。在一道中间环节使用少量中间商进行销售,称为窄渠道策略;而使用大量中间商进行销售,称为宽渠道策略。采用窄渠道策略有利于进行容量控制,保证大型演艺活动接待质量,提高活动产品的信誉。运用宽渠道策略有利于进行市场渗透,扩大销售量。渠道的宽度并无一定的标准,大型演艺活动机构一般在产品的介绍期和成长期采用宽渠道策略,而在成熟期和衰退期则采用相对的窄渠道策略。

## 4.4.5　促销策略

促销是以激发需求者购买欲望、影响其消费行为、增加产品销售量为目的的信息沟通和说服工作。大型演艺活动产品时效性强,而且活动主题和主题活动项目根据组织目标的要求不断变化,因此必须借助有效的针对性促销手段,帮助分散的需求者做出购买产品的决策。

### 1)广告宣传策略

广告宣传是指通过电视广播、报纸杂志、互联网等广告媒体,把有关大型演艺活动产品的信息传递给消费者。其中电视和广播广告具有传播面广、信息传递快的优点,但也存在传播周期短、信息容量少等缺点。

(1)广播电台、电视

电视毋庸置疑是最有效的媒体,讨论广告的时候,它通常是第一个被想到的,主要的缺点是成本高,而且观众可以方便地避开广告。广播被描述为"两位朋友之间的交流",由于人们可以在床上、车内、家中以及公司里收听广播,它的亲和力是其他媒体所不能取代的。因为这一点,广播是最接近口头交流的媒体,也是最有效的广告媒体之一。

(2)旅游杂志

在专业杂志上刊登大型演艺活动信息的目的性强。以 Sunfest 为例,纵然价格不菲,但是

Sunfest 依然将各种旅游杂志作为宣传媒介。做出这种选择,和活动本身的特点是密切相关的。Sunfest 是一项以文艺音乐表演为主的大型演艺活动,活动的参加者有很多是来自其他州的,甚至有专程过来参加活动的国外游客。旅游杂志的受众恰好是大型演艺活动的目标群体,所以在 Sunfest 的促销经费中有很多被分配到旅游杂志。

(3)网络营销

以 Sunfest 为例,在 Sunfest 官方网站上,常年置放着历届活动的信息,包括历年演唱会的图片、VCR、在线的音乐收听等,并且时刻更新活动的资料。通过网络,大型演艺活动的策划者可以提供其他媒体手段所无法提供的互动展示平台,通过先进的技术手段,将大型演艺活动的大量丰富的多媒体信息展示在全世界的观众眼前,吸引足够多的目光。观众可以通过在线预订大型演艺活动当天的门票,享受组委会的特殊服务。这种便捷性、互动性是其他媒体所不具备的。另外,组委会还在网页上专门开辟一个媒体频道,招募媒体,同时还提供报道资料。

(4)户外广告

在大型演艺活动开始前的两个月,组委会开始进行户外广告的宣传,如公交车、热气球、横幅等。在城市的任何一个角落你都可以感觉到大型演艺活动的气氛,通过营造大型演艺活动的气氛来吸引众多当地居民参加。

2)营业推广宣传策略

营业推广策略是指大型演艺活动机构派出推销员,直接向公众介绍和推销大型演艺活动产品。大型演艺活动机构一般借助于志愿者在繁华的商业区和公共休闲游乐场所进行人员推销活动,同时也委托旅行社或者专业销售公司对特定行业组织、文艺团体、学校等进行针对性强的专项营销。

3)公共关系宣传策略

广告是自弹自唱地进行营销,而公共关系则是其他人对你评头论足。有时大型演艺活动需要公共关系专家的支持才能吸引更多的人来参加。因此,公共关系慢慢地超越了传统的广告。20 世纪 30 年代,公共关系的主要成分是那些报社代理人,他们的工作是说服报社媒体把社论板块奉献给自己的客户。在爱德华·伯尔内斯等领袖的影响之下,不久公共关系的作用变得日益复杂而且受到遵从。公共关系策略是一种间接的促销策略。其主要功能是设计和树立企业的整体形象,维持和协调大型演艺活动机构和社会的良好形象,从而为企业的长远发展以及产品销售量的提高创造必要的条件。

4)人员策略

根据服务营销的基本观点,要将人员纳入组织营销活动当中,尤其是服务性机构。内部营销主要包括两个方面的内容:态度管理和沟通管理。态度管理是影响内部营销效果的关键性因素,对员工的态度必须进行战略性的管理,通过树立顾客观念和市场竞争意识来改变他们的动机和态度。应当注意到培训并不是改变员工态度的唯一途径,而一些非正式的途径往往是员工注意的重点,这对改变员工的态度是很有用的。在大型演艺活动组织中,无论是管理人员还是一线员工,还是后勤人员都需要有充分的信息来完成与他们的职位相符合的工作,为内部和外部的顾客提供优质的服务。另外,他们也需要相互交流各自的需求和期望、对于提高服务工作绩效的看法以及如何界定顾客需求的看法。态度管理和沟通管理是支持内部营销获得成功所必需的。态度管理是一个连续的过程,而沟通管理则是一个间断的过程,每一次沟通活动都相对独立,但需要避免的是单向的信息沟通。要将态度管理和沟通管理两方面结合起来,形成良性互动,让员工在共同分享信息的同时,逐渐改变他们的态度。内部营销在实施的过程中,可采取人才竞争、提供形象展示、培训员工和促进团体协作精神等方法。

5)过程策略

虽然人员因素在活动营销组合中发挥着重要的作用,但如果操作过程中存在明显的缺陷,人员因素的作用就会大打折扣。活动参加者会把公司提供服务的过程也看作是服务的一个部分,而且过程的改变可以带来服务质量的提高。因此,市场部门在营销活动中将营销活动以及服务活动分成若干过程,研究哪些过程可能会发生服务质量偏差,寻求缩小服务期望差距,提高服务质量。在市场营销活动中,推行 TOM(全面质量管理),利于提高活动参与者对于服务质量的满意度。

# 4.5　演艺活动营销方法

## 4.5.1　营销目标

问问自己什么是试图完成的。所有的营销目标应该根据合适的数据来设定。例如说,你希望增加出席率不能依靠为顾客提供更多服务。你希望把第一时间的出席者从 8% 提高到 10% 是很容易理解和证实的。

使用 SMART 技术形成有效率的目标和目的。

S(special)——特殊的

·好的定义

·对所有人介绍活动基础知识

M(meaningful)——有意义的

·价格和数量

·支出估算

A(activity)——以活动为目的的

·包括一个动作

·把事情安排好

R(reality)——现实的

·利用资源、知识和时间优势

·利用你的能力来完成

T(timely)——及时地

·时间限制是固定的

·有足够的时间来完成

1）不同的销售主张

顾客对一个产品或服务的感知和它的竞争力是成对比的。它能详细研究你追求的精确的专门市场和销售方案。

正确了解你的目标观众并询问以下的问题：

①为什么这个活动和我相关？

a. 我是否关心主题？

b. 它是怎样与我所关心的价值、担心或愿望相关的？

②为什么这个与我参加过的其他活动不相同？

a. 我想得到什么？

b. 信息、教育、网络、乐趣、娱乐、卖主？

③我参加的结果是什么？不参加的结果又是什么？

a. 我不参加将失去什么，为什么对我这么重要？

b. 我去参加将得到什么，为什么对我那么重要？

④你是怎样关注我参加你的计划的？

a. 由于顾客要求不同，今年与往常相比有什么不同的、新鲜的？

b. 今年的出席将带来的利益是什么？

⑤什么特殊的事情是你希望我去做的？

a. 在读完这条信息后我应该做什么？

b. 去一个据点？节省时间？考察一个邀请/登记卡？仔细检查？

⑥什么是适合我的？

a. 如果我现在签约是否有赠品/折扣？

b. 我被邀请来是否会有有价值的物品赠送？

回答了这些问题，你可以根据潜在的、当前的参加者、支持者、卖主的想法定位你的活动。

2）商标

这是一个过度使用的专有名称。一些人错误地把商标视作营销的终点。因此，常常产生强烈反应。在一个股东会议中，Roy Disney 说："我在其他场合曾经说过，商标是你要去放养的奶牛。很多的商人是很有用处的，我们把商标作为洗涤剂或经营者把它视为同一个出发点。商标其实是当你的产品没有独创性时的产物。"

营销者把商标定义为：一个名称、团体、设计、象征或其他表象，可以识别一个销售的产品或服务，用于区别于其他的销售产品或服务。一个合法的团体把商标视为品牌。

商标是一个好的营销计划的组成部分。它被视为定位的第一感觉，是你想要因此著称的原因，或代表了什么。一些人把商标视为识别度的标志，利用它来发掘增强市场竞争力的渠道。

商标有一些机制能促使你：

①区别你自己和竞争者。

②把信息定位在目标顾客的思想中：

a.促使营销成功；

b.更清晰地、快速地、可靠地传递信息；

c.增强忠诚度。

## 4.5.2　营销方法

1）推销方法

活动的目标如果已经明确，整个营销计划的目标也就明确了，就应该确定会议的战略了。以下将讨论一些有助于达到目标的推销战略。

以下有很多不同的战略用来提高一个活动销售，分别是：

①公共关系；

②广告（刊物、广播、室内/室外）；

③直接邮寄（小册子、传单、明信片、邀请书）；

④出版物（杂志、新闻信、报纸）；

⑤网络（邮寄、新闻、网络、博客）；

⑥销售（远距离销售、直接销售）；

⑦宣传（竞赛、有奖演播节目、预先活动）；

⑧其他。

营销战术常常形容厂商如何提高他们的产品和服务质量、你的目标顾客如何了解你的活动的手段。发展一个营销手段就像制造一个蛋糕。只有一层是不能制造一个蛋糕的——它需要其他的因素，必须细心挑选和彼此混合，才能制造出人们爱吃的蛋糕。

为了获得合适的营销战术，必须尝试不同的方法直到达到平衡。如果已经全面确定了目标顾客的信息，这时市场研究才会有价值。

就像在蛋糕上的所有因素一样，在一个连续的战术中也混合了多种因素，然后再把所有的因素有机结合，所以营销战术中的所有部分应该补充和加强，把计划作为一个整体。这个步骤被称为整体营销计划。

整体营销计划这个概念是非常新的。沃尔特·迪士尼（Walter Disney）曾经使用过，他称之为"协调作用"，在20世纪50年代到60年代之间，通过同时在刊物、电视、电影、买卖中和他的主题公园中使用营销手段来推动迪士尼公司的发展。迪士尼营销手段中的每一个部分推动了其他方面的发展，建立了整个迪士尼帝国。

随着20世纪80年代至90年代的精简机构，组织被迫减少力量。他们发展形成了一个导向和计划贯穿在营销计划中。这就是"整体营销"的开始。

2）公共关系

公共关系是一种很重要的营销方法。美国社会公共关系学会定义为：公共关系帮助一个组织和他们之间的社会相互适应。

如何对比宣传品、宣传、广告和其他手段？

一些人把公共关系定义为广告。让我们来看一下这两者更多的区别（如表4.1）。

表4.1 公共关系与广告的区别

| 公共关系 | 广　告 |
| --- | --- |
| 在信息上控制力低 | 能充分控制信息的时间、地点和方式 |
| 可靠性高 | 缺乏真实度 |
| 花费相对低 | 更多花费 |
| 吸引手段从一个角度入手 | 在目标上更有选择性 |
| 写在一个有价值的版面 | 使用激励和感性的语言 |

如果你已经有一个比较成功的大型演艺活动项目，通过广告来祝贺自己是很肤浅和自我的。但是第三方的新闻稿可以帮助你达到这一目的。

公共关系的角色是用于熟悉及了解。包括：

①保持一个积极的公共形象。

②运用消极的宣传。

③增强其他有效的宣传手段。

④连续公共宣传活动：

a. 当地社区参与；

b. 产业社区参与；

c. 时事通讯、报纸和组织杂志；

d. 雇佣关系；

e. 媒介关系；

f. 媒介装备和摄影；

g. 股东、所有者和财政社区关系；

h. 适宜的学院关系。

⑤提前计划宣传：

a. 新闻或新闻稿；

b. 新闻或记者招待会；

c. 纪念会、首场演出和活动；

d. 简短广告；

e. 专题故事；

f. 新闻和商业讨论会。

⑥不可预测的宣传：

a. 运用消极宣传；

b. 媒体采访。

3）广告

我们每天都会受到成千上万条信息的冲击——根据Jupiter的研究，在过去的20年间，我们接收到的信息每天都在 600 条以上,这些信息来源于广播、电视、印制品和电子邮件。此外,还有体育馆看台的广告、公交车的车体广告以及从衣服到茶杯无所不在的商标标志。

下面我们来看一些关于广告的定义:

①使用付费媒介的非私人的沟通方式,含有一个正式的组织发布者。(大多数教材的定义)

②广告就是为了促销一种产品、服务甚至一种思想所设计发布的一种信息。(国际通用教材)

③组织者通过各种媒介发布关于一个事件的信息使之传播出去。(会议产业协会 APEX 专业词典)

对于一桩上亿美元的生意,广告也许会起至关重要的作用。通常你致力于某一市场时,会有至少 5 种来自其他方面的竞争因素,一些来自你所属的行业,还有一些或许完全与这个行业不相关,但是这些都在试图说服你的客户取代你的位子。

(1)广告的形式

根据不同的付费标准,有下面几种广告媒介可供选择:

①印刷品——杂志、报纸、贸易日志等;

②广播——网络电视、电缆信号电视、收音机、闭路电视等;

③因特网——网站、站内标题广告、电子邮件、电子杂志等;

④户外广告——广告牌、公交车车体广告、建筑物广告牌、气球广告等;

⑤直接邮寄——小册子、传单、目录册、时事通信等。

如果你选择的方式恰当并且经济,广告将是一种使大量受众了解你所要发布的信息并说服他们参与进来的最便宜、最迅速的方式。但是,如果忽视对目标受众获取信息方式的调查,广告也可能会浪费你宝贵的预算。

例如:如果你想推广一个街道庆典,当地的电视台和广播可以快速传递信息,而当地报纸的广告传递信息可以更加具体、明确。如果你想吸引参展商和观众来参加全国小商品展会,通过小商品行业内部的商业周刊发布广告要比通过以大众为目标的报纸发布广告聪明得多。

有些媒介循环速度较快,有些媒介渠道有更强的专业性,你需要衡量各种媒介的优缺点。以下是关于各种媒介的一些简单陈述(如表4.2)。

表4.2　媒介的优缺点

| 媒　介 | 优　点 | 缺　点 |
|---|---|---|
| 广播 | 目标受众广泛 | 需要较高的周转率 |
| 电视 | 有趣刺激 | 较高的投放成本 |
| 有线电视 | 受众广泛且刺激 | 观众少 |
| 杂志 | 目标受众广泛 | 周转频率低 |
| 报纸 | 周转频率高、精彩 | 与其他渠道相比较杂乱 |
| 户外广告 | 冲击力强,接触人多,位置固定 | 有争议 |

续表

| 媒 介 | 优 点 | 缺 点 |
|---|---|---|
| 车载广告 | 容易吸引观众 | 杂乱 |
| 标题广告 | 目标受众广泛 | 容易被忽略 |
| 直接邮寄 | 目标性强、成本低 | 可能被视为垃圾 |
| 电子邮件 | 成本低、目标性较强 | 垃圾邮件较多,杂乱无章 |
| 附在商品上的商标 | 有些广告周期比较长 | 有些广告周期过短 |

（2）广告设计

无论对于一则广告文案还是直接邮寄的材料,广告设计的基本原则都可以用 AIDA 一词来表示:

Attention(注意力):用有吸引力的标题抓住人们的视线,使之脱离杂乱无章,使读者产生需求。

Interest(兴趣):通过指出能提升人们生活水平的多方面的优势,激发人们的兴趣。人们通常购买的是某物带来的利益而不是事物本身——正如你需要突出的是烤牛排时的"嗞嗞"声,而不是牛排本身。

Desire(需求):通过提供富有诱惑力的东西来树立需求。

Action(行动):把你的预期付诸行动,吸引人们浏览你的网站,打电话索取更多的信息并进行预订。

一个广告通常有 4 个要素,这些要素基本都要遵循 AIDA 的原则。

①标题——吸引读者的注意力。

②支持要素——用各种理由支持标题,在正文中采用较大的篇幅吸引读者并强调忽视此广告的后果。像"免费""折扣""现在""甩卖"和"新产品"等字眼比较容易吸引注意力。

③呼吁行动——吸引读者打电话、上网或者填写相关表格。

④公司名称。

最后,广告还包含一个视觉要素,一幅图片或者公司的标志。这一视觉要素通常比文字更重要,因为这更容易吸引读者注意,可以使一项事物在人们脑海中留下长期印象,并对这一标志有持续的认知度。

广告在金钱和时间上的投入相当可观,因此在设计一则广告时,你需要寻求专业人士的帮助,并抵制住各种诱惑坚持自己来做。初学者有可能会用超出承诺的一些要素和文本,使广告变得有些混乱。

读者通常只用几秒的时间就决定你的广告是不是值得他们注意,要尽力抓住机会吸引读者。

（3）位置、范围和频率

广告可以独一无二地持续传递信息——可靠的、迅速的、有效率的——只要你能控制广告的信息、位置和频率。

通常,人们认为当广告位于右手边的页码时或者在一份报纸的前半部分时,往往能发挥更大的作用,但是,对印刷品上的广告而言,好的广告在于好的设计而不是取决于在印刷品的哪个位置,一个设计优秀的广告无论在什么位置都能发挥良好的作用。

对于广告媒介的选择比对在某一媒介上位置的选择更为重要,在错误的媒介上投放广告有时会流失大量的信息。问题不是"报纸广告是否有效"而是"是否可以通过一种不同的、更有效率的广告媒介使我的投入发挥更大效益"

媒介选择意味着寻找更有效率、成本更低的方式来把所要传达的信息传递给目标受众。范围和频率是在选择媒介时的关键要素,范围意味着有多少观众能听到或看到你的信息,频率就是他们看到或听到这一信息的次数。但是在线记录卡的受众数量通常有迷惑性,因为它包含所有被这一媒介所覆盖的公众数量,你需要识别哪些是你的目标受众,因为范围过宽也会浪费财政预算。

在选择位置时,记住"在有鱼的地方打鱼"。换句话讲,选择你的目标受众都喜欢的媒介投放广告。在常规基础上,贸易杂志、网站和会议用品哪个是你的"打鱼"工具呢?

当一则广告有持续的效果时,这则广告才是好的,你可以连续不断地传递广告信息,集中在一个小的突破点,或者有一定规律性的空间间隔。重复是强化信息的较好的方式。

### 4)直接邮寄

直接邮寄,正如这一名称所示,是一种把广告信息打包邮寄给所选择的观众的形式,在这种形式下,所传递的信息可以更加丰富,这是一种目标性非常强的广告方法,因此有更高的效率。

根据 Seth Godin(优秀的营销作家,企业家,自我宣扬的代理商)的定义,直接邮寄就是把广告直接传递给销售者所选择出来的人群,这一定义包括电子邮件。

一份设计良好的直接邮寄文案要比往行业内电子邮箱发送未经允许的垃圾邮件效果好得多。为了能提高直接邮寄的反馈率,一定要认真列出邮寄名单、制订合理的邮寄时间、设计方案和文案。

(1)邮寄类型

以下所列每种印刷品都会影响到你的销售活动,每一项都应该同等重视并从全局考虑。

①明信片——随着电子邮件的利益扩散,明信片越来越受欢迎并发挥更高的效益,因为几乎每一个看到明信片的受众都可以容易地接收到信息。

②小册子和目录册——如果预算允许的话,采用这种打包邮寄的方式能发挥更大的作用。

③参展商或主办方计划书——除了一些基本信息,这一计划书还可以包含参与者所能获得利益以及一些后勤保障的信息。

④事件邀请函——一个完美的活动需要一份精致的邀请函,这是带来良好的第一印象的好机会。

⑤促销传单和传真——这比发小册子便宜,并且能在截止日期前较好地提醒受众,还能强化这一事件的独特的方面。

⑥私人信函——这是在所有邮寄方式中最量身定做的一种,这是为了更好地号召一些特定客户参与,比如 VIP。

⑦节目单——对于已经预定的客户,这种方式提供给他们最终的日程表。

⑧业务通信——使用业务通信录可以增强对目标客户的关注度。

（2）设计和文本

前面已经介绍过 AIDA 原则，与在公共媒体上发布的广告相比，直接邮寄的文案更应该遵循以下原则。

①用艺术字体、照片和色彩增加视觉吸引力。

②用照片强化受众所能得到的利益，而不是平淡无奇地讲出来。

③可以打破常规，如果你的目标受众广泛接触的是四色广告，你可以选择用二色或者是漂亮的黑白色。

④根据经验法则，在一份文本里，只要使用两到三种语言就够了。文本正文可以用下划线，标题可以不用下划线。

⑤注意所用纸张的形状和大小。因为信封也是一笔不小的开支，并且大的信封也不能引起额外的注意。

⑥对于邮寄信函，事实证明，Johnson Box 可以提高受众的反馈率，它通常位于一页纸的顶端，包含一个让受众采取行动的号召，这对于这种邮寄方式是十分有益的。

在直接邮寄时，采用简单的方法就好。以下是一些关于直接邮寄广告的注意事项。

①每一份广告只针对一个受众。对每一个观众有特定的广告文案。仔细做出调查研究，直接把广告信息传递给目标观众。

②抓住观众注意力。研究表明，通常吸引观众的兴趣只要两秒钟的时间，标题是读者所能获得的第一印象，因此标题一定要有吸引力，能够吸引读者往下阅读。

③每一段都要有一个主题。不要在统一段落里给观众过多的信息，这也有利于你针对新的目标受众重新设计广告，只要把不相关的段落拿下替换上与新的目标受众相关的段落即可。

④把重点放在观众所能获取的利益而非特征上。读者通常只关心他们自身获得的利益，而不是你的产品或者会议有什么功能。使用例如"你可以学习到""节省宝贵的时间"等短语，可以吸引观众的注意力。

⑤用简短语言表达丰富信息。使用短小、简洁、明确的语句，尽量用主动积极而非消极被动的语气。例如："一条狗攻击了一个男孩"是主动的语气，而"那个男孩被狗咬了"是被动的语气。

⑥使用行为动词。这不仅能为你的广告增加色彩，而且能提供一个衡量标准。

⑦多讲事实而不是无关紧要的话。数字有很强的说服力，因此，尽量多用统计数字或近期的研究报告、援引的例证或者证明书能增强可信度。

⑧多引例证。给出合理的例证，才能增强你的观点的可信度。

⑨号召观众采取行动。如果你想吸引观众去做什么事情，尽力鼓励他们去做。"打电话""注册""点击这里"都能吸引观众采取行动。最后期限或者是一种紧急的感觉都会增强吸引力。如果马上行动可以有一定的折扣或者有其他的利益，一定要明确地提出来。

⑩不要忘记补充说明。在一封广告函中，信末的补充说明可以更加强调要点。因为对这一补充说明的阅读率比正文要高，一定要运用好这一附笔。

（3）印刷

印刷费是一笔比较大的财政预算,如果把所有要印的东西一起印刷可以提高效率并节约成本。印刷不仅包含直接邮寄的信函,还包括一些其他的东西:

①印有抬头的信笺;

②活动门票;

③菜单;

④注册名单;

⑤节目表;

⑥印有姓名的徽章;

⑦评估表格;

⑧参展商手册;

⑨签名单。

在印刷之前,有很多因素需要考虑,这都会影响印刷品的设计和成本,这些因素包括:

①质量。

②种类:

a. 小传单;

b. 小册子;

c. 卡片;

d. 海报;

e. 其他。

③版面:

a. 纸张大小;

b. 字体和字号。

④版式:

a. 磁盘;

b. 照相制版;

c. 其他。

⑤页码。

⑥封面。

⑦纸张:

a. 类型;

b. 重量;

c. 颜色。

⑧图片:

a. 图片数量;

b. 图片尺寸。

⑨成品:

a. 装饰;

b. 塑料涂层；

c. 上光膜；

d. 膜切；

e. 叠花。

⑩装帧：

a. 松散的纸张；

b. 用金属丝在折缝中装订；

c. 精装；

d. 螺旋装订；

e. 线装。

⑪油墨：

a. 色彩数量；

b. 油墨类型；

c. 进程。

⑫邮寄说明：

a. 邮寄日期；

b. 地址；

c. 产品目录；

d. 大致编排；

e. 样本；

f. 样本许可；

g. 完整的版面编排；

h. 许可证；

i. 最终的艺术字、图片、绘画、手稿；

j. 排版；

k. 校对；

l. 改正；

m. 许可证。

⑬印刷前的检验：

a. 许可证；

b. 印刷；

c. 完成印刷。

⑭邮寄。

上面细分的每一个部分都应该有一份详细的预算清单，同时也要问清楚所付印的商家在对待价格上涨、折扣、印刷错误、少额工作或者超额工作上的态度。

（4）邮寄

信封：是否选择使用信封？过去的经验告诉我们，最好能把信息放在信封外面，这项策略可以使你的广告在众多的邮件中脱颖而出。要根据专业经验来做事情，而不是一个人想当然。

在填写信封时,不要使用各种标签,直接打印或手写在信封上(往往这种大规模邮寄可以使用打印机)。

邮寄名单:在你设计并印刷好需要邮寄的广告后,这一策略的成功实施还依赖于高质量的邮寄名单。在数据库中购买企业名单通常是每1 000家名单40~70美元。这些数据库的拥有者通常会告诉你这些名单都包含最详细的信息,但事实往往不是这样,需要加以鉴别。

公司最好是自建数据库,这样名单的质量会比较高,资料来源包括:

①曾经的参展商、咨询者、主办方、专业观众;

②公司员工;

③兼职人员。

你还可以通过下面的途径来扩大数据库:

①行业杂志和周刊;

②行业协会会员;

③参展商或主办方的名单。

这些名单必须都是最近的,因为即使20%的错误都会支出很大的成本。一些国家的邮局会提供一个地址变更服务的数据库,你可以在需要时进行查询并更新你的名单。

5)因特网

1964年,Marshall McLuhan宣称世界将会很快变成一个"地球村"。在此之前,也有人称,我们将会被一个电子神经元系统紧密地联系在一起。在这一大胆预测之后,因特网已使得信息和贸易方式得以全球化,这是一种十分普及的媒介,每个人都可以有自己的网页,并且不需要更大的花费。因此,任何产品都可以直接、迅速、经济地拥有一个巨大的市场。

因特网的运用增长极快,世界人口的12%以上是网民,全国网民人口比例较高的几个国家和地区是:

瑞典互联网市场研究公司Royal Pingdom发布研究报告称,2012年全球网民总量已经达到22.7亿,较5年前的11.5亿将近翻番。其中,在过去5年中,亚洲在全球新增网民中所占比率最高,达到53.8%。Royal Pingdom报告称,过去5年中,全球各地区的网民数量都呈迅猛增长之势,具体数据为:非洲从3 400万增至目前1.4亿,增幅为317%;亚洲从4.18亿增至目前10亿以上,增幅为143%;欧洲从3.22亿增至目前5.01亿,增幅为56%;中东地区从2 000万增至目前7 700万,增幅为294%;北美地区从2.33亿增至目前2.73亿,增幅为17%;拉美地区(南美洲和中美洲)从1.1亿增至目前2.36亿,增幅为114%;大洋洲(包括澳大利亚)从1 900万增至目前2 400万,增幅为27%。

这些数据表明,因特网为你接触到目标客户提供了良好的机会,虽然不是一对一的紧密关系,但是因特网互动、直接的特性可以帮助你培育、管理、提高、追寻未来你感兴趣的项目。

会议专业管理协会(PCMA)每年对会议市场进行检查,它显示了因为因特网的流行和它提供的便利性,人们对网络的使用正在稳步上升。

以下哪项是你的组织目前采用的技术?

(1)网站

这是一个愿望能快速满足、注意力不断被吸引的年代,通过远程控制或者点击鼠标,我们可以在网上看到任何想要的东西,这导致人们对模糊的信息、天花乱坠的营销广告和喧哗的自我吹嘘的容忍力越来越差。

组织需要了解谁会浏览你的网页,观众大概包括:

①委员会成员;

②员工;

③志愿者;

④过去或未来的参加者;

⑤供应商;

⑥过去或未来的参展商;

⑦过去或未来的主办方;

⑧媒体;

⑨求职者;

⑩竞争对手。

以上观众都想在短时间内了解你的网站的吸引力所在,因此,网站内容是很重要的,并且更新要快,表述要清晰。

对于设计网站还有几点需要注意:

①确保你的网站可以快速下载文件并且易于浏览。

②让游客可以快速抓住要点,了解每一页面的内容。

③能迅速抓住浏览者吸引力,使得浏览者和网站的互动快速持续。

④从浏览者的角度设计网站内容,而不是你自己的角度。

⑤不要在任何地方欺骗浏览者,否则你将会永久地失去他们(或许还会触犯法律)。

⑥始终为参与者、参展商和组织方服务。

⑦每一页上面都表明关键字以帮助查询者。

⑧在所有的搜索引擎和查询辞典上登记,以确保你在搜索引擎的首页。

⑨尽量让你的网页简单、更新迅速并且是动态的。

⑩使网站更视觉化,把过去的图片和未来的会议目的地的图片相结合以提高兴奋度。

⑪每一页都有一个战略部署。

⑫用你的服务器上现有的工具进行检查,并用这一数据来提高网站的作用力。

⑬在搜集任何信息时都要明确阐明你的保密政策。

同时考虑下面的附加因素以使效率达到最大化:

①把每个项目放到网站上,用图片、代码和其他有用的信息加以展示。

②与网络上的会议论坛、公告板、聊天室和 Q&A 会议发言人建立一个基本的联系。

③如果活动包含展览,要在网站上创建一个展览单元,你可以通过与展览网站建立链接来增加网站的点击率并且能促进展览销售。

④创建一个专门的板块,介绍目的地概况、会议举办地、旅游局、饭店管理局、酒店、餐饮、当地体育设施、景点、航空、汽车租赁、百货公司、天气等信息。

⑤通过安全的服务器提供在线预订服务。

⑥在活动期间,不断在网上登载图片吸引没有参加活动的人。

⑦在活动结束后,可以在网站的首页放上活动开幕的视频、主要声明的文本以及其他有价值的内容。

（2）电子邮件

在《许可营销》一书中,Seth Godin 赞扬了电子邮件营销的益处,跟传统的相比,电子邮件包以及网上群发邮件设置已经越来越普遍。Godin 认为:传统的邮寄广告方法是在"打扰"的原则下进行的,这一方法容易被人忽略或者使人感到深受骚扰。采用电子邮件营销的方法,向想要得到该活动信息的人发送邮件,既可以优化观众质量,又可以提高成功的概率。

电子邮件营销报告估计每一份发出的电子邮件的成本是 0.2 美元,而直接邮寄的成本是 0.75 ~ 2.0 美元,电话销售的成本更是高达 1.0 ~ 3.0 美元。

直销协会的一份报告表明,电子邮件销售能带来最高的信息传递率,且花费的成本最低。这比包括直销在内的传统销售方式要伟大得多。这份研究还表明,通过电子邮件把信息传递给观众平均花费 2.5 美元,而采用直销的方式,把信息传递给同一份名单上的观众的平均花费是 25 美元。

会议组织者的目的并不是把潜在的客户转化为现实客户,而是把会议参加者转化为会员,或者鼓励会员持续参加该会议。活动组织者可以把客户转化为追随者,再把追随者转化为捐赠者,这是通过一个有效的电子邮件活动实现的。

创建一个电子邮件活动有以下 3 个步骤:

①从客户会感兴趣的要点着手,仔细设计电子邮件的版面和所需阅读的时间,用有诱惑力的文本或图片使客户看到希望看到的信息。

②目录是非常重要的,在活动前、活动中、活动后,鼓励客户登记以便将来接收电子邮件信息。

③电子邮件需要向接受者提供有用的信息:提醒截止日期、演讲人、评价、简报或者争论。你可以持续此次活动的兴奋点一直到下次活动举办。

在发送电子邮件时,牢记如下原则:

E——简单易读

M——传递有意义的信息

A——以行动为导向

I——信息可衡量

L——忠诚且鼓舞人心

私人化的电子邮件可以降低被忽略的风险,有一个收件人和发件人,正文至少要包含三四条私人信息。Reggie Aggarwal of Cvent(一家从事网上预订和营销的公司)称:首先接收者通常会先阅读朋友和家人的邮件,其次是同事的,再次是他们所属的组织的,最后才是陌生人的邮件。私人化的邮件通过把自身置于信任的人一列而避免被忽略。

下面是一些发送电子邮件的注意事项:

①超文本标记语言(HTML)的反馈率比简易文本高 2 ~ 3 倍,但需要更长的下载时间,并且有被屏蔽的风险。

②电子邮件发送的时间最好为中午,刚吃完午饭的时间。

③每周向同一个地址发送的邮件不要超过一封。

④巧妙利用签名档,作为额外的促销机会,在签名档里,标明活动名称、时间、网址等信息。

⑤当用电子邮件提醒人们进行答复或预订时,不要一直用最初购买的名单,因为已经参加过该活动的人可能不会进行重复购买。

⑥始终使得邮件容易导出。

会员和捐赠者是电子邮件营销的理想受众,一旦他们登录进来寻找他们感兴趣的信息或新闻,不妨每月多花点钱多发几次邮件给他们。在组织中,电子邮件是仅次于通常业务的营销工具。

(3)在线业务通信或电子杂志

邮件还有一种形式是在线业务通信或电子杂志。这些消息通常通过电子邮件传播,并且发布在网站上。在做这种杂志时,应该使得杂志页面上有让浏览者注册地方。通过访客注册这种方式你可以获得受众的邮件地址。成千上万的演讲者和专家都会用这种方式跟他们的观众直接交流。这可以是事件和会议的另一种营销工具。

对于电子邮件,始终存在一个争论,那就是传递给受众的是文本形式还是网页形式,抑或是直接给他们一个到最新版本的链接。支持发布文本形式的人主要强调它的可接受性——无论是对拨号上网还是使用宽带的用户,都可以快速登录。而以前的研究又表明浏览网页形式的趋势正在增长。至于给一个关于电子杂志链接的方式虽然在两方面都有优势,但是又需要访客进行进一步的操作。所以正确的选择依赖于你的目标受众和他们的偏好方式。

因为电子杂志有很多种,所以推广的方式也各不相同。我们可以用"4P"来概括电子杂志推广的措施:

①Purpose(目标)——你是否给了你的目标受众他们所想要的? 应该时刻牢记"你能为我提供什么"? 用中肯的标题把新鲜的内容提供给观众。还可以吸引你的观众就某些问题发起投票。向其他的电子杂志学习,并订阅你的竞争对手的杂志。

②Personality(个性)——杂志的题目和形式要紧扣事件、会议或组织者。不要欺骗读者,尽可能建立信任。杂志的文章尽量采用对话的语气,这会更加亲密和人性化。电子杂志应该80%用来提供信息,20%用来进行销售。

③Participation(参与)——通过一些有吸引力的特征吸引读者的回应。这可以包括提供奖金奖品、问答反馈表格、投票的结果公布等。读者参与可以带来更多的乐趣,达到相互作用的目的。

④Punctuality(准时)——坚持一份有规律的计划表,这可以表现出你的职业素养和奉献精神,可以增强信任感。同时也可以让你的读者有所期待。

(4)网络日志

专栏作家 Jim Carroll 曾预言:网络日志将会改变活动及其周围的环境。随着网络的普及和电子邮件的广泛运用,网络日志的使用率也将越来越高。

Carroll 这样定义网络日志:一个用来在线传递简短新闻摘要或者其他特定领域信息的网页。它的一个特征就是与其他网站进行链接。

关于网络日志的最简单的解释就是非权力性的网上记录,可以用做商业促销工具。在这个技术社会里,日志发布者可以很方便地通过日志把他们的思想和印象发布出来。

网络日志这一形式能把实时信息直接从一个活动现场传递给广大观众。

网络日志还可以被用做一种市场调查工具,当一种观念、思想被发布在网络日志上时,观众的反应可以很快被掌握,这对于确定观众的可接受程度有很大帮助,就像一个特定团体的讨论和观众投票可以揭示出观众的想法。这种事前调查的方法可以节省大笔开支。

(5)病毒性营销

病毒性营销是口头营销形式的一种新的说法。这是一种数字形式的营销,或者说是用鼠标来表述的语言。这种形式并不需要花钱购买,不会跟其他的多种营销方式相混淆,并且它也没有有害的影响,所以它并不一种病毒。但是像病毒一样,病毒式营销也是在朋友之间寻找各种途径进行传播。对于让你的读者为你传递信息来说,这是一种有效的手段。

因特网专家 Dr. Ralph Wilson 对此的定义是:病毒式营销是一种鼓励个体把营销信息尽可能多地传递给其他人,并且随着信息的扩散和影响,使得潜在市场呈几何级增长的战略。

病毒式营销的一种经典形式就是 hotmail,一个最早的以网络为基础的电子邮件服务商。每次有人使用 hotmail 发送电子邮件时,就给它的阅读者提供了一个阅读这种免费电子邮件的机会,有些人会点击进去,并把这些信发送给更多的读者。

另一种变化就是网站何时由一个读者发送给另一个人。在你让一个人穿着童装又跑又跳获得乐趣,从而把它发给朋友之后,这可能会切断朋友正在享受的网址,他们会继续把它传递下去。Jupiter 的研究表明:81% 的人会把他们接受到的病毒式信息传递至少一个人,将近一半的人会传递给两个甚至更多的人。

你一定会非常羡慕这种方式,可以让信息不断地重复扩散,在每一级上都会翻倍传播,带来几何级数的增长。

Seth Godin 在推销他的新书《发起思想病毒运动》时,采用了病毒式营销的策略。他做了一个可免费下载的电子版本放在网上,引起了很多朋友间的相互推荐和下载此免费版本,一时间点击量急剧增长,并且带动了普通纸质版本的销售,因为很多人看后还想要一本印制版以用来收藏。

一些病毒式营销战略能够起到比其他方式好的效果,至少也能取得像 hotmail 一样的效果。Dr. Wilson 认为病毒式营销这一战略包括 6 个基本要素。你不一定非要包含全部的这 6 个要素,但是这些要素考虑得越多,成功的机会就越大。

病毒式营销 6 要素:

①派发一些产品或者服务;

②提供无需费力的传递方式;

③投放比例大小可以随便伸缩;

④开发大众化的动机和行为;

⑤采用有趣的网站进行链接;

⑥为其他方面的资源带来收益。

一个最简单的病毒式营销工具就是网站上发布"告诉朋友"或者"我提醒你"这样的信息。当你发送一封电子邮件时,这个地址的主人就能通过邮件获得一份文本或者网址。美国的一份研究表明 64% 的人会尝试朋友推荐的东西。

尽管网站有各种各样的优势,也不能代替活动中面对面的交流。仔细考虑一下西南航空公司的以下几项活动：

"你不能传真一个握手"

"你不能发送一份声音电邮到达某人的背上"

"你不能和电子邮件共进午餐"

"一些事情还是当面交流更好"

【案例】

## 案例1　2016里约奥运会难民参与：里约奥运会将首次出现难民代表团

众所周知，巴西是"足球王国"，曾经五次捧得大力神杯。巴西人对奥林匹克运动也具有同样的热情，游泳项目的小西埃洛、沙排项目的艾曼努埃尔等奥运冠军，在民众中的知名度一点都不比足球明星低。2009年里约申奥成功后，长达7千米的科帕卡巴纳海滩上，超过十万民众共同欢庆这一幸福时刻。

里约热内卢市，简称里约，位于巴西东南部大西洋沿岸，是里约热内卢州的州府所在地。人口600多万，是巴西仅次于圣保罗的第二大城市。第31届夏季奥林匹克运动会就在这里举办，这也是奥运会第一次在南美洲大陆举行。

2016年年初，国际奥委会主席巴赫宣布，在8月的里约奥运会上将出现一支难民代表团，他们将和其他代表团一样参加开幕式的入场仪式。代表团的难民运动员为5到10人。目前，18岁叙利亚女孩马迪妮成为2016年里约奥运会难民代表团确认的首位运动员。同时，奥运圣火在希腊境内的传递当中，还经过了一所难民营。巴赫曾表示，这些举措是为了提醒人们注意现在的难民问题，"我们希望大家能关注6 000万难民的命运，关注他们遇到的问题和遭受的苦难。"

## 案例2　尤伯伦斯经营1984年洛杉矶奥运会

1984年的奥运会是特别的，因为美国洛杉矶不只是举办奥运会，更是第一次"经营"奥运会，扭转了之前逢办必亏损的奥运会举办局面。1984年洛杉矶不但没有亏损，而且还赢利2.5亿美元。谁是这届奥运会的经营大师呢？尤伯伦斯。他又是怎样经营奥运会的呢？

**一、深挖产品，确立信条**

要制订成功的市场营销策划，尤其是对于一个市场正值萧条的产品，首先要充分了解产品现状，以市场推广的角度认识产品利弊，然后极尽去扬长避短。尤伯伦斯把此次奥运会策划看作是一次市场经营。他首先查阅了1932年洛杉矶奥运会以来所有奥运会举办情况的材料，他从浩瀚的资料中看到了奥运会财政"灾难"及其产生的原因，也独具慧眼地看到了另一个不赔钱的"窗户"：不再大搞新建筑，充分利用现有的设施，同时直接让赞助者为各项目提供最优秀的设施。

同时他把"不再大搞新建筑,充分利用现有的设施,同时直接让赞助者为各项目提供最优秀的设施"作为奥运会组委会工作的信条,并公开宣称:政府不掏一分钱的洛杉矶奥运会将是有史以来财政上最成功的一次。尤伯伦斯确立的工作信条是对策划奥运会最大问题的解决,同时真正看见并开发了奥运会的潜在价值。这个工作信条,类似于一个市场和员工都熟知的企业理念,是组委会成功经营奥运的长期战略的基础,也是营销目标。

## 二、审时度势,提升资源价值

对于奥运会的广播转播权以及吸引赞助商来说,参赛的国家越多,竞争就会越激烈,比赛也就越精彩,电视转播就越好看、越能赚钱。难题是如何让更多的国家参赛。20世纪80年代是冷战时期,奥运会在美国举办,距洛杉矶奥运会开幕不足3个月的时间了,这时却发生了苏联等东欧国家宣布抵制这届奥运会的事件。

尤伯伦斯的工作因此而变得富有戏剧性,他经常作为一名少有的"穿梭外交家"往来于各国之间,显示出了他杰出的外交才能。尤伯伦斯以及国际奥委会主席萨马兰奇最终未能说服苏联等国家参加洛杉矶奥运会。但此时洛杉矶奥运会的成功已是不可逆转的了。最终,140个国家和地区的7 960名运动员使这届奥运会的规模超过了以往任何一届。

尤伯伦斯的努力让这次奥运会的电视转播权在美国本土拍卖得到了2亿美元,在欧洲、亚洲分别得到了2 000万美元,还得到了2 000万美元的广告转播权转让费。别出心裁的是这一届组委会规定:在招标期间,有意转播奥运会的电视公司须首先支付75万美元作为招标定金。包括美国3大电视网在内的5家电视机构交付了定金,这些定金每天达1 000美元的利息帮助尤伯伦斯渡过了第一道难关。

这样的成功得益于尤伯伦斯不只在乎利用奥运资源筹资,同时更注重提升建设奥运资源的质量,真正把奥运会打造成国际化的盛事,才能开发这些资源的最大价值。这更是论证了传统营销中公共关系和政治权利元素的重要性,营销者在营销过程中要重视与产品密切相关的各类关系网络,同时要善于利用政治权利,审时度势,为产品营销做好铺垫。市场营销要把这些传统的整合营销理论与现代理论相结合,把握营销理念,注重消费者;同时不忽视产品自身质量,要让产品资源更优质,以发挥最大的经济效益或品牌效益。

## 三、整合资源,控制开支

### 1. 欲擒故纵打"心理战"

没有政府补贴,禁止发行彩票,可以说,此次奥运会举办经费主要依赖于各类赞助商。可是同时,尤伯伦斯并没有因为对于赞助商的急需而忽视奥运会的潜力,在深挖产品的基础上,他深知投资奥运会对于赞助商们也是一个亟需的宣传机会,是一次在全球范围树立良好企业形象、扩大宣传的机会。所以这里有一种双方互惠互利的关系,市场营销的核心观念是交换,使买卖双方各得其所。

基于此,为了吸引更多的赞助商,尤伯伦斯不但没有降低对赞助者的要求,反而对赞助者提出了很高的要求。但是,每种行业只有一家赞助商。例如,赞助者必须遵守组委会关于赞助的长期性和完整性的标准,赞助者不得在比赛场内,包括空中做商业广告,赞助的金额不得低于500万美元,等等。这些听起来很苛刻的条件反而使赞助具有更大的诱惑性。有什么办法呢?如果不参与赞助,此企业的赞助权就会被彼企业夺去,从而失去一次展示本企业形象的大好机会。于是赞助者纷至沓来,一时竟成热门。其中索斯兰公司急于加入赞助者行列,甚至还没搞清楚要赞助建造的一座室内赛车场是什么式样,就答应了组委会的条件。最后,尤伯伦斯以5个赞助者中选1个的比例选定了23家赞助公司。当时43家企业被授予"销售奥运指定产品"的特权,9家企业获得了"指定赞助者"的称号,并共同赞助了1亿美元。这些赞助者都欣然允诺将使洛杉矶奥运会拥有最先进的体育设施。

尤伯伦斯对于从众化消费需求及时把握,充分利用,使之成为组委会的经营机会,用有限的赞助名额刺激消费者竞争,形成"抢购风潮",把竞争机制引入赞助营销,最终充分发挥了奥运宣传价值,为奥运会举办提供了最佳的基础设施价值。

2. 以了解消费者确定价格

4C理论中提出,要注重消费者的需求以及消费者为此欲求所愿意付出的成本,而不是直接地制定商品价格。尤伯伦斯此次奥运经营中,数额最大的一笔交易是与美国全国广播公司做成的。事前尤伯伦斯研究了前两届奥运会电视转播的价格,又弄清楚了美国电视台各种广告的收费,然后开出了2.5亿美元的高价。许多人认为全国广播公司不会接受,谁知该公司竟欣然接受了!该公司负责体育节目的副总经理对尤伯伦斯在谈判期间所表现出的谈判艺术和工作效率表示十分钦佩。市场营销人员要以消费者为中心,从消费者方面寻找商品的突破口,而且不止要善于营销,还要不断提高自己的素质,多多培养谈判技巧。

同时,尤伯伦斯还以7 000万美元的价格把奥运会的广播转播权分别卖给了美国、欧洲、澳大利亚等国家和地区,从此打破了广播电台免费转播体育比赛的惯例。

3. 广开源头,控制开支

为了筹集举办奥运经费,与商家无丝毫联系的火炬接力也被尤伯伦斯变成了"印钞机"。他开价3 000美元一千米拍卖美国境内奥运火炬传递路线的所有里程,对参加者只有两个要求,第一要身体好,第二要付3 000美元。美国人为自己能当一名奥运火炬手而感到自豪。通过这一活动成功集资的1 100万美元被用于当地建设体育设施,推广体育活动,培养体育人才。门票出售也是主要的收入来源之一。第四种收入来源就是经过美国政府的批准,发行了奥运会纪念币。

在开源的同时,尤伯伦斯全力压缩开支。节省开支最主要的方式就是尽量使用现有的体育设施。当时的洛杉矶拥有举办奥运会所需要的几乎全部场馆。在1984年,只有3处体育场馆需要建设,分别是游泳馆、射击馆和自行车场馆。在1979年,尤伯伦斯成为奥组委主席以后,他仔细分析了自第二次世界大战以来的多次奥运会,发现只要把体育场馆建设的费用扣除,所有的奥运会都是有资金盈余的。他由此相信,只要洛杉矶能够把场馆建设的费用最小化,奥运会就不会出现亏损。

当然,节省开支的方法还有很多,包括租借加州两座大学宿舍供运动员、官员住宿而不新建奥林匹克村,招募近3万名志愿人员为大会义务工作等。

尤伯伦斯把奥运会这个大资源从方方面面考虑,充分利用有形和无形的资源,为组委会筹备了充足的资金。本届奥运会的总预算为4.5亿美元,最终的盈余为2.5亿美元。这种充分利用商业手段的做法,不仅给许多经济不发达国家承办奥运会以启发,同时也给奥林匹克运动的发展带来了生机。

# 专家评析

　　1984 年的洛杉矶奥运会是第一届开始真正赚钱的奥运会,这主要都得归功于尤伯伦斯的成功营销和运作。一个成功的大型演艺活动不仅要注重本身的节目质量或者活动主题的吸引力,同时也不能忘记运用各种手段对活动进行营销宣传,这样才能让大型演艺活动成功地得到举办。

# 复习思考题

1. 大型演艺活动营销需要遵循哪些原则?
2. 简述大型演艺活动营销的市场细分。
3. 大型演艺活动的营销流程是什么?
4. 大型演艺活动营销的策略有哪些?
5. 大型演艺活动的营销方法有哪些? 并比较它们的优缺点。

# 第 5 章
# 大型演艺活动的战略执行与控制

**HUIZHAN**
会展经济与管理

## 【本章简介】

本章除了对大型演艺活动战略执行的介绍,主要讲述了大型演艺活动的赞助、供应商类型及选择与组织的一些原理及方法。通过对这些内容的学习,可以对大型演艺活动的战略执行与控制有一定的了解。

【案例导入】

# 活动执行的重要流程及案例

活动执行当日操作流程：

一、提前一天召开活动准备工作情况汇报动员会议，将准备工作做到基本就绪，会场布置完毕。进一步完善落实未定工作，会议工作人员到位，抓紧做最后的准备检查工作，不可马虎。

二、各项准备工作全部就绪，做最后的检查验收。礼仪小姐及工作人员做好来宾签到、发放资料、引领就座、贵宾接待等工作(若有抽奖活动一并做好配合工作)。

三、活动开始后(正式开始前可适当安排礼仪节目，调节气氛)：

1. 主持人宣布会议正式开始，

2. 介绍到会贵宾、媒体、祝贺单位等情况，

3. 请本次活动负责人致词，

4. 请贵宾代表致词，

5. 请专业人员介绍本次活动的详细内容，

6. 请现场媒体采访提问及解答，

7. 文艺节目表演，

8. 抽奖节目开始，

9. 参加宴会领取礼品、礼送宾客，

10. 做好清场结算工作。

# 5.1 大型演艺活动赞助

赞助已经成为大型演艺活动营销的一种普遍形式，其双赢的结局吸引着无数的赞助商和大型演艺活动的组织者。对于活动的赞助商来说，赞助是一个绝佳的投资与营销机会，通过赞助过程可以获得潜在的商机和利润，运用标志、促销手段和媒体策略等向尽可能多的潜在消费者宣传企业或者产品，并将品牌和观众等消费者最喜欢的大型演艺活动相联系，建立、提升或者改变品牌的形象和名誉。美国电话电报公司(AT&T)1984年赞助了洛杉矶奥运会，策划了美国东西岸心手相连"奥运圣火传递"活动，充分吸引了观众、媒体记者的注意力，创造了40亿次的电视曝光率以及10亿次的平面媒体可见度，强化了AT&T是全美最大的长途电话公司的企业形象，提高了现有客户的使用率，更有效地阻止了竞争对手的侵蚀。同样在1984年，柯达由于没有意识到竞争的激烈程度，日本富士公司以700万美元买下本届奥运会的胶卷独家赞助权，使得绿色的富士胶卷席卷美国市场。对于大型演艺活动的组织者来说，赞助已经成为为达到特定的目的而与目标群体进行的沟通工作，是资金流的关键部分。

但是，如何了解赞助商，如何选择赞助商是大型演艺活动策划者十分关注的问题。

### 5.1.1 大型演艺活动赞助的概念

赞助一词随处可见,各种文艺演出、各类体育运动的举办都离不开赞助。可以毫不夸张地说,如果没有赞助收入,许多活动是根本无法进行的。以奥运会为例,萨马兰奇走马上任时,国际奥林匹克运动正处于低谷,国际奥委会财政拮据,全部家当只有 200 万美元,银行存款只有 20 万美元,奥运会有萎缩甚至消亡的危险。为了从根本上解决奥运会的财政危机,萨马兰奇加大商业化操作的力度。在他的努力下,国际奥委会于 1980 年通过一项决议,应该发展一项可以维持奥林匹克运动的财务稳定的计划。在 80% 的基金来源于美国电视转播的情况下,应该使基金来源多样化。为促使奥林匹克大家庭成员财务独立,奥运会基金收入应做合理均衡的分配,减少商业赞助伙伴,并且妥善使用奥林匹克五环标志,防范可能导致的"失控的商业主义"。于是在 1983 国际奥委会成立"新财源委员会",其主要任务实为国际奥林匹克运动扩大稳定的财源,在 1984 年洛杉矶奥运会成功开展赞助的基础上,该委员会从 1985 年起,正式委托国际体育文化行销公司全权代理奥运会赞助事宜,推出了四年一度的奥林匹克赞助计划,即大家熟知的 TOP 计划。在萨马兰奇的领导下,国际奥委会在出售赞助权方面非常成功,在 1996 年结束的 4 年计划中,每个赞助权要价 4 000 万美元。而 1984 年洛杉矶奥运会因为其富有创意的赞助计划获得了 2.5 亿美元的赢利而轰动世界,成为奥运会历史上一个里程碑。

1)赞助的定义

赞助,通常是指某一个单位或者某一个人拿出自己的钱财、物品,来对其他单位或者个人进行帮助和支持。确切地说,是指企业为了实现自己的目标而向某些组织或者活动(这些活动包括体育、艺术、娱乐、公益事业、博览会和节日庆典等)提供资金支持的一种行为。赞助还是企业和公益组织、机构及个人之间投入(资金、实物、技术、服务等)和回报(冠名、广告、专利和促销等权利)互惠的交换关系,是平等合作、互利共赢的商业行为。

对于大型演艺活动的组织者来说,赞助是一种新兴的营销沟通工具。赞助可以获得巨额资金,是大型演艺活动得以顺利进行的重要保障之一。

2)赞助的分类

根据不同的标准,赞助可以有不同形式的划分。按照内容可以划分为现金赞助、实物赞助、现金和实物两者结合赞助;按照形式可以划分为独家赞助和联名赞助;按照对象可以划分为单项赞助、多项赞助、冠名赞助等。除此之外,还可以根据赞助单位或者个人向受赞助者提供的金额的多少,将赞助商的类型划分为全额赞助与部分赞助;或者根据赞助单位或个人的具体数量的多少,分为单方赞助与多方赞助。赞助的类型选择是否得当,大都对赞助的效果产生直接影响。

按照主题的不同,赞助可以划分为以下几种。

(1)体育运动赞助

体育赞助指向某一体育资产(体育赛事、体育场馆、公益心体育活动等)付出一定数额的现金或实物,作为与该体育资产合伙参与开发以达成各自组织目标为目的的一种特殊的商业行为。体育赞助是现代企业营销的一种行之有效的方式,是提升企业形象、扩大产品销售、提高市场竞争力的实际需要。现代意义上的体育赞助始于19世纪中叶,交通运输是最早运用现代意义体育赞助的行业。1852年,美国的一家铁路运输公司向哈佛大学和耶鲁大学的划船队提供了免费的运送服务,并大力宣传此事,借以吸引成千名体育迷搭乘该公司的火车去现场观看比赛,于是,最初的现代意义上的体育赞助出现了。而大规模的、正式的体育赞助开始于20世纪60年代的英国,壳牌、埃索和BP 3家跨国石油公司于1965年共投资1 000万西德马克赞助15升级的汽车大赛,取得了在参赛汽车上粘贴一圈公司招聘贴纸的回报,从而开创了企业大规模赞助与自身产品有直接关系的运动项目的先例。英国和美国分别于1966年和1970年做出明文规定,不许在电视上做香烟广告,随之而来的是香烟产品、销量等急剧下滑,烟草业遭到巨大的打击。烟草商转而将巨额广告费用用于体育比赛,从而成为企业大规模赞助与自身产品没有直接关系的运动项目的开路先锋。在许多国家,烈酒也被禁止在广播和电视上做广告,因此,在很长一段时间内,烟草商和烈酒商成了体育赞助的主力军。虽然说最近英国、加拿大、美国又相继出台了一些法规,严禁烟草企业进行赞助活动,但它们在体育赞助方面取得的成功,无疑极大地促进了体育赞助活动的发展。体育赞助最明显的一个好处是企业通过与某一体育资产相联系,有效地提高企业的形象和产品品牌的知名度。例如,通过常年向国际奥委会提供相当数量的资金,支持奥运会的进行和国际奥委会的必要开支,与国际奥委会建立了"合作伙伴关系",那么,这些公司生产的产品上、包装上都可以打上国际奥委会的五环标志,成为国际奥委会的指定产品,而且这种产品是具有排他性的唯一指定产品。这些公司从开发奥林匹克运动无形资产上获得的回报无疑是极其丰厚的。第一,由于奥运会空前的号召力和吸引力,可以使这些产品的知名度得到巩固和新的提高;第二,可以极大地提高这些产品的美誉度,因为奥运会是当今世界最高水平的竞赛,对人体素质的要求极高。一般来说,凡是为奥运会选手选择的产品应该是世界顶尖产品。因此,凡是被选为奥运会指定产品,"意味着该产品是世界知名产品",而且调查还表明,大多数人有这种看法:"因为是指定产品,对该产品更有好感"。这无疑对企业形象的提升具有良好效果。由于体育具有很强的号召力,赞助体育对于那些忠实的体育迷来说是一种富有亲和力的感情投资,它可以迅速地将体育迷对体育忠诚换成对赞助企业的产品的购买力。比如,据调查:在两种品牌运动服装质量接近的情况下,大多数体育迷会选择他在体育场上经常见到的那种品牌。体育赞助的缺陷是,费用很高(尤其是独家赞助的时候),因此,风险较大,操作不好可能给企业正常运行造成严重危害(据统计,在赞助亚特兰大奥运会的200多个企业中,大约只有25%的企业得到回报,有些企业只得到一些短期效益,有些企业甚至血本无归)。所以,现在大多数企业为分散风险都以联合形式开展赞助活动,费用由几家企业按一定比例分摊。

(2)重大节庆赞助

重大节庆活动赞助是指通过向社会某些特别事件提供赞助,支持其顺利进行,并以这些事件作为载体向社会传播企业和产品,从而获得较高的知名度。通过对群众性娱乐休闲活动的赞助,表达了赞助商对于广大群众的关怀与诚意,可提高对方对于赞助商的认同感。同时,企业通过提供赞助,把社会事件与企业和企业产品联系在一起,从而利于其社会的广泛性和巨大影响,获得与企业的知晓。这种赞助有助于促进社会主义精神文明建设,提高其文化修养与精神境界。目前世界各地的文化节有10 000多个,其中,最为成功的要数爱丁堡艺术节,在带来巨额利润和经济发展的同时,也给观众带来了前所未有的享受。爱丁堡艺术节是始于1947年创办的国际节,经过近60年的发展,已从最初的一个节日发展为如今的爱丁堡国际节、边缘艺术节、军乐节、国际图书节、国际电影节、国际爵士乐节、视听艺术节和多元文化节等11个独立的节日。每年7月底至9月初,在苏格兰首府爱丁堡举办的艺术节已成为规模宏大的综合性节日。仅2004年艺术节就为爱丁堡创造了1.35亿英镑的收入。同样是艺术搭台、经济唱戏,但爱丁堡艺术节作品的多元、创新与高质量,以及艺术普及教育等互动活动是艺术节可持续发展的根本所在。"以人为本"的理念在艺术节上得到了充分的体现。爱丁堡艺术节是一个登记造册的非营利慈善组织,全权负责通过票房、赞助等方式募集资金。此外,政府公共部门也为艺术节提供资助。艺术节的预算包括艺术家的费用、旅行费、场地租赁费及活动推广费等,实行"取之于民,用之于民"的原则。为让更多的人有机会目睹艺术节,艺术节赞助商苏格兰皇家银行为16~26岁的人提供了上万张5英镑一张的廉价青年票。每场演出前一个小时还出售50张5英镑的廉价票。许多演出,儿童可享受半价票,老年人购票享受7.5折。用轮椅的残疾人可以得到专门服务,也为听力和视觉障碍者提供手语和听力解说。目前,世界各地文化节已从单一景观发展为都市文化,并与更广义的目的地推广战略相结合。节目被分为艺术类、都市发展类和适合居住城市类。艺术节拥有高度专业化的节日制作人、管理团队,并在全球范围流动。不仅如此,全球对艺术节的公共投入比例与赞助、票房收入、商品销售以及服务收入等其他收入来源相比,普遍在减少,而各种赞助却在增加。

(3)公益活动赞助

企业的发展离不开社会的发展,近年来随着公益活动越来越受到人们的关注,赞助公益活动已经成为"活广告",而且在赞助公益事业的同时,可以为企业树立一个负责、积极的社会公民形象,这是提升企业品牌形象和品牌价值的主要途径。这种方法是通过将企业的一部分利润用明确点的方式返还给社会,从而在受众心目中树立起一个负责任的"企业公民"形象以达到提升企业品牌知名度、美誉度、满意度、忠诚度的目的。

公益活动赞助是指对于社会的公共设施、公共活动进行赞助,直接造福于社会、造福于人民。大型演艺活动的主办方也可以利用这种目的说服赞助商对活动进行赞助。

为了塑造"企业公民"的积极形象,可口可乐公司对公益活动的投入可谓不遗余力。在中国,从1993年开始,可口可乐加入了赞助"希望工程"的行列,而且多年来始终如一。迄今为止,可口可乐公司已经在中国捐建了52所希望小学,100多个希望书库,使6万多名儿童重返校园;此外,可口可乐还捐助成立两个江西可口可乐希望之星高中班,捐赠800万元支持家庭贫困的第一代农村大学生。2004年可口可乐启动爱心助学计划,用来帮助广东省各城市的困难家庭儿童重返校园;活动计划是从"爽白酷儿爱心助学基金"中,拨出10万元,独立设置账户,专项用于爱心档案中贫困少儿助学。诚如可口可乐中国有限公司副总裁唐韩生在首届光明公益奖颁奖晚会上所讲,可口可乐将公益事业视为企业整体战略的一部分。企业不仅仅是出钱而且出心,形成了完善的公益事业体系。通过赞助公益事业,可口可乐成功地在中国人民的心中树立起"认真、积极、负责"的企业形象,让自己成为社会中的一员,减少受众对外来品牌可能产生的抵御心理,增强了品牌美誉度,同时也使企业品牌价值得到进一步的提升。在不断赞助公益的过程中,可口可乐也进一步在企业内部宣传了自己的企业文化。其实,每个企业都有一套在基本的社会道德和法律框架之下的自己的价值观和原则,它们决定什么行为可以接受,什么行为不可以接受。这一承诺通常被描述为"正直的品质"和"做该做的事"。

当企业和慈善组织一起进行促销活动,并把其中的部分收入捐给这一组织,这种活动又称为公益事业营销。对传统的营销推广、广告来说,公益事业营销只需要少量投资,就可以增加企业产品销售,并可以利用活动免费宣传。但是公益活动赞助也有局限性。公益活动所支持和赞助的事业必须与赞助商在某一方面有所关联时才会有效,称为"事业相关营销",如药品与红十字事业、食品与健康、出版与文化教育事业。

### 3)赞助与其他营销手段的比较

#### (1)赞助与广告

广告是一种公开地利用谋略劝服公众或者是改变公众态度的已付费的信息。在某种程度上来说,是自己说自己好,广告对于人们的生活带有一定的侵入性。相比而言,赞助则可以成为人们生活中的一部分。赞助除了表现产品的外在特征,在拓展品牌方面也十分有效,因为赞助强调的是使人们能够更深层次地、更彻底地了解品牌,强调品牌的现代感以及品牌与消费者之间的联系。由此可见,赞助不仅仅是借助它的广告传播作用,运用于品牌创造中,有其更独特的特点。

从主办方的角度来看,赞助和广告是可以合二为一的。大部分的主办方提供给赞助商的赞助回馈主要是广告宣传与媒体曝光率。

#### (2)赞助与人员销售

人员销售是一种说服顾客购买产品的人际沟通工具。根据美国市场营销协会定义委员会的解释,所谓人员推销,是指企业通过派出推销人员与一个或一个以上可能成为购买者的人交谈,做口头陈述,以推销商品,促进和扩大销售量。赞助是通过被赞助者或被赞助的活动来获得社会的积极反应,从而间接增加企业收益的沟通工具。

## 5.1.2 大型演艺活动赞助商的选择

大型演艺活动赞助商的选择需要综合考虑多种因素。

### 1)研究赞助商

许多大型演艺活动市场营销人员在拉赞助时,因为没有充分地进行市场调查,对赞助商市场没有进行充分了解导致营销活动失败。拉赞助成功的关键是有能力对潜在的目标市场进行调查和研究,将赞助因素与赞助公司的经营哲学与经营目标紧密结合,那么赞助建议将会变得非常有效。另外,必须对公司的原有赞助经历进行调查。如果该公司的口碑很好,那么获得赞助的可能性就很大。

### 2)为赞助定价

价值的交换形式是定价的主要因素。产业数据表明,47%的赞助是以现金形式由赞助商交给所有者(大型演艺活动组织者),28%是实物作价,25%是以上两种形式的结合。采用何种方式要从活动的具体情况出发。例如,体育运动会上接受葡萄酒厂捐赠成千上万瓶的葡萄酒,这些酒除了在许多宴会上有用场,毫无利用价值。这样的赞助并没有降低组织者的开销,而且也没有达到赞助商所要得到的正面效果,可以说是不成功的赞助活动。

现代奥运会在全球迅速发展,一直离不开赞助商的支持。现代体育赛事的发展与现代商业活动的繁荣密不可分。奥运会吸引全球的目光,商家们趋之若鹜,但并不是所有的企业都有资格、能力、机会挤进赞助奥运的门槛。

### 3)寻找赞助商

不同的公司、不同的部门负责处理赞助适宜的方式都不相同,但不论如何,赞助都是一项行销投资。因此,负责人都会对赞助计划感兴趣。公司的人力资源部、公关部、广告部、品牌策划部等都是应该考虑的部门。

不同的活动主办单位会采用不同的方式来确定赞助商。2006 年德国世界杯赞助商大致可分为“国际赞助商”和“国内赞助商”两种。“国际赞助商”是有权通过世界杯来独家宣传和销售本企业的产品。国际足联在每种商品中选择一家企业作为合伙人(即企业赞助权益具有排他性),总共与 15 家企业签订了这样的合同,而每家企业要向国际足联缴纳 6 000 万欧元的赞助金。对全球企业而言,世界杯所具备的吸引力加上电视传播对大众的辐射力,使得对世界杯的商业话语权和展示权的争夺,成为企业间最令人心跳的营销肉搏。本届世界杯的赞助商基本上都是全球体育赛事赞助常客,如知名体育品牌阿迪达斯、吉列、万事达、可口可乐、麦当劳、飞利浦、韩国现代、富士等。网络巨头雅虎则扮演了国际足联的网站合作商的角色,亚洲阿联酋迪拜航空公司也跻身到本届世界杯的赞助行列中。国际足联为了保护这些赞助商的利益和世界杯商标的使用权,专门立法保护世界杯商标,严禁非官方赞助企业在任何产品和服务、销售、广告中非法使用世界杯商标。官方赞助商在每场比赛中都拥有 2 ~ 4 块广告牌,在数千小时的电视直播中,可以被 200 多个国家的电视观众所看到。赞助商可以通过提高产品知名度扩大销售。世界杯进行期间,赞助商对所能开拓的一切广告资源具有优先购买权,例如电视台、网站、户外、比赛现场屏幕广告及球场周边广告牌,并可以在赛场周围的赞助商嘉年华商圈搭建一定大小的主题展区,配合赞助商的世界杯主题活动进行现场促销。对于赞助商签约的体育资产,如球队、球员或者比赛场地,赞助商拥有为期 4 年的资产使用权益,这为赞助商系列主题促销活动提供了稀缺资源上的保证。

### 4)区分赞助级别

为了有效地进行赞助的销售,成功的大型演艺活动组织者通常将赞助商的级别划分为:黄金赞助商、白银赞助商、钻石赞助商等不同级别,通过这些名称来表现不同赞助商的价值。不论什么名称,重要的是要详细描述赞助商获得的具体利益。一般情况下,一个行业类别只有一家赞助企业,高级别赞助的类别不能再用于低级别,逐级排他。排他性的原则体现出大型演艺活动赞助的宝贵价值所在,为赞助企业开辟了独有的市场营销空间,有助于赞助企业在竞争中占据优势地位。为了确保赞助企业的权益,同时维护活动的形象和声誉,组织者将依照赞助企业服务计划落实对赞助企业的承诺,服务内容包括会前服务和会期服务。

冠名赞助是头等地位的赞助商,有权将名字包含在大型演艺活动的名称中,并且享有在该产品类别中的专有权,从而排除了竞争公司或者竞争产品赞助同一活动的权力。产品种类赞助商在现金、产品、服务商的赞助数额要小于冠名赞助商。单项赞助商赞助大型演艺活动中的某一个小活动。官方赞助通过捐赠或者提供活动必需的产品和服务来给予财力和物力上的支持。

### 5.1.3 大型演艺活动赞助商营销

#### 1)编制营销计划

对于赞助企业而言,推广品牌形象仍然是其赞助行为的主要原因之一。但是赞助融资学在过去的 20 年中发展迅速。在 21 世纪赞助商赞助行为的动机有很多,对于营销大型演艺活动赞助项目的销售人员来说,全面了解赞助商的动机就显得尤为重要。在制订营销计划之前,首先要做的是对赞助商的赞助动机进行全面了解,换言之,就是对活动本身能够给企业赞助带来是什么回馈进行分析。所有的大型演艺活动项目经理必须从赞助商的角度来审视赞助。根据国际活动协会的研究,赞助商赞助某项活动往往出于以下原因。

(1)推广品牌形象

大型演艺活动的受众范围比较广,一般来说都有电视现场直播,伴以大量的纸质媒介宣传。因此,赞助商赞助大型演艺活动的首要原因就是推广企业品牌形象。

(2)影响消费者态度形成

通过赞助,赞助商可以创造或者改变消费者对于某一品牌的态度。像可口可乐和百事可乐这样的大公司,他们不需要通过大型演艺活动再来推广公司形象,但他们希望能够通过赞助将自己的产品与消费者的某种生活风格联系起来,引导消费潮流与生活时尚。

(3)细分市场

赞助提供给一些公司进入细分市场的机会。

(4)激励零售商、中间商以及经销商

在零售商店,不同品牌产品为争夺货架而各显神通。有些公司就利用赞助的机会来确保公司产品不至于从货架上撤除。因为赞助商的产品通过赞助活动强化了消费者认知。

(5)回报客户

邀请客户参加一些大型演艺活动,尤其是当某些活动的门票已经一票难求的时候,可以为公司带来意想不到的收益。

(6)吸引优秀人才和保留现有员工

在劳动力市场供小于求的情况下,许多公司通过赞助来招募新鲜血液,或者是留住现有的员工。英特尔公司曾在劳动力紧缺的时候想要招募新员工,其采取的方式就是赞助波兰玫瑰节的航空特技表演,并成功实现其赞助目标。

(7)直接销售机会

赞助商可以在活动举办时直接获许销售企业产品。对于大型演艺活动主办方来说,这实际上是一种交换。

（8）产品展示机会

通过实物赞助，赞助商可以检测企业产品的实用效果，并且通过主办方的推广，使更多受众了解到企业产品。

（9）与竞争对手产品区别开来

根据 IEG 的调研，企业赞助的另一主要原因是通过赞助可以将自己的产品与竞争对手的产品区别开来。

（10）刺激销售

通过赞助来刺激销售，这是企业赞助的重要原因之一。

### 2）编制赞助商营销计划

一旦深入分析了赞助商的赞助动机之后，大型演艺活动的组织者就可以开始制订赞助商营销计划了。编制计划的第一步是要建立一份潜在赞助商的名录，分析潜在赞助商，了解他们的需要。销售人员需要列出所有可赞助的项目以及可赞助的形式。

### 3）媒体赞助

与媒体合作将会为大型演艺活动主办者节省很大一笔开支，并且可以为赞助商提供可观的赞助回馈。

以世界杯的媒体赞助情况为例，来看看媒体赞助的作用。

新浪体育频道在新闻报道方面具有较强的号召力，并以内容见长。在世界杯期间投入数百万元用于世界杯的报道。网站栏目设置全面，处处体现其内容报道的专业性。

搜狐在世界杯报道中也是大手笔，投入大量的资金整合资源，包括投资 1 000 万元向东方宽频购买视频直播和投资 1 000 万元对精彩进球集锦 24 小时滚动播出，制作自己独创的视频节目。此外，搜狐还对服务器进行持续维护，并派出配有摄像机的 9 人报道组采访比赛现场。除了丰厚的广告收入外，搜狐在资本市场也得到同样关注。

网易在世界杯报道中更多地突出互动参与和"好玩"的差异化服务理念。在内容上与《足球报》合作，栏目设置上使用了"世界杯口水站""世界杯专门站""图搞世界杯"以及"要爽就猜"等新颖名称，以新鲜制胜，将比赛休闲化、轻松化，博取网民好感。

腾讯则充分利用其在即时通信领域的强势地位，以"在线生活"的理念为核心，通过"即时通信工具+推动式新闻网页"的方式，为球迷提供更具吸引力的体验式服务。并依托其庞大的互联网社区，以 QQ.com 这一平台，整合无线、游戏等多方面的资源，提供全方位的世界杯服务。

### 4）获得赞助商的支持

很多情况下，传统媒体广告费越来越高，赞助成为对大小公司都更有吸引力的传播方式。成功的赞助意味着让产品和服务以良好的性价比与目标市场相适应。如果想通过开发赞助项目来吸引潜在的赞助商，就应该明白赞助商的真正动机是什么，赞助商不是银行也不是慈善机构。

　　赞助商需要能够驱动市场、与众不同的行销组合。因此,我们应该考虑为赞助商提供多种营销手段,包括报纸、广告、广播、直接递送、交叉促销以及在现场进行捆绑销售。整合营销已经成为大型演艺活动赞助商的惯用词。

　　在就某次赞助活动研究论证时,赞助企业一定会充分考虑以下4点:一是它必须符合宪法和法律,绝对不允许从事违法乱纪活动;二是必须与本单位的经营策略、公共关系目标相适应,而不是与其背道而驰;三是它必须真正地有利于受赞助者,同时也有利于整个社会;四是它必须是本单位力所能及之事,至少也不应该半途而废,甚至劳而无功。

　　值得注意的是,在投资谈判中,不要直接回答对方提出的"你要多少投资"这个问题,而应当向大型演艺活动的投资者展示商业计划书,明确每一项支出需要的赞助数目,然后仔细逐条地解释各项要点,最后说明目标是要找到有实际预期收益的投资者。若投资者爱好某项体育运动,就可能成为未来的某项体育活动的投资者。

　　此外,在与投资者商谈的过程中不能表现出失望的情绪,这样会让投资者感到对组织和大型演艺活动投资的不安全性,任何一位投资者都是在对活动组织者的管理能力充分信任的情况下才会投资的。

　　除了能够得到投资回报之外,大型演艺活动的赞助商还希望能够有其他的激励措施,提高他们在大型演艺活动中的曝光率,并有利于实施他们的整体营销计划。大型演艺活动的组织可以采取诸如购买媒体、交互营销、答谢会、产品样本、消费者调查等手段来吸引赞助商,从而赢得他们的支持。

## 5.2　大型演艺活动供应商类型

　　作为一名大型演艺活动经理人,是否表现出能够为满足所有活动参加者的需求与活动供应商共同展开合作的能力将最终决定其获取职业成功的概率。大型演艺活动开展的过程中,活动供应商的种类众多。

### 5.2.1　广告代理

　　广告代理就是广告公司在广告经营中处于主体和核心地位,为大型演艺活动全面代理广告业务,向大型演艺活动主办机构提供以市场调查为基础、广告策划为主导、创意为中心、媒体发布为手段,同时辅以其他促销手段的全面性服务。雅典奥运会后,据税务部门估算,奥运期间北京媒体广告收入达到6亿元,央视便是其中最大的赢家。

### 5.2.2　网络代理

　　网络代理是指为大型演艺活动主办单位提供互联网服务的机构。互联网的出现带来了营销方式的重大变革,通过网络进行产品、价格、渠道、促销等组合的营销成为一种新兴的方式。1994年国际互联网登载出第一条旗帜广告,此后网络营销就得到了快速发展。1999年,全球网络广告消费达到43亿美元。2005年超过280亿美元。互联网技术对于营销的实践带来了很多的影响,现在越来越多的公司开始利用互联网进行营销,比较有名的是宝马汽车,他们会把一些新的产品做成 Video 放在网上进行营销。现在出现一种新的社会网络技术 SNS,他们利用这个新的技术进行营销,比较有名的比如说利用"我的空间"进行互联网的营销,而且取得了很好的效果。当然,这种技术可能也会影响到一些传统的渠道,比如说电视。在互联网上有个很重要的技术叫 COOKIES 技术,他们用这个技术来寻找消费者的一些信息,收集消费者的信息,然后根据消费者的消费习惯进行有针对性的营销。大型演艺活动采用网络可以进行活动推广、发布活动信息、分销票务等,可以节省营销费用。

### 5.2.3　旅游代理机构

大型演艺活动的举办会吸引大量的境内外游客,这些游客有些是自发前往,有些则需要通过旅游代理机构的服务。2006 年世界杯受门票所困,国内众多旅行社却无法在此项目上大展拳脚,少数外资旅行社则通过其他途径弄到部分场次的门票,因而抢尽风头。国内社无奈只能走偏门,做起了世界杯自由行业务。开卖世界杯旅游最早的为恺撒国旅,由于有德国总社的优势,自 2005 年 11 月份就已向市场推出了数条世界杯线路。德国国家旅游局透露,中国游客拿到的世界杯观赛门票仅两三千张。据悉,获得世界杯观赛票主要有 3 个途径:一是给 32 个入围国的足协,中国足协拿到的大约有 300 张;二是此次世界杯的 15 个主要赞助商,他们拥有的观赛票大部分作为客户奖励,如委托旅行社推出奖励旅游团等,一小部分会流向市场,如幸运抽奖等;三是 40% ~45% 的观赛票通过网上销售,已于 2006 年 2 月初截止。

### 5.2.4　酒店、住宿问题

活动的参与者的住宿问题除了通过主办方自行兴建住宿场所之外,只能依靠活动举办地的酒店了。悉尼在开放当地旅游市场方面则开展了两方面的工作:第一,充分利用举办奥运会的契机改善城市的基础设施,及利用奥运会带来的市场机遇,加速发展原先已经蒸蒸日上的会展产业。例如巴塞罗那奥运会后,在西班牙的这座城市召开的会议猛增了 129% ,而 2000 年在悉尼市举办的国际会议就多达 40 个,在 2001 至 2003 年已有 85 场大型商业会议预定。第二,在悉尼成为国际金融商业中心的同时,积极培育散客旅游者市场。为此,澳大利亚在 20 世纪90 年代中期起就大兴土木,翻新和新建了大量酒店,以支撑上述 2 项工作。在悉尼奥运会举办前的 2 年,悉尼市的酒店客房数就增加了约 24.4% 。

### 5.2.5　票务代理机构

门票收入是大型演艺活动收入的主要来源。是选择自行发售门票还是选择票务公司来分销门票由活动主办单位来选择。像奥运会这样的大型活动机构一般选择票务代理机构来分销,实现资源的合理配置。悉尼奥运会,共售出 92% 的门票,打破了巴塞罗那奥运会 82.3% 的销售记录;雅典奥运会,连续创下 3.8 万张的单日销售记录和 8 万张的一周销售记录。不同国家、地区的人有着不同的习惯、兴趣,也就是文化差异。此外,还有自然环境等问题,所以奥运会的门票销售才会有不同。针对门票分配比例的问题,奥运会门票一般分为公开发售、运动员及其家属、赞助商和国际分配几部分。悉尼奥运会用于国际分配的门票占到了总数的15%～20%。

### 5.2.6　安保公司

大型演艺活动的举办有可能会发生许多突发状况,偷窃、抢劫、斗殴、恐怖袭击等。奥运会作为一项影响巨大的全球性活动,极易成为恐怖分子考虑的袭击目标。成功安全地举办一届奥运会涉及的领域很多,工程复杂而庞大,但是,对于任何一个奥运会举办城市而言,安保问题应该都是重中之重。

### 5.2.7　物流机构公司

大型演艺活动的主办需要一些物流机构协助运输活动相关物品。北京奥运会奥运村在奥运期间为16 000名运动员及随队官员、7 000名注册媒体记者,提供近于3星级酒店的住宿服务,需要有大量的床单、被套、枕套、毛巾、浴巾等布草换洗配送。在运动员村物流中心设有奥运村布草中心仓库,由洗涤厂家负责厂房和布草中心仓库之间的运输,合同商负责整个布草中心库房的运行管理,并依据客房服务团队的要求,向运动员村和媒体村各公寓楼的布草仓储间配送洁净布草、收回脏布草。

### 5.2.8　医疗机构

大型演艺活动举办时可能会有一些突发的事件需要医疗服务,大型的体育赛事就更是如此。提供及时有效的医疗服务对于活动主办者来说是至关重要的。此类服务是针对不同群体的不同需求而专门设计。如果运动员在比赛中受伤或有突发病情,将有专门的医生和理疗专家负责治疗。健康部将组成专业医生、护士以及紧急救援人员组成的救援组,随时为观众、媒体人员、工作人员及志愿者提供快速救援服务。

### 5.2.9　保险机构

活动的举办存在一定风险。根据美国PMI的定义,风险是指具有不可确定性的事件或者状况,一旦发生就会给大型演艺活动造成难以挽回的影响。选择保险公司投保,可以转移部分风险,这已成为大型演艺活动组织者的惯例。从20世纪70年代至今,日本举办过5次世界博览会,其中最近的一次是2005年3月25日开始在名古屋爱知县举办的主题为“自然的智慧”的世博会,这次世博会有1 000多万人参观,产生经济效益约1.2万亿日元。爱知世博会是采用共同保险的方式来运作的,即爱知世博会通过公开招募、审查、选定16家保险公司组成世博会保险共同体来共同承担世博会的保险。这种由16家主要保险公司组成共同保险体的运作体制具有以下优势:其一,有利于世博会风险的分散。其二,有利于承保技术水平的协作与提高。其三,统一各家保险公司不同的投保程序,有利于世博会中的投保人快速简洁地投保。

从风险的角度看,世博会的风险主要有人身风险、财产风险、责任风险等。对应的有游客的意外伤害险,世博会场建设过程中的建工险、安工险和责任险等。

### 5.2.10 视听设备供应商

视听设备包括:数码显示、监控保安、影响、现场大屏幕等许多专业器材。如 Belden CDT 公司长久以来一直是奥运会的电缆供应商。在雅典奥运会上该公司提供了长达 1 500 千米的电缆线,35 种视听产品被奥运会场馆广泛采用,其中包括视频和音频、三同轴电缆、HDTV 电缆、电话及工业电缆等。

## 5.3 供应商的选择与组织

会展业的基础之一是团队协作的理念,如果没有各个相关行业的配合和贡献,会展经理人就不可能成功地举办一个大型演艺活动。而在会展经理人的团队中,有一个重要成员便是综合服务承办商。在美国,服务供应商业务的崛起印证了会展业的成长与发展。综合服务承包商和会展经理人之间的关系可以说是相互依存的。服务承包商在筹办活动的整个过程中是一个重要的角色。在很多方面,服务提供商被认为是精心管理的、高质量的而且是多能的智囊团。承包商所要完成的许多工作是耗费脑力的,而这些工作本身又事关大型演艺活动本身的效益。因此,选择适合的服务供应商就显得尤为重要。为了选择一个合适的服务供应商,需要对自身的活动有详细的了解,对可选的服务供应商做一个评估,同时要对如何促进活动和承办商顺畅的合作具有敏锐的意识。

作为活动的经理人,一旦你意识到活动需要服务,在选择服务承包商的过程中,你需要问自己几个问题:

①活动中有什么工作和服务是需要服务提供商来帮助完成的? 正如前所述,大型演艺活动的主办方往往自己没有这么多的人力、物力、财力来完成所有的活动任务,因此,有必要借助于外界的力量,整合组织内外的资源,共同致力于活动的组织与管理。

②哪些可供选择的服务提供商可以胜任这些工作,谁又是最合适的服务供应商?

③业主、主办方、活动参与者以及其他利益相关者是否会赞同你的选择?

④所选的服务供应商是否真的能够使活动的运营工作更顺畅?

⑤所选的服务供应商提供的服务是否在活动的预算范围之内,是否会影响活动的整个预算?

### 5.3.1 供应商选择的标准

这里有 7 个选择服务供应商的标准,包括个人经验、可用性、有无推荐和声誉、对场地的熟悉情况、现有资源、成本以及行业联系。

显而易见,如果有原先的合作经历,活动经理人可以以自己的经验来做出判断。一个重要的问题是看中的服务供应商在预订的时间表上是否能在活动期间提供服务,而没有与其他活动冲突。供应商必须要有足够的资源来为活动提供专业的服务。此外,这些服务的成本也是影响决策的因素。为了保持出色的业务表现,许多有经验的活动经理人,尤其是一些长期举办的活动项目,他们会以1~3年为周期提供一次服务,尽管他们之间已经建立了良好的业务联系。这样做的目的是为了使账单和行业价格一致,同时也对双方的关系做一个评估。地理位置是否方便在今天已经不是一个大问题,因为许多服务供应商能够在任何需要的地方开展业务。大型的服务供应商可能在多个地区设有办事处、设施或代理人。还有一些服务供应商有着国际业务联系。必须认识到行业内的成功正是能力的表现,而在多个地区开展业务也正是服务供应商成功的一个方面。

在前面服务供应商之间竞争日益激烈的情况下,许多活动经理人通过招标为当地和国内的服务供应商提供了平等的竞争机会。通常,如果与大型的国际性的服务供应企业签订了合同,就等于终止了与地方公司的联系。同时,无论是当地公司,还是区域性或者国际性服务承保公司,对其进行一番调查研究是非常有意义的。

如果没有原先的合作关系,活动经理人可以通过现场观察服务供应商的服务操作来获得反馈。如果活动经理人与活动供应商之间之前有良好的关系,而此承保商目前没有承接其他业务,那么这便是你们合作的开端。此外,还可以从其他活动主办者那里获得对某些服务供应商公正的评价和推荐。

其次,活动的参加者也是非常好的反馈来源。诸如奥运会等大型体育项目,运动员是服务的客体,运动员对某项服务的反馈也可以成为大型活动主办者挑选服务供应商的重要标准。通过集合访谈或者是电话采访可以从活动参加者的角度来观察服务承包商。还有一个可用资源是当地的会展局(CVB),很可惜的是国内正式会展局中,真正发挥作用的会展行业协会几乎没有。

在选择服务供应商的过程中,也不能过分强调专业化,因此在会展服务承包商协会(ESCA)的成员中寻找服务供应商是明智之举。名录上的服务供应商不仅要遵守行业的道德规范,而且还应经常参加一些培训会议,与该领域的最新发展趋势保持一致,这样的话可以减少活动经理人在选择服务承包商过程中的担心。除此之外,还可以在国际会展管理协会(IAEM)的会员名单上找到专业的服务供应商。

无论是出席国际会展管理协会的国际会议还是地方性会议,都可以结识许多服务承包商的代理人。事实上,在一个竞争激烈的行业内,利用行业网络和同行关系是非常关键的。利用会展服务承包商协会、国际会展管理协会和当地的会展旅游局的信息资源,活动经理人在寻找合适的综合服务供应商候选人时不应该再存在多大的困难,真正的注意力应该集中在如何决定哪个承包商才是最适合活动的。活动产业是人与人之间的交流,其关键在于活动的主办方要能与帮助实现自己活动目标的组织或者个人建立和谐的关系。所选的服务供应商应该成为活动的主办者在活动前、活动中、活动后的左右手。因此,选择合适的对象成为活动的服务供应商至关重要,这个组织必须是主办者能够并且乐意授权,并且能够对组织提供帮助,与组织能够建立长时间的信任关系的商家。

挑选一个合适的服务供应商还需要对某些无形品质做出评估,例如:

①富有创意;
②乐于提供专业意见;
③具备团队合作性;

④有积极主动的精神和坚持不懈的服务意识；

⑤作为代表、咨询顾问、助手、管理者和问题的解决者，有良好的人际沟通能力。

活动的主办方对服务供应商决策的自信对于发展双方的关系来说也是非常重要的，如果服务供应商能够始终以真诚的态度对待活动的管理团队，那么活动的主办方已经成功了一半。

### 5.3.2　供应商的组织

1）招投标

写一份招标文件有若干种方法，但是下列信息是必须包括在内的：

（1）背景和需求界定（组织背景和项目范围）

①活动背景，包括相关的数据信息；

②需求/问题陈述——为什么需要帮手；

③项目目标——希望完成什么；

④项目范围（具体要求）——希望服务承包商提供哪些服务；

⑤双方合作领域，即活动主办者希望建立怎样的关系。

（2）投标要求

①组织背景；

②项目负责人及其相关资历；

③活动的优势及特色；

④保险范围；

⑤服务/项目管理手段概述；

⑥其他服务；

⑦费用控制。

（3）选择服务供应商的时间表和进程安排（何时选择服务供应商，如何选择以及投标的最后期限）

一旦招标文件完成，便可以正式开始服务供应商的筛选。

2）确定承包商、签订合同

通过对服务供应商投标文件的评选与审核之后，可以与服务供应商签订合同，以保证服务的质量。

2006年，上海世博运营公司正式向社会公布中国2010年上海世博会第一批向参展者推荐的服务供应商。其中由上海市多媒体行业协会展示多媒体技术委员会推荐，最终确定的展览策划设计类企业达22家。

【相关链接】

# ××××××演出赞助合同

甲方：_____

乙方：_____

为了推动和活跃××市文化市场的发展,增进文化交流与合作,甲乙双方根据各自职能签署××××××××××演出冠名赞助协议。本协议中,甲方是组织实施此次演出的运作机构,乙方是赞助演出的企业单位。经甲乙双方友好协商,根据《中华人民共和国合同法》以及有关的法律法规的规定,为明确双方的权利义务,就有关事宜达成如下协议:

**第一条　定义**

1.1　演出组委会是指具有合法资质,并已经与演出运营方签订了承办协议的演出筹备组织。

1.2　"某某公司"指的是某某公司的总公司、其子公司、其分支机构、其继承者、获得授权者及销售商。

1.3　"演出冠名"是指甲方在确定标准赛事名称和标志时,须将乙方公司的名称冠于演出名之前。演出名称可能出现的地方应在显要位置显示甲方名称或其赞助商身份信息,包括但不限于门票、通行证、宣传海报(用于户外宣传和招徕顾客的)充气物、体育场馆内外标志、场地帐篷、信纸文具、新闻发布会、活动舞台、赛程/节目册封面等。

1.4　"品牌"指的是"某某公司"的品牌,包括以下几个品牌(附件列明)。

1.5　"产品"指的是"某某公司"生产的下面几种产品及其附属物(附件列明)。

1.6　"地域"指的是乙方可以在合同期限内将广告、促销材料用于宣传的地区。

**第二条　合同期限**

合同的有效期为_____年____月____日至_____年____月____日。在此期间,乙方可以使用本合同中规定的各项权利。

**第三条　赞助方式**

3.1　乙方对此次演出的赞助方式主要包括但不限于支付货币、提供产品、提供服务等方式。

3.2　乙方向甲方支付货币_____万元,分_____次付清,付款的时间分别为_____,付款的方式为_____。

3.3　乙方向甲方提供产品_____,市场价值为_____万元,提供货物的时间为_____,交货的方式为_____。

3.4　乙方向甲方提供的服务为_____,市场价值为_____,提供服务的时间为_____,提供服务的方式为_____。

**第四条　赞助商的权益**

4.1　乙方为"演出冠名赞助商",此冠名权具有排他性,乙方同类行业的厂商不能进行任何与演出相关联的活动。

4.2　乙方可以用演出相关的广告、促销、新闻媒体、网络媒体等多种活动来进行品牌宣传与产品促销。具体协商的内容见附件。

### 第五条　甲方的权利

5.1　甲方有权确定演出名称，可以通知乙方提出参考意见。

5.2　甲方有权要求乙方按照合同的规定按时支付赞助费用。

5.3　甲方在实现乙方的赞助回报过程中，有权要求乙方提供与演出风格内容相符的资料。

5.4　甲方有权要求乙方按照合同的规定使用演出的名称标志，否则承担违约责任。（具体要求见附件）

5.5　甲方有权审查乙方制作的印有演出名称标志的各类物品，在质量、设计、适当性、使用途径等方面都应得到甲方审查合格后才能生产和发售。

5.6　甲方有权自行开发与演出相关的各种商品，并要求乙方所制作的各类物品与其在设计上具有显著区别性，不允许乙方与甲方形成直接竞争。

### 第六条　甲方的义务

6.1　所有关于演出促销和广告材料、媒体新闻报道（包括报纸、杂志、广播、电视等）及甲乙双方的新闻发布会，甲方都必须使用标准的演出名称和标志，除此之外，甲方没有为乙方做另外宣传的义务。

6.2　甲方应保证乙方的演出冠名权具有排他效应。在不与体育场馆的规定和原先所订合同相冲突的条件下，甲方应尽力为乙方创造条件，维护乙方在体育场馆内设置广告牌、条幅以及销售品的同类排他权。

6.3　协议期间，甲方不得许可与乙方属同行业类别的其他厂商使用演出名称、标志及类似物进行促销、宣传和广告活动，或为其提供促销、宣传或广告服务。

6.4　协议期间，甲方有义务保障乙方的合同规定的权利，必要的时候，乙方可以协助甲方的维权。

6.5　对于乙方在促销和广告宣传中需要甲方审核批准的材料，甲方应商定专门的工作日接待，并须在_____个连续的工作日内完成审核工作。

6.6　甲方有义务在合同履行过程中，保护乙方形象。保守双方的秘密。

### 第七条　乙方的权利

7.1　乙方有权维护独家赞助商的权益，在甲方不配合的情况下，乙方有亲自维权的权利，同时有要求甲方赔偿相应损失的权利。

7.2　乙方对甲方使用演出名称、标志过程中违反合同约定的做法有提出意见、要求甲方更正的权利。甲方严重违反合同约定时，乙方可以要求甲方赔偿；违约行为不达乙方合同目的时，乙方有权要求解除合同。

### 第八条　乙方的义务

8.1　乙方应该按照合同的约定履行给付义务。

8.2　乙方应本着诚实信用的原则，在使用合同中的各项权利时，有义务维护演出的形象。保守双方在签署合同过程中获知的对方的秘密，并严格保守本合同的内容。

#### 第九条　违约责任

9.1　本合同的赞助权益具有可分解性，甲方在履行合同时，一部分赞助权益无法实现，不影响另外一部分赞助权益的实现。无法履行的赞助权益条款违约，不影响整个合同的有效性。

9.2　甲方在履行合同时，某项赞助权益无法实现时，应该退还该项赞助权益的价款，赔偿该项赞助权益价值_____％的违约金。乙方可以在没有付完的价款中扣除。

9.3　乙方在履行合同中，延迟支付赞助费用，以每天支付到期应付款项_____％的违约金。延迟_____天后，视为乙方放弃履行合同，甲方可终止合同，并要求乙方支付总赞助金额_____％的违约金。

9.4　如由于水灾、火灾、地震、战争或其他在演出行业领域被公认为不可抗力的因素导致一方不能或暂时不能全部或部分履行本协议，协议双方获益方可按照行业通行的惯例提出延期执行或终止本协议。在此之前乙方向甲方支付、预付或者接待的款额甲方无义务归还乙方。对于不可抗力下问题解决，协议双方可本着真诚合作的原则商定更详细的协议条款。

#### 第十条　保证陈述

双方互相陈述、保证和承诺如下：

10.1　双方均具有完全的权利和法律权限或有效的授权签订和履行本合同。

10.2　本合同经双方签署，即依其中条款构成对双方合法、有效和有约束力的责任，因为破产、清盘或其他影响债权人权利的法律对履行造成的影响除外。

#### 第十一条　有效期和终止

11.1　本合同自双方签署盖章之日起生效，有效期至合同终止或者双方权利义务均履行完毕之日（以较晚发生者为准）。

11.2　除了本合同中或根据法律规定的补救方法以外，在不影响提出终止的一方的其他法律权利的前提下，任何一方有权在出现下列情况时终止本合同，自另一方收到终止通知时生效：

11.2.1　另一方在执行本合同条款时发生重大违约，而且在违约方收到违约通知的_____天内未能纠正；或

11.2.2　另一方在本合同中的任何陈述或保证被证明有重大的不正确或不准确。

11.3　如乙方单方面终止本合同，则乙方仍须向甲方支付本合同约定的赞助款费。如甲方单方面终止本合同，则应将已收取的本合同约定的赞助款费返还给乙方。

11.4　本合同因为在此所述的任何原因而终止，都不解除任何一方履行至终止生效日的责任，或者是履行终止后仍然有效的条款的责任。

#### 第十二条　遵守法律

如果有合理的原因相信本合同的任何条款违反了国家或地方法律，或者影响一方履行本合同的工业商贸团体的守则、规定、法规或指示（统称"法律"），那么双方须及时修改本合同以遵守法律。但是如果修改令本合同丧失了其根本目的，那么将认同双方同意终止。如果本合同因本条而终止，款项应支付至终止日的履行程度。那些为将来而已支付的款项应按比例退还，除了明确规定在协议终止后仍然有效的条款以外，任何一方将不就本合同而负任何义务或责任。

#### 第十三条　不可抗力

13.1　由于水灾、火灾、地震、暴乱、罢工、劳工运动、疾病（包括传染性疾病）或本届演出日

程正式公布后政府部门颁布的命令等不可预见、无法避免和无法控制，不是由于一方的过失而引起的情况（不可抗力事件），致使无法履行或延迟展行本合同，遇有上述不可抗力事件的一方不应被视为违约。

13.2　受不可抗力影响的一方须及时将不可抗力的性质、影响程度通知另一方并提供证据。如果不可抗力持续或累计超过一个月，双方在所有合理情况允许下为减轻影响或制定替代安排而进行真诚的协商。

**第十四条　争议的解决**

因本合同引起或与本合同有关的任何争议，由双方协商解决，协商不成，双方均可选择以下争端解决机制：

14.1　提请××仲裁委员会按照该会仲裁规则进行仲裁；或

14.2　诉至有管辖权的人民法院。

**第十五条　其他**

15.1　所有根据本合同要求和许可发出的通知都必须是书面的，在亲手送达或在以特快专递（需要有回执）发出三天后作为正式生效。

15.2　本合同构成双方之间就本合同所述内容的全部理解，取代所有先前其他或同期的有关所述内容的协议。

15.3　乙方和甲方确认，在他们合作期间，一方可能得到另一方的保密资料。双方同意除非为了履行本合同而需要使用保密资料，双方将保护保密资料，只在履行本合同时对同样知道该等资料是保密资料并同意保密的人等披露保密资料。披露以所需知道的范围为限。保密责任不包括非经一方违反保密责任而已为公众所知或根据法律要求披露的资料，本合同终止之后保密责任继续有效。

15.4　本合同未经双方同意并特别指明是对本合同的修改，以书面形式经双方授权代表签署，不得修改。

15.5　未对另一方违反本合同条款行为或之后的违约行为作出反对或采取行动不得视为弃权。本合同中的权利和补救方式是累积性的，任一方行使一项权利或补救不排除或放弃其对其他权利和补救方式的行使。

15.6　本合同中标题只为方便查阅，不构成本合同的实质内容。

15.7　任何一方没有另一方的事先书面许可不得转让或授权本合同下的权利和/或责任。本合同和其中所有条款对双方有效，也对双方各自的继承人和批准的转让人有效。在任何情况下允许的转让都不能免除出让人的责任。

15.8　本合同附件构成本合同的一部分，与合同条款同样有效，对合同双方构成拘束力。

15.9　本合同正本一式_____份，双方各执_____份。

15.10　本合同未尽事宜，由双方另行协商解决。

甲方_____（公章）　　　　　　乙方_____（公章）

代表_____（签字）　　　　　　代表_____（签字）

电话：_____　　　　　　　　　电话：_____

_____年___月___日　　　　　　　_____年___月___日

【案例】

# 演出赞助

## 亚美娱乐赞助陈慧琳演唱会

2016 年 8 月,亚美娱乐 AM8. COM 作为特别赞助方助力陈慧琳演唱会。亚美平台上线以来,多次赞助大型演出活动,并深知 Let's Celebrate 演唱会对歌迷的意义。早在演出开始数月前,平台就通过网络形式对其进行了宣传,并在游戏主页开展了 100 张免费门票的赠送活动。这一次亚美平台实现了游戏产业与乐坛的完美重合,并给会员玩家带来了明星签名照、伴手礼等大量惊喜。陈慧琳巡演的意义在于"与歌迷共同庆祝",亚美娱乐 AM8. COM 响应演唱会主题,推出的澳门观光行活动也是为了与会员玩家"共同庆祝"平台上线来的每一天,如果没有会员朋友的支持,亚美平台的辉煌则无从谈起! 在未来,亚美娱乐将会继续打造经典游戏,力求为用户带来更好的服务!

## 中国文化中心赞助庆祝猴年新春演出活动

整场演出内容丰富,包含红绸舞、扇子舞、新疆舞、木兰归舞、太极等中国诸民族文化及艺术表现形式,吸引了现场各族裔二千余人观看。"今年纽约公校首次将春节定为公共假日,孩子们将有机会更多地接触各种农历新年庆祝活动。"中国文化中心主任尚·撷福说,我们在布鲁克菲尔德广场举行的迎新汇演,将助推中国传统文化在美国传播。

作为一家非营利性机构,中国文化中心成立 42 年以来,一直致力于培养、传播、保存及弘扬中国文化及传统艺术,目前下辖两单位——纽约新苗艺术学校及新苗舞蹈团。多年来,纽约中国文化中心与美国纽约各大博物馆和文化机构合作,策划大型中国传统艺术表演。纽约布鲁克菲尔德艺术集团营销经理帕特里克表示,布鲁克菲尔德广场通过展示世界一流艺术作品,支持音乐、舞蹈、戏剧、电影和视觉艺术创新,在过去 25 年里,已赞助了 400 个免费艺术活动。

## 卡萨帝赞助张学友演唱会　加大高端群体曝光率

10 月 21—23 日,A CLASSIC TOUR 学友-经典世界巡回演唱会在北京乐视体育生态中心开幕,卡萨帝高端家电联合赞助。超过 4 万粉丝到现场致敬歌神,这在聚焦明星的同时,也成为了卡萨帝凸显品牌价值的交互平台。可以说,卡萨帝以巡演为纽带聚集具有相同价值观的粉丝人群,加大了高端群体的曝光度。作为流行音乐领域的巨星和先行者,张学友曾被美国《时代周刊》列为亚洲最具影响力的 50 位人物之一,具有强大的粉丝号召力,其粉丝群体以热爱艺术、崇尚经典的中产阶级为主。此次卡萨帝联合赞助 A CLASSIC TOUR 学友-经典世界巡回演唱会,在价值层面的相通成为构建社群生态的基础,共同带动这场艺术盛宴渐入佳境。

## 必美赞助意大利 Mezzotono 中国巡回演出完美落幕

必美地板和意大利驻广州总领事馆联合举办的意大利阿卡贝拉人声乐团 Mezzotono 在中国的巡回演出活动圆满成功! 5 月 20 日在中国首站的广州,Mezzotono 举行了隆重的新闻发布会;5 月 27 日在深圳,Mezzotono 更是举办了一场别开生面的乐迷见面会。昨天,中国的最后一场演出在中国香港完美落幕,现场反应非常热烈。

**斯威 X7 赞助成都·翁布里亚爵士音乐节盛大开幕**

翁布里亚爵士音乐节创办于 1973 年,是世界上著名爵士音乐节之一,此次来成都是该音乐节首次在国内大规模集中演出。终于,在万众期待下成都·翁布里亚爵士音乐盛典 18 号在成都重磅上演了,反应非常热烈。斯威汽车作为赞助商"霸屏现身"炫彩涂装,惊艳全场,成为本次盛典最"大"的明星,更与亿万粉丝携手共同开启了一场音乐盛宴!

**西凤 375 全力赞助 2016 张惠妹西安演唱会**

近日,西凤 375 与 2016 张惠妹世界巡城演唱会主办方达成合作,将全力赞助 2016 张惠妹西安演唱会。据悉,演唱会于 2016 年 10 月 15 日晚(周六)在陕西省体育场举行。据了解,阿妹乌托邦世界巡城演唱会整体舞美共计耗资约 2 亿元,据从业十年的圈内人士爆料:现场舞台搭建的复杂程度自己从未见过,绝非一般舞台效果可以比拟。现场的呐喊、疯狂、感动必将成为华语乐坛全新里程碑的组成之一! 据张惠妹说:"我的个性就是好胜,而且追求完美,好还要再更好! 所以这次'乌托邦'世界巡演,我下定决心要再一次突破自我,挑战自己的体能和声音的极限。"

# 专家评析

大型演艺活动的举办离不开赞助商的支持,从上述各大演唱会的举办可以看出这一点。因为大型演艺活动的顺利举办需要大量的流动资金和人力物力的支持。因而争取到实力雄厚的赞助商对于大型演艺活动的举办落实有着至关重要的意义和作用。

# 复习思考题

1. 阐述赞助的定义及分类。
2. 大型演艺活动的供应商的类型有哪些?
3. 选择大型演艺活动的赞助商时需要考虑哪些因素?
4. 选择大型演艺活动的供应商的标准有哪些?
5. 大型演艺活动供应商应该如何组织?

# 第6章
## 大型演艺活动运营管理

**【本章简介】**

本章主要讲述了运营管理的概论、运营战略及运营流程的分析。通过对这些内容的学习，可以对大型演艺活动的运营管理有一定的了解。

## 【案例导入】

聊城市宋氏永安管业制造有限公司经过多年生产经营,形成了成熟的运营管理模式:

### 一、部门设置

1. 安全文明生产管理办公室

2. 企业管理综合部

3. 经营部(供、产、销)

4. 技术设备基建部

5. 质量管理部

6. 财务部

7. 仓储管理部

### 二、职责范围

(一)安全生产管理办公室

1. 落实国家"安全生产管理法"及国家关于安全生产的管理法规。

2. 制订与本公司相关的安全生产管理制度和管理规定及办法。

3. 检查各项安全生产管理制度的落实情况。

4. 负责本公司的劳动纪律管理及检查。

5. 组织各部门人员成立临时检查小组对公司内的各项管理条例进行专项检查并进行考评。

6. 公司内的"奖罚通知单"均由本部门根据各部门的通知和本部门的检查情况出据。第一联存根,第二联财务留存,第三联本人留存。所有奖罚均由当月发工资兑现。

(二)企业管理综合部

1. 制订本公司综合管理方面制度、规章及暂行办法。

2. 负责本公司人力资源各方面的工作。

3. 各部门的数字统计及经济运行数据,要随时留存,上报时不得延误。

4. 编制员工的培训计划及落实考核。

5. 政府及主管部门的上报材料。

6. 政府及主管部门下发的各项政策及通知要及时索取。

(三)经营部

1. 制订公司销售计划,做好市场调查和细分,寻找终端用户。

2. 编制原材料供应计划,保持经销商寻找生产商。

3. 编制生产计划,做到均衡生产,坚持存坯不存管的原则。

4. 负责本公司供、产、销的统一管理,并具体落实。

5. 所有产品卖、买价格要有询价单及最后价格单,并由总经理签字,方可运作。

以上案例只是截取的一部分,为了让读者更易理解本章的内容。本章主要包括运营管理的概论、运营战略及运营流程的分析。通过对这些内容的学习,可以对大型演艺活动的运营管理有一定的了解。

# 6.1 运营管理概述

## 6.1.1 运营管理的基本问题

### 1）运营管理概念分析

#### （1）运营的概念

从一般意义上讲,运营是一切社会组织将它的输入转化为输出的过程,是一个投入一定的资源,经过运营系统转换,使其价值增值,最后以某种形式的产出提供给社会的过程。因此,只要是能够通过创造或增加效用,来满足人们需求的生活,包括物质产品的生产和非物质产品的创造,均属于运营活动。

从上述定义可以看出,运营活动包括3个基本要素:投入、转换过程和产出。

投入就是运营活动所需要的各种资源,包括人力、资本、设备、物料、信息、技术、土地、能源等。按照它们在运营中所起的作用可分为劳动力、劳动对象、劳动资料、生产信息和资金五大类。劳动力是生产运营活动所需的劳动能力,是劳动者的体力、脑力和智力的总和。劳动对象是生产运营活动的作用目的物,可分为主要材料和辅助材料两大类:主要材料包括构成产品的原材料及外购件等,是产品形成的主要部分;辅助材料是指不直接形成产品的消耗材料。劳动资料是作用于劳动对象,将其转变成产出物的手段,主要是指机器设备、工具、仓库、厂房等。生产信息是指生产运营活动中应用的知识、经验、技术等,也包括生产运营活动所需的标准、程序、方法和数据资料等。相对而言,前3种资源是有形资源,而生产信息则是无形资源,并对有形资源的运用起着组织、操纵、控制的作用。可以说,生产信息是所有资源要素中最重要的,也是企业提高生产率、增强竞争能力和获利能力的主要资源。例如在高技术含量的产品中,信息资源所创造的价值一般占到产品价值的80%,而其成本只占产品总成本的20%。资金是为获取以上资源而必需的资本投入,只有一定量的资金投入才能使这些资源成为大型演艺活动企业所拥有的资源,才能使大型演艺活动的运营成为可能。

产出是指运营活动的结果,包括产品和服务,即有形产品和无形产品。前者指汽车、机床、电冰箱、食品等各种物质产品;后者是指某种形式的服务,如管理咨询公司提供的管理创新方案、银行提供的金融服务、邮政局提供的邮递服务、航空公司提供的运输服务等。值得强调的是,大型演艺活动产出的结果属于后者,是一种无形的服务。而这些产品应该包括所有能使消费者感到满意的功能,所以大型演艺活动企业必须从上述各方面全面完成生产并使消费者满意才能实现预期的生产价值。

#### （2）运营管理的本质

从另一个角度来讲,运营管理（OM）也可以指对为生产和提供公司主要产品和服务的系统进行设计、运行和改进。同市场营销和财务管理类似,运营管理是一个有明确的生产管理责任的企业职能领域。这很重要,因为运营管理经常同运筹学（OR）、管理科学（MS）和工业工程

（IE）相混淆。它们的本质区别在于：OM 属于管理范畴，而 OR 和 MS 是各领域在制定决策时都会应用到的定量方法，IE 则涉及工程领域。尽管企业运营经理们需要 OR/MS 的决策工具（例如关键路径法），并处理很多 IE 方面的问题（例如工厂自动化），但运营管理独特的管理作用使之有别于其他学科。

运营管理是对企业生产或传递产品的整个系统的管理。生产一个产品，例如生产手机，或者提供一项服务，例如服务于一个手机客户，都包括了一系列的转换过程。以瑞典手机生产商诺基亚为例，为了按实际需要生产手机，并且把它们送到客户手里，需要进行很多的转换过程：供应商购买原材料并且制造手机零部件；诺基亚生产工厂把这些零部件组装成各种各样在市场上流行的手机；分销商、代理商和遍布于全世界的公司仓库通过因特网发出手机订单；地方零售商直接与客户接触，发展并管理所有的客户。运营管理就是要管理所有这些相互独立的过程，并使之尽可能有效。

在运营职能中，管理决策可分为三大领域：

①战略（长期）决策；

②战术（中期）决策；

③运营规划与控制（短期）决策。

战略问题通常涉及非常广泛的内容。如大型演艺活动企业如何制造产品；如何安置企业的设施与设备；需要多大的生产能力等。因此，制定战略决策的时间一般来说比较长。

运营管理决策在战略层次上通过大型演艺活动企业是否能够充分重视顾客需求来影响公司运营的长期有效性。因此对于渴望成功的大型演艺活动企业来说，运营管理决策必须同企业战略相一致。战略层次的决策是企业中期和短期运营的固定条件和运营约束。

决策过程的下一个层次——战术规划，主要是在先前制订的战略决策基础上有效安排原料和劳动力。这一层次运营管理的任务集中在：企业需要多少员工，何时需要他们，加班还是安排第二个班次？这些战术决策反过来又是大型演艺活动企业制定运营规划和控制决策的约束条件。

对于运营规划和控制而言，管理决策相对来说范围较窄，时间较短。这一层次上的任务有：今天或本星期应着手哪些工作，安排谁来完成这些工作，先做哪些工作？

（3）运营管理的特征

在第一次工业革命兴起之前，人类从事以采集利用自然资源和农业为主的生产活动，使用的工具顺次为石器、铜器和铁器，生产用的原动力主要是人力，局部利用水力和风力，工业生产采取的是作坊式手工业的生产方式，从总体上看生产规模较小，生产技术和劳动分工比较简单。从 18 世纪 80 年代工业革命开始，社会基本生产组织形式从以家庭、手工工场为单位转向以工厂为单位，机器代替了手工操作，并不断用先进的、复杂的机器代替落后的、简单的机器，生产规模迅速扩大，企业内部和企业间的专业化分工日益细微，协作联系更加广泛。尤其是以流水生产线的出现为标志，工业生产进入了大批量生产方式时代，从而在提高生产效率、降低生产成本方面，使生产发生了一种革命性的变化。第二次世界大战后，随着科学技术的迅速发展和买方市场的建立与利益强化，生产运营环境发生了很大的变化，传统生产运营面临严峻挑战，客观上要求并推动建立现代生产运营的新框架。

现代生产运营具体有以下基本特征。

①重视科学技术的作用。

与传统生产运营相比,在现代生产运营中,科学技术的作用越来越重要,生产运营过程作为信息处理和变换过程的属性表现得更为突出,影响到生产运营系统的各个环节。

从投入要素来看,人们已经逐渐认识到,知识信息不仅是一项非常重要的投入要素,其在投入要素中所占的比重越来越大,而且对人力资源投入要素的需求也发生了很多变化,使得企业更加重视引进和使用、掌握现代科学技术知识的高素质人才,充分发挥他们的积极性。

从生产运营过程看,伴随着大量采用先进的生产运营工艺技术和设备,如精密生产技术、自动化生产技术等,可以说生产运营过程正发展成为凝聚了现代科学技术的"载体"。这是有意识地在生产运营中积极吸收最新科技成果的结果。

从产出来看,当代的产品追求科技含量,除了硬件方面的要求外,还有软件要素的要求,只有这样才能获得高附加值。除了服务外,软件要素主要表现为信息,它是和科学技术联系在一起的,高科技产品尤为如此。例如,最具代表性的计算机,如果只有硬件没有软件,就无法运转,而软件的销售额是一个令人吃惊的数字。

②生产运营模式以多品种、小批量为主。

随着科学技术的飞速发展和人民生活水平的提高,当今社会已经进入一个多样化的时代。反映在生产运营上,以20世纪初福特制为标志开始流行的少品种、大批量生产运营模式,正逐渐被多品种、小批量生产运营模式所取代。在大量大批这种传统生产运营模式中,实行作业单纯化,产品单一化,追求生产运营专业化,效率高是最大的优点,但存在灵活性差的致命缺陷,无法适应当代生产运营环境。采用多品种、小批量生产运营模式能够有效地克服大量大批生产模式的缺陷,更好地满足用户需求,这是一种必然的发展趋势。

③生产运营系统的柔性化。

一般,生产运营的多样化是与高效率相矛盾的,因此,在生产运营多样化的前提下,努力搞好专业化生产运营,实现多样化和专业化大的有机统一,也是现代生产运营的方向追求。为做到这一点,现代生产运营实践中努力推广采用柔性生产运营系统。

④追求"绿色"生产。

由于传统资源渐渐枯竭和生态环境破坏日益成为影响社会经济发展的重要战略问题,传统的大量消耗资源、污染和破坏环境的生产运营方式将受到严峻挑战。"绿色"生产又称环保型生产,是关注生态平衡,关注生产者的社会责任的生产运营方式,意味着生产运营过程中资源消耗少、造成的环境污染小,最终向社会和市场提供的也是环保型产品。诸如物料的循环利用、无废工艺、清洁技术、污染预防技术等,都是绿色生产运营的具体表现。可以预见,在可持续发展战略思想的指导下,"绿色"生产将日益得到重视并呈加速发展趋势。

除此之外,现代生产运营还存在一些其他特征,如强调利用高技术改造传统生产工艺,通过数学模型进行生产运营活动优化,重视生产技术与设备、运营管理和人三者的有机整合,追求综合效益等。所有这些特征向人们宣告:一个以制造技术为中心的新的生产运营革命时代已经到来。

## 2)运营管理的内容

从企业生产运营过程的角度来看运营管理的内容。对制造业来说,生产活动的主要内容是有形产品的制造过程,即从原材料投入、工艺加工直至产品完成的过程。传统的生产管理就是对产品基本制造过程的管理。其内容包括生产过程组织、生产计划、生产作业计划、生产调度及生产作业控制等。但是,在产品生产之前,还必须进行一系列的生产技术准备活动,如产品设计、工艺设计、工装夹具设计等,在产品生产完成之后,产品价值的实现还要依赖于售后服务和对市场的关注,而且当今市场需求复杂多变,技术进步日新月异,产品更新换代的速度越来越快,这就要求企业必须注重生产系统的选择、设计与调整,提高生产系统的功能和柔性。因此,传统的生产管理的范围必将要扩大,其管理内容将会因以产品基本制造过程为核心向前后延伸而更加丰富。对服务业来说,其服务过程的核心是无形产品——服务的创造,在当今市场环境条件下,尤其是信息技术飞速发展的形式下,同样面临着新产品更新换代加快、服务多样化的课题。因此,服务业企业也同样面临着作业系统及服务方式的适时调整和优化问题。所以,无论是制造业还是非制造企业,其生产运营管理的内容都在不断地丰富和发展。

另外,当前的运营管理已从面向单个企业的管理发展到面向供应链企业的管理,因此,基于供应链的运营管理和创新也日益受到重视和应用。

为此,运营管理的内容可分为战略与设计、运行与流程、前沿与改进等。

(1)运营管理战略与设计

运营管理战略是从生产系统的产出如何很好满足社会和用户的需求出发,根据企业营销系统对市场需求情况的分析以及企业发展的条件和因素限制,从总的原则方面解决"生产什么、生产多少"和"如何生产"的问题。具体地讲,运营管理战略决策就是从企业竞争优势的要求出发对生产运营管理系统进行战略定位,明确选择运营管理战略决策的结构形式和运行机制的指导思想。

根据运营管理战略关于运营管理的定位,具体进行运营管理设计,一般包括两个方面的内容。

①产品开发管理。包括产品决策、产品设计、工艺选择与设计、新产品试制与鉴定管理等。其目的是为产品生产运营及时提供全套的、能取得令人满意的技术经济效果的技术文件,并尽量缩短开发周期,降低开发费用。

②厂房设施和机器系统构建管理。这部分内容包括场址选择、生产运营规模与技术层次决策、厂房设施建设、设备选择与购置、工厂总平面布置、车间及工作地布置等。其目的是为了以最快的速度、最少的投资,建立起最适宜企业生产运营的、能形成企业固定资产的运营管理主体框架。

搞好生产运营系统设计,避免运营管理的先天不足,是保证生产运营系统高效率、高质量地运行的基本前提条件。运营管理设计一般在项目建设阶段进行,并在一定时间内呈相对稳定状态。但随着环境的变化,运营管理决策进行改造和更新也是必要的,这也属于运营管理决策设计范畴。

(2)运营管理运行与流程

运营管理系统的进行是根据社会和市场的需求以及企业的生产经营目标,在设计好的运营管理系统内对运营管理系统的运行进行计划、组织和控制。具体地,运营管理系统的进行就是在设计好的生产运营系统框架下,不断进行综合平衡,合理分配人、财、物等各种资源,科学安排生产运营系统各环节、各阶段的生产运营任务,妥善协调运营管理系统各方面的复杂关系,对生产运营过程进行有效控制,确保运营管理系统正常运行。运营管理系统的运行包括以下3方面的内容。

①计划。计划包括预测对本企业产品和劳务的需求,确定产品品种与质量,设置产品交货期,编制产品出产计划、厂级生产运营作业计划和车间生产运营作业计划,统计生产运营进展情况等。

②组织。组织是指合理组织生产要素,使企业运营管理系统中的物质流、信息流、价值流畅通,使有限资源得到充分、合理的利用。组织既是运营管理计划工作的基础和依据,也是实现运营管理计划的手段和保证。组织是运营管理过程组织和劳动组织的统一。运营管理过程组织主要是合理分配生产运营资源,科学安排运营管理系统和生产运营过程中的各阶段、各环节,使之在时间、空间上协调衔接。劳动组织是指正确处理劳动者与劳动工具、劳动对象的关系,使劳动者在运营管理过程中发挥应有的作用,充分调动劳动者的积极性。

③控制。控制是指在计划执行过程中,随时检查实际执行情况,一旦发现偏离计划或标准,立即采取措施进行调整。为保证最经济地准时完成生产运营计划,并不断挖掘运营管理系统的潜力,改进生产运营系统,必须对生产运营过程实行全方位、全过程控制。包括生产运营进度、产品质量、资源消耗、资金占用、物料采购、成本控制等方方面面,也包括事前、事中和事后控制。特别要重视实行事前的预防性控制,这就要求企业应健全一系列事前控制标准。

运营管理系统的运行属于生产运营管理的日常工作,最终都要落实到生产运营现场,落实到具体的运营流程管理中,因此,搞好现场管理是生产运营管理的一项重要的基础性工作。需要说明的是质量管理也是运营管理进行的一个重要内容,因内容相对独立且日渐成为一门单独课程,因此本书没有用专门的章节来介绍与讲解。

3)运营管理的目标、任务和学习的必要性

(1)运营管理的目标和任务

生产运营管理的好坏,对能否保证运营管理过程的顺利进行、有效地实现企业生产运营系统的职能和企业目标起着决定性的作用。运营管理的基本任务和根本目的就在于根据社会与市场的需求,最经济地按期、按质、按量、按品种组织企业产品生产和提供服务活动,以提高企业的经济效益。简而言之,可概括为敏捷、高效、优质、准时地向社会和用户提供所需的产品或服务。

①敏捷。美国里海大学有影响的研究报告《21世纪制造企业战略》中提出了敏捷制造(Agile Manufacturing,简称AM)的概念。尽管对敏捷制造还没有一个公认的定义,但专家们都承认它描述的不是一个具体的生产运营过程或运行模式,而是一种具有深刻内涵的哲理和思想,用来指导对企业生产运营系统,乃至整个企业发展进行系统的管理。敏捷,即"聪敏""快捷"的意思,可以和产品的生命周期相联系表示快速;与大规模定制生产运营相联系表示适应性;与虚拟组织相联系表示畅通的供应链和各种方式的联系;与组织重建相联系表示企业的自我学习、自我调整的良好运行机制和生产运营过程的不断改进;与精细生产相联系表示更高的资源利用率。可见,敏捷意味着运营管理系统能够对用户的需求变化做出迅速反应:其一,生产运营系统中战略决策结构部分应和市场、企业营销系统建立起非常密切的关系,能够科学预

测或及时掌握市场需求的变化,并结合企业实际正确识别和理解市场需求变化对企业的意义,从而敏锐地捕捉到促进企业发展的新的市场机会,迅速作出调整产品方向的决策。其二,运营管理系统具有灵活的应变能力,能够在尽量短的时间内完成新产品开发、生产运营和推向市场等一系列工作,努力做到和市场需求变化同步。在当代社会,谁能在这一点上成功,谁就在竞争中占据了主动。

②高效。高效指有效利用生产运营资源,以尽可能少的资源投入来满足用户同意数量和质量的产品、劳务需求。高效是低成本的前提,为此必须精心编制生产运营计划,合理组织运营管理过程,加强运营管理控制,从而努力降低资源消耗,不断缩短生产运营周期。

③优质。优质指以提高用户满足度为标准,努力生产高质量的产品,提供高质量的劳务。这是企业在激烈的市场竞争中建立竞争优势的一条有效途径。

④准时。准时指在用户规定的时间,按用户需求的品种款式、数量、质量和价格水平向用户提供产品和劳务。产品质量、数量、成本和交货期是相互关联的,如提高产品质量,就会增加生产成本;增大生产批量,就可降低生产成本。因此,必须从整个生产与运营管理系统出发,运用组织、计划、控制的职能,把投入生产系统中的各种生产要素有效地结合起来,使生产中物质流和信息流有机地融合为一体,按照最经济的方式,创造出使社会和企业都能满意的产品和服务。

要实现上述目标,必须重视不断地创新。不仅是在生产运营系统中的产出和所用工艺技术方面进行创新,更重要的是在管理思想、管理方法上的创新。只有这样,才能准确把握生产运营管理的概念、目标的实质含义,取得良好经济效益,促进企业发展。

(2)学习运营管理的必要性

在人类漫长的历史长河中,有过很多惊心动魄的重大事件,也有过很多不可思议的发明创造,更有很多令人叹为观止的宏伟工程,它们都在一定的时间和空间上改变了人类的命运和历史的轨迹。为什么某种发明一定会出现?为什么某项工程一定成功?可能每项创举都是诸多因素共同发挥作用的结果,但有一点必须重视,那就是所有的重大事件、卓越发明、宏伟工程都必须有精心的策划、有效的运营管理。因此,运营管理的思想和实践已经深入人类生活的各个领域。

在现代社会中,不管人们从事何种职业,事实上人人都在参与运营管理。此时的运营管理已经超越生产的范畴,已经成为人们从事生产生活的一部分。人们或者管理国家、管理政府、管理社会组织,或者管理某个部门、某项业务,或者管理家庭、子女,但大多数人都是从实践中去学习管理。人们往往容易在学习过程中看到很多卓越的领导人、优秀的管理者、成功的企业家,但人们恰恰没有看到他们由于没有受过正规的运营管理培训和学习,在实践中经历了多少不眠之夜和迷惘,才获得一点一滴的运营管理的相关实践经验,才慢慢地接近和掌握了运营管理的艺术和真理。运营管理知识体系的逐步完善和丰富,为各行各业、各个领域的人们提供了便捷的学习工具和丰富的学习内容,同时也为人们更好地掌握运营管理知识提供了有益的帮助。因此,对于各行业、各领域的人们来讲,系统地学习、掌握运营管理的知识体系、原则方法,并把它们贯彻到实际的生活工作中去,是必要的也是必需的。

运营管理是企业竞争力的源泉,学习运营管理会提供良好的事业发展机会。在企业中,即使不直接从事运营管理工作,也应该学习和掌握运营管理知识。例如,企业家要有良好的生存和生产能力的概念来确定需要投入的资金量,预测现金流量,对现有资产进行管理;会计师需要了解库存管理、资源利用率和劳动定额才能够计算出精确的成本数据,从而进行审核,做出财务报告;营销经理需要了解怎样运营才能满足顾客订货日期,满足顾客对产品或服务的个性化要求以及进行新产品介绍;人事经理必须了解工作的设置、工作标准与员工激励方案之间的关系,以及生产工艺要求工人掌握的技术。

### 6.1.2 运营管理的类型

所谓生产运营类型,是按照生产运营过程的基本性质和特征对生产运营系统所做的分类。由于企业的产品千差万别,产品结构和生产运营工艺的复杂程度各异,产品品种多少和生产运营规模方面也相差悬殊,使得生产运营过程表现出不同的特点,客观上对生产运营系统的结构、运行及管理提出了不同的要求。因此,有必要将生产运营系统分成几种生产运营类型,以便研究和揭示每种生产运营类型的共同特点和规律,为选择合适的生产运营系统结构形式、开展生产运营系统设计和管理工作提供富有针对性的科学指导。

#### 1)按产品和服务的专业化程度分类

产品或服务的专业化程度可以通过产品或服务的品种数多少,同一品种的产量大小和生产的重复程度来衡量。显然,产品或服务的品种数越多,每一品种的产量越少,生产的重复性越低,则产品或服务的专业化程度就越低;反之,产品或服务的专业化程度则越高。按产品或服务专业化程度的高低,可以将生产划分为大量生产、单件生产和成批生产3种生产类型。

##### (1)大量生产

大量生产品种单一,产量大,生产重复程度高。第一次世界大战后,美国福特汽车公司首创的大量流水线生产方式,成为20世纪最具有代表性的生产方式。这种生产方式的特点是,大量采用专用设备生产标准化的产品,依靠批量的扩大来降低成本,并通过重复性和互换性保证质量和良好的维修性。然而这种生产方式的致命缺陷是适应性不高,产品更新困难。显然这种生产方式应当用于需求量很大的产品和服务。只要市场需求量大,采用低成本和高产量的策略就可以使企业在市场竞争中立于不败之地,这种生产方式尤其适合居民消费水平不高的发展中国家和地区。

##### (2)单件生产

单件生产与大量生产相对立,是另一个极端。从历史上说,制造业曾长期以手工作坊方式运营,即单件生产模式。那时,由于工业发展水平低,没有先进的专业设备和工具,加之市场不发达,需求不高,生产都以单件方式进行,产品的质量完全取决于生产工人的手艺,生产效率低、成本相对较高,这是制造业早期所经历的一种生产模式。目前,从国内外形式上看,仍有一些企业还保持着这种生产方式,但生产目标已经发生了变化,主要集中在上层豪华的、性能各异或独特的单件产品上,并且使用高度熟练的工人、先进的生产设备,来满足大量生产方式无法向消费者提供的个性化服务。单件生产品种繁多,每种仅生产一件产品,生产的重复程度低。我国浙江东阳根雕艺术,就属于这种生产方式。根雕艺术个性化程度很高,民间艺人要根据根的基本造型,再加上民间艺人的超凡想象力和高超绝伦的雕刻技艺,才能完成一件根雕艺术品。

（3）成批生产

成批生产介于大量生产与单件生产之间，即品种不单一，每种都有一定的批量，生产有一定的重复性。在当今世界上，单纯的大量生产和单纯的单件生产都比较少，一般都是成批生产，由于成批生产的范围很广，通常将它划分为"大批生产""中批生产""小批生产"3种。

随着生产力的发展、物质财富的丰富，人们对商品的要求也越来越高。商品的多样性且大量的需求与大量生产和单件生产的矛盾日益突出，导致大量生产和单件生产的方式越来越不适应市场经济的发展，因而出现成批生产的生产模式。成批生产与大量生产相比，效率较低，并且管理复杂，难以实现自动化，所以多在中小企业采用。近年来，在市场竞争的驱动下，大型演艺活动企业也开始采用"成批生产"的模式。

中国著名白色家电企业海尔集团之所以近些年发展迅速和这种生产方式不无关系。海尔首先通过网络系统，收集不同地区居民、不同民族喜好，以及其生活习惯、要求等信息，进行综合分析整合，然后根据这些信息成批生产不同型号、不同款式的白色家电，满足了不同层次、不同地域顾客群体对产品的要求，同时也使海尔集团成为全球知名的白色家电企业。

2）按产品生产运营工艺特征分类

按产品生产运营工艺特征划分，可分为工艺过程连续的流程型和工艺过程离散的加工装配型两种生产运营类型。

流程型生产运营过程中，物料是均匀、连续地按一定工艺顺序运动的。因此，流程型生产运营有时也被称作工艺过程连续的生产运营。化工、炼油、造纸、水泥等是典型的流程型生产运营。加工装配型生产运营包括机床、柴油机、家具、电子设备、计算机、服装等产品的制造。在加工装配型生产运营过程中，产品是由离散的零部件装配而成的，物料运动呈离散状态。零部件作为构成产品的元件，可以在不同的地方制造，加工过程呈相对独立状态。零部件的不同组合可以构成不同的产品。因此，加工装配型生产运营有时也被称为工艺过程离散的生产运营。

3）按不同特点分类

按不同特点分类，可分为推动式生产组织方式和拉动式生产组织方式。

推动式生产组织方式和拉动式生产组织方式相比较有很多不同之处，从表6.1可以看出两种生产方式的主要特点。

表6.1　推动式生产组织方式和拉动式生产组织方式的特点比较

| 项　目 | 推动式 | 拉动式 |
|---|---|---|
| 产品 | 标准产品 | 按用户要求生产运营，无标准产品，大量的变型产品与新产品 |
| 对产品的要求 | 可以预测 | 难以预测 |
| 价格 | 事先确定 | 订货时确定 |
| 交货期 | 不重要，由成品库存随时供货 | 很重要，订货时确定 |
| 设备 | 多采用专用高效设备 | 多采用通用设备 |
| 人员 | 专业化人员 | 多种操作技能人员 |

另外,为了缩短交货期,还有一种"按订单装配"式生产,即零部件是事先制作的,在接订单之后,将有关的零部件装配成顾客所需的产品。很多电子产品的生产属于按订单装配式生产。服务业也有很多按订单装配式生产的例子。例如,餐馆按顾客的点菜来制作菜肴,每种菜肴的原料是事先准备好的。按订单装配式生产必须以零部件通用化、标准化为前提。

以往,对生产计划与控制的研究大都以推动式生产组织方式为对象。人们认为,由推动式生产组织方式所得出的计划与控制方法,也适用于拉动式生产组织方式。事实并非如此,例如用线性规划方法优化产品组合,适用于推动式生产组织方式,但一般不适用于拉动式生产组织方式。

值得一提的是,拉动式生产组织方式即订货型生产与订合同有着显著的区别。无论是MTO还是MTS,订货方与供货方都要签订合同,但签订合同后如果直接从成品库存供货,这并不是MTO,而是MTS。

#### 4)服务运营类型

**(1)服务运营类型概述**

服务性生产的概念应当适合于所有服务组织。服务性生产又称为非制造性生产,它的基本特征是提供劳务,而不是制造有形产品。但是不制造有形产品不等于不提供有形产品,比如邮政业、货运等。

服务分类有助于更有条理地讨论服务管理,打破行业障碍,互相取长补短。医院可以向旅馆学习管理经验;干洗店也可以向银行学习——银行为客户开设便利性晚间存款业务;洗衣店也可以为其客户提供洗衣袋和下班后接受衣物的箱子。对于专业性企业而言,制订咨询日程类似于规划法庭辩护或为心脏手术准备医疗团队。

**(2)具体分类**

①根据与顾客交互和顾客参与程度及劳动力密集程度,可以把服务的运营的类型分为4种。大量资本密集服务,如航空服务、酒店服务、娱乐场所的服务等;专业资本密集服务,如医院、车辆修理等;大量劳务密集服务,如批发、零售,中小学教育也属于这种服务的范畴;专业劳务密集服务,如律师事务所、专利事务所、会计事务所所提供的服务。这种分类有助于将注意力集中到类似的服务业中共有的管理问题。服务的多重维度是服务传递系统设计和控制的核心。

②按照是否提供有形产品可将服务性生产分为纯劳务生产和一般劳务生产两种。纯劳务生产不提供任何有形产品,如咨询、法律辩护、指导和讲课。一般劳务生产则提供有形产品,如批发、零售、邮政、运输、图书馆书刊借阅等。

③按顾客是否参与也可将服务运营分成两种:顾客参与的服务性生产和顾客不参与的服务性生产。前者如理发、保健、旅游、客运、学校、娱乐中心等,这种服务没有顾客的参与,服务就难以进行。后者如修理、洗衣、邮政、货运等,一般来讲有顾客参与的服务运营管理较为复杂。

**(3)服务性生产的特点**

服务业以提高劳务为特征,但服务业也从事一些制造性生产,不过这种制造性生产与服务相比,处于从属地位,例如饭馆制造各种各样的菜肴。由于服务业的兴起以及在国民经济中的重要作用,提高服务运营的工作效率成为人们日益关注的问题。但是服务性生产的管理运营与制造性生产的管理运营有很多的不同之处,不能把制造性生产的管理方法简单地搬到服务业中。与制造业生产相比较,服务性生产有以下几个显著特点。

①服务性生产的生产效率不像制造业生产那样易于把握和衡量。一个工厂可以计算所生产产品的数量和质量,但是一个律师的辩护和教师的教育工作,则难以用工业生产的标准去衡量。

②服务性生产的质量标准难以确立。不同的个人或事业、企业等社会组织对同一种服务有不同的要求,个性化要求更高。这样就不能建立固定的统一的标准。

③与顾客接触是服务性生产的一个重要内容和特点,但是这种接触往往会导致服务性生产的效率降低。顾客是不同的个体,因此要根据不同个体的不同状况和要求进行服务性生产,因而就会导致服务的程序和过程发生众多变化,因而促使服务的效率降低。

④纯服务性生产不能通过库存来调节。很显然,理发师不能在顾客少时储存几个没理发的脑袋在自己的"仓库"里,以便自己调节顾客服务的数量。

### 6.1.3　运营管理对企业及个人的作用

进入 20 世纪 90 年代以来,企业在缩短交货期、提高产品质量、降低产品成本、提高服务水平以及对市场变化作出快速反应等方面承受的压力与挑战越来越大,这一现象使运营管理在获取竞争优势中的作用日益突现,企业对运营管理也越来越重视。同时,管理专业的学生,也非常重视运营管理课程的学习。这是由于无论对企业还是个人,运营管理都有着重要的作用。

1)生产与运营管理是一切企业的 3 个主要职能之一

企业的 3 个主要职能分别是营销、财务和生产,每个企业都在生产着某些产品或提供着某些服务,它们的产品或服务可能相似或完全不同;但是,它们企业的基本职能构成都有许多相似之处。

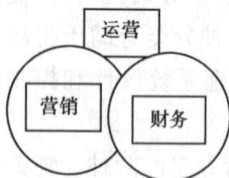

图 6.1

企业的 3 个基本职能分别完成不同但又互相联系的活动,它们的相互依赖关系见图 6.1。企业的财务、运营、营销这 3 项基本活动是一个反复循环的过程:企业建立初期,企业需要先积累资本以获取生产所需的各项投入;其次,通过生产与运营将投入转换成产品或服务;最后,经过营销活动将产品或服务又转化成资金,而此资金又被投入生产系统以获取生产与运营所需的更多的投入。如此反复循环,使企业持续生存、发展。

企业基本活动的循环表示了生产/运营和其他活动间的关系是密切相关和相互影响的。它们必须相互配合才能完成企业的总体目标。因为每一个职能部门的成功不仅依赖于本部门的职能发挥,而且还依赖于其他职能的完成及相互协调程度。例如,若运营部门没有完成应完成的职能,则营销部门推销的可能是那些低质量、高成本的产品;或者,营销部门没有提供准确的市场信息,运营部门可能生产那些没有市场需求的产品或服务。

因此,企业要有效地参与市场的竞争,离不开这 3 项基本职能;而作为企业的管理人员,理解企业包括运营管理在内的主要职能是必不可少的。

2）运营管理的水平是影响企业竞争力的主要因素之一

企业之间的竞争主要体现在产品性能、质量、成本、交货期和服务方面，而这些方面的工作主要通过生产运营管理来实现。

对于一个生产与运营系统缺乏竞争力的企业，管理者往往将注意力更多地集中在生产以外的竞争手段方面。这样的生产系统经常出现各种突发事件或问题，生产系统的管理层如同消防队，产品达不到所要求的功能指标，产品生产处于仅能保证最低要求的水平。而对于世界级制造系统，企业竞争战略的制订很大程度上依赖于生产系统，生产系统的优异性是企业竞争的关键资源，在部门发展中起着巨大的作用。

3）运营管理是提高生产率的主要途径

运营管理是对投入产出的生产过程进行管理，其有效性可用生产率进行衡量。生产率表示产出（产品或服务的产出）与生产过程中的投入（劳动、材料、能量及其他资源）之比：

$$生产率 = 产出／投入$$

通过测算生产率，可对一个企业、一个行业或一个国家的整体生产率做出评价。

从本质上讲，生产率反映出资源的有效利用程度，企业管理者关心生产率是因为它直接影响到企业的竞争力；政府关心生产率是因为它与一个国家人民的生活水平紧密相关。

要提高生产率，意味着在投入和产出之间形成有利的比率，由于投入要经过生产过程才能转化为产出（见图6.2），因此，提高生产率就意味着改善生产过程。而改善生产过程，正是运营管理的任务。

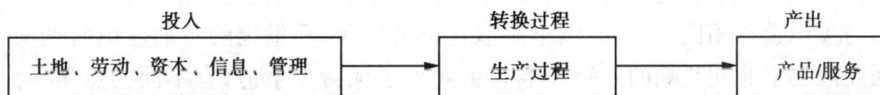

图6.2

## 6.2 运营战略

### 6.2.1 运营战略概述

1）运营战略的定义

运营战略是指在企业经营战略的总体框架下，决定如何通过运营活动来达到企业的整体经营目标。运营战略可以视为使运营目标和更大组织的目标协调一致的规划过程的一个重要部分。运营战略包括制订企业各项主要运营政策和计划，以利用企业资源最大限度地支持企业的长期竞争战略。战略是一个长期的过程，运营战略的制订也必将影响企业的运营过程及基础机构等各个方面。

运营战略决策涉及过程设计及对支持该过程的企业基础结构的设计。过程设计包括选择适当的技术、估计工艺持续时间、研究存货对过程的作用以及确定过程发生的地点。基础结构设计决策要考虑规划和控制系统的逻辑联系、质量保证、控制方法、工资结构以及人力资源政策。运营战略决策内容如图6.3所示。

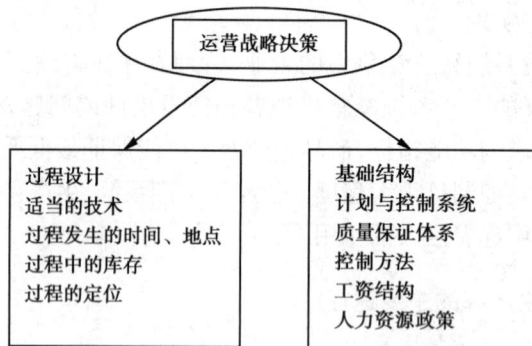

图6.3 运营战略决策内容

运营战略的目标是实现组织制订的绩效目标，这种绩效目标来自顾客的需求，也来自企业自身能力与外界的约束，运营战略的安排应该使组织能实现既定的绩效目标的要求。这些要求可能来自于成本、质量、品种、交货时间等方面的不同的要求，企业需要在这些选定的重点方面通过运营系统加以实现，这些竞争重点也同时构成对运营系统的绩效的考核标准。

我们从历史的角度来分析运营战略选择的企业绩效目标的变化。例如，美国企业在第二次世界大战后遇到了数量极大的消费要求，这种需求在第二次世界大战期间曾经受到严重的压抑，所以美国制造业注重生产大批量的产品以满足需求。相反，同一时期的日本制造企业，由于自身资源的限制，没有选择美国式的大量生产方式，而将注意力集中到了产品质量和品种多样化上，与美国企业相比，日本的汽车制造业更适应于20世纪的石油危机时期对汽车需求的特点，因此取得了非同凡响的业绩。不同企业为了保持竞争力，有不同的竞争重点，运营战略成功的关键在于明确竞争的重点，了解每个选择的后果，做出必要的权衡。

运营战略制订需要考虑对组织长期竞争能力的影响，组织的目标也是随着时间而改变的，设计运营战略时也必须预料到未来的需要，运营能力是运营战略的具体表现，它应该适应顾客不断变化的产品或服务的需求。

2）运营战略与企业经营战略的关系

（1）战略

战略即为实现目标而制订的计划，战略也是实现组织所设计的目标的途径，战略是决策的核心。一般来说，一个组织有关系到整个组织的整体战略即组织战略，同时又有涉及组织内各职能部门的职能战略。正如战略应同该组织的目标和使命相匹配一样，职能战略应与整体战略一致。

（2）策略

策略是用来完成战略的方法和措施。策略与战略相比更具体，它为实际运营的实施提供指导和方向。可以将策略看作整个过程的"如何做"部分，而将运营看作该过程的实际"做"的部分。

很显然,从使命向下至实际运营的整个关系本质上存在着等级性。

(3)运营战略与组织战略的关系

根据决策内容的特点,一般企业的战略可分为3个层次:组织战略、部门级战略和职能级战略。如果加上公司的使命的定义及具体的策略,它们之间的关系如表6.2所示。

组织的使命定义为公司所从事的业务。例如,迪斯尼公司认为自己是在"让人快乐"的行当内经营。因此,它不仅有主业游乐园,而且还从事卡通片电影的制作,以及其他多种与娱乐相关的业务。

组织战略用于定义组织参与竞争的主要战略,由于大多数公司由一群业务相关的战略经营单位或部门组成,因此组织战略也可以通过部门级战略加以表达。部门级战略定义了特定的战略经营单位或部门将怎样参与竞争,每个战略经营单位或部门都需要根据特定市场细分情况和生产的产品来找出自己的竞争基础。

表6.2 使命、组织战略和运营战略之比较

| 项　目 | 管理层次 | 时间跨度 | 范　围 | 详细程度 | 涉及内容 |
|---|---|---|---|---|---|
| 使命 | 最高 | 长 | 宽 | 低 | 生存、赢利能力 |
| 组织战略 | 较高 | 长 | 宽 | 低 | 增长率、市场份额 |
| 运营战略 | 较高 | 中至长 | 宽 | 低 | 产品设计、选址、技术选择 |
| 策略 | 中 | 中 | 中 | 中 | 雇工人数、产量大小、设备选择 |
| 运营 | 低 | 短 | 窄 | 高 | 人员分工、调整产量、采购 |

波特指出了3种基本的部门级竞争战略:低成本的制造、产品差异和市场集中。这3种战略中的每一种都可以对应一个相关的生产运营战略。如果某一企业只从事一种业务的经营,没有事业部门的划分,公司级战略与部门级战略则是同一种战略,内容可以合二为一。

运营战略处于组织战略之下,属于职能级战略,职能级战略是明确事业部门对各职能规定的目标,以及实现这些目标的战略措施,生产运营战略属于职能级战略,主要内容包括产品设计与工艺过程选择、产能规划与选址等方面的决策。

运营策略涉及运营过程中基于年度范围里所进行的决策,主要涉及员工数量决策、产量决策、设备选择等方面的决策。

运营作业所进行的决策主要涉及作业层面,决策内容更为具体而详细,涉及明确的产出和作业计划等方面的内容,包括人员分工、产量的调整、库存管理和原材料的采购等。

**3)运营竞争重点的选择**

企业提供产品或服务,那么作为消费者,他们会选择什么样的产品和服务呢?不同的顾客可能会被不同产品或服务的特点所吸引。一些顾客重视产品和服务的价格,因此一些公司就

相应地将自己定位于提供低价格的产品和服务。确定竞争重点能帮助企业更准确地确定自身的运营战略,使运营能满足实现企业给顾客服务的竞争重点的需要。我们首先着重分析一下,获得竞争优势的竞争重点可以有哪些。

（1）成本

在某种产品的特点细分市场中,顾客对于成本的关注程度是不一样的。某种产品的特点中,顾客群可能特别关注于产品的价格,那么企业在运营过程中应该充分考虑顾客的这种特定需求,成本因素就应该成为其竞争重点。

当然,遵循低成本原则生产的产品一般不可能做到更多地照顾不同类型顾客的需求,其产品的标准化程度更高。换句话说,以成本为竞争重点的企业,其顾客的主要需求在于产品的价格,而不在于产品是否与众不同。

以成本领先方式竞争的企业,虽然其细分市场往往非常巨大,但许多企业被潜在的巨额利润所吸引,纷纷大批量地生产产品。结果,这个市场竞争可能会非常激烈,因此生产企业要不断关注于产品成本降低的新途径。

（2）质量和可靠性

在市场上,总存在某一类型的顾客,在成本和质量的天平上,会更倾向于质量和可靠性。如果选择这部分顾客的细分市场,企业就应该以这部分的顾客需求为重点,即强调产品的质量和可靠性。

采取这样的竞争重点,应该集中全力满足顾客的需求。根据顾客的需求确定质量要求,要使质量设计满足顾客,同时不要因为超标准的质量而使产品因为价格昂贵而无人问津。相反,如果质量设计达不到顾客希望的标准,则会失去顾客。

（3）对需求变化的应变能力

在许多市场上,产品的需求波动非常大,企业是否有能力对需求增减变化作出反应是竞争能力的重要组成部分之一。显然,在需求增长的时候,企业很少会出现问题。当需求强劲并呈上升趋势时,规模经济促使成本递减,这时在新技术上的投资可以很快得到回报。但当需求下降,企业能随市场规模的变化作出相应的调整,也是企业必须具备的能力。长期高效地响应动态市场需求的能力是运营战略的基本要求,在运营战略的制订环节就应该考虑对需求变化的应变能力。

（4）柔性和新产品开发速度

有的企业因为具备足够的灵活性而在变化的市场中获得巨大的好处,如果企业针对的顾客特征是产品多样化的需求者,则企业应该优先考虑发展自己的柔性和产品开发速度,以此为竞争重点,把自己与其他企业区分开来。这种能力的衡量要素是:企业研制新产品所需的时间以及建立可生产新产品的工艺流程所需的时间。

应该注意的是,企业往往不可能同时将以上所有的要素都确定为竞争重点,也是出于这样的考虑,企业应该在这些要素中进行衡量,取其对企业竞争最重要的要素而加以重点发展,这一过程称作运营竞争重点的权衡。

## 6.2.2　运营战略理论

关于运营战略,不同的学者有着不同的看法和理解,可以总结为 4 种观点:其一,运营战略是整个公司或集团对未来目标的一种自上而下的反映;其二,运营战略是从运营改善的累计效应中自下而上的活动的总和;其三,运营战略是指市场需求转化为运营决策的过程;其四,运营战略是关于如何在选定的市场上充分发挥运营资源能力的决策。

任何一种观点都代表了对运营战略制订的一种局部的观点,当综合考虑这 4 种运营战略时,它们可以给我们关于运营战略较全面的认识。

### 1)"自上而下"的运营战略过程

"自上而下"的运营战略过程主要针对进行多元化经营的大型演艺活动公司而言。要想在全球化的经济、政治和社会环境中找到自己的位置,这种大公司首先必须有一个战略,它包括以下方面的决策:希望进入什么行业;希望在世界的哪些地区经营;资金如何在不同业务之间进行分配等。这些决策就构成了该公司的公司战略。同时,公司内部的各个业务部门也必须提出自己的部门战略,将自己的使命和目标明确下来。

正因为如此,持"自上而下"的运营战略观点的人认为,影响它的主要因素就是上级部门所选择的战略方向,根据公司选择的总的战略方向,各业务部门制订相应运营战略。此时,业务部门的运营战略制订不是仅仅根据自己的市场和特长所作出的,而是在公司总的战略的框架下,可能要求该业务部门牺牲短期的利益而顾及整个公司的长远发展的利益而作出的。

上述讨论强调的是,不同的公司目标将可能会导致不同的运营战略。因此,运营职能的任务很大程度上就是要实现公司战略,或者将其"运营化"。图 6.4 说明了运营战略的"自上而下"的观点,显示了这个层级战略结构,并列出了各个层次的一些决策以及它们对战略决策的主要影响。

### 2)"自下而上"的运营战略过程

在实际操作过程中,运营战略的形成过程并非如"自上而下"的那种层级般安排简单,其各个层次之间的关系要复杂得多。虽然,"自上而下"的观点是考虑运营战略问题时的一个简单方便的工具,但是我们还要考虑特定的业务部门在制订其运营战略时的具体环境和条件,既有总公司的战略和目标,也需要兼顾该业务部门的内部条件。任何一家公司在制订自己的公司战略时,都必须将下属各个业务部门的外部环境、经验和能力等因素考虑在内。同样,任何一个业务部门,在制订自己的部门战略时,也必须协调各个职能部门的意见,以了解它们各自所受到的约束和所具备的能力。

因此,在运营战略制订过程中也就出现了一种不同于"自上而下"观点的看法。这种观点认为,许多战略构想是随着时间的推移,从运营实践中酝酿出来的。有时候,公司之所以转向某一个特定的战略方向,仅仅是因为运营部门在日复一日地向顾客提供产品和服务的经验中证明了它的正确性。这里可能根本不包含任何高层决策,因此也就看不到那套标准的决策程序。相反,来自基层的经验首先在运营层面自然地形成,而"高层"战略决策的作用则在于在必要的时候对其进行认可,并提供资源,以保证这种来自基层的运营战略得以推广和实现。

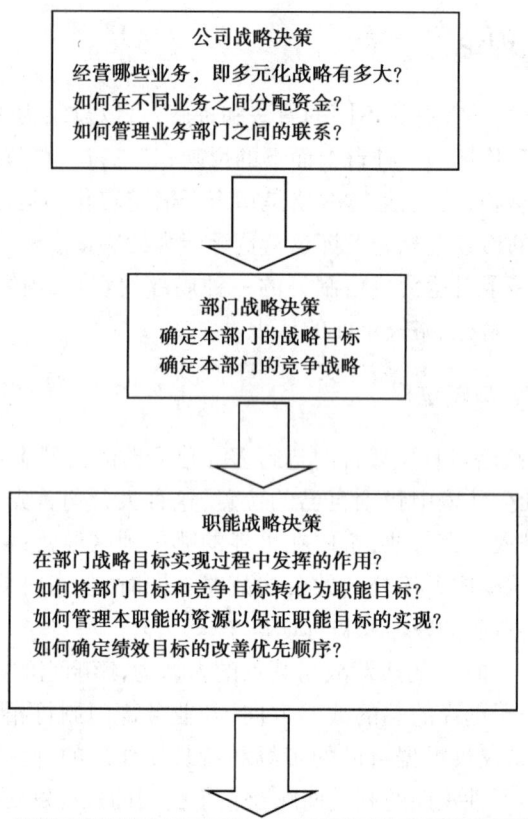

图6.4　关于运营战略的"自上而下"的观点

　　这种由运营过程中的实践经验在日积月累之中逐渐形成的战略,有时也被称为自发性战略。这种战略是随着时间的流逝,而且是在现实经验而非理论推断的基础上逐渐形成的。事实上,这种战略通常都是以一种相对非结构化、相对分散的方式出现的,因为未来总是多多少少带有一定的不可知性和不可预测性,运营战略的"自下而上"的观点如图6.5所示。

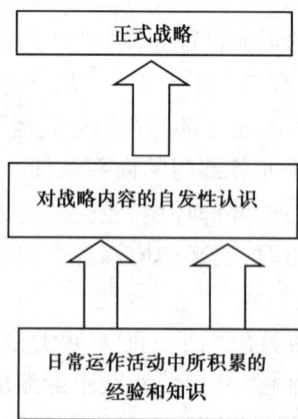

图6.5　关于运营战略的"自下而上"的观点

　　"自下而上"的这种观点也许更接近于实际发生的真实情况,但是从制订战略的过程角度来看,其对具体决策制订过程的指导作用比较有限。这种"自下而上"的战略制订方法的关键条件在于：从经验中学习的能力以及一种以连续性和渐进性改善的能力。

### 3）市场需求观点出发的运营战略过程

任何公司都有一个很明显的目标，即满足它正努力服务的市场。如果一个运营系统始终无法满足自身市场，那么它就不可能长期生存下去。此外，尽管人们通常都认为了解市场是专属于营销部门的职能领域，但是一个市场化的观点对于运营管理而言也是非常重要的。因为如果不了解市场真正需要什么的话，管理者就无法保证运营系统是在朝着正确的绩效目标组合和水平迈进的。

绩效目标是在运营竞争重点选择的基础上作出的，在具体运营系统中的竞争重点的权衡取决于两个主要因素：①公司顾客群体的需求；②公司竞争者的活动。这两项因素可以通过产品生命周期的特征加以综合表现。

### （1）顾客对绩效目标选择的影响

公司必须在产品服务的特定的细分市场满足顾客需求，运营系统就必须建立相应的绩效目标体系，这些绩效目标又来源于对竞争重点的选择和权衡。

比如，如果顾客十分看重产品的价格是否低廉，运营系统就必须将重点放在成本方面。如果顾客坚持购买零缺陷的产品，运营系统就必须集中精力来提高自己在质量方面的表现。同样，顾客对能否快速交货非常重视的话，则速度在运营系统中的重要性更加突出。而对交货可靠性要求更高的顾客则要求运营系统更加注重可靠性。假如顾客想要的是具有创造性的新产品或服务，运营系统就必须大大提高自身灵活性和新产品开发能力，以使公司的创新产品能够抢在竞争对手之前到达顾客手中。同样，如果顾客对产品和服务的种类要求高的话，运营部门就需要具备足够的柔性，从而能够在不需额外增加成本的同时提供市场必需的多样化水平。

构成顾客需求的这些要素称为竞争要素。图6.6显示了一些最常见的竞争要素与运营系统绩效目标之间的关系。顾客最为看重的竞争要素对各绩效目标的优先级别有着很大的影响。

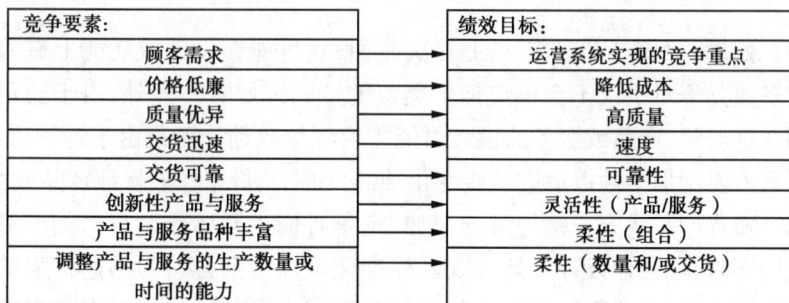

| 竞争要素： | | 绩效目标： |
|---|---|---|
| 顾客需求 | → | 运营系统实现的竞争重点 |
| 价格低廉 | → | 降低成本 |
| 质量优异 | → | 高质量 |
| 交货迅速 | → | 速度 |
| 交货可靠 | → | 可靠性 |
| 创新性产品与服务 | → | 灵活性（产品/服务） |
| 产品与服务品种丰富 | → | 柔性（组合） |
| 调整产品与服务的生产数量或时间的能力 | → | 柔性（数量和/或交货） |

**图6.6 不同的竞争要素要求不同的绩效目标**

确定竞争要素相对重要性的一种非常有效的办法是区分"订单赢得要素"和"订单资格要素"。

订单赢得要素是指那些对获取业务有着重要而直接影响的事情。它们是顾客心目中购买该产品或服务的最为关键的标准。提高运营系统在订单赢得要素上的表现，可以带来更多的生意，或增加获取更多生意的机会。订单资格要素虽然不是竞争胜利的主要决定因素，但却是对某种产品的最基本的资格要求，比如对汽车产品来说，质量就可能是其订单资格要素。在这些要素上,公司必须达到某一特定水平以上,顾客才可能考虑购买它的产品。如果公司低于这一"资格"水平,就会失去顾客。如果一个运营系统同时为一个以上的顾客群体生产产品或服务,则必须为各个群体分别确定自己的订单赢得要素和订单资格要素。

（2）竞争者对绩效目标选择的影响

顾客并不是影响绩效目标选择的唯一因素。竞争者行为也是不容忽视的重要因素。例如,当大多数汽车生产企业都以成本为主要竞争重点的时候,他们可能认为大多数的顾客需求还是以价格为主要因素,这时,其中一家汽车生产企业敏锐地感觉到顾客开始更加关心是否有更多花样的汽车品种可以选择,这时,如果选择以提供更多品种的汽车为顾客服务,这家企业在竞争中就可以取得更好的效果。当然,这个竞争者对竞争重点的选择就不同于其他企业。所以,同为生产汽车的企业,因为对顾客需求的理解不同,对目标市场的确定不同,都会影响其对绩效目标的选择。

当这家公司改变了这种竞争格局后,如果再单纯依靠成本作为竞争重点,竞争能力可能会大大降低,当然,并不是说其他公司必须跟在竞争者后面亦步亦趋地行动。其他汽车公司可以给它们的竞争要素注入其他新的内容以有别于这家企业。比如,可以在保证成本、质量的前提下,提供更加个性化定制的汽车,当然这要在其运营能力确实能满足这种需要的前提下。

需要强调的是,即使在顾客偏好没有发生直接变化的情况下,公司也可能必须改变自己的竞争方式,进而改变其绩效目标的优先级别。此外,公司还可以通过选择与对手不同的竞争模式将自己与对手区分开来。

（3）产品/服务的生命周期与竞争重点

将运营系统与其生产的产品/服务的生命周期联系起来,可以帮我们同时把握顾客与竞争对手这两个群体的行为。不同的产品/服务有着不同的生命周期曲线。它对于运营管理的重要意义在于,它可以清楚地告诉我们,产品和服务在各自生产周期的不同阶段需要不同的运营战略。

①导入期。如果一个产品是在市场上首次露面,它可能在设计或功能上有着与众不同的新特点。绝大多数竞争对手也不会很快推出类似的产品或服务。此外,由于公司在对顾客需求的理解上存在着局限,产品或服务的设计可能需要频繁改动。正是由于这种市场不确定性,公司的运营管理需要增加柔性以适应这些变化,同时加强质量工作以保证产品或服务的功能。

②成长期。随着产品或服务销售量的增加,竞争者们也开始研制自己的产品或服务。在市场不断扩大的同时,标准化设计开始出现。标准化可以帮助公司为迅速扩大的市场供应充足的产品或服务。这时,运营系统的主要任务就是与需求保持同步。对市场需求作出迅速而可靠的反应不仅有助于使需求保持适中旺盛的增长势头,还可以确保公司的市场份额在竞争压力开始增加的情况下不出现滑坡。

③成熟期。需求的增长开始放慢,这时,一些早期的竞争者已经退出了这一市场。整个行业可能为少数几个规模较大的公司所垄断。产品或服务的设计已经实现了标准化,竞争的焦点是价格或性能价格比。当然,可能还有个别公司在设法将自己与其他公司区别开来,并力图通过这种努力阻止行业内的这种标准化和"日用品化"的趋势。这时,公司对运营系统的要求是降低成本以保证利润获得。因此,成本、生产率及可靠供应就很可能成为营运管理所关心的

主要问题。

④衰退期。随着时间的流逝,销售量将逐渐下降,越来越多的竞争对手也将逐渐退出市场。那些留下来的公司所面对的可能只是一个残余市场,但是如果该行业的生产能力仍然滞后于需求的话,市场上的竞争模式将继续以价格竞争为主导。运营目标因此也将以成本为主导。

### 4)运营资源观点的运营战略过程

最后一种关于运营战略的观点,是建立在一种非常重要的企业战略理论——资源决定论的基础上的。资源决定论的观点可以这样来简单概括:任何企业,其主要的竞争优势都可能来自于内部资源的核心竞争力。这就是说,从长期来看,公司继承、获得或建立其运营资源的方式对它的战略成败有着非常重要的影响。而且,这种"运营资源"能力有着与公司市场地位相同甚至更大的影响。因此,了解和增强运营资源的能力,是一个非常重要的分析运营战略的切入点。

图 6.7 给出了运营战略的运营资源观点的基本轮廓。从图 6.7 中可以看出,运营系统的资源和工艺过程都是运营系统能力的来源,都对结构性决策和基础性决策的制订有着重要的影响,只是影响的程度不同而已。

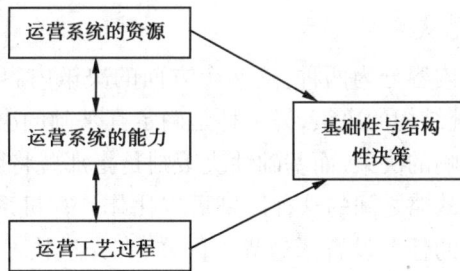

**图 6.7 关于运营战略的运营资源观点**

### (1)资源约束与资源能力

没有哪家公司在选择自己的市场定位时,可以不考虑自己生产满足该市场需求的产品和服务的能力。也就是说,运营系统所施加的约束是不能忽略不计的。例如,有一家空调器生产企业,平时该企业均是按照市场预测生产比较标准化的空调器产品,生产量大,有比较好的成本优势。这时,一家国外的经销商根据当地顾客需求的特点,想定制一批数量不是很多的特制的空调产品,并且如果这次订货成功后,类似的这种批量的订货次数会很多。当然每次的规格可能都不完全一样。对该公司而言,这样的机会取决于公司能否以较低的成本生产多品种、小批量的空调产品。如果公司运营系统的柔性难以实现这些要求,公司最终只能放弃这类业务。按照前面提到的市场观点,这是一笔难得的生意,但是按照运营资源观点,这种类似的业务该企业是无法承接下来的。

### (2)运营资源和工艺过程

运用运营资源观点,首先必须了解运营系统中的资源能力和资源约束。如何真正了解自身的运营资源呢? 首先要回答,我们有什么? 然后需要探讨,我们能做什么? 这两个问题有助于更好地了解自身的资源能力。

我们有什么? 回答这一问题的最简便的方法就是考察输入运营系统的待转化和转化资

源。因为它们是运营系统的"基本构件"。我们有什么原料、有什么设备和资源是首先需要界定的东西,但是拥有同样资源的企业是否其资源禀赋就一样了呢?同样的资源条件可能会有很多不同的结果,为什么会出现这样的结果,是因为不同的企业运用资源的方法可能会不一样。下面问题的回答,有助于我们了解企业是如何具体完成它的业务的。

对于运营系统来说,资源的应用过程可以通过工艺过程来分析,工艺过程是完成转化过程目标的任务分解,同一业务有不同的任务分解方式,这种分解决定了一家公司完成转化过程的时间、质量、成本等方面的表现。所以过程能力也同样决定着一家公司的运营资源的能力。同理,一个运营系统也不仅是它的各个工艺过程的总和,还有一些无形资源。

一个运营系统的无形资源包括它与供应商之间的关系以及它在顾客中享有的声誉,它的员工在开发新产品和新服务过程中的合作方式。

在运营系统内部,这些无形资源可能不像有形资源那样真实可见,但是它们却有着非常重要的价值。而且,它们跟那些有形资源和工艺过程一样,也是运营系统满足市场所不可或缺的东西。因此,从运营资源的战略角度来看,运营管理的核心任务就是确保它的战略决策的模式可以通过其资源和工艺过程能力得以实现。

(3)结构化决策和基础性决策

人们通常把战略决策的内容分为两种,这两个方面的决策内容与战略的资源观点是密切联系的,一种是确定运营系统结构的决策,另一种是确定其基础的决策。结构性决策是指那些主要对生产转化活动发生影响的决策,而基础性决策则是指那些将影响计划与控制、员工组织以及运营改善的决策。运营战略之间的这种区别可以比作计算机系统中的"软件"和"硬件"。计算机的硬件为它所能完成的任务设置了边界。同样,在先进技术上进行投资以及建立更多或更好的设施也可以提高运营系统的潜在能力。在硬件所设定的边界之内,软件负责解决如何使计算机在实际使用中高效运转的问题。功能再强大的计算机,也只有在软件能够充分利用其能力的前提下,才能把全部的潜力都发挥出来。同样的道理也可以用在运营系统身上。再先进、再昂贵的设施和技术,也只有在具备完善的基础架构来管理它们的日常运营的前提下,才能发挥出应有的效果。

表6.3、表6.4列出了结构性和基础性战略决策领域,同时也列出了各个战略决策领域可能遇到的一些问题。

表6.3 结构性战略决策领域

| 结构性战略决策 | 解决的主要问题 |
|---|---|
| 新产品/服务开发战略 | 是否自己开发创新产品或服务?<br>采取领先战略还是跟进战略?<br>如何确定需要开发哪些产品和服务以及如何管理其开发过程? |
| 过程组织战略 | 运营系统需要通过收购自己的供应商或顾客来进行扩张吗?<br>应该收购哪些供应商?它应该收购哪些顾客?<br>外购和分包如何组织? |
| 设施战略 | 选择哪些位置设置生产设施?应该有多少设施?<br>运营系统的设施应该设置在什么地方?<br>生产能力和作业活动应该如何在各个工厂之间分配? |

表6.4 基础性战略决策领域

| 基础性战略决策 | 解决的主要问题 |
|---|---|
| 人员和组织战略 | 员工的管理模式？需要哪些技能？<br>员工在运营管理中应该发挥什么样的作用？<br>运营职能的各项职责应该如何在运营系统中的不同群体间进行分配？ |
| 计划与控制系统战略 | 运营部门应该使用哪些系统来为其作业制订计划？<br>运营系统应该如何在其不同作业之间分配资源？ |
| 能力调整战略 | 如何预测和监控其产品和服务的需求？<br>运营系统如何根据需求的波动情况调整作业水平？ |
| 供应商发展战略 | 运营部门应该如何选择自己的供应商？<br>它应该如何发展与供应商之间的关系？<br>它应该如何监督其供应商之间的表现？ |
| 库存战略 | 运营部门应该如何确定需要建立的库存数量及其存放地点？<br>运营部门应该如何监控其库存的大小和结构？ |
| 故障防御与系统 | 运营部门应该如何维护自己的资源以防故障的出现？ |
| 恢复战略 | 运营部门应该如何制订故障发生时的应对计划？ |
| 改善战略 | 改善过程应该如何管理？ |

## 6.2.3 运营战略决策过程

### 1）运营战略矩阵

上述4种关于运营战略的观点都不能独立地支持公司的运营战略制订，实际上公司运营战略的制订是市场机会和运营资源之间的相互冲突和妥协的结果。当我们把这两种运营战略观点合在一起考虑，就形成一个较全面的运营战略制订框架，也称为运营战略矩阵。矩阵的具体内容取决于竞争重点的选择及其绩效目标在主要的决策内容上的表现。这一矩阵突出反映了市场需求与运营部门如何通过结构性与基础性的决策满足这些需求。

竞争重点及其绩效目标的确定决定着企业在市场竞争方面的表现，而战略决策所确定的结构性与基础性决策将决定企业资源利用的表现，到底绩效目标制订为先还是战略决策为先，这是两个方面互动的结果。企业考虑绩效目标时不得不考虑企业自身资源能力方面的约束，而绩效目标的确定也必然引导企业资源应用方面的决策，运营战略的制订过程也必然是两个方面相互权衡的结果。

在运营战略制订过程之中需要特别关注绩效目标与某一决策内容的相互交叉内容的决策。我们通过运营战略决策制订程序来分析这些关键内容的确定方法。

2）决策制订过程

运营战略的"过程"可以表述为在制订运营战略时所用到的程序有很多可操作性的架构，这里简要介绍决策制订程序。

该模型本质上是一个五步骤决策程序。第一步，运营部门必须理解公司的长期目标，以保证最终的运营战略能够实现组织的长期目标。第二步，要求运营部门了解公司为了实现自己的目标制订了什么样的营销战略。这一步实际上就是要确定运营战略必须满足的产品或服务市场，以及运营系统必须提供的产品或服务特性，如范围、组合和数量等。第三步，要将营销战略转换成前面讲过的"竞争要素"。希尔还将它们进一步划分为订单赢得要素和订单资格要素。第四步，希尔称之为"工艺过程选择"。这一步的目的是为运营系统确定一组相互协调并符合公司计划采用的竞争模式的结构性特征，也称为公司的过程组织方式。最后一步的内容与之相似，只不过这次需要确定的是运营系统的基础性特征。

这种方法并不是告诉我们，制订运营战略就是这样从第一步到第五步的简单的过程。相反，运营战略决策制订实际是一个循环往复的过程。决策部门必须在了解公司对运营系统的长期战略要求和建立实现运营战略所必需的特定资源这两个环节之间不断地循环。在这一循环过程中，第三步确定竞争要素的工作是最为关键的。因为只有到这一阶段，公司的战略要求与运营系统能力之间的矛盾才能变得明显起来。运营部门可以知道自己所欠缺的能力是什么，哪些运营过程还不能满足组织的要求，同时，也可以发现自身的能力，为赢得要素的决策提供支持。

# 6.3　运营流程分析

## 6.3.1　运营流程概述

1）运营流程的基本概念

运营流程是指一个组织把一定的投入（Input）变换成一定产出（Output）的一系列环节，这些环节也可称为任务，这些任务由物流和信息流有机地连接在一起。运营流程的设计，就是要设计把投入变换成产出所需的资源、资源的组合方式、任务的进行方式、物流和信息流的流动方式等方案。

与转化流程相关的概念还包括"运营系统""运营组织方式"和"运营流程"等名词。其中的细微区别在于，"运营流程"通常指企业组织内某一个子系统（一个部门、一个车间、一条生产线等）的投入产出过程；而"运营系统"和"运营组织方式"通常指整个企业的投入产出过程，它由一系列"流程"所构成。公司的运营流程是非常关键的。运营流程应该适合公司的战略，一个不合适的流程将严重制约公司的发展。

2）运营流程的构成要素

运营流程包括几个基本要素：投入、产出、任务、物流和信息流以及库存。

（1）投入

投入是指一个运营流程为了生产产品或服务所需的人力、物料、设备、能源等资源要素。为了在某一个流程得到一定量的产出，首先必须决定各种资源要素的数量，例如，多少人工、多少电力等。有些投入要素（例如，人工和物料）完全消耗于某些具体产品的产出，因此易于计算（例如，食品厂烘烤一批面包需要多少面粉和电力）；而另外一些投入要素是由整个运营系统长期利用的（例如，食品厂的面包烘烤机），而不是由某几批产品消耗掉的。

（2）产出

一个流程的产出可以是两种形态：产品或服务。但是为进行运营流程的选择设计，还需要进一步了解产出的一些特性。在制造业的生产流程中，生产成品在流程中可以单独存放，在需要的时候交给顾客。而在另外一些流程中，产品库存根本不可能存在，比如服务业的产品，服务和消费是同时发生的，此时，产出是不能存储的，大多数服务企业的运营流程都具有这种特性。

虽然产出易于用食品厂一天做了多少个面包、医院一天接待了多少病人等方法来衡量，但是要衡量这些产出的价值却不是一件简单的事。企业通常用产品或服务在市场上的价格来衡量其价值，用成本来表示投入的价值，如果二者之差为正数，则企业赢利，表示一个运营流程的设计是成功的。但是，应该注意的是，在有些情况下，产品或服务的价格并不能很好地代表产出的价值，从而也难以用来评价一个运营流程的好坏。例如，在一定的市场中，企业有可能以标准价格销售低品质产品，但是随着时间的推移，企业的声誉会受到损害，企业的产品销售也将会受到影响。因此，衡量产出的价值需要同时从其价格、质量，以及时间性等几个方面考虑。这样设计一个运营流程时也就必然要从这几个方面的综合优化去考虑了。

（3）任务

任务也称为作业，任务是生产流程内部一系列相互关联的环节。虽然不同行业、不同企业、生产不同产品或服务的流程各有不同，但是各种流程具有的共性是，都有任务、物流和信息流，以及库存。

所谓任务，是指把投入的资源要素向产出方向转换的行为或活动。例如，在机床上改变金属毛坯的形状，用仪器检查部件尺寸是否符合技术标准，病人手术之前进行麻醉等。一项任务的完成要用一定的人力和设备，但在一些自动化流程中，也有可能用设备取代人力。每一个任务不仅需要考虑人、机器、方法等各种要素的结合，还需要考虑各任务之间各要素的适合程度。

（4）物流和信息流

任何一个运营流程中都存在这两种流。在面包生产流程中，其信息流的形式主要是生产指令的面包制作规程。例如，在生产开始之前，必须将生产的面包种类、所需原料的种类和数量送达搬运工人，以便在必要的时间，将必要的物料送到必要的地方。原料混合方法和混合时间的信息必须送到混合工序，烘烤时间和烘烤温度的信息必须送到烘烤工序，包装工序也必须预先知道下一批到达的面包是什么种类，以准备相应的包装材料。所有这些任务的完成，都离不开信息。而物料的移动,即物流也必须在信息的指挥下才能进行。

物流和信息流可以同步发生,例如,将信息附在流动的产品上,烘烤工序在收到生面包的同时也收到关于这批面包的烘烤方法(时间、温度等)的指令。信息也可以不与物流同步发生,例如,每天早晨将当天的生产指令同时送达各个工序,使各个工序对自己全天的任务都一目了然。在设计和分析一个流程时,预先考虑信息的流动方式是很重要的。因为它在很大程度上影响物流以及库存水平。在当今信息技术飞速发展的情况下,有很多种信息流动方式可供选择,这一方面加大了流程设计的灵活性,另一方面也增加了流程设计的难度。

### 6.3.2　运营流程的类型及绩效

1)运营流程类型

在设计运营流程之前,有必要将运营流程进行归类。通过对运营流程的快速归类,能看出运营流程之间的相同点和不同点。

(1)单步运营流程与多步运营流程

将运营流程归类的第一步是分清它是单步运营流程还是多步运营流程。单步运营流程指所有操作在一个工作位置内完成,而多步运营流程则有多个工作位置,每个工作位置上作业和作业之间有特定的工作顺序。作业指某一工作单元或工作位置上的一项或多项活动的组合。

当存在多步流程的情况下,可能有阻塞、窝工等现象出现,同时某个作业也可能因为能力限制而成为瓶颈。下面分别讨论这几种现象。

①阻塞。阻塞发生在因为无处存放完成的项目而使得活动必须停止时。

②窝工。窝工发生在因无工作可做使得这步的活动必须停止时。

③瓶颈。瓶颈发生在某道工序能力小于其他工序能力的时候,一般来说该道工序的能力不能满足后道工序的生产而造成后道工序的窝工,该道工序则成为瓶颈。瓶颈限制了整个流程的产出。

④缓冲区。缓冲区是指两步之间的存储区域,其中存储的上一步的输出物被优先用于下一步。缓冲区使得各步可以独立工作。如果一步的输出物直接进入下一步而没有中间缓冲,那么就认为这两步是直接联系的。如果这样设计运营流程,最常见的问题就是阻塞和窝工。

(2)根据存货生产的流程与根据订单生产的流程

对运营流程进行分类的另一种有用的方法是把运营流程分为根据存货进行生产和根据订单进行生产。

①根据存货生产。根据存货进行生产的特点是,生产成品放入仓库中,然后根据顾客的订单从库存中出货。基于现实和预期的成品库存量来控制这种生产流程,例如,我们可以设定目标库存量,并且周期性地进行生产以维持目标库存量。根据库存量可在淡季时增加而在旺季时减少,那么工艺就可以在全年中保持稳定的运行。

②根据订单进行生产。根据订单进行生产的工艺只在收到订单时才生效。库存被限定在最小范围内。从理论上说,这种定制式流程不可能使顾客提交订单后马上收到产品和服务,因为所有的制作活动必须一步步完成。其优点是满足顾客特殊需要,而不是所有顾客只能接受

一样的产品和服务,当然,其周期要限定在顾客可接受的等待时间的范围内获得其特殊需要。其特定属性的服务通常采用根据订单进行生产的工艺。

2)运营流程绩效的衡量

比较不同公司的指标,经常称为标杆,这是一项重要的活动。指标可以表明公司是否向着不断改进的方向前进。与会计中的财务指标类似的是,运营流程性能指标给运营经理提供了一个衡量运营流程改进效果和不同阶段生产率变化的标准。运营经理经常需要就运营流程的性能或者对运营流程的改进提出方案。

①利用率=(实际的使用时间/其可被使用时间)×100%。利用率是使用最普遍的运营流程指标,经常用其测量资源的使用率。比如,直接劳动力的利用率或是机器资源的利用率。区别利用率和生产率是很重要的。

②生产率=(输出/输入)×100%。全局因素生产率通常用货币单位来衡量,我们以美元为单位,用输出物的价值除以输入物的价值。相应地,部分因素生产率用单独的输入来衡量,劳动力就是最普遍的单独输入量。部分因素生产率回答的是对于给定的输入能有多少输出的问题,比如,计算机生产厂的每位工人能生产多少计算机? 利用率衡量的是资源的实际活动率。比如,一台医用 CT 实际运转的时间比例是多少?

③效率=(流程的实际输出/流程标准输出)×100%。效率是指运用流程的实际输出和标准输出的比值。比如,一条啤酒灌装线的工作速度是 300 瓶/分钟,如果一段时间中机器实际的工作速度是 200 瓶/分钟,那么机器的效率就是 66.7%。效率还可以用来衡量运营流程的得失。比如,如果把 1 000 单位的能源投入到能将其转化成其他形式能源的运营流程中,而运营流程只产生了 800 单位的新形式的能源,那么运营流程的效率就是 80%。

④加工时间。是指生产一批零部件所用的时间,它由生产单个产品的时间乘以批量计算得到。

⑤设置时间。是指调整机器使其能生产特定产品所需要的准备时间,又称为转换时间。设置时间如果较长,通常是加以大批量来分摊设置时间的浪费。设置时间对设备利用率是有很大的影响的,由于设置时间的存在,则在不同的批次之间进行转换时,需要设备的调整和停顿时间,设置时间越长,对资源利用率的影响越大。

⑥操作时间。是指使用机器生产一定批量的产品所需的加工时间和设置时间的总和。

⑦周期。是指相继的工作单元完成工作的时间间隔,在装配线中则称为节拍。

⑧产出率。是指一定时间内工艺的期望输出率。装配生产线的产出效率是每小时 60 单位。在这里,产出率是周期的倒数。

⑨等待时间。工序和工序之间由于各工序节拍的不同,作业之间可能出现阻塞和窝工现象,为了在工序与工序之间衔接,可以设置缓冲区以保持前道工序的连续生产,在缓冲区中停留将增加总生产时间,增加的这部分时间就是等待时间。等待时间有长有短,如何衡量等待时间呢? 我们用在缓冲区中平均在制品库存量的输出时间来衡量。缓冲区中的平均在制品量称为工艺使用库存量,在缓冲区中的在制品需要等待后道工序的加工,其需要的时间为:

$$平均等待时间 = 工艺使用库存量 / 产出率$$

【案例】

# 丰田模式

通用汽车的哲学是：我们在哪里销售汽车，就在哪里制造汽车。并且要求把自己当作一个当地的企业公民，去为当地创造更多的就业机会，并为当地的经济发展做出贡献。

丰田和大众的运营模式：从某一个基本的品牌着手，从本国开始发展，然后到地区，乃至全球性。

————访美国密歇根大学工业与运营管理工程教授杰弗瑞·莱克(Jeffrey K. Liker)

● 丰田模式着眼于长期发展的思维理念，以杜绝浪费为核心的流程，以员工为事业伙伴，并与他们共同成长，以及在持续改进和学习中解决问题，可以说是最经典的、最成功的生产组织方式。

● 不管丰田模式的衍生品有多么不同，它们的核心思想都是将企业的理念与生产相关因素同时进行改进。

● 不同的企业文化决定了企业实施丰田模式时必须更多考虑到内在因素。但企业文化信仰超越领导者而扩展到其他员工时，精益生产和不断改进的模式就更容易进行持续性推进。相对于流程变化而言，这些内在改变的因素也是非常重要的。

● 丰田模式是一个解决问题的周而复始的循环过程。当那些最容易被解决的问题已经找到解决方法后，有些管理者或者员工就会对那些常常被忽视的问题视而不见，或者认为是老生常谈。而完整的丰田模式的确要求一种持续性，在小的持续改进中，企业抓住了大量的小规模机会，这些机会最后将促进组织的创新型变革。

● 软件可以让那些已经优化的流程变得更优，同时让糟糕的流程变得更糟。软件与企业效率之间本身就是一种悖论。当流程真的成为企业效率增长的阻力时，建议首先是优化流程，采取丰田模式的经验，然后再采取所谓的 ERP 等被渲染的工具。

● 丰田模式是通过改变人的思维方式来优化流程的，这保障了一种良好的思维模式，试图将这些与人相关的思维嵌入到软件程序中并加以解决并不现实。

什么是最适合制造业的生产组织管理方式？绝大部分人的答案是丰田生产方式。继泰勒制和福特制之后，丰田模式在生产组织管理上的威力已被全球公认，并作为丰田汽车的 DNA，被丰田前承后继的领导者所追求和信仰。

"丰田可以在生产组织管理方面将精益方式贯彻到底，就源自这种持续性。"美国密歇根大学工业与运营管理工程教授、世界著名丰田模式专家杰弗瑞·莱克说。

丰田模式可以简要概括为"持续改进"和"尊重员工"两大支柱，并且以加速流程、杜绝浪费、改进品质等渗透式持续改进为基本方法。

事实上，中国制造业对于这套丰田模式并不陌生。以一汽为例，从 20 世纪 70 年代，就率先组织 40 人的高级经理代表团去丰田学习；到 20 世纪 80 年代，又邀请丰田生产模式创始人之一大野耐一现场讲授。2002 年，丰田公司同一汽合资建厂，一汽更是在全方位实践着精益生产的学习与本地化。

与此同时，不仅是那些不可一世的欧美汽车巨头，全世界的造船业、重量级工程组装行业等也都加入到精益生产的变革中。

杰弗瑞·莱克参与了不同行业的丰田模式生产流程咨询服务。他的经验是，丰田模式的实践是所有要素结合起来形成的制度，而且此制度需要日复一日地贯彻实行，而不是一阵旋风式的学习运动。

丰田模式是整体的优化思想，以合理配置和长期利用企业生产要素消除生产过程中一切不产生附加值的劳动和资源，从而追求尽善尽美，增强企业适应市场需求的应变能力，获得更高的生产效率和更大的经济效益。

然而，丰田模式的学习与导入毕竟是一项高昂的投资。很多公司在实施丰田模式时，并没有带来整体价值的提升。"丰田模式是一种宏观的指导不同企业进行流程优化的思想，这就要求企业在引进丰田模式时做到因地制宜，这样才能成功。"莱克教授说，"相对于流程变化而言，一些内在改变的因素也是非常重要的。"

### 引进丰田模式要结合企业文化

《工业界》：从1998年撰写《迈向精益》开始，您又写过《丰田汽车案例》《丰田汽车精益模式的实践》等有关丰田模式的著作，作为运营管理工程的专家，丰田模式是否是您全部研究的核心？在您看来，丰田模式是否已经成为不可替代的、最有效的生产组织管理模式？

杰弗瑞·莱克：很久以前，我就开始了对丰田精益制造和产品发展问题的研究，并在美国不同院校和企业进行推广，获得了广泛的好评。制造业是需要长期发展的行业，所以必须寻找长期推进的生产方式，而丰田模式就是很好的典范。

举个例子，丰田汽车总裁张富士夫曾经强调过，当你诚实面对自己的失败时，才会知道自己所知甚少，接下来的工作是在矫正失败中再做一次尝试，企业生产过程就是在不断尝试中获得改进的。这个在管理学者们看来再简单不过的表达，正是丰田模式获得成功的秘诀。而对于大多数企业来说，当与外部市场环境相关，或者以客户为主导的战略方向十分明确时，企业恰恰需要的是与生产组织管理密切相关的更加朴实和实际的管理法则。

可以肯定的是，丰田模式是经典的、最成功的生产组织方式。以丰田模式的4P来说，它包括着眼于长期发展的思维理念，以杜绝浪费为核心的流程，以员工为事业伙伴，并与他们共同成长，以及在持续改进和学习中解决问题。这种从改善销售到产品发展、营销、物流作业与管理等的企业流程，已经在数百个企业中进行过实践。我们看到中国的一汽，还有美国的汽车公司，甚至国外重型机械行业，都把丰田模式作为典范。这些学习丰田模式的公司甚至还在实践中产生了丰田模式的衍生品。但是不管这些公司自己的实践方式如何，他们成功归根结底在于以丰田模式为基础。

《工业界》：您本人担任了很多公司的顾问，在您看来，这些公司在学习丰田模式中衍生品都成功了吗？他们的实践经验与丰田模式本身有什么不同呢？

杰弗瑞·莱克："双螺旋"这个词你一定不陌生，它包括了丰田模式和丰田制造方法，我也是在"双螺旋"思想指导下为不同企业引进丰田模式提供服务的。也就是说，不管丰田模式的衍生品有多么不同，它们的核心思想都是将企业的理念与生产相关因素同时进行改进。

现在有个很好的例子是卡特彼勒。我这次来北京也是为了卡特彼勒在中国天津和苏州两地生产实施丰田模式而来，确切地说，我是与他们的管理层进行沟通。这个项目从2006年7

月就开始了,进展得很顺利,但进程非常繁杂。因为卡特彼勒公司毕竟是规模庞大的公司。在整体公司全部实施丰田模式并不容易,我对于项目的进展也更加关心。

每个项目进程中都以丰田模式为核心,但诞生的模式我宁可称之为卡特彼勒模式。为什么呢?因为丰田模式是一种宏观的指导不同企业进行流程优化的思想,而且非常灵活。这就要求企业在引进丰田模式时做到因地制宜,这样才能成功。

以卡特彼勒实施丰田模式进程为例,我们将丰田成功模式的14个原则改为15个,多出的一项原则与进程的均衡性有关,这是由卡特彼勒的实际情况决定的。并且,我前面提到过,思维方式对于实施丰田模式是非常重要的因素。不同的企业文化也决定了企业实施丰田模式时必须更多考虑到内在因素。

《工业界》:既然卡特彼勒实施丰田模式是个硕大的项目,除了对原有流程进行大手术,对于内在因素您又是怎样考虑的?

杰弗瑞·莱克:你所谈到的内在因素就是所谓的企业文化。企业文化往往是那些决策者和员工共同信仰的一套价值观、信念或者假设。当这些信仰超越领导者而扩展到其他员工时,精益生产和不断改进的模式就更容易进行持续性推进。这就是说,相对于流程变化而言,这些内在改变的因素也是非常重要的。

就卡特彼勒不断改进的过程而言,在流程方面,以前的工具和所有部件都摆放在一个大池子中,当生产或者装配工人需要时,需要绕过设备生产线来拿取。后来在流程变化中做的手术就是将一个配件池分配在好多小盒子中,并摆放在不同生产线中间。我们和卡特彼勒生产线管理者们做的工作是根据这些小盒子所摆的不同生产线,计算出不同的生产周期和配件装载时间。我把这种流程的手术称为"渐进式疗法"。

以生产和装配为核心的流程可以通过量化实现,但是实施丰田模式的核心仍然是文化这种无形的要素。当我们为卡特彼勒制订100多项计划时,我们与该公司的管理者一起工作,让所有的中高层管理者认同这些变革计划的重要性。接下来的步骤是,这些中高层管理者将变革的意识渗透到基层员工。渐渐地,公司的管理方式和员工思考问题的方式发生了变化。这样,公司从局部到整体才有可能保持持续性稳定发展。

《工业界》:您在自己的不同书籍中都提到过建立学习型组织,这对于完整理解丰田模式意味着什么?

杰弗瑞·莱克:丰田模式是一个周而复始的循环过程:流程达到稳定性——作业标准化——持续不断地挤压流程以使障碍暴露出来。这样企业在解决问题和持续的流程中构成了丰田模式的基础框架。正是这种框架,使丰田比竞争者们能在短期内以较少成本实现更多成果。

有效解决问题的组织说到底就是学习型组织。学习型组织的进步需要持续性,当那些最容易被解决的问题已经找到解决方法后,有些管理者或者员工就会对那些常常被忽视的问题视而不见,或者认为这些问题是老生常谈。而完整的丰田模式的确要求一种持续性。持续性提倡并鼓励每位员工天天使用解决问题的流程,并一起致力于解决问题;使员工的职责简单化,更专注于解决问题,这样企业80%的精力集中于能够产生总效益80%的20%的问题上,由此产生的结果是,在小的持续改进中,企业抓住了大量的小规模机会。这些机会最后将促进组织的创新型变革。

其次,我还认为,持续性之所以重要,是因为有效利用了人的资源。当人的要素被充分调动,企业在实施丰田模式时不需要太复杂的技巧和工具,只通过规划、执行、检查和行动等环节,就可以提高公司内部各项活动的广度和深度,最终的结果是我们所看到的有效的执行力。这样,企业在持续的改进中从优秀到卓越的进程自然会加快。

## 专家评析

不管丰田模式的衍生品有多么不同,它们的核心思想都是将企业的理念与生产相关因素同时进行改进。在大型演艺活动的运作过程中,也要紧扣整个活动的主题,让整个活动更加贴合主题,更加具备吸引力,同时要抓住机会进行创新和变革。

## 复习思考题

1. 运营管理的概念是什么?
2. 运营管理的类型有哪些?
3. 运营管理的战略有哪些?
4. 运营管理的流程是什么?
5. 运营管理流程的类型有哪些?

# 第7章
## 大型演艺活动配套管理

**【本章简介】**

本章主要讲述了大型演艺活动的人力资源管理、危机管理和财务管理的一些基本原理与方法。通过对这些内容的学习,可以对大型演艺活动的配套管理有一定的了解。

【案例导入】

2011 年 4 月 30 日,由于承办周杰伦演唱会的河南东影文化传播公司组织存在严重失误,数百持票者在河南洛阳新区体育场举行的周杰伦演唱会开始前不能入场造成拥堵,因怕周杰伦演唱会开始后不让进场,20 时左右,数百观众在西入口外围冲破警方警卫线和护栏涌进体育场入口时,有人绊倒发生踩踏,所幸警方及时处置没有造成严重后果和人员伤亡。周杰伦演唱会是商业演出却动用了洛阳全市的公安、交警和武警,且投入了大量资金和大量人力,还造成交通堵塞和发生安全隐患与刑事案件,有百姓说这是个别人害了众多人的劳民伤财的事情。

# 7.1　大型演艺活动人力资源管理

## 7.1.1　大型演艺活动人力资源管理的涵义

人力资源管理的涵义为:一个组织对人力资源的获取、维护、激励、运用与发展的全部管理过程与活动。人力资源管理根据其不同的主体、对象和范围,可分为宏观和微观两个方面。宏观方面定位于一个国家或地区的人力资源管理;微观方面着眼于企业人力资源管理。企业根据组织的战略目标制订相应的人力资源战略规划,并对人力资源的获取、使用、保持、开发、评价与激励等进行全程的管理活动,从而达到人力资源、价值的充分发挥,以实现组织目标。大型演艺活动产业是一种与其他相关行业有着不同特征的新产业。大型演艺活动产业的相关性、综合性、专业性、创新性决定了对大型演艺活动人力资源的基本要求。它包括大型演艺活动人才的组织能力、创新能力、良好的公关能力和策划能力及吃苦耐劳的精神。

大型演艺活动人力资源管理就是要把人的智慧和能力作为一种资源进行开发、管理和利用。根据中国大型演艺活动行业人才的专业人才缺乏、创新能力低、规模小、空间分布不均的特点,大型演艺活动人力资源管理要确立科学标准化的管理准则、提倡人性化的建设、树立尊重人才的氛围和观念,把挖掘和培养相结合,把教育与培训相结合,尽早确立大型演艺活动人力资源管理的宏观和微观的合理布局,从而推动大型演艺活动产业的发展。

大型演艺活动人力资源通过体制创新、培训创新和文化创新,达到求才、用才、育才、激才、护才和留才的最终结果。求才,就是获取大型演艺活动人力资源,吸收、寻求优秀大型演艺活动人才和组织适用的大型演艺活动人力资源;用才,恰当使用组织的大型演艺活动人力资源,唯才是举、人尽其才、才尽其用;育才,即通过培训、教育、开发、提高大型演艺活动人力资源质量,激发大型演艺活动从业员工的潜力;激才,就是通过激励机制和措施,调动大型演艺活动从业员工的积极性,发挥大型演艺活动人力资源的能动性;护才,通过劳动安全、平等就业措施保护大型演艺活动行业劳动者的合法权益,养护大型演艺活动人力资源的持续劳动能力;留才,尊重大型演艺活动人才、爱惜大型演艺活动人才、保持大型演艺活动行业员工队伍的稳定,留住组织所需要的各类大型演艺活动人才。

1）大型演艺活动人力资源的特征

（1）复合型人才

大型演艺活动对从业人员的要求是多方面的，比如，他们不仅需要人文、经济等综合性的知识，而且还需要工程、美术、产业等方面的具体知识。因此，大型演艺活动人才应是复合型人才。

（2）沟通能力

良好的沟通能力是大型演艺活动人才的基本要求。由于大型演艺活动涉及面广，比如要接触许多国外游客，与国外游客的沟通就需要良好的外语水平。

（3）市场的开拓和应变能力

举办大型演艺活动不但要求组织者能将活动从头至尾开展下去，而且，要求大型演艺活动的主体能够满足参与者和观众的需求。从这个意义上说，市场开拓和应变能力是大型演艺活动行业人才的基本要求。

（4）组织能力和协调能力

如前所述，大型演艺活动涉及的方面很多，活动的展开需要产业链上各个环节的密切配合，因此，大型演艺活动组织者的组织能力和协调能力是大型演艺活动的基本保证。

2）大型演艺活动人力资源管理的基本特点

（1）招聘合适的人才困难

一方面，是由于培养大型演艺活动人才的工作刚刚在各个相关院校展开，市场上的大型演艺活动人才大多是在实际运作中摸爬滚打成长起来的；另一方面，大型演艺活动人才的培养是一个长期的过程。这两方面的原因导致大型演艺活动人才的招聘工作显得比较困难。

（2）人才流动性强

大型演艺活动人才的流动率一直是比较高的。因为，随着我国社会主义市场经济体系的逐步建立，社会劳动力资源的配置也逐步走向市场化，各类企业人员已从原来的"企业所有"转变为现在的"社会所有"，企业与员工（劳动者）已经形成了双向选择。两者之间的联系基本上是从经济利益出发，尤其是从事大型演艺活动的企业，其人才的流动和竞争更为激烈，员工的流动性更大，这就造成了企业经营的一些不稳定因素。之所以大型演艺活动企业员工的流动性相对较大，主要是由大型演艺活动企业的特点和劳动这两个方面的原因造成的。一般来说，从事大型演艺活动的企业有如下几个特点：①大型演艺活动行业属于服务性行业，对一般员工的学历、专业知识、技能要求并不很高，员工只要有良好的与人沟通能力就行。②每个大型演艺活动项目可独立作为一个生产周期，项目完成则该项生产结束。企业为压缩成本，只适当保留个别业务骨干，其他成员可视为临时工（季节工），有项目才聘用。③大型演艺活动工作是非重体力劳动，劳动环境相对生产性企业优越，较受年轻人青睐。④大型演艺活动企业基本实行提成工资制，比较注重个人能力，只要肯干、有能力，就有机会获得较高收入，这也吸引了一部分愿冒险、愿拼搏，但不一定愿受严格劳动纪律约束的人从事这个行业。

（3）个人能力的作用大

大型演艺活动的展开就某些方面而言,是依赖于个人的能力。比如,大型演艺活动行业内的一些人员,手头上掌握着大量的某一特定方面的企业资料,联系着大量的客户,甚至拥有自己建立的客户数据库,这些客户数据随他们的流动而流动。这些拥有客户信息的个人对大型演艺活动的组织企业有着非同一般的作用。

### 3）大型演艺活动人力资源管理的原则

在人力资源开发与管理中,即在把人的智慧和能力作为一种巨大的资源来开发和利用的过程中,应遵循以下几个主要原则。这些原则适用于包括大型演艺活动企业在内的一切现代企业。

（1）科学的标准管理与个性化的人际管理相结合的原则

①确定标准:有效实施管理控制需要3个基本条件:第一,必须建立标准;第二,必须能够得到反映实际结果与标准要求的偏差的信息;第三,必须有能力采取措施纠正实际结果与标准要求之间的偏差。显然,没有标准就不可能具有衡量、评估实际绩效的根据;没有信息就无法了解态势;没有相应的措施,整个管理控制过程就会毫无意义。

人力资源管理的目标是建立一支具有开创精神和整体观念的、一切行动听指挥（计划）的、稳定的员工队伍。要达到这一目标,除了为企业配备得力的管理人员,挑选和安排合适的员工,伴之以适当的激励机制以外,还必须确立贯彻目标的标准。标准由目标而来,并具有目标的许多特征。标准就像靶子一样,可以作为比较过去、当前和将来行为的准则。正常情况下,有关人的问题,必能找到其共同之处。有了共同之处,就可以据此制订与组织目标相联系的行为准则或标准（制度）。因此无论人的问题多么变幻莫测,只要制订了具有弹性的相对完整的制度,任何人事问题的处理结果都会趋于一致和稳定。

②科学管理:企业管理史上以泰罗的出现为代表的科学管理运动,以及其后行为科学和管理科学的发展及应用,已经为管理活动深深打上了科学的烙印。

作为一名管理人员,特别是高层管理人员,必须具备与管理相关的基础知识,掌握科学的管理方法,才能有效地管理现代化企业。那种自以为有经验、有魄力、有主意或有足够的资金就可以稳操胜券的想法,在市场机制这只"看不见的手"面前实际上是一种致命的自负,迟早要栽跟头的。企业在市场经济条件下的生存和发展,从来不是基于企业家或管理者对市场环境有着完全的认识和理解,而是给予他们可以利用个人所掌握的科学知识和技能的权利对环境做出适当的反应。因此,科学的管理方法是确保管理工作质量符合市场检测标准的一个重要条件。

③尊重人才:企业生存与发展之道,不在于有得天独厚的政策条件,也不在于有雄厚的资金,而在于拥有优秀的员工以及对人力资源的有效运用。无论是企业管理人员还是人力资源管理专业人员都应尊重人才,了解正确处理人际关系的原则,这些是企业赢得人才并加以有效运用的关键。其中,人性尊严、个别差异、相互作用和激励是最重要的因素。

人性尊严（human dignity）。要理解人性的尊严,首先必须强调管理以个体为根基的重要性。这里所说的"个体"不是指那种一毛不拔的自私自利者,而是强调在企业管理结构中必须尊重人,且人与人之间、人与群体之间都有着合理的界限。可以说,没有健全的个体,就不可能有健全的企业组织。因此,在处理企业人际关系上,必须把人性尊严摆在重要位置。

个别差异(individual difference)。对个别差异的承认与理解在企业人事决策方面极为重要,因为要达到"人尽其才"的理想状态,就必须承认、接受、尊重个别差异,然后才能"因材施教"。在企业的人际关系中,应力求人与事的密切配合,以发挥每位员工在工作中的潜在效能。要了解人的行为就必须分析人的个别差异,要了解事的特性就必须先进行工作分析,只有在弄清这两项基本事实以后,才可能促使人与人的关系、人与事的关系实现优化。

相互作用(interaction)。人际关系的建立基于人类行为的相互作用,个体在自我发展的过程中,既受外部环境的影响,又受人与人之间相互交往关系的影响。在一个充满人文关怀的企业里,人与人之间的亲密性是一个必不可少的因素,亲密性使信任得到发展;人们之间的相互关心、相互支持主要来自密切的社会关系。这种亲密性一旦瓦解,就会产生恶性循环,人们对企业组织将失去责任感。

激励(motivation)。人力资源管理的目标之一是促使员工产生尽力把工作做好的动机。人类行为总是有原因的,而一切人事管理的措施,不仅能直接刺激员工的行为,而且会间接地影响群体的行为。因此,管理人员应尽量了解是什么东西在引导员工工作,什么东西在激励他们。强调管理人员对激励因素的认识和利用,是为了给予员工希望做某事的动力,并引导他们按照所要求的方式工作。

④人尽其才。人力资源开发包括培养、选拔和使用3个环节。按其顺序来讲,培养和选拔为先,但就重要性而言,使用得当与否最为关键。世上少有无才之人,只有用才不当的混乱管理。大量调查结果和案例表明,中国有许多企业人才不少,但这些能人不是不尽其用,就是受到冷落,最终导致人才纷纷跳槽,企业效益无法提高。常言道:"金无足赤,人无完人",我们用人不能求全,而要用其所长。因而,人尽其才是人力资源开发与管理中必须遵循的一条重要的原则。

(2)挖潜和培养相结合的原则

中国大型演艺活动行业的专业人才开发工作在相当一段时间内的特点是钱少人多,大多数企业不愿意在人才培养方面大量地投入资金。因而在人力资源开发中应坚持挖潜与培训相结合的原则。国内大多数大型演艺活动企业现有管理人才的素质,与外国先进国家相比,差距还很大。尽管国家会利用各种学校加速培养大型演艺活动专业人才,但一时也难以满足广大企业的现实需求。因此,国内大型演艺活动企业组织人力资源开发目前应该主要依靠自身:①根据本身的财力,在企业内开办培训班或送出去培养;②挖掘现有人才的潜力,至少可以从3个方面入手:

第一,将使用不当的人才调到能发挥所长的工作岗位上;

第二,返聘或延长那些已经到退休年龄但身体很好,具有真才实干的人员;

第三,轮岗,在现有的大型演艺活动企业中一般有较多的大中专毕业生,他们有一定的文化素质和技术能力,而且年轻,企业可根据需要让其中的一部分人经常轮岗做更具有挑战性的工作。

许多实践经验表明,这些方法是行之有效的。

（3）教育与培训相结合的原则

教育与培训是大型演艺活动企业对员工施加影响的重要方式。这种影响方式可以使员工的服务态度、生活习性与精神状态发生变化，引导或诱发员工做出有益于组织的决定和行为，增强员工对工作效率的关切感和对组织的忠诚度。

现代企业的生产经营对员工素质的要求越来越高，只有受教育程度高的员工才能适应各种新技术的采用、管理革新等变化。另外，企业接纳新员工时，固然可以要求员工学习各种手册或说明书之类的规范要求，但是工作是具有成长性的，人的能力也应相应地提高。如何才能使员工长期适应工作的要求，这就是培训所要解决的问题。也就是说，企业必须适时开展各种岗位培训，以保证员工的工作能力随企业内外部环境的变化而不断发展，长期保持进取的活力。

（4）普及型的培训与重点开发相结合的原则

对广大员工进行普及型的培训，目的在于提高员工的整体文化素质和一般工作岗位上所需的技能，而重点的开发对象是科技专业人员和管理人员，这部分人本来数量就少。因此，对中、初级人员特别是有真才实学的年轻员工要加速培养，以尽快使他们的技术水平和管理能力得到提高；另一方面，要对中年科技人员等专业人员和高层管理人员进行重点开发，以及时更新他们的知识，因为他们现在及将来都是企业创造新产品、增强产品的竞争力和提高企业效益的中坚力量。但需要强调的是，开发这部分人的目的不是解决他们的"高级职称"问题，而是要提高他们真正的业务水平。

## 7.1.2　人员培训

1）我国大型演艺活动行业员工培训及存在的问题

（1）大型演艺活动行业员工培训的概念

大型演艺活动行业员工培训是指大型演艺活动组织因开展业务及培育大型演艺活动人才的需要，采用各种方式对大型演艺活动从业人员进行有计划的培养和训练，使其能够胜任相关的工作和业务活动的过程。员工的培训是大型演艺活动产业顺利发展的重要保证。

（2）我国大型演艺活动行业员工培训的现状及存在的问题

在大型演艺活动产业发展迅速、大型演艺活动人才相对短缺的背景下，近年来尽管大型演艺活动教育出现了主题与形式多元化发展的"繁荣状态"，但总体效果并不理想，尤其同欧美等大型演艺活动教育相对发达的国家相比，我国大型演艺活动教育的发展明显滞后，不仅在教育和教学方面拉开了同发达国家的差距，而且已经无法满足大型演艺活动高速发展对人才的迫切需求。我国劳动和社会保障部的统计显示，目前全国有大型演艺活动从业人员 100 多万人，其中从事经营策划的各级管理人员约 15 万。各地都缺乏真正懂大型演艺活动的人才，大型演艺活动教育也相对滞后。专家指出，我国举办的大型演艺活动数量已经很多，但真正形成国际化的品牌屈指可数。造成这种情况的关键在于大型演艺活动专业人才的缺乏。

大型演艺活动人才培养是全社会的事，是长期积累与短期进修相结合的一种相互联动的

过程。从总体看,我国大型演艺活动教育培训中存在的问题主要有以下4点:

首先,缺乏权威的大型演艺活动职业化培训体系。目前,国内虽然已经零星出版了一些相关的书籍,也涌现了一批大型演艺活动专家,但至今无人才资源建设总规划,无人才资源建设实施系统,更无一套针对大型演艺活动从业人员培训的系统完善的教材。有专家称,培训的真正价值在于传授一种具有指导性和可操作性的可续思维方式和技能。达到这一培训要求,我们急需一套完整的、科学而实用的教材来体现规范。

其次,培训工作没有与大型演艺活动企业的总体目标紧密结合。大型演艺活动企业无论为员工提供何种培训,其目的都是为实现大型演艺活动企业的总体目标,然而在实际培训过程中,往往容易出现内容、方式、课程与总目标联系不紧密的情况,培训只是流于形式。

再次,由于短视效应,培训没有为大型演艺活动产业的长远发展打好基础。一个成熟的大型演艺活动企业在长期发展中,应该对要达到的中长期目标及早进行规划,否则到了需要用人的时候青黄不接,大型演艺活动业务工作就没有办法顺利进行,以致影响大型演艺活动企业的整体发展。

最后,培训方法简单,培训过程不连续。新员工只接受到基本的岗位培训,然后就自己开始独立工作。而且,很多大型演艺活动企业只有基本的岗位培训,没有连续的培训方案,进入大型演艺活动企业后完全依靠个人的自觉性学习。

### 2)大型演艺活动行业员工培训的特点及应遵循的基本原则

我国大型演艺活动行业员工培训有以下特点:

(1)注重发挥培训在大型演艺活动人力资源开发中的主渠道作用

由于我国的大型演艺活动教育起步较晚,从业人员绝大多数是半路出家,没有接受过专门的、系统的大型演艺活动行业的相关教育。所以,在加强大型演艺活动教育的同时,加强对在岗员工的培训显得尤为重要。

(2)培训机构的社会性

培训机构是对员工进行培训的基地,师资则是培训质量的关键。大型演艺活动企业不仅可以利用自己的培训资源进行培训,还可以委托教育机构、咨询服务机构、行业协会等部门承担培训任务,可以充分利用本部门的优势,对大型演艺活动从业人员进行专门的培训,对其所需的专业知识、专业技能等,提供从理论到实践、从特殊到一般、从教训到经验等全面的知识和技能。

(3)培训目标的明确性

培训目标是否明确,是否具有较强的针对性,直接关系到培训的效果。对员工的培训,应在工作需要这个客观目标的指导下,每一项培训计划都有较强的针对性和明确的目标性。如对高级管理人员的培训,就要解决领导管理意识和创新意识的问题,使其所担负的大型演艺活动业务的整体水平始终处在行业的领先地位。再如对新雇员工的培训,就要使其了解本大型演艺活动企业,了解自己,摆正位置,明确责任。

目前,大型演艺活动企业员工培训内容的基本原则如下:

第一,学以致用。在大型演艺活动中,每一个员工都有自己的工作岗位,对所要应用的知识和技能有着一个基本确定的范围。因此,对员工的培训应该围绕着这个范围来展开。这样员工才能学得快、用得上、见效快。

第二,培训结果和目标的双赢性,即培训的结果和目标对大型演艺活动企业和员工都有利。在培训活动中,大型演艺活动企业投入人、财、物资源,目的是提升大型演艺活动企业的管理水平和经营活动的效率,从而提高大型演艺活动企业在市场上的竞争力;员工投入的是时间和精力,目的是提升自我的素质和工作技能,赢得尊重,为日后更换工作岗位、提职、加薪等做好准备。只有培训结果能同时满足大型演艺活动企业和员工两方面的需要,才能充分调动和持续保持两方面的积极性,将员工培训持续、深入地开展下去。这就要求培训的内容一方面要紧密地结合大型演艺活动企业的经营发展目标和战略,另一方面要与受训员工正在从事或即将从事的工作密切相关,使培训达到大型演艺活动企业、员工都满意的效果。

第三,内容的丰富性和层次性。在大型演艺活动企业中,员工的职级分工不同,应用的知识和技能也随之不同;员工的层级不同,应用的知识、技能的深浅程度也不同。为使每一位员工都得到有针对性的培训,必须有丰富的培训内容。同时,考虑到上述因素,培训的内容可以分为:一是员工普遍要接受的本大型演艺活动企业的经营理念、企业文化、企业精神以及基本素养的培训;二是不同岗位员工要进行特殊的专门培训。

### 3)大型演艺活动行业员工培训方案的设计与实施

培训是要冒一定风险的,因此在进行培训前需要进行需求分析,根据需求来指导培训方案的制订,要有的放矢,不能单纯地为培训而培训。培训需求分析要从多维度来进行,包括组织、工作、个人3个方面。首先,进行组织分析。组织分析指确定组织范围内的培训需求,以保证培训计划符合组织的整体目标与战略要求。根据组织的运行计划和远景规划,预测本组织未来在技术上及组织结构上,可能发生什么变化,了解现有员工的能力并推测未来将需要哪些知识和技能,从而估计出哪些员工需要在哪些方面进行培训,以及这种培训真正见效所需的时间,以推测出培训提前期的长短,不致临渴掘井。其次,进行工作分析。工作分析指员工达到理想的工作绩效所必须掌握的技能和能力。最后,进行个人分析。个人分析是将员工现有的水平与预期未来对员工技能的要求进行比照,发现两者之间是否存在差距。

培训方案是培训目标、培训内容、培训指导者、受训者、培训日期和时间、培训场所与设备,以及培训方法的有机结合。培训需求分析是培训方案设计的指南,一份详尽的培训需求分析就大致勾画出培训方案的大概轮廓,在培训需求分析的基础上,下面就培训方案各组成要素进行具体分析。

(1)培训目标的设定

培训目标的设定有赖于培训需求分析,在培训需求分析中,我们讲到了组织分析、工作分析和个人分析。通过分析,我们明确了员工未来需要从事某个岗位,若要从事这个岗位的工作,现有员工的职能和预期任务之间存在一定的差距,消除这个差距就是我们的培训目标。设定培训目标将为培训计划提供明确方向和依循的构架。

(2)培训内容的选择

在明确了培训的目的和期望达到的学习结果后,接下来就需要确定培训中所应包括的传授信息了。尽管具体的培训内容千差万别,但一般来说,培训内容包括3个层次,即知识培训、技能培训和素质培训,究竟该选择哪个层次的培训内容,应根据各个培训内容层次的特点和培训需求分析来选择。

（3）选择培训资源

培训资源可以分为内部资源和外部资源,内部资源包括组织的领导、具备特殊知识和技能的员工;外部资源是指专业培训人员、学校、公开研讨会或学术讲座等。在众多的培训资源中,选择何种资源,最终要由培训内容及可利用的资源来决定。在目前,我们不仅要有效利用国内的培训资源,还要在条件允许的情况下,引进国外教育培训资源,比如德国等大型演艺活动产业发达的国家的优秀资源。

（4）选择正确的人员参与培训

可以将员工分为新员工和老员工,态度分为好和差,学习能力分为强和弱,技能差距分为大和小。将大型演艺活动企业的员工按其个人状况划分在不同的区间,据此确定哪些员工可以进行培训;哪些员工的培训是浪费大型演艺活动企业资源的;需要培训的员工的培训重点是什么等,避免大型演艺活动企业培训资源的浪费。比如,岗前培训是向新员工介绍组织的规章制度、文化以及组织的业务。对于即将升迁的员工及转换工作岗位的员工,或者不能适应当前岗位的员工,可采用在岗培训或脱产培训,无论采用哪种培训方式,都是以知识培训、技能培训和素质培训为内容,而不同内容的知识培训、技能培训和素质培训确定了不同的受训者。在具体的培训需求分析后,根据需求会确定具体的培训内容。根据需求分析也确定了哪些员工缺乏哪些知识或技能,培训内容与缺乏的知识及技能相吻合者即为本次受训者。

4) 培训方法的选择和使用范围

组织培训的方法有多种,如讲授法、演示法、案例法、讨论法、视听法、角色扮演法等,大型演艺活动行业是一个非常强调应用性和实践性的行业。为了提高培训质量,达到培训目的,往往需要各种方法配合起来灵活使用,尤其要重视使用讲授法、案例法、角色扮演法3种常用的方法,在培训时根据培训方、培训内容、培训目的而选择一种或多种方法配合使用。

（1）讲授法

讲授法是指讲授者通过语言表达,系统地向受训者传授知识,期望这些受训者能记住其中的重要观念与特定知识。讲授法是一种最基本的培训方法,也是对大型演艺活动行业员工培训不可缺少的。讲授法用于教学时的要求是:第一,讲授内容要有科学性,它是保证讲授质量的首要条件;第二,讲授要有系统性,条理清楚,重点突出;第三,讲授时语言要清晰,生动准确;第四,必要时应用板书。

讲授法有其显而易见的优点,主要表现为:①有利于受训者系统地接受新知识;②容易掌握和控制学习的进度;③有利于加深理解难度大的内容。其缺点是:①讲授内容具有强制性,受训者无权自主选择学习内容;②学习效果易受教师讲授的水平影响;③只是教师教授,往往没有反馈;④受训者之间通常很少开展讨论,不利于促进理解;⑤学过的知识不易被巩固。

（2）演示法

演示法是指运用一定的事物和教具,通过实地示范,使受训者明白某项事务是如何完成的。演示法要求:①示范前准备好所有的用具,搁置整齐;②让每个受训者都能看清示范物;

③示范完毕,让每个受训者试一试;④对每个受训者的尝试都立即给予反馈。

演示法用于教学同样优点与缺点并存。其优点为:①有利于激发受训者的学习兴趣;②可利用多种感官,做到看、听、想、问等相结合;③有利于获得感性知识,加深对所学内容的印象。其缺点为:①使用的范围有限,不是所有的内容都能演示;②演示装置移动不方便,不利于教学场所的变更;③演示前需要一定的费用和精力。

(3)案例法

案例是指用一定视听媒介(如文字、录音、录像等)所描述的客观存在的真实情景。它作为一种研究工具早就广泛用于社会科学的调研工作中。20世纪20年代起,哈佛商学院首先把案例用于管理教学,称为案例教学法。案例用于教学有3个基本要求:①内容应是真实的,不允许虚构。为了保密,有关的人名、单位名、地名可以改用假名,称为掩饰,但其基本情节不得虚假,有关数字可以乘以某掩饰系数加以放大或缩小,但相互间比例不能改变。②教学中应包含一定的管理问题,否则便没有学习与研究的价值。③教学案例必须有明确的教学目的,它的编写与使用都是为某些既定的教学目的服务的。

案例教学越来越受到人们的喜爱,但作为一个教学方式它也不可避免地优缺点并存。案例法的优点是:①它提供了一个系统的思考模式;②在个案研究的学习过程中,接受培训者可得到另一些有关管理方面的知识与原则;③作为一个简单方法,案例法有利于使受训者参与大型演艺活动企业实际问题的解决。案例法的不足之处在于:①每一个案例都是为既定的教学目的服务的,缺乏普遍适用性,不一定能与培训目的很好地吻合;②案例数量有限,并不是每个问题都有相应的案例与之对应;③案例无论多么真实,毕竟是使受训者以当事人的角度去考虑的,因而不必承担任何责任,不会像当事人那样承受种种压力,不可避免地存在失真性。

(4)角色扮演法

角色扮演法是一种在培训中给一组人提出一个情景,要求学员担任不同角色并出场演出,其余人在下面观看的培训方法。该方法的精髓在于"以动作和行为作为联系的内容来开发设想。"它给受训者提供了一个机会,在一个逼真的而没有实际风险的环境中去体验、练习各种技能,而且能够得到及时的反馈。角色扮演法最适合于对员工进行人际关系协调的培训。这种方法可以展示人际关系与人际沟通中的不同技艺和观念。它使员工可以体验在大型演艺活动中的各种行为,并借此为这些行为的评价提供有效的工具。角色扮演法的功能主要有以下几类:①诊断,即通过观看和聆听表演者的行为来了解他们;②指导,即给扮演的观察者以观摩学习和了解不同行为的机会;③锻炼,即给角色扮演者提供一个心理和行为的实践锻炼机会;④分析,即角色扮演法为受训员工分析、评价各种行为提供了样品。

角色扮演法的优点:①角色扮演法中的角色、环境和目标更加确定,活动更加集中,能够把大型演艺活动中的各种情景如博览会中展台场景模拟出来,因此它的效果会更好;②角色扮演法更能唤起人的情感,激发人的行为;③它能将情感和理智结合起来。通过听取表演后的观察者意见,结合自己的汇报和讨论,能够使扮演者有所触动,从而塑造、改变员工的态度和行为。不足之处:①情景的人为性;②其直接效果往往只是学员态度的变化。

### 7.1.3 志愿者管理

1）志愿者及志愿者管理概述

（1）志愿者的概念

志愿者是指不为物质报酬，基于良知、信念和责任，自愿为社会和他人提供服务和帮助的人。

（2）志愿者的素质

作为志愿者应具备以下基本素质：

①应具有崇高的精神境界。这是由志愿者活动本身的无偿性所决定的。很难想象一个道德素质不高的人能成为一个优秀的志愿者。

②应有较强的责任心。能坚守服务岗位，认真负责地完成组织交给的任务。

③能耐心倾听别人的谈话，积极地看待和尊重别人。

④能自然大方地与对方交流。

⑤有较好的语言表达能力，能客观清楚地说明和分析问题。

⑥对自己的能力有充分的认识，并对自己有所约束。

⑦对社会文化方面的差异有敏锐的洞察力。

⑧有丰富的知识，能灵活处理所面临的复杂情况。

大型演艺活动志愿者管理就是指大型演艺活动组织者为了筹备和举办大型演艺活动而对志愿者所进行的计划与招募、培训、配置与协调、激励、监督与评估等一系列管理活动的总和。评定一个大型演艺活动的好坏，主要取决于硬件水平和软件质量。软件质量包含着大型演艺活动提供的各种服务。志愿服务几乎是每个文明社会不可缺少的一部分，它是指任何人自愿贡献个人时间和精力，在不为物质报酬的前提下，为推动人类发展、社会进步和社会福利事业而提供服务的活动。志愿服务的这一无偿性性质，使得对志愿者的管理不同于对大型演艺活动从业人员的管理，简单的利益调控机制在此失效。而大型演艺活动志愿者来源的多样性和广泛性，加上其不同于"正式员工"的身份，无疑增加了对其管理的难度。对大型演艺活动志愿者的有效管理成为成功办好大型演艺活动必须解决的问题。

（3）志愿者参与动机的分析

要对志愿者进行有效的管理和使用，使其能够更好地为大型演艺活动服务，是大型演艺活动顺利进行的有力保障。而要对志愿者实现有效的管理必须首先了解志愿者参与志愿服务的动机，只有这样才能做到有针对性的管理，以最大限度地发挥志愿者的作用。动机在激发行为过程中的具体功能表现为始发、导向和选择、维持、强化功能等方面。

①参与志愿活动是个体为组织所认可的被动的必然的选择。在我国，即使志愿者以个人名义提供服务，但背后推动他们做出这种举动的，却可能是来自其所属的单位、组织的某种力量、压力。这不仅体现在组织、单位直接的内部命令或命令式的动员上，而且体现在，希望以此作为自己积极地向单位、组织靠拢的一种表示，以获得单位、组织的认可。

②志愿者自我实现的需要。根据马斯洛的需求层次理论，人的最高需要是自我实现的需

要。"自我实现"不是为了某种功利上的利益满足,也不是为了获得新知识和技能,更重要的是希望通过有利于社会、有利于他人的活动,体现自己的社会价值。志愿服务作为一种无偿的、超市场化行为,恰好扩展着志愿者的心灵体验,使其在志愿活动中得到奉献社会的满足,参与社会,寻求情感上的慰藉,觉得自己有益于他人,被人需要。与其说志愿者服务他人,不如说志愿者在服务自己,服务自己人性最高层次的需求,这就是志愿服务最绵长的内在动力。

③"以恩报恩"文化底蕴的支撑。中国人推崇"滴水之恩,当涌泉相报"。在志愿服务的参与中,我们可以看到同样的报恩意识。即某个人曾经受到了社会或者他人的帮助,于是他便在自己有能力的时候,把参与志愿服务作为对社会、对曾经给予自己帮助的人们的一种回报。只不过这里的"以恩报恩"的对象已经泛化为整个社会。

2)志愿者的管理流程

从空间结构上看,大型演艺活动志愿者的管理过程应当包括以下几个环节:计划、招募、定位与培训、配置与协调、激励、监督与评价。

(1)志愿者的计划

大型演艺活动志愿者计划是根据特定大型演艺活动的整体规划,分析和预测大型演艺活动对志愿者的需求和志愿者的供给情况,采取多种手段使志愿者资源与大型演艺活动筹办需求相适应的综合性发展计划。计划的内容包括:目标体系和组织结构的确立以及服务岗位分析。

在目标体系的建立和实施方案的选择中,绝不能把志愿者视为大型演艺活动的"配角",认为他们是正式员工的"辅助人员",目标体系既要符合大型演艺活动的要求,适应社会的需求,还要反映志愿者个体的要求。防止过于注重志愿者的经济价值,而忽略了志愿者的个人需求,以及社会价值的挖掘。在大型演艺活动组织机构的确立中,要把志愿者已具有的一定需要进行专业化分类,并在此分类的基础上,明确志愿者在整个大型演艺活动管理体系中的位置和隶属关系。大型演艺活动服务岗位分析是志愿者招募的前提。大型演艺活动服务岗位分析主要是估算大型演艺活动所需志愿者的类型、数量及应具备的条件。

(2)志愿者的招募

志愿者的招募就是大型演艺活动通过发布大型演艺活动志愿者需求信息、按要求选拔录用合乎要求的志愿者的活动过程。

志愿者招募首先要通过媒体,比如开新闻发布会,利用网络、电视、报纸等媒体向社会公布招募信息。其中包括:大型演艺活动所需的志愿者的类型、数量、专业领域、招募的具体办法、时间安排、咨询事宜等。其次是选择适当的招募方式。由于我国大量的志愿者来源于隶属于各级团组织的青年志愿者协会,因此,可以通过团组织代为招募。当然,也可以通过大型演艺活动的相关组织统一招募。一般的招募选择方式要经过以下程序:资格条件审查、笔试、面试等,以确保所招募的志愿者的素质。

(3)志愿者的培训

志愿者的培训就是通过对志愿者进行有关大型演艺活动的相关知识和能力的培养,使其获得为大型演艺活动服务所需的知识和技能的活动过程。

对大型演艺活动志愿者的培训应当是在"求发展"的目标定位下,寻求多元化的志愿者个性化素质的培训,包括待人接物的礼仪和社会公众责任心的加强等,而最重要的是组织归属感的培养、注重精神层次的培养。岗前定位培训主要是通过多种方式使志愿者了解大型演艺活动志愿者服务的政策、程序,以及可能面临的日常事务的处理,这样可以使志愿者尽快地、尽可能多地了解大型演艺活动,以适应大型演艺活动的需求。此外,还要对其进行分类培训。这是根据志愿者所从事的具体服务工作的不同,而进行的不同内容的培训。但不影响对全体志愿者进行必要的一般培训。大型演艺活动培训的内容要注重相关基础知识与服务技能的培养。

志愿者服务水平的高低往往是评价一个大型演艺活动成功与否的重要指标,而这与培训水平的高低紧密相关。

(4)志愿者的配置与协调

志愿者的配置与协调就是根据大型演艺活动举办工作的需要以及志愿者的供给状况,将志愿者分配到各个岗位上,并随时根据大型演艺活动的实际工作需要,对不同的大型演艺活动岗位的志愿者进行重新分配使用,以保证各项活动顺利开展的活动。要达到对志愿者资源的优化配置,应当遵循以下原则:

第一,在志愿者的配置与管理过程中遵从协同性原则,即使大型演艺活动志愿者的管理主体之间、志愿者与正式员工之间、不同部门的志愿者之间以及同一部门的志愿者之间,通过合理的组织结构及有效的分工合作,形成一种大于个体分力之和的整体合力。

第二,志愿者岗位配置柔性化,岗位配置不仅要周详,还要留有适当的弹性空间。在遇到紧急任务时能够在有效时间内,动员充足的志愿者,而不受其所在岗位和分工的约束。

第三,集权与分权的协调。既要赋予志愿者一定的自主权,充分调动他们的积极性和创造性,又要保证他们按照预定的目标开展工作,同时要在特定的环境中,把赋予他们的权力收回来。

(5)志愿者的激励

大型演艺活动志愿者的激励就是要设法让志愿者将个人需要与会展需要和社会需要联系在一起,使其处于一种互动状态,在这种状态下所付出的努力不仅可以满足志愿者的个人需要,同时也可以满足大型演艺活动的需要并实现大型演艺活动的总体目标。

激励是贯穿大型演艺活动志愿者管理过程始终的一个重要环节,某一会展活动的不可复制性与志愿者的随意性,更需要管理者采取高效的激励方式来吸引和保留志愿者,以降低因人员流失带来的损失。大型演艺活动志愿者所具有的不同于普通大型演艺活动组织的形态与特征,决定了其激励机制的特殊性。

福利保障其实也是激励机制的组成部分。虽然志愿服务是一种无偿的服务活动,但必要的福利有助于保障志愿者的积极参与。大型演艺活动出售的最重要的商品是服务,对于志愿者个人的福利主要包括津贴和实物等形式。由于志愿者的福利没有一个严格的标准和规定,一般以交通补贴、餐饮补贴为主。对志愿者的这种补贴也能够体现出大型演艺活动组织对于志愿者服务工作的认可,也有利于调动志愿者参与的积极性,激发志愿者的创造性。西方国家对于志愿者的福利保障做得比较好。如法国,规定志愿服务者均有一定的补贴,且高于服兵役者,其中包括住房和交通补贴。

根据激励理论,可以将大型演艺活动志愿者的激励方式分为内在激励与外在激励。内在激励源于志愿者因参与大型演艺活动而产生的内在满足感,如公民的责任感、团队归属感、个人的种种精神需求,包括以志愿者身份为骄傲,为能够展示和实现自我价值而满足,对大型演艺活动的意义的自觉认知等。外在激励则是指志愿者因为提供志愿服务而受到表扬、嘉奖、宣传,如专用勋章、大型演艺活动赞助商提供的物品、制服等。如2002年盐湖城奥运会的志愿者计划明确指出:志愿者认证计划包括参与证书、专用徽章、挂表、开幕式服装预演的两张门票和一套志愿者制服。内、外激励之间具有较为复杂的交叉效应关系,外激励能够增进内激励,而志愿者活动又往往以内激励为主导。内、外激励相辅相成,共同促进志愿者以积极的心态为大型演艺活动提供优良服务。

(6)在大型演艺活动中激励志愿者应坚持的原则

①确保志愿者能够通过服务满足自我实现的需要。自我实现的满足感越强,志愿者继续参加志愿服务的心志就越坚定。在安排活动时要考虑到志愿者自我潜能的发挥,力争做到各尽所能;尊敬志愿者的意愿,信任是维系志愿者的有效原动力;创造机会,鼓励志愿者在大型演艺活动服务中学习新技能,面对新挑战;提供适当的成长机会。

②强化志愿者的情感体验。如果志愿者的服务精神没有激起个体内在的情感体验,个体是不可能真正接受的,即使在外力的强大影响下,表面接受了大型演艺活动的服务工作,但由于缺乏内化过程,达不到精神专一的目的,难以内化为自己的品格和行为。因此,如何让志愿者与志愿服务产生真正的共鸣,成为维系和激励志愿者参与热情的重要问题。在志愿者的激励中,要强调志愿者在服务活动中"被人尊重"和"被人需要",以此来保持志愿者的内在动力。

③志愿者激励手段的选择必须围绕志愿服务的目标展开。激励本身是为了更有效地激发志愿者参与志愿服务的积极性,而手段的选择尤为重要。激励的手段应以精神激励为主,辅以必要的物质鼓励。但绝不能认为物质激励是可有可无的,如悉尼奥运会的所有志愿者都可以领取一套服装,包括两件衬衫、两条裤子、一个背包、一件雨衣和一顶牛仔帽。悉尼奥运会组委会一名发言人曾说,这样的服装可能会在黑市上"增值"。

(7)在大型演艺活动中激励志愿者应该注意的问题

第一,从各个角度来激发志愿者的内在参与动机,当内在激励的成效降低时,良好的替代方法就是加强外在激励——物质激励,如为志愿者提供大型演艺活动纪念品、制服、进入某些场地的权限等。

第二,在管理的不同阶段采用不同的激励方式。例如在招募志愿者前,要激励人们对志愿活动的积极参与,而在大型演艺活动举办期间,要激励志愿者充分发挥自身的主观能动性,使之从消极地表明"我仅仅是一名志愿者"提升为自豪地宣称"我是一名志愿者"等。

第三,多种激励方式相结合,如宏观激励与微观激励相结合,内在激励与外在激励相结合,形象激励与榜样激励、奖惩激励相结合等。

第四,给志愿者以主人翁的荣誉感。由于志愿者在中国是社会转型过程中出现的新事物,社会上许多人还不是很了解志愿者,也没有意识到志愿者对社会的巨大价值,更无从谈起对志愿者的尊重。许多大型演艺活动组织的正式员工还认为志愿者就是免费的劳动力,随意分派一些杂活的现象时有发生。即使制订相应的培训计划和工作安排，也很少将每个志愿者的参与动机与个人兴趣考虑在内。由于他们将与正式员工一起为大型演艺活动提供各种服务。对志愿者的荣誉感的激发不仅仅能调动志愿者的工作积极性，而且能协调工作中可能引发的与正式员工、组织者间的各种冲突。

# 7.2　大型演艺活动危机管理

大型演艺活动产业是一个极其敏感的产业，对其运行环境有特定的要求，比如政治局势相对稳定，经济快速发展，国内贸易和国际贸易发达，交通、场馆、航运等配套设施齐全，服务也比较发达等。但这些只是一种相对理想的状态，在很多情况下，总会出现这样或那样的危机事件，破坏了整个大型演艺活动产业运行环境，并对大型演艺活动产业造成巨大的影响。

## 7.2.1　危机的涵义及特点

### 1）危机的涵义

关于危机，我们首先考察几个学者的定义。罗森塔尔·皮内伯格认为：危机是"具有严重威胁、不确定性和有危机感的情景"。巴顿对危机的定义是："一个会引起负面影响的具有不确定性的大事件，这种事件及其后果可能对组织以及员工、产品、服务、资产和声誉造成巨大的损害"。从字面上理解，"危机"是"危险"与"机遇"的组合。我们认为"危机"是：事情的一个严重或关键的状态；一个转折点；一个将决定事情结果的状态，不论其结果是好是坏。

危机存在有 3 个因素：几乎来不及行动；缺少信息或信息不明确、不可靠；对物和人存在威胁。

进入 21 世纪，和平和发展是世界两大主题，但国际政治经济格局依然变幻莫测，局部战争随时都有可能发生。同时，随着信息技术和生物工程技术的飞速发展，各种疾病正在威胁人类的健康。诸如战争、疾病等事件通常具有突发性，是由外部不可抵抗力因素造成的，在这里我们把它称作危机事件。这些危机事件对一个国家和地区的整体经济会造成巨大的影响，尤其是对敏感性极强的大型演艺活动产业的影响更大。因此，研究危机的内涵以及其对大型演艺活动产业造成的影响具有极其重要的意义。

危机是相对于人类正常的生活秩序而言，可以在一个国家或地区造成有限的影响，也可能对全球造成影响。危机是指一系列终止和平进程或瓦解社会正常关系、秩序的事件正在展开，并不断增加风险，迫使相关的系统必须在有限的时间内做出反应和抉择，采取更多的控制和调节行为，以维持系统生存的紧急时刻。简单地说，危机就是指导致社会偏离正常轨道，对社会公共安全和稳定造成较大影响的事件。应对危机需要建立健全的危机管理体系，以恢复社会均衡状态。

从危机形成的原因来看，可把危机分为自然危机和人为危机。自然危机具有不可抗拒性，如地震、洪水、台风等，一般来说，人们对自然危机认识、研究得比较深入，管理机制也比较健全。世界大部分国家都建立了相关的应对自然危机的管理系统，可以在危机发生时快速抓住人力、物力和财力抢险救灾,从而把损失降到最低限度。而人为危机则具有更大的偶然性,所造成的危机往往更大,世界各国应对这种不可预测的、突发性较强的人为危机的成熟经验较少。在当今社会,人为危机已在偶然性中蕴含着必然性,各个国家和地区都应该充分认识到人为危机的危害和建立危机管理系统的必要性。

以上所谈到的危机都属于来自市场经济主体外部的危机。其实,对于大型演艺活动产业而言,还有很多企业内部发生的危机事件,如大型演艺活动举行过程中发生的火灾、设备故障、参与者突发性疾病等。据此,我们可以把突发事件分为外部危机事件和内部危机事件。两者的主要区别是:一是前者主要是由外界不可抗力因素引起的,具有不可抗性;而后者通常是由大型演艺活动企业内部原因引起,一般来说,可以预测出会有哪些危机发生,而且可以事先制订出应对内部危机的措施。二是前者将对整个大型演艺活动产业中各个企业产生影响,属于宏观影响,而后者通常只对发生危机事件的单个企业产生影响,属于微观影响。三是对于外部危机应该建立应急机制,并需要政府、企业、行业协会各方共同努力,而后者则只涉及单个企业应急机制的建立。四是一般对外部危机事件应对措施和应急机制的建立做理论上的研究,而对大型演艺活动企业内部危机事件做实务研究。

具体到大型演艺活动企业而言,危机是指影响参与者和观众对于大型演艺活动举行目的地的信心和扰乱大型演艺活动组织主体继续正常经营的非预期性事件,并可能以无限多样的形式,在许多年内不断发生。比如近年发生的恐怖袭击事件、叙利亚战争、禽流感等危机事件都会对大型演艺活动产业的发展产生巨大的影响,因此,建立危机应急机制有助于大型演艺活动产业更好地应对危机,保持参与者和观众对大型演艺活动目的地的信心,并将危机对目的地的影响降到最小。

### 2)危机的特点

危机事件给组织或个人带来了严重的损害,为阻止和降低这种损害,需要在时间紧迫、人财物资源缺乏和信息不充分的情况下立即进行决策和行动。要建立危机的应急机制,需要了解危机的特征。

#### (1)突发性

危机是偶发事件,一旦爆发,事物原有的发展格局突然被打乱,人们无所适从。同时,危机事件中的混乱局面使人们既得利益丧失,使人们面临一个全新的、不熟悉的环境,人们有一种强烈的希望回到原来状态的心理,使人们更加感觉到危机是突发性的。

#### (2)破坏性

危机的突发性会给产业或企业带来损失,这种损失有时是不可估量的,可能是有形的,也可能是无形的。有形的损失是可以衡量的,如危机会造成机器设备、房屋建筑等生产资料以及原材料的损失,导致资金的流失,甚至导致人员的伤亡;而无形的损失就难以衡量,如危机会破坏国家或企业形象、声誉,导致整个市场低迷,这对企业带来的负面影响在很长一段时间内难以消除。

#### (3)不确定性

危机事件是偶发事件,具有很大的不确定性,人们很难判断它是否会发生,也很难预测它发生的时间。人们依据以往经验做出预测,但有些危机事件只会发生一次,人们依据以往经验和统计规律去判断往往会做出错误的预测。另外,危机情景也有很大的不确定性,由于危机的发展受各种因素的影响,尤其受不可控制因素的影响,它的发展经常出人意料,因而在危机事件中要密切关注危机的进展。

(4)紧迫性

不但危机的发生是突然的,而且危机的发展也非常迅速,随着危机的进展,危机造成的损失就会越大。所以危机发生时,时间非常紧迫,对时间的把握很大程度上决定了危机事件管理是否有效。

由于危机具有以上几方面的特点,危机的发生必将对大型演艺活动产业的运行以及大型演艺活动企业的正常经营产生巨大影响,正确分析危机对会展业的影响,建立危机应急机制是认识危机、应对危机的前提和保证。

## 7.2.2 危机对演艺活动产业的影响分析

### 1)危机大大打击了人们对大型演艺活动产业的信心

大型演艺活动行业属于服务性行业,它的发展需要稳定的政治环境和快速的经济增长做支撑。而危机的爆发大都会破坏稳定的政治环境,阻碍经济的快速增长,从而打击人们参加大型演艺活动的信心。大型演艺活动属于人类基本需要之外的需要,在影响人类生命财产安全的危机来临时,人们必定会放弃对大型演艺活动的需求,这是符合经济学中的马斯洛需求层次理论的。大型演艺活动产业的快速发展具有很强的脆弱性,经受不起风吹草动。每到危机来临时,首当其冲受到冲击的就是诸如大型演艺活动这样的敏感性行业。大型演艺活动的敏感性和脆弱性是由其行业特点决定的。

### 2)危机使停办的大型演艺活动前期投入无法挽回,使延期和如期举行的大型演艺活动增加成本

大型演艺活动是有计划的经贸活动,从确定举办到实际举办要经历长时间的准备工作,如前期组织者计划的制订、计划书的传递、与承包商签订合同、场地的确定、广告宣传等。这些过程都需要大型演艺活动各参与主体支付大量的开支,这些开支都属于沉没成本,一旦投入就不能收回。一般来说,在大型演艺活动如期举行的情况下,组织者可以靠门票收入获得净收益,场地则可以靠场地的租金获得净收益,而承包商则可获得承包收入。但危机使大量大型演艺活动停办,关于大型演艺活动的一切交易都无法进行,使得大型演艺活动各参与主体都无法做好以收抵支。

如果大型演艺活动延期举行,组织者将要承担一系列因大型演艺活动延期而带来的人工、宣传等费用。这打乱了大型演艺活动企业正常的生产经营计划,同时也增加了其举办成本。

即使有的大型演艺活动在危机期间如期举行,大型演艺活动的成本也将大大增加。如SARS属于传染性疾病,而且一旦发现SARS病人或疑似病人需要有专门的设施、设备和人员处理,所以凡是在SARS期间举行的大型演艺活动都要在预防、紧急处理SARS方面做了大量的工作。这些措施虽然部分消除了参与者和观众的恐惧心理,但同时也大大增加了大型演艺

活动的成本。

3）危机增加了大型演艺活动工作中各利益主体的协调难度

大型演艺活动产业属于服务产业,是国民经济的发动机,产业关联效应非常强。大型演艺活动产业不仅自身参与主体复杂,既有主办方、场地和承包商、分包商,又有参与者和观众,以及一些广告公司等,而且还与其他产业有着千丝万缕的联系,如饭店、旅行社、交通运输、娱乐、饮食等产业;同时,大型演艺活动产业的发展还需要政府及有关部门给予支持和配合。总之,一个成功的大型演艺活动需要国民经济各部门通力合作,而合作的基础是因为各经济利益主体都能在大型演艺活动的举行中获得收益,这符合经济学中利益主体"经济人"的假定。但如果大型演艺活动停办,各利益主体之间的合同都要终止,这就存在着如何在各主体之间分摊责任、承担费用以及违约的处理等问题。如果大型演艺活动需要延期,则存在着重新确定大型演艺活动时间的问题,而重新确定的时间可能和其他同类大型演艺活动冲突,从而导致业内更激烈的竞争,使大型演艺活动规模缩小;而在场地方面则会面临大型演艺活动排期太集中而无法承受的问题。这些问题如果处理得好,各主体能够精诚合作,共渡难关;如果处理不好,长期建立起来的合作关系就有可能破裂,这对任何一方来说都是一个不小的损失。

另外,大型演艺活动的顺利举行还需要一些政府部门的配合,但由于危机所造成的大型演艺活动延期,也会造成许多麻烦。

4）危机使组织者遭受客户流失的损失

对于组织者来说,除了因大型演艺活动的停办或延期举行而造成了巨大的财务损失之外,还有一个非常重要的损失就是客户流失的损失,而这是一种无形资产流失,很难用确切的数字表达其损失程度。但国外的一项研究显示,一个新客户的开发成本,要比保有一个现客户的成本高出 5 倍多。

危机事件使大量的大型演艺活动停办或延期,使组织者丧失了大批客户。通常来说,组织者都是带有一定的目的和计划的,如果大型演艺活动不能如期举行,就会影响他们已订的计划,观众很容易改变目的地,转向其他国家或地区的同类大型演艺活动。这种现象在大型演艺活动旺季时更加明显。

### 7.2.3　大型演艺活动危机管理

1）危机管理理论

SARS 的爆发使各行各业的危机管理成为人们讨论的热点话题,大型演艺活动企业应该从 SARS 危机认识到建立大型演艺活动行业应急机制,实行危机管理的重要意义。国外对危机管理的研究始于 20 世纪七八十年代,但直到 90 年代才得到普遍重视。有关危机管理的理论主要包括:危机发展阶段的理论、危机管理阶段的理论、危机处理的理论等。危机管理理论是大型演艺活动企业认识危机发展阶段、了解危机管理基本措施并实施危机管理的前提。

（1）危机发展阶段理论

"危机发展阶段理论"是由 Glenn H. Snyder 与 Paul Diesing 创建的,将危机发展阶段区分为前危机阶段和危机阶段。前危机阶段转变为危机阶段在于跨越了危机门槛,也就是危机警戒线。另外,还有"危机生命周期"也对危机发展阶段进行了划分,认为危机主要包括 5 个阶段:危机酝酿期、危机爆发期、危机处理期、危机扩散期、危机后遗症期。

（2）危机管理阶段理论

奥古斯汀将危机管理分为 6 个阶段:预防;拟订危机处理计划、行动计划、沟通计划、防灾演习及确立几者基本关系;感觉危机存在,避免对问题错误归类,避免危机扩大;迅速解决危机;化危机为转机、回收部分损失,并开始修补之前的混乱。

Steven Fink 把危机管理分为 4 个阶段,即潜伏期管理、爆发期管理、后遗症期管理和解决期管理。

霍士富把危机管理划分为 3 个阶段:一是在危机发生之前做好防范工作,及时获得有关危机的信息,建立早期警报信息系统;二是危机发生后把危机损害降低到最低点,制订控制危机的对策,加强对员工的教育和培训,使其具备控制危机、应对危机的基本素质;三是在危机结束之后,制订措施挽救各种损失。

（3）危机处理理论

系统循环理论认为,危机出现后会逐渐威胁到社会大众与企业,因此社会就要提出解决危机的要求,而政府则制订各项措施来回应对这项要求,如此过程循环往复,直到危机解除并恢复正常。议题管理理论认为应该有系统、有组织地确认危机的发展趋势及未来可能的环境变化,以便组织能够制订出最快、最佳的反应策略。此外,还有早期警报信息体系及危机动态管理等理论。

2）危机管理原则

（1）重在预防

大型演艺活动危机的形式是多种多样的,每一种危机不论何种形式,都对大型演艺活动构成威胁。应付不测以求得生存,是一切危机管理的基本原则。

如果说危机管理和危机应变方案的策划是企业生存的一项重要因素,我们就应该在危机发生之前,制订危机应变方案,以确保危机到来时能有准备地面对危机,并顺利度过危机,将危机给企业的负面影响降到最低点。有了应付危机的方案,当危机来时,我们就可以从容地面对危机,就有了充分的准备去抓住主动权。

任何企业在发展过程中都不可能一帆风顺,各种风险与突出事件会随时袭来。是否具有预察系统并快速地采取相应行动关系决定企业的生死存亡。

著名的跨国公司里,危机营销更多地转到了预防层面。他们的企业经常通过调查分析,及早发现引发危机的线索和原因,预测将要遇到的问题和危机发生的基本进展情况,从而制订多种可代选择的应变营销方案。同时还通过加强培训,树立员工的危机意识。

（2）高度重视

我们应该意识到:企业,不论其大小,都应平等地对待客户,当顾客抱怨产品时,我们应该及时与顾客进行沟通。如果不是这样,这些产品势必影响企业在顾客中的形象,造成经营业绩的下降,重者,有可能导致企业的衰落、停产、倒闭。不止一个事例说明了企业因一些小事而导致企业经营深受影响甚至倒闭。我们不能不看到,企业今后还会不止一次地遇到各种各样的问题。人的本性迟早会让企业经营者和管理者面临严重的危机。

现在,消费者对企业社会责任的期望值越来越高,这意味着企业一旦遇到问题,就有可能会发生危机。因此,企业经营者必须对危机管理以高度的重视。

另外,危机公关应该既着眼于当前企业危机事件本身的处理,又立足于企业形象的塑造,注重后效。不能头痛医头,脚痛医脚,要从全面、整体的高度来进行危机公关,争取获得多重效果和长期效益。

（3）临危不乱

潜伏性和意外性是危机的重要特点。企业面对突如其来的危机,应做到临危不乱。乱则无法看清危机实质,乱则无法有效地进行整体公关。企业要牢牢抓住危机实质,尽快分析危机产生的原因,是产品设计或质量问题,还是广告误导、促销不力,抑或渠道不畅、价格歧视等,要在第一时间内迅速做出判断,并制订出相应的危机管理方案。

（4）快速反应、及早处理

危机消息的出现,经常使企业的形象受到消极的影响。媒介的消息来源的渠道是复杂的、不同的,有时是相互转载。因此可能会对同一危机事件的传播,在内容上有很大的差异。当危机发生时,作为危机的发生者——企业,应该以最快的速度,把危机的真相通过媒介告诉消费者,确保危机消息来源的统一,最大可能地消除消费者对危机的各种猜测和疑惑。

（5）行胜于言

在危机突然降临时,积极的行动要比单纯的广告和宣传手册中的华丽词汇更能够有效地建立起公司的声誉。在当前这种强调企业责任感的大环境中,仅依靠言辞的承诺,而没有实际的行动,只能招来消费者更多的怀疑和谴责。他们的态度,有可能使得企业行为中,哪怕是很小的失误,也会将企业推向危机的边缘。自吹自擂的宣传方式,早已让消费者没有了新鲜感,常被他们认为是宣传者在吹嘘自己的优点;事实也经常证明他们的感觉是正确的,从而更加坚信宣传是缺乏可信度的。

（6）积极与新闻媒体合作

新闻媒介总是传播危机消息的先锋,并总是向消费者提供大量的有关危机的来龙去脉。每当这时,媒介的信息采编人员,总是千方百计地收集并传播着消息,这些危机消息通过他们迅速传播给了消费者。这些消息将深深地长期影响着消费者的心理和购买行为。

在危机面前,企业采取主动行为是非常必要的。因为,主动本身所反映出来的是一种积极的态度。为了取得主动,企业在策划方案时,就要准备一些必要的原始材料。例如:一些照片、各种设备的最新技术指标、图表等,用来介绍给一些相关的组织和媒体,并在危机时,提供给媒体,以显示企业与媒体充分合作的良好态度,最终赢得宝贵的时间来进一步收集危机的第一手资料。

（7）把握信息发布的主动权

在传播沟通中,要掌握对外报道的主动权,要以自己的组织为信息第一来源。

一般来讲,在企业出现危机时,最好成立一个以企业重要人物为中心的新闻中心。但这一概念,没有必要理解成人们日常生活中的新闻中心的概念。这一机构应以不同企业据不同危机,根据具体实际情况而设立。这一机构可以是临时性的,也可以是长期性的。有危机时,它的作用在于将危机真相告诉消费者。同时这一机构可以是一群人,也可以是以一个人为中心的几个人。

设立这样的机构或专人,有助于企业使大批媒体采编人员,在离开危机地后,仍然能获得很多关于危机的信息,可以尽可能地避免媒体在事后的猜测。这一机构有必要安排一人专门写稿,介绍危机的详细情况以及企业所作出的决策。

(8)以诚相待

面对危机,企业只有开诚布公地说明事情的原委,诚恳地接受批评后才能淡化矛盾、转化危机。无论面对的是何种性质、类型及起因的危机事件,企业都应该主动承担义务,积极进行处理。即使起因在受害者一方,也应首先消除危机事件所造成的直接危害。以积极的态度去赢得时间,以正确的措施去赢得顾客,创造妥善处理危机的良好氛围。以诚相待还表现为维护消费者利益,以顾客代言人的身份出现,主动弥补顾客的实际利益和心理利益。

(9)控制影响

成功的危机公关一定是在尽量早的阶段消除危机,尽量迅速地解决问题、平息冲突。努力去尽早化解危机,对个别小范围内发生的事,应减少曝光,化敌为友,消除不利影响。

### 3)大型演艺活动危机管理措施

以上对有关危机管理理论只是做了一个简单介绍,作为企业进行危机管理,还应该制订出具体的危机管理方案和措施。有关专家认为,危机管理最重要的就是要做到制度化、法制化和科学化。而世界旅游组织发布的《旅游业危机管理指南》则认为,危机管理的主要途径有:沟通、宣传、安全保障和市场研究。针对大型演艺活动产业的特殊性,其危机管理主要应从以下几个方面入手。

(1)危机前的准备工作

在危机发生之前要做好充分的准备,主要包括:制订危机管理计划;成立专门的危机管理机构,使其能在危机发生的第一时间对危机进行反应;建立有关大型演艺活动各参与主体的数据库,以便在危机发生之前能与各方做到有效沟通;建立大型演艺活动行业与其他负责安全保障部门的工作联系,如医疗卫生部门、消防部门、公安部门等;建立危机管理特别基金;建立危机预警系统等。

(2)危机发生后的积极应对

在危机发生阶段要积极应对:应建立专门的媒体中心,客观求实地报道大型演艺活动目的地的危机情况,并说明组织者为了消除危机做了哪些工作,以最大限度地消除参与者和观众的恐惧;业内各经营主体要通力合作,共渡难关;大型演艺活动企业要与政府紧密合作,以获得政府的支持;建立危机监测系统,随时对危机的变化做出分析判断等。

(3)危机结束后的恢复工作

在危机结束后,由于危机带来的负面影响仍然会持续一段时间,此时的关键工作是加强宣传工作,以消除疑惑。同时还应尽快地恢复正常的工作程序,并总结学习危机处理过程中的经验教训,创新危机管理系统,以提高以后的应对能力。

对于危机管理理论和企业危机管理措施我们都没有展开论述,因为每一个理论都有其基本原理、应用以及争论,每一阶段的危机管理又可分为很多具体的步骤,作为一本大型演艺活动教育的入门教材,没有必要对这个问题进行深入的探讨。但我们之所以把大型演艺活动危机管理作为一个小节来写,就是想让人们认识到,危机的频繁发生对大型演艺活动企业的运行产生了极大的危害,而要在大型演艺活动行业进行危机管理,除了大型演艺活动企业建立起危机应急机制,更重要的是要在宏观上构建一个行之有效的运行体系,即政府、企业和行业协会的分工与协作。

### 4)危机管理计划的制订

在策划大型演艺活动之初,就应该着手制订危机管理的计划。危机管理的诸多方面都可以列入大型演艺活动最初的策划过程中。一份危机管理计划一般包括以下的基本内容。

(1)选择场地

在筹备大型演艺活动的各项工作时,都应该考虑如何确保每一个参加大型演艺活动的人的安全。自然而然,首先需要考虑的就是场地的选择。一旦确定了举办大型演艺活动的城市,就应该立即着手深入全面调查这个城市的安全状况。这一调查应该包括对举办城市的评估,考察这个城市具体的利益集团、犯罪率、劳工纷争以及自然灾害发生的可能性。

安全调查的重点是场地设施。在考察场地期间,应该仔细注意建筑物的外在情况,询问为确保人身安全而采取的措施,检查一些易于被人忽略的地方,看是否有乱涂乱画、垃圾等,因为这些地方最能说明安全工作是否到位。注意该场地是否安装了电子监控系统。更为重要的是,这些监控系统是何时、通过什么方式工作的?

(2)规章制度

制定规章制度是为了保护大型演艺活动管理人员和参加者,使他们避免那些因安装、拆卸、使用设施导致的有关风险。这些规章制度通常有两大类,即场地风险和活动风险。场地风险指的是那些直接与设施有关的风险。活动风险指的是活动管理方与参与者就大型活动的规章、制度和政策的理解不同产生的问题。

(3)安全与人身安全

如前所述,在考察场地的时候第一步就应该开始着手制订安全计划。

第二步是确保公司和参与者购买足够的保险,从而在碰到失窃、自然灾害以及其他一些可保险的情况时,能得到足够的理赔。

第三步则是建立一个全面综合的登记系统,监控大型演艺活动所有参加人员的出入情况。

第四步是制订计划确保参与者的人身安全。国际大型演艺活动管理协会的大型演艺活动行业人身/安全指导方针提供了一个很好的参考。

(4)健康与卫生

健康与卫生问题通常分为两大类,即医疗紧急情况和危险废物的处理。每个大型演艺活动都应该在现场安排称职的专业人员来处理医疗紧急情况。医务人员应该能够对患者进行基本的急救和 CPR(心肺复苏急救法),提供基本的生命支持,对伤处或疾病做出判断,了解并掌握如何在危机出现的时候与外界进行联系。

危险废物的种类很多,既有一般的溶剂,也有有毒有害的物质。处理这些废物的关键是把它们交给训练有素、经验丰富的专业人士。在危机管理计划中应该对这些废物做出说明,并有专门的章节来说明如何对废物情况进行评估,如何与专业人士取得联系,如何排除废物,从而确保大型演艺活动参加者的安全。国际大型演艺活动管理协会人身/安全指导方针中有关于医疗紧急情况和处理危险废物的指导信息。

(5)自然灾害

处理自然灾害的首要原则是不要低估自然的力量。最常出现的是与天气有关的灾害,而且这类灾害会超越地区界限。在美国,最典型的一个例子就是一场袭击盐湖城的龙卷风,使正在当地举行的一次全国性大型演艺活动陷入混乱。

要想减少自然灾害对大型演艺活动的影响,关键在于做好准备工作。在考察场地时就应该对举办地城市的情况进行全面调查。了解这座城市在历史上是否遭受过自然灾害,是否出现过冬季暴雪,每年春天是否有洪水肆虐,夏季这里是否是高温酷暑等。

所有这些有关自然灾害方面的信息可以到当地的公共安全或紧急服务部门、国家气象局等有关部门去查询。

(6)人为灾害/暴力行为

据调查,大型演艺活动组织者不仅关注自然灾害,而且最为担心的问题是人为灾害或暴力行为。因为,不论在什么时候,只要有大批的人群聚集在一起,就都有可能突发一些意外情况。这些情况可分为四大类,即食物引起的疾病(食物中毒)、火灾、个人暴力行为、示威或对抗。

5)制订安全计划和程序

制订一个安全计划的第一步就是熟悉大型演艺活动的所有细节,了解和协调交通警察的作用、彼此的关系和个人的权限,建筑物的安全和大型演艺活动的安全。大型演艺活动组织者应该了解组织这次大型演艺活动的特点,如预期的参加人数,场地、办公室、休息室和会议室的地点和使用等,这都将影响到安全计划。因此,组织者应该与场地的大型演艺活动协调员、建筑物保安人员、安全承包商和总服务承包商密切合作,共同制订安全计划。

6)选择一个安全承包商

选择一个胜任工作的安全承包商至关重要,因为保安很重要,他们通常被视为大型演艺活动管理团队的一分子。在选择安全承包商时,有几种选择方案,比如保安公司和志愿者。在任何举办大型演艺活动的大城市都有一些知名的保安公司和称职的保安,通常他们都很熟悉当地的法律法规和大型演艺活动的组织情况。

了解保安的职责可以帮助组织决定该选择哪种类型的保安。一般来说,保安履行以下职责:

①放哨。看守和监视某些地区,如大门、电梯等。

②检查。在大型演艺活动入口和其他入口检查徽章和证件。

③守卫。保护个人的物品或财产,保护人员的安全。

④公共关系。提供信息和指引方向。

不论采用何种类型的保安,一定要牢记:根据承包合同,安全承包商将承担所有的损失、损伤、职员的赔偿和保证金等。但是如果直接雇佣保安,那么大小演艺活动组织者就要承担这一切。此外,还要了解照管和监管责任,这也是法律中所说的"(物品的)委托"。委托也就是将物品委托给另一方,而大型演艺活动管理部门就要承担相应的责任。

### 7)综合各项因素制订一个计划

在完成了对所有可能的紧急情况的评估以后,下一步就是制订一个执行方案。制订危机管理计划的目的是帮助员工和管理人员在遇到紧急情况时能及时作出正确的、稳妥的应对措施。如果不及时应对出现的危机,后果会不堪设想。制订的危机管理计划是以一系列决定为基础,这些决定旨在避免或最大限度地减少危机对个人、大型演艺活动和贵重物造成的损失。保护的顺序依次是:人员、大型演艺活动和财产。

### 8)评估危机管理计划

危机管理计划是一个"活文件",换言之,任何时候都不能说这个文件已经完成。它需要不断发展、改进和更新。危机管理文件保持这种动态有几个原因:

首先,外部形势是在不断变化的。如国际风云、国内政治、气候等,所以危机管理计划应该随着这些外界因素对大型演艺活动的影响而不断变化。

其次,不论何时发生危机,都应该及时对危机管理计划的价值进行评估,不论是在危机发生期间还是危机结束以后。这种双管齐下的方法可以使你有时间来反思、修改和完善各种不同的程序和原则,以便更好地确保所有大型演艺活动参加人员的安全。

第三,任何大型演艺活动都是独一无二的。参与者的人数会变化,公司可能在一个更大的场地举办大型演艺活动,甚至会将大型演艺活动转移到另一座城市去举行。每当出现这种变化时,我们都必须重新审阅已有的危机管理计划,不让危险情况频繁发生。

【相关链接】

# 大型演艺中心安全预案

## 一、编制目的

为加强大型活动中心管理,确保活动及播出安全,增强活动防范干扰破坏、应对突发事件的快速反应能力,结合实际,制订本预案。

## 二、方针与原则

统一领导、明确职责;分级处置、分工明确;平战结合、等级保障、综合防范;谁主管,谁负责;谁运行,谁负责;令必行、禁必止。

## 三、具体内容

大型演艺中心安全预案是针对大型活动中可能发生的各种事故及突发事件所需应急准备和响应行动而制订的指导性文件,其重要内容包括策划安全、运输安全、设备安全、现场安全、录播安全、餐饮安全六大要素。

1. 策划安全

①大型演艺中心承办的各项活动必须将申请及安全预案上报局机关,经同意后方可实施。

②在活动策划过程中必须牢记安全无小事,在策划案中必须明确各项安全条款,落实安保人员。

③活动策划中必须按时按岗位安排工作人员,做到定岗定责,确保活动按计划开展。

④在活动策划中,必须认真考虑活动时间及场地安全问题。避免影响群众正常生活及其他单位正常工作;场地选择安全第一,严禁在没有安全通道的场地演出。提前规划好场地,设计紧急疏散通道,避免踩踏事故发生。

⑤根据活动规模及需要与公安、消防、医疗等相关单位协调,确保万无一失。

2. 运输安全

①车辆调配统一管理,严禁非驾驶员驾驶车辆。

②驾驶员必须严格遵守交通规则,严禁酒后驾车,做到宁可早到一小时,不在路上抢一秒。

③运输中,设备必须捆扎,无法固定的设备严禁人物混载。

④运输中,精密及贵重设备必须有专人看管,确保在运输中设备不受损坏。

⑤车辆进入演出现场后,考虑到现场混杂,必须有专人协助驾驶员倒车卸货,并安排车辆在指定地点停靠。

⑥车辆必须严格遵守先前制订的岗位时间表,确保活动按时开展。

3. 设备安全

①设备器材专人管理,责任到人。

②除主管领导和责任人外,其他人不得配借库房钥匙。如需调用外借,主管领导或责任人必须在场。

③设备出入库房,必须清点记录,责任人详细记录出入时间、用途、种类、数量、经手人。确保设备数量、质量无误后方可签字。

④设备如出现故障或损坏,必须立即通知责任人,并上报领导。如因延误上报,故意隐瞒等导致影响活动正常开展的,责任到人,严肃追究。

⑤设备管理人员及借用人员,在借、接设备时,必须认真检查调试设备;借用人员在归还设备时,管理人员需再次认真检查设备。出现问题立即上报,确保设备正常使用及保养。

⑥设备装卸过程中,做到不逞能、不违规、不隐瞒、不忽视。出现问题立即上报。

⑦设备安装完毕后,必须调试;活动整体就绪后,所有设备必须整体调试。

4. 现场安全

①根据前期规划,严格按照规划布置场地。

②场地附近必须有供水设施。如没有水源,提前准备紧急用水或消防设备。

③活动现场各区域需用明显标识划分。重点区域(如后台、电源、高架物等)需专人看管。

④活动机构中,必须设置安保单位。由专人负责管理,安保人员高度戒备、各司其职。

⑤活动现场范围内,严禁兜售商品;严禁商家免费发放物品。

⑥活动现场不得出现明火,演出区域严禁烟火。

⑦涉及冷焰火、舞台火焰、烟花等活动用明火设备的,设备必须有专业人员操作。烟花燃放区域必须远离活动现场,并由专业人员燃放。

⑧活动用电,必须由专业电工负责,非专业操作人员不得触及任何供电设备。

⑨活动现场设置安全巡查员,在活动前期及活动中时时监控各环节安全问题。出现问题立即上报。

⑩活动中,灯光、音响采用分路独立电源。

5. 录播安全

①录制人员提前按计划准备好录制设备。检查机器是否正常,磁带、电池是否充裕,确保录制完整。

②录制人员在确定机位位置时,需注意设备录制半径。确保录制过程中不受其他人或物体影响。摇臂下严禁站人。

③录制设备安装完成后,必须调试2次以上。

④录制人员需保管好设备及设备配件。需委托他人管理的,提前安排。

⑤录制设备采用独立电源。

⑥活动影像素材专机专编,专人负责管理活动素材库。

⑦活动成品影像,必须经中心主任和总编室审查后方能播出。

6. 餐饮安全

①提供活动用餐的必须是获得卫生许可部门认可的餐饮单位。

②负责餐饮安排的人员,必须确保食品在采购、运输过程中的安全卫生。

### 四、奖励与责任追究制度

大型活动中心安全管理工作,是评议各单位及个人工作绩效的一个重要考核项目。对管理不善、不执行有关安全管理要求、应急处置不当、发生安全问题等不符合安全保障要求的单位及个人,要追究运行单位主管领导和有关责任人员的责任。

对在安全保障及应急处置工作中作出突出成绩和贡献的单位和个人,以及对安全问题的举报有功人员给予精神鼓励和适当的物质奖励。

# 大型演出活动应急预案

### 一、目的

为确保演出活动的有序、安全、稳定和圆满,有效预防和及时控制活动中发生的突发事件,迅速采取正确和有效的措施,妥善处置突发事件,最大限度地减少其危害和影响,特制订本预案。

### 二、适用范围

本预案适用于文艺演出大型活动中突发事件的预防、预警、应急准备和应急响应等工作。

### 三、工作原则

1. 预防为主

加大宣传普及安全知识的力度,提高公众自我防护意识。细致排查公共场所和大型活动中各类突发事件的隐患,采取有效的预防和控制措施,减少突发事件发生的概率。

### 2. 依法管理

公共场所和大型活动突发事件预防控制的管理及应急处置工作,要严格执行国家有关法律法规。

### 3. 快速反应

各大型活动主办单位应建立相应预警和处置快速反应机制,在突发事件发生时,立即进入应急状态,启动各类预案,在应急指挥中心统一领导下,果断采取措施,在最短时间内控制事态,将危害与损失降到最低程度。

## 四、启动条件

当晚会演出开展过程中发生火灾、爆炸、建筑物坍塌、因拥挤造成的挤压踩踏等事件时,启动本应急预案。

## 五、应急组织体系及职责

### 1. 应急指挥中心

①组织、指挥、协调各单位参与应急响应行动,下达应急处置任务;

②审定或审批现场应急处置方案;

③根据现场需求,组织调动、协调各方应急救援力量到达现场;

④审批信息发布材料、应急上报材料;

⑤在应急处置过程中,负责向地方政府主管部门求援或配合政府应急工作;

⑥审批公共聚集场所事件应急救援费用;

⑦分析现场处置情况,及时决策、下达指令;

⑧研究解决突发事件中的重大问题;

⑨加强与政府及相关部门的联系,及时报告、通报有关情况和信息。

### 2. 现场指挥部

①按照应急指挥中心指令,负责现场应急指挥工作;

②收集现场信息,核实现场情况,针对事态发展制订和调整现场应急处置方案;

③在应急处置过程中,出现异常及时向应急指挥中心汇报、请示并落实指令;

④负责整合、调配现场应急资源;

⑤及时向应急指挥中心汇报应急处置情况;

⑥协同地方政府开展应急处置工作;

⑦按照应急指挥中心指令,负责现场信息发布工作;

⑧核实应急终止条件并向应急指挥中心请示应急终止;

⑨收集、整理应急处置过程的有关资料;

⑩完成现场指挥部交办的其他任务。

### 3. 应急协调组

①全面跟踪并详细了解公共聚集场所事件的发展动态及处置情况,及时向应急指挥中心汇报、请示并落实指令;

②按照现场应急处置方案进行抢险;

③组织各单位做好配合专业处置队伍现场抢险和监护;

④做好现场戒严、人员疏导、车辆管制、医疗救助等工作；

⑤调度应急救援物资和协调周边单位应急救援资源进行抢险；

⑥指导现场做好人员疏导、紧急抢救、治安警戒、交通管制工作，配合专业应急队伍做好应急抢险工作；

⑦协助地方政府疏散周边居民工作；

⑧完成现场指挥部交办的其他准备工作。

4. 后勤保障组

①跟踪并详细了解公共聚集场所事件现场处置情况，及时向应急指挥中心汇报、请示并落实指令；

②按照现场应急处置方案进行抢险；

③保障应急工作中车辆调度；

④开展应急过程中的食宿、医疗、保卫等后勤保障准备工作；

⑤协助地方政府制订疏散方案及实施；

⑥负责处置事件所需资金、物资和其他用品的应急供给，以及伤员的救治工作；

⑦负责突发事件应急交通运输保障；

⑧完成现场指挥部交办的其他准备工作。

5. 抢险救援组

①抢险救援组应现场组织人员抢险救援，与地方部门联系，求得应急中心和地方相关单位配合。现场人员由净化厂科室、车间（站）各专业工程师组成，并根据需要随时调遣增援队伍。

②确定派驻现场人员并待命。

6. 财务保障组

①全面跟踪并详细了解公共聚集场所事件现场的发展动态及处置情况，及时向应急指挥中心汇报、请示并落实指令；

②落实应急物资、应急处置等应急资金；

③负责突发应急处置过程涉及费用的监察、审计工作；

④分析财务风险，提供应对策略；

⑤负责有关人身及财产的保险和理赔等事宜；

⑥负责现场指挥部交办的其他任务。

7. 安全保卫组

①全面跟踪并详细了解公共聚集场所事件现场的发展动态及处置情况，及时向应急指挥中心汇报、请示并落实指令；

②负责活动开展前的安全条件确认，治安防范工作；

③负责突发事件发生时的人员疏散工作；

④负责配合地方公安机关及相关部门现场取证工作，及对管理中心重点要害部位和领导的安全警卫工作。

**六、应急预测和预警机制**

1. 评估和预测

大型活动的主办单位应做好应对突发事件的思想准备和组织准备，加强日常管理和监测，注意日常信息的收集与传报,对可能发生的涉及公共安全的预警信息进行全面评估和预测,制定有效的监督管理责任制和预防应急控制措施,尽可能做到早发现、早报告、早处置。

2. 预防预警行动

①党政办公室应建立必要的预警和快速反应机制,对各类大型活动加强事前的监督检查;组织演练各种应急预案,磨合、协调运行机制。

②公共场所制订必要的日常安全保卫工作方案、安全责任制度。强化日常人力、物力、财力储备,增强应急处理能力。

③大型活动的主办单位必须在举办活动之前制订相应的安全保卫工作方案和应急预案,报当地公安部门登记备案。

④公安机关依照有关法律法规负责对文化活动的安全保卫工作进行安全检查,并负责当地公共场所和大型活动的治安管理工作。

⑤大型活动的主办单位和地方相关单位共同负责落实安全保卫工作方案和安全保卫责任制度;负责事前安全保卫工作宣传教育,增强工作人员的安全意识;负责协助公安机关对活动场所进行安全检查;负责采取必要措施及时消除安全隐患。

3. 预警支持系统

公共场所举办大型活动应严格核定人员容量,加强对现场人员流动的监控;安装必要的消防、安全技术防范设备,配备预警通信和广播设备,预留公安、消防、救护及人员疏散的场地和通道;确保安全工作人员数量,明确其任务分配和训别标志;在出入大门和主要通道设专人负责疏导工作。

①突发事件发生时,各单位接报后应及时向指应急指挥中心报告。

②报送信息应尽可能客观实际,真实准确。力求多侧面,多角度地提供信息,要防止片面性。

## 七、应急行动的响应及措施

突发事件预测、预警、报警、接警、处置、结束、善后环节的主管部门、协作部门、参与单位,必须在应急指挥中心领导小组的统一指挥下,充分履行职责,切实做到上下联动,左右互动,紧密配合,高效运转。

1. 基本响应

①当确认突发公共事件即将或已经发生时,按照"统一指挥、专业处置"的要求,成立由各单位领导同志参加的现场指挥部,确定联系人和通信方式,指挥协调交通、消防、通信和医疗急救等部门应急队伍开展前期救援行动,组织、动员和帮助职工、群众开展救助工作。

②现场指挥部应维护好事发地区治安秩序,做好交通保障、人员疏散、群众安置等各项工作,尽全力防止紧急事态的进一步扩大。及时掌握事件进展情况,随时向应急指挥中心报告。同时,结合现场实际情况,尽快研究确定现场应急事件处置方案。

③参与突发公共事件处置的现场指挥部、各相关科室部门应立即调动有关人员和处置队伍赶赴现场,在现场指挥部的统一指挥下,按照专项预案分工和事件处置规程要求,相互配合、密切协作,共同开展应急处置和救援工作。

④现场指挥部应及时跟踪事态的进展情况,一旦发现事态有进一步扩大的趋势,有可能超出自身的控制能力,应立即向上级部门发出请求,由上级应急指挥中心协助调配其他应急资源

参与处置工作。

　　2.扩大应急

　　预计将要发生或已经发生特别重大、重大突发公共事件时,启动相应的应急预案。依据事件等级,由上级部门应急指挥中心统一领导突发公共事件的处置工作。

### 八、应急处置

　　1.信息接报

　　①发生公共聚集场所事件时,迅速向应急指挥中心办公室报告,最多不超过10分钟。在应急处置过程中,现场指挥部应随时向应急指挥中心报告事态进展情况,至少每15分钟电话报告一次。

　　②应急报告应包括但不限于以下内容:

　　a)公共聚集场所大型集会、庆典等主办和协办单位、参加人数、时间、地点;

　　b)突发事件情况描述(火灾、爆炸、建筑物坍塌、因拥挤造成的挤压踩踏等);

　　c)可能的原因;

　　d)人员伤亡情况及目前已采取的应急措施;

　　e)造成的社会和政治影响;

　　f)请求应急指挥中心协调、支持的事项;

　　g)报告人的单位、姓名、职务和联系电话。

　　2.召开首次应急会议

　　首次应急会议由应急指挥中心总指挥或副总指挥主持召开,会议内容包括但不限于:

　　①通报公共聚集场所事件情况;

　　②确定现场应急指挥部总指挥及成员名单,成立现场应急指挥部;

　　③明确应急处置工作的任务和要求;

　　④判断所需调配的内外部应急资源;

　　⑤确定首次信息发布的时间、发布渠道和新闻发言人;

　　⑥按规定的时间上报上级及地方政府有关部门。

　　3.应急上报

　　当发生Ⅰ、Ⅱ级事件时,根据××××应急指挥中心指令,做好应急上报工作:

　　①生产运行科向××分公司生产运行处报告;

　　②安全环保科向地方公安厅、卫生厅、安监局报告;

　　③党政办公室向××分公司应急办和××县应急办报告;

　　④报告内容经应急指挥中心办公室审查,总(副总)指挥审批后上报;

　　⑤应急处置中发生新的情况及时补充上报。

### 九、现场应急处置指导原则

　　1.公共聚集场所发生火灾、爆炸、建筑物坍塌等

　　公共聚集场所发生火灾、爆炸、建筑物坍塌等事件时,应急处置应遵循以下原则:

　　①采取隔离和疏散措施,对事件现场周围实行交通管制,避免无关人员进入事件发生危险区域,并合理布置消防和救援力量;在安全区域设置安置点,并执行治安警戒;

　　②及时抢救伤员或送医院治疗,并对现场进行消毒处理;

③组织消防、工程力量,对现场实施救援和工程抢险,并建立洗消站,为现场抢险队员和受污染的公众提供洗消服务;

④公共聚集场所有爆炸预兆或建筑物倒塌征兆时,指令现场全部人员立即撤离至安全区域;

⑤利用扩音设备向周边公众宣传个体防护注意事项、疏散和逃生方法等应急安全常识,稳定公众情绪。

2.公共聚集场所发生挤压、踩踏等

公共聚集场所发生挤压、踩踏等事件时,应急处置应遵循以下原则:

①迅速设置疏散安全通道,疏散现场及周边公众到安全区域,执行治安警戒;

②配合地方公安、武警以及消防力量迅速抢救被挤压和踩踏人群,防止事态及伤亡人数扩大;

③及时抢救伤员或送医院治疗;

④利用扩音设备向周边公众宣传个体防护注意事项、疏散和逃生方法等应急安全常识,稳定公众情绪;

⑤配合当地政府的应急行动。

**十、应急终止**

经应急处置后,现场应急指挥部确认满足综合应急预案应急终止条件时,向应急指挥中心办公室报告,应急指挥中心可下达应急终止指令。

## 7.2.4 大型演艺活动产业危机管理宏观框架

我们所界定的危机是对整个大型演艺活动产业产生全局性、宏观性影响的外部危机,具有突发性、不可预测性、严重破坏性。与大型演艺活动企业内部危机不同的是,外部危机不能单纯地依靠个别企业通过建立危机防范系统、提高改善经营管理水平等来防范或得到控制,而必须建立起政府、企业和行业协会分工协作、共同努力的运行机制。我国在SARS期间所暴露出来的种种问题以及SARS对大型演艺活动产业能造成如此巨大的危害,与我国政府、企业和行业协会之间没有形成一个良好的分工与协作关系,不能建立起有效的危机防范系统有很大的关系。因此,深入分析三者在危机管理中的职能定位,构建三者之间的分工与协作关系是大型演艺活动行业危机管理的重点。

1)政府

应该肯定的是,SARS期间我国政府做了大量工作。但毋庸置疑,政府在应对突发事件、实施危机管理方面确实存在着问题:首先,在政府职能的定位方面存在着偏差。以前,政府把工作重心一直放在经济建设上,把公共财政大量投在重大建设项目上,而忽略了政府的社会管理和公共服务职能。SARS的爆发使我国政府认识到包括公共卫生建设等方面财政支出的重要性。其次,政府缺乏制度创新。制度属于公共产品,主要由政府提供,而目前我国政府不能为应对突发事件提供可靠的制度保障,尤其是法律制度的保障,缺乏统一的紧急状态应对法案。突发公共卫生事件应急机制的制订和实施,一方面反映了我国政府对危机的快速反应能力,并在抗击SARS的整个过程中发挥了重要作用,但从另一方面却反映了我国制度建设方面的缺陷。这种"临阵磨枪"的做法不利于整个危机系统的建立，也是我国在 SARS 期间遭受极大经济损失的一个重要原因。第三，缺乏有效的信息披露制度，政府透明化程度不高。应该说我国政府是本着对人民生命财产安全高度负责的态度应对和处理 SARS 危机的，但由于缺乏有效的信息资源管理系统，不能准确地获取信息，也未能及时地公布信息，导致了不必要的恐慌，加大了治理危机的难度。如果国家卫生部和北京市政府在 SARS 发生前期能够准确地收集疫情信息，及时公布信息，应该能够把 SARS 疫情控制在萌芽之中，把损失降低到最低限度。第四，缺乏应对危机的资源管理系统。我国没有设立专门的抗风险基金，在 SARS 危机爆发后单纯依靠财政紧急拨款，使有限的财政捉襟见肘。资金、物质不能迅速到位，就不能有效遏制疾病的传播和蔓延。第五，缺乏相对统一、系统的应对突发事件的应急机制。一套行之有效的应急机制应该包括危机预警机制、快速反应机制等，而我国政府在此方面缺乏经验。

还有很多其他问题，如中央政府各部门之间、中央和地方政府之间不能达到协调一致和密切配合，导致相互推诿扯皮、谎报疫情的现象出现；没有一个专门的危机管理机构，不能迅速组织人力、物力和财力应对危机；不能针对受损严重的行业制定切实可行的扶持政策。例如，SARS 期间，国家对旅游业作出了减免一定时期营业税和教育费附加的决定，但对大型演艺活动产业这样损失惨重的行业却没有任何财政上的支持等。

建立大型演艺活动行业危机管理体制，首先要建立国家层面的经济安全体系，这样才能够在危机爆发时使自身力量有限的某一具体产业得到真正的"安全"。具有行业管理职能的政府，应该从行业总体利益出发，通过建立行业内部协调机制，提高行业应急能力。由于具有行业管理职能的政府，在行业领域内具有丰富的资源和信誉，作为行业利益的代言人，要建立相应的应急机制。政府在大型演艺活动行业危机应急机制中扮演重要角色，具体应该从以下几个方面入手：

①树立危机意识，借鉴发达国家危机管理模式和体制，成立专门的危机管理机构和统一领导、分工协作的反危机机构体系。

②制定和完善应对危机的法律。要制定各种各样对付不同危机的单项法规。除此之外，还需要建立紧急状态下的危机管理法规。

③建立一个危机管理信息系统和知识系统。危机管理中最重要的是信息的获得。危机管理系统要保证信息的准确性和信息披露的及时性。

④建立危机管理的资源保障体系，包括财政、人员等方面，把危机管理纳入国家预算中，建立各种的专项资金和资金制度，及对基金的监管制度和社会救济等方面的制度。

⑤要明确中央和地方政府的分工和协作关系，保证中央和地方在处理危机时的行动一致性。

### 2）大型演艺活动企业

SARS 期间，大型演艺活动企业所暴露出来的问题是很严重的。我国大型演艺活动企业规模普遍偏小，还不能形成规模经济和范围经济，抗风险能力弱。SARS 期间一些大的大型演艺活动企业尚可勉强度日，而一些规模较小的大型演艺活动企业则步履维艰，濒临破产的边缘。长期以来，我国大型演艺活动企业从事单一组织业务、承包业务及场地的经营，规模小，抗风险能力弱。即使一些大型演艺活动集团从事的也是与大型演艺活动相关程度非常高的业务。大型演艺活动企业是敏感度较高的产业,这样单一的经营模式不利于大型演艺活动企业分散风险。因此,加快大型演艺活动企业集团化经营、扩大企业规模、实现规模经济、增强自身实力和抗风险能力已成为大型演艺活动企业应对危机的重要策略;另外,由于产权改革不到位以及缺乏激励约束机制,许多大型演艺活动企业缺乏危机意识。当今社会危机已不再是偶然现象,对敏感性较强的大型演艺活动企业来说更是如此。因此,大型演艺活动企业应树立危机意识,采取各种方式和手段应对危机。

大型演艺活动企业除了要树立危机意识,增强自身抵御风险的能力之外,还应从以下几个方面入手。

(1)突出主营业务,开展多元化经营

一个企业的长期发展取决于它是否拥有核心的竞争力,一般来说,核心竞争力的形成同其所从事的经营领域有极其密切的关系,需要付出极大的努力和长期的积累才能形成,因此,实行专业化经营,将主要精力集中于最熟悉、最具实力的经营领域是企业增强自身竞争实力的有效途径。但根据风险分散化的理论,企业只经营单一的业务不利于分散风险,应该实行多元化经营,即"不要把鸡蛋都放在同一个篮子里"。多样化经营是指一个企业或企业集团生产多种产品或在不同的地区生产同类产品。多样化经营有助于企业拓展新的发展领域,获得规模经济和范围经济,实现资源共享。但就在许多企业纷纷转向多元化时,却出现了一些大型演艺企业集团因其业务过于多样化造成主营业务不突出,从而缺少核心竞争力而被市场所淘汰的现象。一时间,有关专业化和多样化经营之争成为一个热点话题。

其实,专业化和多样化虽是一对矛盾,但却可以在一定时期内同时存在,关键是看如何处理好二者的关系。一个好的经营管理者应该使企业建立在专业化经营的基础上,即突出主营业务,培养核心竞争力,然后再进行多样化经营,分散风险,在多样化经营的过程中进一步增强专业化经营的实力。

大型演艺活动企业应该很好地处理专业化和多样化经营之间的关系。由于大型演艺活动产业非常敏感,极易受到突发事件影响,这样就需要大型演艺活动企业在经营好主营大型演艺活动业务的基础上,向其他产业或领域拓展,如 IT 产业、媒体、财务咨询、采购服务、教育产业等,以分散经营风险。这一思路对于新形势下大型演艺活动企业的发展非常重要。

(2)提升大型演艺活动企业信息技术装备水平,适应网上活动的需要

就在大型演艺活动产业遭受 SARS 重创之际,网上活动却蔚然兴起。虽然网上活动不能完全取代现实的活动,而且目前并不是很多人习惯此种方式。但相对于传统大型演艺活动,网上活动却有很多优势,如参加费用相对较低,活动持续时间较长,不受空间限制,操作比较简单,而且信息反馈快捷、详尽。据资料显示,截至 2017 年 6 月我国网民数量已达到 7.5 亿,占全球网民总数的 1/5%,而且增长势头迅猛,这为我国网上活动的发展奠定了坚实的基础。随着信息技术和电子商务的进一步发展,网上活动可望成为现代大型演艺活动产业的主体和发展趋势。因此,作为现代大型演艺活动公司和企业,一定要注重信息技术水平和电子商务水平的提高,以适应这一潮流。SARS 期间,一些大型演艺活动纷纷开设电子版,网页也增加了许多实用性的功能。

(3)实施客户关系管理

SARS 造成了大型演艺活动企业客户大量流失,也使客户关系管理(CRM)的重要性凸显。

有人曾做过计算,大型演艺活动企业80%的收益,都来自占参与者总数20%的忠诚度高的老顾客,而实施客户关系管理的目的就是稳固有价值的老客户。目前,我国一些服务业,如银行、旅游、航空、电信、保险等行业已经开始实施CRM,采取一系列措施吸引和留住老客户。

实施CRM就是以单一客户为单位,对客户行为进行追踪和分析,发现每个客户的偏好和要求,进而提供相应的配置和服务方案,符合每个客户的个性要求。同时,大型演艺活动产业要建立起客户数据库,利用现代化手段进行数据处理,分析客户信息,从而把潜在的客户转变为忠诚的客户,直至发展为终生客户。这样,即使大型演艺活动企业在一定时期内遇到一些突发事件,忠诚客户也会考虑与大型演艺活动企业紧密的合作关系和其特有的周到的服务,而对大型演艺活动"不离不弃"。

(4)加强大型演艺活动行业的危机公关

任何企业要在市场经济中生存,都不可避免地要和其他主体打交道,这就需要企业进行公关。对于大型演艺活动产业这样一个联动效应大、带动效应强的产业,公关就显得更加重要,尤其是在危机面前,大型演艺活动的经营和维持都需要各方全力配合,因此大型演艺活动产业应加强危机公关。大型演艺活动产业危机公关应包括与政府、其他产业、业内各参与主体以及媒体等各主体的联系。

3)大型演艺活动行业协会

目前,我国尚无统一的大型演艺活动行业协会,但在一些省市都相继出现了一些地方性的行业协会。SARS期间,大型演艺活动行业协会虽然做了一些工作,但与其应该承担的一般职能相比,应该说大型演艺活动行业协会几乎没有发挥什么作用。一是SARS期间大型演艺活动企业陷入困境,非常需要行业协会联合大型演艺活动企业实现行业自救,也需要及时了解危机对大型演艺活动产业所造成的损害,并拿出应对危机的对策和建议。而大型演艺活动行业协会几乎没有在此方面做任何工作。二是大型演艺活动行业协会自己并未清楚地意识到自身的责任和目标,也不清楚自己应该为企业提供什么服务,当然也就不能发挥自己的职能和作用。三是即使行业协会清楚自己的定位,但由于缺乏专业性人才,也不能发挥自己的作用。行业协会不是一个简单的社会团体,它的重要使命是为企业提供服务,如搜集行业数据、资料,进行分析,行业调研,为制定政策提供依据,这些都是专业化很强的工作,需要专业人才。但目前我国行业协会的人员知识结构不合理,知识老化,专业人员不多,这种状况限制了行业协会作用的发挥。四是会员覆盖范围不广泛,不能为众多大型演艺活动企业提供服务,同时也限制了大型演艺活动行业协会的进一步发展。

行业协会作为非营利性社团组织,其主要从事政府不能管、不适宜管、也管不好的工作,以及企业需要而又无力做到的工作,充分发挥其桥梁和纽带功能。面对SARS这种突发事件,大型演艺活动行业协会的功能主要体现在:及时公布有关信息,消除危机带来的负面影响;与媒体通力合作,加大大型演艺活动目的地形象宣传报道;联合大型演艺活动企业联合促销;组织大型演艺活动专家学者深入研究危机造成的影响;集中力量做调查研究,为大型演艺活动产业政策制定提供科学依据;代表本行业企业的利益,要充分发挥行业协会的作用,具体表现在:

①通过行业协会加强大型演艺活动各参与主体的合作。成立全国性的大型演艺活动行业协会,使协会各成员都深刻认识到自己和其他企业命运休戚相关,在困难面前应该亲密合作,

共渡难关。比如在突发事件发生后,大型演艺活动要停办或延期举行,涉及退票、赔付的问题,由于所有大型演艺活动参与主体都因大型演艺活动不能如期举行而蒙受损失,所以各主体应合理分摊损失。

②及时公布有关危机信息,以消除参与各方的恐惧心理。行业协会是重要的信息中心,具有一定的权威性和可靠性。因此,行业协会应该及时公布有关危机的信息,使参与各方以及观众及时了解危机所处的危险程度、状态以及大型活动所在地政府、协会和主办企业在应对危机方面做了哪些工作,从而消除恐惧心理,做出是否参加的正确决策。

③开展危机对大型演艺活动产业损害的调查研究。危机对行业的损害情况是政府以及企业都想获得的信息,而政府作为宏观经济的调控者,不适宜直接从事产业损害的调查工作,而企业作为市场经济中的单个个体,又没有实力进行行业整体状况的调查。行业协会作为企业的联合体,作为政府和企业之间的重要纽带,开展产业损害调查是最适合的。

④邀请业界专家、学者深入研究危机的影响,为国家出台相关政策提供理论依据,并使大型演艺活动企业充分认识到危机的影响,及时调整大型演艺活动企业的产品结构、组织结构和经营战略。行业协会要负责专门的数据收集工作,并邀请专家学者进行理论分析。

⑤联合大型演艺活动企业进行联合促销。危机面前,大型演艺活动各参与主体应该是共同进退,休戚与共。在产业环境极其恶劣的形势下,大型演艺活动行业协会应该联合各企业,集全体力量联合促销,以使大型演艺活动产业能尽快走出低谷。

⑥加强大型演艺活动行业协会人才的培养,改变目前大型演艺活动行业协会人员素质差、专业人员比例低、专业人员老龄化的现状。大型演艺活动行业协会作用和地位的加强必然要求人员素质的提高,加强大型演艺活动行业协会人才的培养已经成为迫在眉睫的大事。

## 7.3  大型演艺活动财务管理

良好的财务管理和预算控制是举办大型演艺活动最重要的因素之一。做好大型演艺活动财务管理能够对大型演艺活动资金的流动方向、投入产出的比例和预算控制的好坏产生直接的作用。

大型演艺活动财务管理就是大型演艺活动主办者或承办者在大型演艺活动举办过程中,对于举办大型演艺活动的资金投入、产出、预算控制的管理,而不是非法的财务管理。一个大型演艺活动的举办无论是想赢得美誉,还是欲取得利润,大型演艺活动财务管理都是重要的一个环节。好的大型演艺活动财务管理能够制订适当的财务目标、预算控制,并收到良好的利润。大型演艺活动财务管理包括 3 个阶段的管理,即制订财务目标、制订预算和预算的执行与控制。

### 7.3.1  制订财务目标

对于以营利为目标的大型演艺活动,投资回报率(Return on Investment,ROI)或该项目价值是检验大型演艺活动成功与否的关键指标。ROI 可由下列公式来说明:

$$投资回报率 = \frac{净利润}{项目总成本} \times 100\%$$

## 7.3.2　制订预算

预算是大型演艺活动项目组织者必须认真策划的一项行动计划,是协助实现财务目标的重要工具。大型演艺活动财务中最具挑战性的部分就是预算编制,因为整个预算编制程序一般只是在有限的信息和假设的基础上展开的。每个大型演艺活动项目都是单独预算,而一年中所有单独的大型演艺活动项目预算之和构成大型演艺活动年度总预算(见表7.1)。

表 7.1　大型演艺活动成本收入预算表

| | 项　目 | 金　额 | 占总收入的比例/% |
|---|---|---|---|
| 收　入 | 门票收入 | | |
| | 广告和企业赞助 | | |
| | 其他相关收入 | | |
| | 总收入 | | |
| 成本费用 | 场地费用 | | |
| | 大型演艺活动宣传推广费用 | | |
| | 相关活动的费用 | | |
| | 办公费用和人员费用 | | |
| | 税收 | | |
| | 其他不可预测的费用 | | |
| | 总成本费用 | | |
| 利　润 | | | |

一般来说,大型演艺活动项目预算的编制依据下列几个因素:

①市场判断和预测。

②以前相同的或类似的项目历史。

③一般经济和未来预报。

④使用可提供资源(如投资回报率)能够期望得到的合理收入。

⑤为大型演艺活动项目筹措资金而选择适用的财务类型(借贷资金、预付款、现存资金等)。

⑥盈亏平衡分析。进行盈亏平衡分析,最重要的是要找到能够使大型演艺活动达到盈亏平衡的"盈亏平衡点"。所谓盈亏平衡点,就是能够使大型演艺活动达到盈亏平衡时的大型演艺活动的规模或门票价格,找到了盈亏平衡点就可以为大型演艺活动制定更加合理的价格,为大型演艺活动规划更为合理的规模。

⑦现金流量分析。举办机构可以根据自身的经营以及大型演艺活动筹备工作对资金投入的需要,通过一定的渠道,采取适当的方式获取一定的资金。举办机构在筹措资金时,应遵循以下基本原则:规模要适当,筹措要及时,方式要经济,来源要合理。

财务风险包括举债筹措资金给举办机构财务成果带来的不确定性,举办机构资金投放所带来的不确定性。

### 7.3.3 预算的执行与控制

大型演艺活动项目预算的执行与控制是在项目主管的直接授权后执行的。在预算执行中要注意大型演艺活动项目中的 3 个环节：一是价格定位；二是现金管理；三是财务风险。

1）价格定位

价格定位不仅可以提高大型演艺活动竞争力，也是确保财务目标的重要因素。一般从主办者而言，定价包括下列几个目标：①利润目标；②市场份额目标；③市场撷取目标；④大型演艺活动质量目标；⑤生存目标。针对不同目标的定位方法不同。

成本导向定价法，就是以举办大型演艺活动成本作为大型演艺活动定价基础的定价法。举办大型演艺活动成本包括固定成本和可变成本两个部分。

2）现金管理

现金管理中，一般分为两种记账方法，即现金记账法和权责发生制记账法。

现金记账法是指当收益实际收到、费用实际支付时才记录下收益和费用。当收到支票并且已经存入自己账号时才将收益加到预算中，实际收到发票并且已付款时才将费用扣除。

权责发生制记账法是将能够预计到的收入和费用都记录在账上，报账则要等到收入或费用预期发生的那个月份。把应付科目的资金留出来，这样在需要支付时便能拿出这笔款项而不是用于他处。

对于大型演艺活动企业而言，仅仅能够赢利的经营运作并非是完全的运作。从财务管理角度看，现金流只是一种支付手段，凭借这种手段，大型演艺活动企业可以如期支付账单或工资。为保证现金正向流动，需要用两条措施来保驾护航。其一是必须与经销商或者客户事先商定好付款条款和条件，并以合约的形式签订，这样可以使公司设法赚取足够的收入来偿还承担的债务。其二是必须及时回收到期的应收款，以便算清所欠经销商的应付款。

3）财务风险

财务风险是指因为大型演艺活动财务管理失误导致企业（项目）资金反向流动的，并给企业（项目）带来资金投入和产出的不确定性。这包括投入与产出的负数比例，利润率与利息的负数比例，以及由于货币汇率和国际、国内金融风险带来的不确定因素。因此，慎重选择大型演艺活动项目和大型演艺活动投资规模是规避和降低大型演艺活动财务风险的有效手段。

【案例】

## 多地取消演唱会等大型活动　新华社：因噎废食

上海跨年夜发生的外滩拥挤踩踏事件，敲响大型集会活动安保工作的警钟，各地一系列"汲取教训"的临时应对措施，随即一一浮出水面。人民网舆情分析师将此现象概括为"外滩效应"。对此,新华社发文直言,各地紧接着取消大型活动是因噎废食,关键是相关部门的预案、保障应对措施要跟上。

### 演唱会、灯会被叫停

具体案例包括 2015 年 1 月 5 日,北京多家超市通知称,为吸取上海踩踏事故教训,取消门店促销活动。

2015 年 1 月 9 日,吉利控股集团公关总监杨学良透过微博爆料,"同事说刚接到上海车展组委会通知,今年车展一概取消模特。评:最好明星、演出啥的都取消,地方车展也这样,还大家一个清静的车展!"随后,多家车企相关人士表示,已经接到相关部门关于"上海车展取消车模"的通知。10 日,上海车展主办方相关负责人向媒体确认了 2015 年的车展取消车模一事。

媒体查询发现,2009 年上海车展观展人数达 60 多万人次;2011 年上海车展共接待观众 71.5 万人次;2013 年上海车展参观人数则再创新高,共接待观众 81.3 万人次。对此,有业内人士分析,"取消车模"或有安全的考虑。"车展上车模和其他表演容易短时间内聚集大客流,不利于安全防范"。

上海豫园旅游商城股份有限公司正式发布公告称,将停止举办 2015 年豫园新春民俗艺术灯会。在这之前,"豫园灯会"已举办了 20 年。2013 年,"豫园灯会"在春节长假 7 天和元宵前后 3 天的赏灯客流分别突破 300 万人次和 150 万人次,一度成为华东地区新春佳节人流量最大的地方。

不仅如此,2015 年上海的松江方塔园元宵灯会、嘉定古猗园元宵灯会也确定停办。中新网报道,外滩踩踏事件发生后,上海多个区县紧急启动应急响应机制,一批正在开展或即将举办的大型活动被紧急叫停。

在郑州,歌手林俊杰将于 2015 年 1 月 17 日在郑州国际会展中心上演的演唱会被取消。1 月 8 日,就在此地,刚举办了陈楚生演唱会。活动主办方华盛传媒于 1 月 9 日发布的声明称,活动取消是因"12·31 上海踩踏"事故造成的影响,有关部门对于大型活动相关安全事项提出新的标准和要求。记者从一份文件当中获悉,公安部门给出的不予安全许可理由为监控设施清晰度不够、消防通道声控灯不亮及当前国内安全形势严峻。

在 2005 年,由于此前一年元宵灯展期间发生重大踩踏事故,北京密云县宣布当年不再举办灯展等大型室外文化活动,改为举办农民书法作品展览、话剧演出、文艺表演等系列文娱活动。

### 禁止聚集不如科学疏导

对于"外滩踩踏效应"眼下正在各地掀起的一连串举措,各方均表达了不同意见。

人民网文章认为,"权宜之计仅能满足短期需求,无法达到一劳永逸的目的。而临时管制是否适合常态操作,是个值得决策者三思的问题。正如教育部前发言人王旭明所告诫的,堵是强权,疏才是智慧。"

《中国青年报》的文章也直言,"禁止人群聚集不是避免踩踏的好办法。"作者建议,"与其取消人群聚集,不如科学疏导和控制人群密度。而疏导人群密度又是应急管理体系中的一个主要因素。"

文章提醒,"早在 20 世纪 80 年代,就有研究人员初步给出人群密度与灾难之间的数量关系:当人群密度达到每平方米 0.15 人时,人群将很容易失去控制。之后,陆续有研究给出了人群密度与灾难关系的具体数值,其中一个具体数值得到各国广泛认同:当室内达到每平方米1人、室外达到每0.75平方米1人的密度时,就意味着达到危险临界值,应当启动应急方案。"此前,这已体现在一些景区安全管理规范当中。

事实上,早在外滩踩踏事件发生之初,新华社即在报道中指出,由于发生此事件,一些地方称要取消类似大型活动。而这是"因噎废食",关键是相关部门的预案、保障应对措施要跟上。《新京报》文章更是反问,"我们都不坐汽车,就不会发生车祸;我们都不坐飞机,自然不会发生空难,但这可能吗?"

# 专家评析

危机事件对大型演艺活动具有较强的破坏性。因担心事故发生而直接取消活动的做法无异于"因噎废食",大型演艺活动应重视其配套管理工作,加强学习活动开展的过程控制,做好危机预案工作才是值得我们学习的。

# 复习思考题

1. 阐述大型演艺活动员工培训方法的选择和使用范围。
2. 阐述大型演艺活动志愿者管理的流程。
3. 阐述危机对大型演艺活动产业的影响。
4. 分析政府、大型演艺活动企业和行业协会之间在危机管理中各自的职能。
5. 编制大型演艺活动项目预算时应考虑哪些因素?

# 第8章
# 大型演艺活动市场组织

## 【本章简介】

　　本章主要包括大型演艺活动市场参与主体、组织结构与组织职能等基本的原理及方法。通过对这些内容的学习，可以对大型演艺活动的市场组织有一定的了解。

**【案例导入】**

松下电器在1933年就建立了3个事业部,是日本最早采用事业部制的企业。事业部门是一个自负盈亏、独立核算的经营单位,因此,事业部制可以更好地明确各部门的职责和权限,发挥他们的积极性和主动性,进一步进行专业化分工。然而,各事业部门独立以后,比较容易脱离中央控制,各部门间的合作也日益困难。同时高度专业化的部门不一定会有全局观念去应付所有产品的危机。因此,总裁松下幸之助以集中4个主要功能来平衡分权之举。第一,松下设立严格的财务制度,由其财务主管负责直接向总公司报告其财务状况,并且订立了严格的会计制度。第二,松下建立公司银行,各部门的利润都汇总于此,同时各部门增加投资时,必须向公司银行贷款。第三,实行人事管理权的集中,松下认为人才是公司最重要的资源,每位超过初中学历的员工都必须经过总公司的仔细审核。所有管理人员的升迁都必须经过总公司的仔细审查。第四,松下公司采取集中训练制度,所有松下的员工都必须经过松下价值观的训练。这样就形成了一种分权与集权的结合。

上述案例涉及有关组织结构的问题,那么在大型演艺活动的策划时也要注意这些问题。所以,本章主要包括大型演艺活动市场参与主体、组织结构与组织职能等基本的原理及方法。通过对这些内容的学习,可以对大型演艺活动的市场组织有一定的了解。

# 8.1  大型演艺活动市场参与主体

大型演艺活动主办机构对项目进行管理,并随时接受项目主体系统的各种反馈。随着大型演艺活动日渐深入地成为我国文化环境的一部分,政府、企业和社区中的任何一方都有可能成为主办机构。如果地方的大型演艺活动运作只是政府包办,那么有限的政府精力可能导致各种大型演艺活动主题雷同、效率低下、质量差的现象。政府必须改变思路,把相当一部分大型演艺活动的策划、组织和实施工作让予其他项目相关人员来完成。大型演艺活动项目的合作机构主要包括赞助商、媒体和项目支持团队,由主办机构招商确定,它以各种方式支持主办机构的工作并反馈系统信息。赞助商通过充当主办者的伙伴和客户,为项目提供资金支持以保障大型演艺活动的顺利举行,同时实现自身的利益;大型演艺活动与媒体的整合,使得大型演艺活动影响范围更大,让更多的人接触到活动,也使媒体与大型演艺活动形成某种品牌上的联系;与主办机构有共同愿景的项目支持团队是重要的项目关系人,他们包括项目全体工作人员,每个人都会对大型演艺活动项目的成败起决定性作用。

## 8.1.1  大型演艺活动参与主体

### 1)主办方

随着大型演艺活动日渐深入地成为我国文化环境的一部分,政府、企业和社区中的任何一方都有可能成为主办机构。就目前而言,我国大型演艺活动的主办方以政府为主。在政府主导时期,大型演艺活动主要是由政府职能部门或由政府职能部门组成的组委会来全权负责。

2）承办方

当前的许多大型演艺活动的主办者是政府,承办者也是政府联合相关的专业部门或企业。随着大型演艺活动的兴起,政府开始意识到自身角色的定位应当是一个宏观调控者而不应是一个实际事务操作者,因而投标、赞助、节目安排以及活动营销等各项任务交由专业的节庆公司具体负责,这样活动组委会就可以有时间和精力对整个大型演艺活动进行宏观指导。

3）参加者

作为会展,其参加者是众多的参展商,而作为大型演艺活动,其参加者类型较多,包括政府行业组织等主办方相关人员、物流公司、通信贸易服务平台提供者、赞助商、活动过程中的演出团体等。

4）参观者

作为参观者的公众是大型演艺活动项目的核心主体,他们在参加大型演艺活动的同时以各种形式向主办机构和合作机构反馈各种信息,在很大程度上影响大型演艺活动运作的内容和方式。大型演艺活动主办者必须以公众的需求即市场为导向,这是大型演艺活动成败的关键和大型演艺活动项目运作的根本依据。大型演艺活动管理者必须想着公众的多层次需要,一切活动都应围绕公众设计,积极鼓励公众的广泛参与,激发公众的热情,引导公众的行为,以实现大型演艺活动的目标。

## 8.1.2　市场化运作模式

1）由政府主导型逐步向市场主导型转变

前面已经谈到政府在大型演艺活动发起阶段具有举足轻重的作用,可以说政府主导是一个必然的过程。但随着大型演艺活动不断发展,无论是活动的规模、影响力,还是运作所需要的人力、物力和财力都不是当初政府创办活动时所能预料的。因此,政府在大型演艺活动运作过程中的局限性和力不从心会越发明显,如果继续按照老路走下去,大型演艺活动就会因缺乏创新而失去活力,而政府也会觉得办大型演艺活动是个越来越大的包袱,最终还是会甩给市场。因此,当政府完成了大型演艺活动发展初期的主导使命后,就应重新进行功能定位,使举办大型演艺活动由政府主导型逐步过渡到市场化运作阶段,最终实现政府对大型演艺活动只起到监督和引导的功能,实际操作全部由市场来完成。这个过程可能会有些曲折和漫长,但是又是大型演艺活动发展的必由之路。

2）企业被动参与逐步向主动参与过渡

企业主动参与举办大型演艺活动是大型演艺活动市场化运作成熟的标志。大型演艺活动发展初期,企业是被动接受政府的任务摊派,因为处于发展初期的大型演艺活动影响力和参与度都不够,对企业无经济利益可言。但随着大型演艺活动影响力和参与度的不断扩大,在被动参与过程中的企业不断总结经验,对大型演艺活动的认识也在发生转变,此时,企业的趋利性使他们重新从市场利益角度进行再思考,企业主动参与办大型演艺活动的条件逐渐发展成熟,政府又积极淡出,大型演艺活动由部分市场化过渡到完全市场化,从而形成大型演艺活动发展的良性循环。

3)完善和规范大型演艺活动市场机制,促成多赢局面形成

在大型演艺活动吸引力不断加强的同时,大型演艺活动市场需求也在不断扩大。一方面,参与的企业间相互之间的竞争使得推出的大型演艺活动产品更贴近市场,产品质量在市场竞争过程中也不断得到提升;另一方面,大型演艺活动产品的种类和品质不断提升又促使了大型演艺活动市场不断壮大,市场潜力不断被挖掘出来,从而有利于大型演艺活动的深入发展,实现政府引导、企业主办、活动促进旅游,政府、企业和受众多赢的良性局面。但同时也应该看到,企业的主动参与是大型演艺活动市场化运作的必要条件,但是如果过于积极,就可能会出现企业间徇私舞弊、不正当竞争、扰乱市场秩序等问题,因此,国家和地区还应该出台相关法律法规和管理条例,规范大型演艺活动市场竞争的秩序,从而实现真正意义上的大型演艺活动的市场化运作。

4)承办单位起到核心作用

在"政府引导、市场运作"的大型演艺活动管理运作模式下,从整个产业价值链上我们可以看出承办单位在该价值链上的重要作用,承办单位是整个大型演艺活动市场化的核心机构,管理着整条价值链。其对价值链能否进行有效的管理,决定着该"大型演艺活动"的成功与否。

(1)强调承办企业的经营运作主导权

承办企业应利用其专业技能,进行"大型演艺活动"的推广和发展的规划。作为整条"大型演艺活动"产业价值链的中心,承办企业应该从自发地利用"大型演艺活动"的经济内容载体功能向自觉地有意识地充分挖掘、创造和利用这种功能转变,尽可能挖掘新的链条,创造新的利润,增加对更多产业的带动。同时,对于较大型的活动,可以通过合作或联盟,使各合作或联盟企业共享活动、共同承办。这样可以整合更多的资源,有利于做大做强,也可以分担市场风险。

(2)强调专业化分工,提高整个"大型演艺活动"的效能

在整个"大型演艺活动"中需要旅游、住宿、餐饮、交通、通信、贸易、广告等各相关产业企业的积极参与。承办企业应本着"公平、公正、效率、效益"的原则,建立必要的大型演艺活动经济活动准则,鼓励合作与竞争。

(3)大型演艺活动品牌建设、品牌运作

品牌大型演艺活动所形成的产业价值链体系的能力就比一般的大型演艺活动要强。因为"大型演艺活动"的品牌效应较强,受到消费者的认同度就越高,活动规模就越大,大型演艺活动品牌产生价值总和就越高,其价值链体系自然也就越完整。在坚持大型演艺活动品牌建设的同时,还要进行高效率的品牌运作。一方面,使品牌体现出直接的经济效益;另一方面,保证处于该活动价值链上的各方参与者的利益与权利,拒绝搭便车的现象。

（4）形成以市场为导向的创新机制

承办企业承担着整条价值链管理的职能，是该大型演艺活动经济效益最直接的受益者，同时也是风险的直接承受者。市场需求的不断变化需要对大型演艺活动的内容或形式进行不断地创新。"政府引导、社会参与、市场运作"的管理运作模式，使得该价值链上各相关的企业的市场意识较强，形成以市场为导向的创新机制，使大型演艺活动历久弥新。

政府引导、社会参与、市场运作是一种比较适合中国国情的大型演艺活动运作模式，这种模式显现出来的优越性、带来的效益，正在越来越多地被各方面所认同。这种运作模式的特点是：政府仍然是重要的主办单位，政府引导作用主要体现在确定大型演艺活动的主题及名称，并以政府的名义进行召集和对外的宣传。社会参与就是充分调动社会各方面的力量来办好大型演艺活动。社会力量主要体现在：大型演艺活动主题选择时的献计献策，活动环境氛围的营造，各项活动的积极参与等方面。而市场运作则是大型演艺活动的举办过程，交给市场来运作。比如大型演艺活动的冠名权、赞助商、广告宣传等方面，都可以采用市场竞争的方式，激励更多的企业事业单位参加。这样做一方面可以为企业事业扩大知名度，另一方面还可以节省大量开支。如青岛国际啤酒节、哈尔滨冰雪节、中国潍坊风筝节、广州国际美食节、南宁国际民歌节等几个国内著名的大型演艺活动就是按照"政府引导、企业参加、市场运作"的模式来运作的。实践证明，由于我国还处在社会主义初级阶段，尤其是，目前大型演艺活动还带有一定的公益性质，完全走市场化运作的模式还行不通。大型演艺活动采取"政府引导、社会参与、市场运作"模式，是比较适合我国大多数城市实际情况的。为此，政府在大型演艺活动的举办中，必须把好关，同时还要为大型演艺活动的举办提供各种优惠政策。

## 8.2　大型演艺活动组织结构

### 8.2.1　组织与组织结构的概念

1）组织

（1）组织与大型演艺活动的项目组织

组织是由人员、职位、职责、关系、信息等组织结构要素所构成，由成员的职位或工作部门作为结点连接成的一个系统或结构网。人员和职位是两个最基本的要素，是构成组织的"硬件"，职责、关系、信息则是构成组织的"软件"。

大型演艺活动市场组织是为完成特定的项目任务而建立起来的，从事项目具体工作的组织。该组织是在项目生命周期内临时组建的，是暂时的，是为了计划战略、内外沟通、人员配备、激励机制等而成立的。

（2）大型演艺活动项目组织的特点

①具有生命周期。项目组织是在不断更新变化的。组织的一个基本原则是因事设人，所以应根据项目的任务设置机构，因岗用人，同时活动结束后，项目组织及时调整，甚至撤销。

②具有柔性。大型演艺活动项目有着机动灵活的组织形式和用人机制,即柔性。而且还反映在各个利益相关者之间的联系都是有条件的、松散的;通过合同、协议、法规及其他各种关系结合起来。

③具有适应项目的一次性特点。项目组织具有明显的临时性,一般来说,大型演艺活动完成以后,项目班子就解散了,很少有人视活动为长久的归宿。

④讲求专业化。专业化可以提高工作效率,提高熟练程度。大型演艺活动的组织内人员必须协调一致,整合组织内个体行为,以求最大效率。

⑤注重权威和统一指挥。权威有助于贯彻命令和形成组织凝聚力,统一指挥可避免因命令不一而造成的推诿和混乱。

### 2)大型演艺活动的组织结构

(1)大型演艺活动的组织结构

组织结构是组织内部要素相互作用的联系方式或形式,是组织内的构成部分所规定的关系的形式。即系统内的组成部分及其相互之间关系的框架,它是组织根据系统的目标、任务和规模采用的各种组织管理构架形成的统称。

(2)大型演艺活动设计

①组织目标明确,工作内容庞杂。大型的项目组织既要与上级主管部门保持联系以取得指导和支持,又要通过对下属单位的合理组织,搞好有机协调工作;妥善处理好各项关系,与司法、保卫、安全、绿化等部门打交道。

②项目组织是一个临时性机构。

③项目组织应精干高效。

④项目经理是项目组织的关键。

(3)组织机构设计三要素

①工作部门的设置,根据组织目标和组织任务合理设置。确定工作部门的需要确定这个部门的职责,做到责任与权利相一致。

②工作部门的等级,在一个组织中,分权和集权是相对的,采取何种形式应根据组织的目标、领导的能力和精力、下属的工作能力、工作经验等综合考虑。

③管理层次和管理幅度。一般的组织管理层次分为决策层、管理层和执行层等。管理幅度又称管理跨度,主要取决于需要协调的工作量。管理层次和管理幅度取决于特定系统环境下的许多因素:管理人员的工作能力、性格、个人经历、授权程度等;工作的复杂性;信息传达速度的要求;下级的工作能力;工作地点的远近。

## 8.2.2　组织结构的类型

(1)直线型

它是上下垂直的组织形式,其优点是结构简洁,职权和任务明确;其缺点是对突发事件处理迟钝和僵化。

（2）职能型

它是在最高决策层下，按专业横向分设管理职能部门。其优点是提高了专业化程度，增强了处理突发事件的能力；其缺点是如果分工过细，容易造成多头领导。

（3）矩阵型

解决了低效和多源命令的问题，关键是部门的协调和明确的分工。适合产品多、有创新要求、管理复杂的组织。

## 8.2.3　组织结构的具体形式

（1）直线型

直线型组织结构，为传统的组织结构形式，一般是大型演艺活动机构初创阶段普遍采用的组织机构。它按照大型演艺活动机构经营的要求，在大型演艺活动经理的直接指挥下运行。其特点是分工明确，便于协调，管理高效。它主要依赖于经理高超的综合专业技能，因此，仅适用于处于初期经营阶段的规模较小的大型演艺活动机构。

（2）职能型

职能型组织结构，是在大型演艺活动经营对系统运行特定要求的基础上形成的。它按照最大限度地满足顾客对大型演艺活动环境需要、最大限度地降低系统运行成本的特点目标，把组织相应划分为销售与营销、组织经营、人力资源开发等若干职能系统，采用横向组合方式，由部门经理统筹、协调并落实计划。其特点是，有利于实现大型演艺活动经营总目标，便于各部门内部以及部门间的相互协作。

（3）矩阵型

矩阵组织结构把纯智能型组织结构和纯项目结构的优点结合起来：一方面，每个项目都代表一个潜在的权力中心，项目经理直接向总经理负责，而项目经理的职权由总经理直接授予，项目经理对大型活动的项目成功负有全部责任。另一方面，职能部门有责任为活动项目提供最好的技术支持，每个职能单位都由一位部门经理来领导。他的主要责任是确保有一个统一的技术基础而且所有的信息在活动项目之间相互交流。这种结构形式适用于复杂的、信息量大的大型活动。

## 8.2.4　矩阵式组织结构的类型

一个大型活动项目采取什么样的组织结构进行管理，需要综合考虑以下几个方面的因素：

①公司的业务特点和发展规模；

②活动项目所处的大环境和产权结构；

③活动项目的人力资源素质结构；

④活动项目的长远发展规划和战略步骤；

⑤市场环境和竞争对手；

⑥企业文化；

⑦其他。

采取矩阵式组织结构,既可以发挥职能式组织结构成本高效的优点,又可以在局部充分体现现代化的柔性和人性化管理,是以客户为导向的。根据组织结构的特征,矩阵式组织结构又可分为弱矩阵组织结构、中矩阵组织结构和强矩阵组织结构。这3种矩阵结构的不同主要体现在项目团体的领导责任和权限上。

弱矩阵组织结构并未明确对项目目标负责的项目经理,即使有项目负责人,他的角色只不过是一个项目协调者或监督者。项目人员的唯一直接领导仍是各自职能部门的负责人,项目的协调比较困难。

中矩阵组织结构强化项目的管理。从职能部门参与本项目活动的成员中任命一名项目经理,项目经理被赋予一定的权力,对项目总体与项目目标负责。但是由于只是某一种职能部门的下属成员,得受本部门经理的直接领导,必然会受本职能部门利益的影响,权力和工作也必然受到限制和影响,项目协调不充分。

强矩阵组织结构由系统的最高领导任命对项目全权负责的项目经理,项目经理直接向最高领导负责或者在系统中增设与职能部门同一层次的项目管理部门,直接接受项目最高领导的指令。项目管理部门再按不同的项目,委任相应的项目经理。在这种结构中,项目经理为了实施项目目标,有权联合各个职能部门的力量和协调各部门之间的关系,有效地支配和控制系统的资源。

# 8.3 大型演艺活动组织职能

## 8.3.1 目前我国大型演艺活动开发中存在的问题

对大型演艺活动的研究在国外不过30多年的时间,在中国更是刚刚起步。它在没有大量可资借鉴的历史经验和外部经验的状况下,必然会在实践过程中遇到大量的亟待解决的问题。我国大型演艺活动开发和管理中常见的问题主要表现在以下几个方面:

1)运作体制落后

目前,直接参与我国大型演艺活动的角色不外乎三方:政府、企业和公众(本文主要指旅游者和其他参与者)。在现有运作模式下,大型演艺活动常常是由政府主办、企业赞助、公众被动参与。这样做的好处是政府可以依靠行政手段保证大型活动进程的顺利开展,可以减少某些人为的不确定因素的影响,但是其弊端也很明显——增加了政府非必要性事务负担和财政支出,大型演艺活动的综合效益也往往低下。

2)排斥大型演艺活动核心主体

大型演艺活动的核心主体是公众,公众的广泛参与是大型演艺活动成功举办的关键,也是大型演艺活动的魅力所在。而在我国,公众多为旁观者,大型演艺活动管理者对公众"严加防范",害怕公众"侵入"会破坏大型演艺活动的"正常进行"。排斥大型演艺活动核心主体造成活动的参与性不强,氛围不浓,直接影响大型演艺活动的综合效益。

3）忽略经济效益或没能找到提高经济效益的途径

良好的经济效益是大型演艺活动得以连续举办的基础。试想如果主办者和各方参与者投入了大量人力、财力、物力，而大型演艺活动的经济效益低下，"费力不讨好"，那么各方的积极性都会遭到极大的打击，导致大型演艺活动产品生命短暂。我国有些大型演艺活动管理者虽然意识到这一点，但由于种种原因，仍无法找到实现经济效益的途径与方法。

4）组织管理水平低，专业人才缺乏

组织管理是为大型演艺活动的总体目标服务的。有效的组织管理不仅能从技术上保证大型演艺活动的成功举办，而且对大型演艺活动的主办者、合作者和公众都具有极大的精神激励作用。而成功的组织管理又直接决定于大型演艺活动的管理者和协调人员的素质。国外在20世纪80年代就明确提出了事件管理经理（event manager）、事件管理协调者（event coordinator）等角色概念，部分国家实施了职业资格认证，对这些人才的培养也列入了高等教育的培养方向之中，培养了大量的大型演艺活动管理专业人才。而我国在这个方面的专业人才培养非常滞后，且在实战中这种人才的培养机制也不成熟。

## 8.3.2　新的管理模式——项目管理模式的引入

大型演艺活动的开发不仅是一种经济性、文化性很强的工作，还是一项技术型很强的运筹。我国大型演艺活动开发中的主要问题，有经营理念上的问题，也有管理技术上的问题，从根本上讲是没能建立一种适用的管理模式与运作机制。项目管理理论（project management）的引入将有助于我们建立一种新的管理模式，有效地解决这些问题。

大型演艺活动是项目，这是由它本身的特性所决定的。项目管理理论适用于大型演艺活动产品的开发。大型演艺活动存在生命周期，即它具有类似于自然生命体的从出生、成长直至死亡的一个动态过程。大型演艺活动项目的生命周期包括概念、规划、启动和运行阶段。认识大型演艺活动的生命周期对项目管理者来说是十分重要的：一方面，它强调了项目管理中的计划、审查分析、实施的过程，在管理中对每一个过程的系统分析是下一阶段行动的基础，管理者应系统地、全面地认识大型活动生命周期，并在不同时期采取相应的措施；另一方面，生命周期的每一个过程都是面向目标的，这要求管理者把"对大型演艺活动项目生命周期的认识"与项目的目标结合起来，实施有效的"目标管理"。因此，管理者在应对不断变化的环境的同时，必须有一种"生命周期管理"的意识，以保证大型活动的顺利运作。

## 8.3.3　大型演艺活动项目管理模式的应用

1）组织行为管理

项目管理中组织行为管理主要涉及的内容包括项目组织结构和集成；项目角色、职责和授权；管理人员、团队和冲突等。大型演艺活动项目的成果取决于个人和团队的组织方式以及相互作用的方式。它既会受到团队及个人行为的影响，同时又会对团队及个人的行为和经济利益产生影响。在我国现阶段,大型演艺活动项目组织行为管理的关键在于建立主体系统关系模式,即理顺主办机构(政府、企业、社区)、合作机构或个人(赞助商、媒体、支持者)和公众这三类项目主体之间的关系,明确各自的角色和职能,建立各方的权、责、利关系。

### 2)营销管理

大型演艺活动项目市场营销的主要程序包括:战略营销使命和目标的确认、C-PEST 分析(竞争力分析、环境分析、资源分析)和 SWOT 分析、目标市场分析、市场营销计划、市场营销战略实施等。

市场营销的核心是消费者,即本文所说的公众。有效的营销来自对消费者的深入了解。在分析和理解了消费者的情况及大型活动项目运行的内外部环境后,才可能实施合适的产品策略、价格策略、促销策略和分销策略。市场需求是大型活动产品策划的依据和向导,大型演艺活动项目管理者必须系统地分析目标市场,同时预测参加大型活动的人数、时间、花费的意愿和行为特征,据此决定营销大型演艺活动项目的战略、内容以及促销的类型、手段和强度。

了解各方期望是在大型演艺活动中提供优质产品的前提,而市场调查是了解各方期望和感知的重要载体。市场调查必须关注大型演艺活动的参与者(公众和合作机构)的兴趣所在和关心的问题。如什么样的特色以及何等水平是参与者所欢迎和期待的;当提供服务的过程出现问题时,参与者希望怎样与组织者沟通并解决问题等。需要指出的是,在很多方面大型演艺活动的市场调查与有形商品调查的方式是相似的,都需要对顾客的满意度等作出评价,但大型活动的调查还具有一些需要关注的特别的内容,所以,全面的市场调查应当包括:投诉请求、需求调查、关系调查、跟踪电话、服务期望会谈和评论、过程检查点的评价、秘密购买、顾客流失调查、未来期望调查、数据库营销等类型。大型演艺活动产品策划还必须以旅游地的旅游资源为基础,旅游地独一无二的旅游资源特征是大型演艺活动产品策划的基础和支撑。在进行大型演艺活动策划的时候,需要全面调查旅游地的各种旅游资源,包括所有与大型活动有关的政治、经济、文化等各方面的环境与潜在的可利用的资源。对各种资源的应用还需要项目管理者在实践中不断创新。

### 3)赞助管理

有效的赞助活动是大型演艺活动项目获得足够资金和提高大型演艺活动经济效益的基本途径。赞助既可以表现为直接的现金支付,还可以是非现金的服务或产品。政府财力有限,对大型演艺活动项目的前期投入不可能多,所以,项目管理者必须在政府的支持下通过适当的政策和广泛的融资渠道以各种形式获得充足的资金。赞助管理的重要内容之一是寻求适当的赞助者。对于大型演艺项目活动管理者来说,关键是要找到希望与参加活动的公众群(或是公众群中重要的组成群体)接触的企业或其他单位,或者是大型演艺活动可以帮助其解决某个特定问题的企业或单位。一旦分辨出合适的潜在赞助者后,就要确保对每一个潜在赞助者进行更加详细的调查。大型演艺活动项目组织方应该指定专人与赞助方接触和联系,并与赞助方的员工建立友好的关系,这样就可以提前了解赞助方的需求和考虑如何满足这些需求。另外,实施赞助启动活动、媒体监控、答谢活动等行动也非常有利于赞助管理。

### 8.3.4 大型演艺活动项目团队

仅仅把一批人员调集组成一个组织并不能保证组织功能的发挥。因此必须围绕大型演艺活动项目形成一个团队,在特定的时间段里发挥组织的功能。

1)基本概念

团队是由两个或两个以上的人组成的,通过人们彼此间的相互影响、相互作用,在行为上有共同规范的一种介于组织与个体之间的形态。项目团队是项目组织的核心。狭义的项目团队是为了实现一个共同的目标而协同工作的一组个体的集合,是一个具备协作精神的成员所构成的临时性组织,一旦项目完成或终止,项目团队的使命即已完成,项目团队即告解散。团队的工作就是团队成员为实现具体的项目目标而进行有效的协调、配合、沟通等方面的努力。

2)项目团队的创建原则

项目团队的组织没有固定的模式,应根据不同活动的特点、不同的外部条件,采用不同的组织形式。但无论何种形式的项目团队,要保证其稳定、高效地运行,都需要遵循以下原则:

①有限管理宽度原则:管理宽度是指一个主管能够直接有效地管理下属的人数。一个项目经理的管理是有限的,往往要受很多因素的影响。如:问题的复杂程度,项目经理及团队成员的才能高低,授权程度等。

②权责对等原则:权是在规定的职位上行使的权力,责是在接受职位、职务后必须履行的义务。变动权力时,必须同时变动权利相对应的责任。

③职才匹配原则:项目团队成员的才智、能力与担任的职务应相匹配。尽可能使才位相称、人尽其才、才得所用、用得其所。理想的团队组织,必须具备修改和调整的可能性和灵活性。

④单一指令原则:团队成员只能接受一个上级的命令和指挥,一个成员不能受到多头领导,否则团队成员会不知所从。上下级之间的上传下达按照层次进行,一般情况下不得越级,尽量实行"一元化"管理。

⑤效果与效率统一原则:效果是指项目团队的活动要有成效;效率是指项目团队在单位时间内取得的进度。在单位时间内项目团队取得成果的过程中,各种物质资源的利用程度、团队成员的工作效率,都反映出项目团队的效率。效率不高、反应迟缓,说明这个项目团队的某些方面已经不适应客观要求,需要改进。

3)项目经理的职责

项目经理的职责就是对项目进行有效的计划、组织、指导和控制,确保全部工作在既定的资源和成本的约束下,按时、按质地完成,以实现目标,在满足客户需求的同时,为本单位实现利润。具体体现在:

(1)计划

项目经理首先必须明确项目的目标,就团队如何实现这一目标进行充分考虑和统一安排,需要做哪些事情,什么时间去做,谁去做,需要什么样的设备、材料和工具,要花多少钱,做这些事情会有哪些风险等,这些都是项目计划的内容。概括为:确定项目目标,并取得管理层与客户的一致认可。

（2）组织

项目经理的组织工作就是组织精干的项目团队,确定其管理结构、人员配备、制定规章制度、明确岗位责任,建立项目内部、外部的沟通渠道等。组织工作成功的标准是项目组织能够高效率运转和实现有效的领导。

沟通和协调是项目组织工作的重要内容。项目经理既是指令的发布者,又是外部信息和基层信息的集中者。因此,项目经理有责任建立一个完善的信息管理系统,确保项目组织内部横向和纵向的信息联系,使项目组织和外部信息联系畅通。项目经理组织工作的具体内容包括:

①开发项目所需人力资源,组建项目小组;

②建立适当的项目管理组组织结构图;

③对项目各职位进行描述,制订项目管理责任矩阵;

④确保小组成员理解接受他们的职责;

⑤组织小组成员制订项目计划;

⑥促进项目团队内外的有效沟通;

⑦根据批准的项目计划,配置各种资源。

（3）指导

项目经理需要把握项目的方向,指导小组成员有效地完成活动项目目标。项目经理指导职能具体体现在:具体指导实施项目计划中的各项活动。

提供阶段性的项目进展情况进行评价,必要时对项目的计划、组织机构及人员进行变动。根据项目计划,评价项目绩效。

①与项目小组及其主管讨论项目表现;

②负责与项目内外部门联系、汇报、沟通与检查;

③处理冲突,化解矛盾,减少风险;

④促进项目小组团队建设;

⑤协调解决职能部门与项目小组之间的冲突或问题;

⑥随时了解项目的总体进展,及时解决发生的问题和矛盾;

⑦确保纠正措施及时实施。

（4）控制

项目实施过程中,各种信息、指令、目标、计划都由项目经理决策后发出,来自项目内部和外部的信息也通过项目经理汇总,项目经理需要根据各种反馈信息,不断地对项目计划进行调整与控制,以达到项目有关各方和母体组织的预期目标。具体的控制职能包括:

①确定项目活动的优先级;

②按照项目变更控制程序的要求,对项目的控制范围及其他变更进行评价和沟通;

③对成本、进度和质量进展情况进行控制,及时发现问题并采取整改措施,对分配下去的

工作表现进行跟踪,保证这些工作能按要求完成;

④与项目各承包商保持充分有效的沟通,确保合同条款得到有效履行。

全面引入项目管理理论到大型活动开发整个过程中去,能从管理理念和管理技术上解决我国大型活动开发中的主要问题,帮助大型活动项目成功高效地举办。其优势表现在:

一是项目管理理论的引入使得在大型活动开发中建立了适当的"大型活动项目主体系统",大型活动组织各方有明确的工作职能、任务、目标和权责利关系,这样就能激发各方的工作积极性。

二是能减少大型活动开发的总体风险和成本,提高效益。项目管理理论的管理思想和管理技术是一个完整而周密的理论体系,有效应用该理论利于开发出优秀的大型活动产品,良好的管理又能激发公众参与的积极性,使大型活动运作进入具有良好的经济效益和社会效益的良性循环。

三是加强了大型活动开发中各项因素的可控制性。项目管理理论要求在项目运行中建立一系列政策和标准,明确各方的权责关系。将这些原则和标准应用到大型活动开发的策划、进程管理中后,大大加强了整个大型活动运作中各项因素的可控制性,降低了风险。

四是广泛的项目职责能够加速管理人员的成长,每一个项目的计划和运行过程都是一次完整的技术过程,这种机制方便管理人员在实战中掌握和融会贯通。

【案例】

## 《水舞间》水舞澳门

节目筹划 5 年、总投资超过 20 亿港元,全球最大型的水上汇演"水舞间(The House of Dancing Water)"2010 年 9 月 15 日晚间在澳门新濠天地水舞间剧院揭幕,9 月 14 日举行红地毯仪式,从 15 日起在新濠天地水舞间剧院正式公演。"水舞间"水上汇演由新濠博亚娱乐有限公司联席主席兼行政总裁何猷龙先生精心打造,全球最伟大的灵感创作大师佛朗哥·德拉戈(Franco Dragone)先生亲自创作和执导,水上汇演耗资巨大,经过 5 年的筹划和两年的排练才

得以和观众见面。"水舞间"已成为游澳门的必看节目之一,深受游客欢迎。剧院设有多项顶尖科技器材,由贝氏建筑事务所设计,与佛朗哥·德拉戈的场景设计师米歇尔·克里特(Michel Crête)先生合作并创作而成。

### 超越感官极限　惊世巨铸　触动人心

目前已有超过1 500 000名观众亲身体验《水舞间》,为了打造出这空前巨制,新濠天地特别兴建备有顶尖科技器材的剧院,可容纳2 000名观众,其舞台泳池容量破纪录地高达370万加仑(约合1 682万公升),相当于5个奥林匹克标准游泳池的容量。《水舞间》更是糅合了前所未有的高难度特技表演,配上绚烂炫目的服装及匠心独运的空间设计,完美演绎出一个穿越时空的浪漫传奇。这个超越拉斯维加斯制作的惊世汇演,将带您进入前所未见的视觉震撼新里程。

### 全酒店共投资400亿元　料10年回本

何猷龙昨日在澳门接受访问时表示,早于酒店开幕前,便有意筹备一个长期驻场的大型剧目,5年前邀请到前太阳剧团创作人及其剧团合作,公司亦特意在新濠天地度身订造一个剧院,以配合剧目,总投资额超过20亿元。何猷龙直言,《水舞间》未必能单靠票房收益翻本,但相信舞台剧会为酒店打响名堂,提高酒店的消费及入住率。

### 汇演加中国元素　盼获亚洲人共鸣

金沙中国(1928)旗下的威尼斯人酒店,亦曾经于两年前,以11.7亿元引入太阳剧团长驻酒店演出大型舞台剧《ZAIA》,但上座率一直未如理想,甚至一度面临腰斩的传闻。前车可鉴,何猷龙却认为大型剧目,在澳门仍大有作为。他说:"《ZAIA》最大的弱点是缺少中国文化,该剧就连中文名也没有。"因此,《水舞间》刻意加入了不少中国元素,冀得到亚洲人的共鸣。

何猷龙亦提到,零售区域"新濠大道"的商店已差不多全数进驻,新濠亦会于今年年底前分别开设俱乐部Club CUBIC及Hard Rock Cafe。他表示,希望将新濠发展为全方位的旅游点,不需单单依靠赌场业务。何续指出,现时新濠天地的投资已经到达250亿元,计及新濠峰及赌牌在内,新濠在澳门的投资额近400亿元,有信心投资可在10年之内收回成本。

### 郑秀文主唱主题曲

《水舞间》作为全球最壮观的水上汇演,讲述了一个超越时空的史诗式爱情故事。在传说中的这个国度里,国王育有两名儿女,大公主为早逝的仙女所生,美若天仙;二王子虽为心怀嫉妒的蛇蝎女皇所生,却酷爱和平。国王驾崩后,蛇蝎女皇立即显露出了邪恶的一面,一方面对公主充满仇恨；另一方面则贪婪嫉妒，充斥着权力欲望。蛇蝎女皇最终把公主驱逐，囚禁在笼子里，并宣布自己的亲生儿子为皇位的唯一继承人。被囚禁的公主在笼子里感到失落无助，但是她绝望的呼唤却掀起一股神秘的力量，一场神秘风暴卷起千重浪，将暴风中溺水的陌生人卷上岸边，跟囚在笼里的公主相遇，一段扣人心弦的爱情故事随即展开。

该剧主题曲"WATER OF LOVE"由郑秀文主唱。她表示，这一演出动人心魄，感人至深，能担任这样具有国际水准演出的主唱非常荣幸。"你会随着剧情的发展经历截然不同的情感之旅，从哀、怒的深渊出发，直达欲望的顶尖至喜悦的高峰，徘徊在恐惧的边缘，最终以爱冲破怨恨。"

谢霆锋早前曾拉队前往澳门拍《十二道锋味》，还尝试直闯《水舞间》的演出场地，他更是全球首个能够潜入这个耗资约20亿元的高科技水底世界的艺人。谢霆锋本身有潜水牌，当他听过表演者解说后，就穿上潜水衣、背起氧气筒潜进平常严禁入内的水底机关，他还尝试水底驾驶三轮车，这水底世界令他叹为观止。

谢霆锋表示很荣幸能够成为全球首个潜入舞台水底世界的艺人，他自言一向在拍摄动作戏时都坚持尽量亲身上阵，因此看到《水舞间》的演员同样对演出有坚持，就知道大家都热衷于挑战自己来让每个演绎达到完美。

# 专家评析

任何一个剧目的制作都是为了能在剧场与观众见面、交流。如果剧目能够多演，其价值与意义就大；如果剧目只演两场就寿终正寝，即使剧目的精神境界再高、主题再健康，其意义也等于零。

剧目创作的终点只有一个，那就是让观众花钱走进剧院来，让剧目实现盈利。为了达到这个终点，我们就必须要以观众为本，了解观众，让剧目得到他们的共鸣。如此，我们又回到了剧目创作的起点。

# 复习思考题

1. 大型演艺活动的参与主体有哪些？他们主要从事哪些活动？
2. 大型演艺活动的市场化运作模式有哪几种？比较它们的优缺点。
3. 阐述大型演艺活动项目组织的特点。
4. 大型演艺活动组织结构设计的三要素分别是什么？
5. 大型演艺活动组织结构的具体形式有几种？分别进行阐述。

# 第9章
# 大型演艺活动品牌塑造与经营

**HUIZHAN**
会展经济与管理

## 【本章简介】

本章主要讲述了大型演艺活动的品牌、品牌塑造及品牌经营。通过对本章内容的学习可以对大型演艺活动的品牌塑造与经营的理念和方法有一定的了解。

【案例导入】

## 青岛演艺集团：铸造艺术精品打造品牌之魂

如果提及2015年青岛文化界的几件大事,《誓言》必定是一个不可回避的话题,这场由150个演员参与的大型音乐情景史诗,将党员干部修身做人的基本遵循、用权律己的警示箴言、干事创业的行为准则,生动、艺术地展现在舞台上,其故事表达和艺术效果,让众多人深深震撼。品牌是一种无形资产,但打造具有知名度和美誉度的品牌,背后却需要多少人无私地付出。在总导演黄港的心目中,《誓言》备受欢迎和关注,依靠的绝对不是幸运。"从剧目的编排到演员的选择,节目的彩排,几经周折,这是团队中很多同志克服困难,做出牺牲才取得的成绩"。"主旋律"的艺术作品收到了非常好的社会效果,这即是青岛演艺集团打造精品艺术作品的缩影,作为青岛文化体制改革所取得的阶段性成果、率先改制的大型国有文企中的四朵"金花"之一,青岛演艺集团将打造艺术精品的品牌建设作为切入点和突破口,不仅增强了企业的竞争力,也形成了企业独具特色的品牌文化,有力地推动了青岛文化产业的发展。

以演艺活动表达企业文化,以企业力量支持演艺活动发展,打造文化品牌,形成一种无形资产。本章将阐述大型演艺活动的品牌、品牌塑造及品牌经营。通过本章的学习可以对大型演艺活动的品牌塑造与经营的理念和方法有一定的了解。

# 9.1　大型演艺活动品牌概述

大型演艺活动品牌的内涵体现在人型演艺活动的内在服务质量与外在形象的高度统一。其内在质量体现在大型演艺活动定位的清晰性、大型演艺活动服务质量的规范化、目标参与者与观众的适合性、大型演艺活动组织运行的协调性和大型演艺活动的竞争优势性,反映大型演艺活动企业实施品牌战略的机会、管理与营销的状况;其外在表现是指大型演艺活动的外在知名度和影响力,反映了大型演艺活动营销推广、品牌传播等情况。以下具体加以论述。

## 9.1.1　大型演艺活动定位的清晰化

由综合性大型演艺活动向专业性大型演艺活动转变是国际大型演艺活动的发展趋势,打造品牌大型演艺活动,首先应找准自己的定位。如宁波国际服装博览会一开始就定位在男装展上,事实证明,这个定位不仅顺应了世界大型演艺活动产业的发展潮流,而且真正树立了中国男装博览会的第一品牌。

## 9.1.2　大型演艺活动服务质量的规范化

规范化是产业发展成熟的标志。在发达的市场经济国家中,大型演艺活动已是一个成熟的服务业,有一套规范的服务体系。中国加入世界贸易组织以后,中国的大型演艺活动也逐步与国际大型演艺活动业接轨,要想在国际竞争中占有一席之地,就必须加快规范化的进程。

品牌大型演艺活动提供的高质量的大型演艺活动服务,这种服务贯穿于整个大型演艺活动的前、中、后期,它既包括餐饮、仓储、运输、打印、出租影像设备等配套服务,也包括在大型演艺活动期间提供的广告位租赁、广告设计和制作等专门服务。规范化不仅能使大型演艺活动的功能和价值满足参与者和观众的需求,而且使大型演艺活动品牌具有明确性、差异性、专业性特征,更容易被大众所认知。

### 9.1.3　目标受众价值需求的适合性

现代大型演艺活动业已不是单纯的产品展示交易场所,而是各方价值取向综合展示的平台。要通过对参与者与观众的价值需求进行分析,结合其认知习惯、需求,对大型演艺活动的内容、服务市场、产品市场、目标客户进行科学定位,对大型演艺活动的核心价值进行评估,以提高品牌大型演艺活动的核心竞争力。

### 9.1.4　大型演艺活动组织管理的协调化

品牌大型演艺活动主要针对的是高端市场,其价值层面不是单一的、死板的产品层面,任何商人或参观者参观大型演艺活动不仅仅是为了寻找产品,而是需要满足其个性化需求、实现价值增值的一揽子解决方案。

大型演艺活动组织运转的协调性体现在以下几个方面:

一是大型演艺活动组织者对组织系统内部各部门推广、营销环节的协调。品牌大型演艺活动的运作必须统一形象标志、经营理念、行为标志等,并渗透到内部的每一个营销环节,以高效的管理、优质的服务提高大型演艺活动的质量。

二是大型演艺活动组织者与合作伙伴之间的协调。合作伙伴包括大型演艺活动营销代理商、分销商、广告商、旅游服务、场馆搭建、宾馆酒店、保险、运输、海关等,大型演艺活动组织者必须与合作伙伴形成共同的价值观和完善的价值链,以保证大型演艺活动的核心价值的长期稳定,使大型演艺活动的质量不至于在中途受损。

三是大型演艺活动周期与"展品"市场周期的协调。大型演艺活动周期的把握依赖于对"展品"市场周期的分析。不断协调大型演艺活动周期与"展品"市场周期的关系,调整"展品"功能,使大型演艺活动品牌不断延伸,使大型演艺活动的质量得到长期稳定的发展。

## 9.2　大型演艺活动品牌塑造

### 9.2.1　大型演艺活动品牌诊断

品牌诊断是大型演艺活动品牌形象定位的基础性工作。通过诊断,大型演艺活动企业可以准确了解品牌建设工作的起点,在此基础上,确定科学的品牌形象定位及品牌发展目标。在诊断品牌现状时,可从 3 方面入手:

一是参与者与观众情况,包括两者对品牌的态度以及顾客对品牌所形成的看法,可以通过设计调查表和量化指标,在活动前、中与后期,对参与者及观众进行跟踪调查,从中得到他们对品牌定位的看法及品牌价值的认可。

二是品牌的内部管理情况,包括大型演艺活动的管理、组织、人员、制度、文化等,是否支撑相应品牌的定位等。

三是品牌成长的外部环境分析,包括市场竞争的公平性、法律法规的健全性、国际经济环境的利弊等,为品牌定位奠定基础。

通过以上分析,对大型演艺活动品牌发展的制约因素与有利条件做到心中有数,在品牌的建设中可以有针对性地推进,逐步完善并向外传播。

## 9.2.2　大型演艺活动品牌定位的步骤

品牌定位就是在品牌诊断的基础上,诊断目标受众的心理需要采取行动,将品牌的功能、特征与目标受众的心理需要联系起来,使品牌进入消费者的视觉领域,并引起消费者的注意和偏好。大型演艺活动品牌的定位可包括 3 个步骤:

### 1)识别各种可能作为定位依据的竞争优势

潜在竞争优势使一些大型演艺活动能比其他同类大型演艺活动带给参与者与观众更多的价值,它源于大型演艺活动组织管理的过程中。如更符合趋势的主题选择,更优惠的价格,更具代表性、更权威的参与者,更高质量的专业观众,更人性化的服务等。大型演艺活动可以就某一方面的功能进行打造也可以进行全方位的塑造,但是并不是所有的潜在竞争优势都能转化为现实中的竞争优势,因为潜在竞争优势转化为现实竞争优势是需要成本的,有些转化成本过高,有些不值得转化,有些则时机未到,等等。

### 2)选择正确的竞争优势

通常,能够选做大型演艺活动品牌定位基础的潜在竞争优势必须满足以下要求:

第一,差异性。这就是说在主题选择上是其他大型演艺活动所没有的,具有创新性,或即使其他大型演艺活动有,但本大型演艺活动可以在成本、服务或功能上做到更好。如宁波国际服装博览会一开始就定位在男装上,事实证明,这个定位不仅顺应了世界大型演艺活动产业发展专业细分化的潮流,真正树立了中国男装博览会的第一品牌,也是中国唯一一个国际男装展。

第二,交流性。这是说大型演艺活动品牌可以向目标受众传递,使他们能够感知得到。如可以赋予品牌更大的想象空间,可代表一种文化,给大型演艺活动注入更多的文化内涵,通过大型演艺活动的广告、标识语、印刷品、相关活动等提升它的品牌影响力。

第三,经济性。这是说目标受众是能够支付得起,有能力支付这种定位带来的差异的,而且能够形成规模效应。

第四,营利性。这是说大型演艺活动的规模应该足够大,可以弥补大型演艺活动在品牌定位时采取差异化策略及相应的管理策略所付出的成本,从而有利可图。

3)有效地向经过选择的目标市场传达大型演艺活动的品牌定位意图

持续与顾客沟通是品牌定位时很重要的一项工作。例如,可以先花几个月的时间,建立顾客的认知、回忆与了解,之后再开始建立顾客的忠诚度。另外,要确保公司对外发出的信息是一致的,不会带给顾客前后不一的感觉。

### 9.2.3 大型演艺活动品牌定位策略

大型演艺活动品牌定位通常采用以下4种策略:

1)特色定位

特色定位又称市场空缺定位,此种定位是在差异化的基础上,与众不同的一种方式。随着经济全球化、产业细分化的趋势日益突出,大型演艺活动产业日益向纵深方向发展,其专业化分工将越来越明显,特色定位成为建立竞争壁垒的有效方式。

2)利益定位

利益定位是致力于满足参与者和观众的某种利益,如更人性化的服务、更具影响力的宣传推广、更优惠的价格、更便利的设施、更多附加值的回报等。

3)竞争定位

这是指针对现有竞争者的定位,参考同类题材大型演艺活动的优劣,进行大型演艺活动的定位。采用此种方式,大型演艺活动企业需有足够的实力与勇气展开直接竞争。同时,也可以利用与大型演艺活动有竞争关系的其他活动来拓展自己的影响力。

4)功能定位

大型演艺活动的功能一般有成交、信息发布、展示等,如果一项大型演艺活动在几天内它的功能中一项或几项表现很突出,就可以采用此种定位方法。

## 9.3 大型演艺活动品牌经营

将自己举办的大型演艺活动逐步培育成在国内外有重大影响力的品牌大型演艺活动,是每一个大型演艺活动主办单位不懈追求的。品牌大型演艺活动都是通过对大型演艺活动进行卓有成效的品牌经营才培育出来的,大型演艺活动品牌经营是大型演艺活动进行市场竞争最有效的手段之一。

### 9.3.1 形成品牌产权

大型演艺活动品牌经营,就是以经营品牌的观念来经营大型演艺活动,将大型演艺活动培育成品牌,并通过大型演艺活动品牌来加强大型演艺活动与参与者之间关系的一种大型演艺活动经营策略。大型演艺活动品牌经营的主要目的是,通过对大型演艺活动进行品牌化经营来提高大型演艺活动的影响力和市场占有率,并努力使本大型演艺活动在该题材的活动市场上形成一种相对有利的垄断局面,也就是形成一种"品牌产权"。

大型演艺活动经济是规模经济,品牌产权是大型演艺活动经济发展到一定阶段的必然产物。大型演艺活动品牌经营,最常见的途径是根据市场竞争势态选择某一个题材的大型演艺活动市场,然后努力经营这个市场,最后使本大型演艺活动在这个题材的活动市场上占据主导地位,并对该市场形成相对垄断。大型演艺活动市场上的相对垄断现象十分普遍。

品牌产权是比知识产权更为高级的现代市场经济的产物,其市场竞争力比知识产权更为强大。某个大型演艺活动一旦在市场上形成了一种品牌产权,该大型演艺活动就能在激烈的市场竞争中脱颖而出,占据有利地位。品牌代表着一种市场认可的品质,它不仅可以用来宣传大型演艺活动,更是大型演艺活动用来吸引参与者并拥有该题材大型演艺活动市场的法宝。随着品牌在现代经济中发挥着越来越重要的作用,品牌产权在大型演艺活动无形资产的构成中占据着越来越重要的地位。一般来说,一个大型演艺活动一旦在市场上形成了一种品牌产权,该大型演艺活动就会拥有品牌知名度、品质认知度、品牌忠诚度、品牌联想度四大核心资产,这些资产是大型演艺活动开展市场竞争最有力的武器。

### 9.3.2  积累大型演艺活动品牌资产

开展大型演艺活动品牌经营,使大型演艺活动在市场上形成相对垄断,关键是要想办法逐步积累大型演艺活动品牌的四大核心资产:品牌知名度、品质认知度、品牌联系度和品牌忠诚度。这四大资产能使大型演艺活动获得参与者和观众的广泛认同,并促进大型演艺活动不断向前发展。

1)逐步提升大型演艺活动的品牌知名度

大型演艺活动品牌知名度分为 4 个层次:

第一,无知名度,即大型演艺活动的目标参与者和观众根本就不知道该活动及其品牌。

第二,提示知名度,就是经过提示后,被访问者会记起某个大型演艺活动及其品牌。

第三,未提示知名度,即不必经过提示,被访问者就能够记起某个大型演艺活动及其品牌。

第四,第一提及知名度,就是即使没有任何提示,当一提到某一种题材的大型演艺活动时,被访问者就会立刻记起某个大型演艺活动及其品牌。

提升大型演艺活动品牌知名度,就是要使大型演艺活动品牌逐步从无知名度走向第一提及知名度,这样,大型演艺活动才会被其目标参与者作为首选的对象。

2)扩大大型演艺活动的品质认知度

品质认知度是指目标参与者和观众对大型演艺活动的整体品质或优越性的感知程度。它使参与者和观众对大型演艺活动的品质做出是"好"还是"坏"的判断;对大型演艺活动的档次做出是"高"还是"低"的评价。品质认知度对于大型演艺活动发展具有重要意义:首先,它可以为目标参与者和观众提供一个参加大型演艺活动的充足理由,使大型演艺活动定位和品牌获得目标参与者和观众的认同,提高他们参加大型演艺活动的积极性;其次,有助于大型演艺活动的销售代理开展组织工作,可以增加大型演艺活动的通路筹码;最后,可以扩大大型演艺活动的"性价比",创造竞争优势,促进大型演艺活动进一步发展。

### 3)努力创造积极的大型演艺活动品牌联想

大型演艺活动品牌联想是指在目标参与者和观众的记忆中与该大型演艺活动相关的各种联想,包括他们对大型演艺活动的类别、品质、服务、价值和顾客在大型演艺活动中所能获得的利益等的判断和想法。大型演艺活动品牌联想有积极的联想和消极的联想之分。积极的大型演艺活动品牌联想有利于强化大型演艺活动的差异化竞争优势,使目标参与者和观众对大型演艺活动的认知更趋于全面,并可帮助目标参与者和观众进行参加选择决策,促成他们积极参加本大型演艺活动。大型演艺活动品牌经营的任务之一,就是要通过营销等各种手段,努力促使目标参与者和观众对大型演艺活动产生积极的品牌联想,避免使他们对大型演艺活动产生消极的联想。

### 4)不断提升目标参与者和观众对大型演艺活动品牌的忠诚度

目标参与者和观众对一个大型演艺活动品牌的忠诚度越高,他们就越倾向于参加该活动,否则,很可能抛弃该活动而选择参加其他的大型演艺活动。品牌忠诚度可以分为4个层次:

第一,无忠诚度。参与者和观众对该大型演艺活动没有什么感情,他们可能随时抛弃该活动而去参加其他大型演艺活动。

第二,习惯参加某大型演艺活动。参与者和观众基于惯性而参加某大型演艺活动,他们处于一种可以参加该活动也可以参加其他活动的摇摆状态,容易受竞争对手的影响。

第三,对该大型演艺活动满意。参与者和观众对该大型演艺活动基本感到满意,他们不太倾向于转而参与其他大型演艺活动,因而对他们而言,不参加本大型演艺活动而去参加其他活动需要付出更多的时间、财力和重新适应等方面的转换成本。

第四,情感参加者。参与者和观众不仅积极参加本大型演艺活动,还以能参与本活动而骄傲,并会积极向其他人推荐本大型演艺活动。

提升目标参与者和观众的品牌忠诚度,就是要不断增加大型演艺活动的情感购买者和忠贞购买者队伍,使本大型演艺活动成为行业的旗帜和方向标。拥有较多具有较高品牌忠诚度的参与者和观众的大型演艺活动,必将成为行业中最为著名和有影响力的活动。

### 【相关链接】

二十国集团领导人杭州峰会于2016年9月4日下午开幕了,在这个重要的大型活动中,作为"2016杭州G20峰会"的东道主,为了让各国朋友都对G20峰会留下难以忘怀的美好记忆,借由一台最重要的演出来将自己的心声表达出来,让各国友人都期待重游而精心安排的属于我国特有诗意的艺术演出,让G20峰会满满被中国艺术文化氛围环绕着! 整台演出的名称定为《最忆是杭州》,让各国朋友无论什么时候回想起G20峰会都是"最忆是杭州",期待"何时更重游"! 富有诗意的开头,欢乐无忧的结尾,不管怎样安排,都是将中国的艺术文化展现在了各国朋友的面前,让他们一同被中国艺术文化氛围环绕着,感受到不一样的热情。

　　G20峰会演出第一曲《春江花月夜》，中国古典音乐里"名曲中的名曲、经典中的经典"，让这富有诗意的古典音乐带着所有人在这清新淡雅、色彩柔和的美妙山水意境中开篇。紧接着让《采茶舞曲》与开篇的《春江花月夜》无缝连接，把杭州最具有代表性的民间小调，同时更是中国文化意向符号展示给各国友人分享，让各国的朋友在欣赏民间歌舞的同时也了解到中国千百年的文化发展，在西湖美丽的夜色中，欣赏出不一样的文化意境。

　　中国古代民间唯美的爱情故事、中国最具气韵的乐器、第一时间引起世界各国嘉宾共鸣和亲切的芭蕾舞曲、对祖国的热爱、属于中国旋律的作品等，这些演出的安排都将中国艺术的文化氛围渲染到了另一种高度，也让各国的朋友在G20峰会上感受着完全属于中国风的艺术与文化的交融。G20峰会的演出应该是完美的，将中国的文化与艺术幻化作美妙的山水意境将各国朋友环绕着，让他们感受着中国的艺术气息，让他们被浓郁的中国文化所环绕着，享受着中国的美！

**【案例】**

# 关注《中国好声音》的品牌营销之道

　　核心提示：节节飙升的广告费和收视率无不证明着《中国好声音》的成功。从最初的每15秒15万元，到现在的每15秒36万元广告费，以及同时段全国收视冠军的持续保持，《中国好声音》俨然成了一台赚钱的机器。

　　而这台赚钱机器从节目开播后的两周之内，就帮它的播放平台——浙江卫视收回了成本。都说《中国好声音》的成功是站在了其原版——荷兰《The Voice》这一巨人的肩膀上，但两者在赚钱的模式上却不尽相同。并且与以往国内的一系列同类型节目相比，《中国好声音》在商业模式上都有着不少创新之处，这兴许也解释了它为何能将商业效应发挥到极致的原因。

　　**参与广告分成**

　　从国外买进版权到制作，《中国好声音》出自"灿星制作"之手。响当当的《中国达人秀》《武林大会》以及《华语音乐榜中榜》均打造自这个团队。然而不同于以往的这些节目，也不同于国外原版的《The Voice》，灿星制作此次打造的《中国好声音》首次引入真正意义上的"制播分离"。

　　《中国好声音》宣传总监陆伟在接受记者采访时对此作出了解释："以往所谓的制播分离通常是制作单位完成一档节目的创意、理念及制作，然后由电视台花钱购买。所以对于制作单位来说，收入是固定的，如果要获取更大的利润空间，他们只能从控制自身成本的方向努力。"

　　但这次，灿星制作却是直接参与浙江卫视的广告分成。根据陆伟的介绍，灿星制作与浙江卫视达成协议，如果节目收视率在一定的标准之上将由双方共同参与广告的分成。不封顶的、巨大的利润空间无疑倒逼着灿星制作制作出最好的产品，不惜成本与投入。而过去的模式只会让制作单位想尽办法减少开支，这在陆伟看来是形成恶性循环的开始。"控制成本会影响节目的质量，这直接导致收视率不好，收视率不好电视台的广告营收也受影响。"陆伟说。参与电视台广告分成的制播分离模式避免了过去的恶性循环，而为了要赢取更多的利润，制作单位会竭尽全力制作出最好的节目来确保收视率,这便形成了良性循环。但陆伟也坦言,这种模式的风险很大,因为灿星制作承担了所有的版权费,如果节目达不到规定的收视标准,他们还将单方面担负广告商的损失。

### 打造全产业链

此外,不同于以往的节目对明星导师们采取付费的方式,《中国好声音》中明星导师共同打造产业链的模式让明星们长期共同投入,这无疑将使得明星效应更大作用地发挥出来。

过去邀请嘉宾的方式较为简单,节目组打包报价或是按照场次计算,嘉宾每做一期节目算一场报酬。此前就有消息称:《中国好声音》花费 2 000 万元酬劳邀请四位明星导师。但陆伟予以否认,他指出:"我们与导师的合作模式,并不局限于这几期节目,而是整个产业链的共同打造。"

在引入原版《The Voice》的其他国家中,节目结束于那一季冠军的产生,除了节目本身的衍生品或是线上歌曲的继续销售之外,歌手签约、演唱会、唱片发售等获利环节都与节目的制作方没有任何关系。但灿星制作想下一盘更大的棋。灿星制作把选手签约以及签约之后的商业演出等项目都收归自己所有,而包括音乐学院、演唱会、音乐剧、线下演出等在内的全产业链,明星导师们也共同投入,明星导师无疑也会利用自己的资源帮助全产业链的打造。这在以往本土的节目制作过程中也是全新的尝试。

对于此种模式产生的巨大经济收益陆伟讳莫如深,他表示:"对后端产业链的开发也有助于让中国乐坛的现状得到改变。"

### 锦囊八计唱出好声音

"下午部门在比赛念这个:正宗好凉茶正宗好声音欢迎收看由凉茶领导品牌加多宝为您冠名的加多宝凉茶中国好声音……我的成绩是 15 秒 38。"微博上,跟念《中国好声音》节目末尾华少台词的活动引来众多网友的尝试。一时之间,有关《中国好声音》学员、导师,以及广告台词等的讨论在微博上迅速扩散开来,无处不在。与其说这是一场观众的互动,不如说它是有"预谋"的微营销。

"微博首页、热门话题推荐,微博话题首页热点推荐,新浪大号转发……"《中国好声音》的网络营销项目清单中列明一项项传播的类别。

那么,究竟中国的这个好声音是如何练成的?它究竟有哪些秘籍?品牌策划人邹凌远在接受《第一财经日报》采访时认为以下八大因素使其更吸引眼球:

**迎合需求**:国内的选秀节目层出不穷,其中不少节目以"恶俗、毒舌、冷酷、拜金、富二代、造假"等吸引观众眼球,在邹凌远看来这不仅造成同质化现象严重,而且频频触犯观众底线,与社会主流意识相冲突。之后广电总局频下"限娱令"调控,观众迫切需要新颖的节目形式和更贴近生活、朴实无华的感动。

**定位准确**:不以貌取人,只用声音打动人,而明星导师们选取学员的标准也一律以"好声音"为评判。这样的定位简单、可操作。

**标准高**:节目主要突出一个"好"字,引进欧美成功节目《The Voice》的经验,为节目的成功奠定了基础。而浙江卫视和灿星制作在本土化运营方面、幕后阵容上下功夫,在设备与人员的投入上全部采取高标准,为学员参与营造展现机会。

**引起共鸣**:容易引起观众共鸣的方式无疑是讲故事。而节目也以故事塑造不同的个体,每一个人就是一段讲述在实现梦想过程中不平凡的经历,这很容易激起受众的共鸣。当然,社会化媒体让一切变得透明,也变得暴力,如何面对故事真实性的挑战,是节目能否可持续的关键之一。

体验式互动营销:"整个过程等于是向观众展示体验一次产品使用的过程。这样的节目能够充分调动各方参与的积极性。"邹凌远认为。

名人效应:刘欢、那英、庾澄庆、杨坤组成了《中国好声音》的首个导师团,而这四位明星本身在国内娱乐界都有着较大的影响力。这增加了节目的震撼性和权威性,能够借助名人效应迅速赢得观众和参赛者的信任。除此之外,节目一播出就吸引了包括姚晨、李玟、冯小刚、张靓颖、朱丹在内的名人通过微博为节目发布评论和转发。

公关炒作:广告未出,公关先行。多层次的网络口碑打造,大范围公关炒作,迅速凝聚了极高的知名度。同时,邹凌远也认为,对于节目的一些质疑声,极有可能是节目组事先安排好的,目的就是以争议吸引更多的关注度。

有效利用新媒体:节目组不仅开通了官方微博、嘉宾微博,还有歌手微博,外加微博软文和活动的配合,充分有效地调动了网友的参与性,并形成了一种社会议题。

### 商家逐利短暂搭车

"《中国好声音》中徐海星穿的同款服装火爆销售中!"这个夏天《中国好声音》一夜爆红,淘宝商家们也早已按捺不住要搭上这辆开往大好"钱"途的快车。

在目前《中国好声音》已出场的众多参赛者中,徐海星无疑是最受关注和质疑的人物之一。这位清爽大方又俏皮的女孩,让知名歌唱家刘欢也流下了感动的泪水。但正是她讲述的那感人的亲情故事遭来网友的质疑,一时之间对于她所述的故事真假备受争议。但这并不妨碍商家们的生意,一个备受争议的人物对他们而言反而是更能出彩的招牌。随着《中国好声音》的持续走红,从学员的服装,到明星导师的穿着,甚至节目中导师的主要工具——转椅都成了商家"好生意"的利器。

### 同款产品淘宝热销

尽管没有精致的妆容、没有华丽的台服,《中国好声音》参赛学员的服饰让观众们感到真实、质朴,但商家们还是想尽办法地找出亮点为自己的生意搞点"噱头"。"火星的小崔"打算赶在10月份之前,到了穿长袖的时候把"那姐"穿的金边小外套做出来,但她早早地将图片和广告推在网店的页面上。"样衣很快就开工了,等样衣出来了再定价格。"小崔这么盘算着。

记者在淘宝网上输入"好声音"时,网页便为你搜索出250多件商品:中国好声音赵露同款上衣、中国好声音刘振宇同款连衣裙……商家们的广告打得不亦乐乎。

明星导师那英帅气地脱了鞋子与自己的粉丝学员共歌一曲,眼尖的商家看到了她鞋子的款式,立马"复制"。"评审中那英正是穿着这款鞋子。"商家在向记者推销时重复强调。218元一双的鞋子一上架没几天便卖出了40多双。

### 搭车难长久

除了将《中国好声音》舞台上明星导师和学员们的服饰生意开发到极致,明星们的转椅也成了不少商家借机宣传的工具。

苏宁易购也趁机做起了广告。"你们有没有人是这么看《中国好声音》的?每周五晚,《中国好声音》必备神器。"苏宁易购在其官方微博上打起了广告,点开文字后面紧跟的链接便是公司推出的转椅产品。

尽管此时商家们的搭车行为正在兴起,但在品牌策划人邹凌远看来搭车经济行为很难持久。

"搭车本身是一种时效性的营销方式,是阶段性的。现在节目很火爆,观众都觉得很新颖,大家又都有猎奇的心理,看到这些东西就会想去买。但随着节目播放很久以后,节目在人们心目中的影响力就会减弱,人们不会再有那么高的热情,消费者的热情和喜好度也是有时效性的,除非他们形成一种品牌忠诚度。"邹凌远对本报记者分析。而倘若搭车不当,也有风险。在争夺学员的过程中,杨坤老生常谈般的 32 场演唱会成了他独特的符号,杨坤工作室还专门邀请知名设计师为其打造 32 号战袍。但在没有经过任何授权的情况下淘宝店铺的商家们也公然地开售"32 号战袍"。并且有国内某团购网站发起"杨坤 32 场演唱会门票免费送"活动,杨坤工作室认定此为侵权行为,团队将保留法律追究权利。

此外也有商家设计的 T 恤上公然地启用《中国好声音》的商标。对于搭车《中国好声音》的生意,节目宣传总监陆伟在接受记者采访时表示:"虽然我们不拥有衍生产品的版权,但如果商家直接用一模一样的商标那肯定是对原版构成侵权。"

### 《中国好声音》存活

晚上八点,老王依然忙碌地在家里整理白天收集而来的大大小小的纸箱子。小区把一间地下车库旁边的小屋租给了他,这就是他在这个城市的家了。屋里的设施很简单,除了那台电视机,几乎看不到现代化的设备。时间过了九点,老王加紧了动作,他指着电视机对记者说:"《中国好声音》快开始了,要赶在那之前把活都干完。"老王喜欢《中国好声音》的原因很简单:"看到很多人也只是再普通不过的老百姓,只要有好嗓子,他们就能成功。"

8 月 13 日"中国蓝大家庭"加 V 官方微博写道:"《中国好声音》收视再创新高达 3.302%,位居同时段所有节目榜首,当晚重播收视以 1.434% 排名第一。"老王的喜欢,实际上就是《中国好声音》火爆的一个原因:这个平台给予了草根们一个实现梦想与成功的机会,他们的励志也同样给予众多尚未成功的草根们继续努力、追求的动力。

而《中国好声音》的成功也重新点燃了中国本土自《超级女声》之后音乐类节目的竞赛火焰。竞相推出音乐类节目的各大卫视大有再度厮杀一番的气势,它们不惜重金邀请最顶尖的音乐人士,也有和《中国好声音》一样买进国外节目的版权。究竟什么样的节目才能吸引观众?买入国际成功节目的版权一定能在中国取得成功吗?

清华大学新闻与传播学院常务副院长尹鸿在接受采访时的一番话意味深长:"所有的都取决于供求关系的变化,一旦出现大量的模仿式节目就走不了太远,因为供给过多。在中国所有的节目形态都是这样,出现一个成功就会有一百个模仿。"

### 麻木之后的"创新"

在《中国好声音》重新点燃本土音乐类节目的竞赛火焰之前,上一波的相互厮杀要追溯到多年前了。2004 年湖南卫视打造的《超级女声》红遍中国,待比赛举办到 2005 年以李宇春、周笔畅、张靓颖为代表选手的第二届时,决赛之夜的收看观众一度直逼 3 亿大关。这之后中国掀起了一股前所未有的娱乐风暴,各种选秀类节目层出不穷,各档节目的同质化现象也越来越严重,这其中也不乏诸多以低级手段吸引观众眼球的节目。

对于许多节目的频频触犯道德底线,与社会主流意识相冲突,观众早已麻木。2011 年 9

月，湖南卫视宣布停办下一届《快乐女声》，加之在广电总局"限娱令"的几番调控之下，音乐选秀类节目骤然降温。但在中国人民大学新闻学院院长助理、副教授雷蔚真看来，音乐选秀类节目还是大有市场的。"观众当年对《超级女声》那么强的互动性，以及对音乐类节目的热衷，都表明观众对这类节目是有需求的。"只是，在同质化以及各种限令之下，观众迫切需要一台更具新颖与贴近生活的节目。这也解释了《中国好声音》能引起观众共鸣的原因。

"在早期几乎都是专业的音乐类人士的选秀节目，没有大众、草根的，现在面向草根真人秀的甄选无疑能使得节目回归到本真，即艺术本质，文化永远是在供求关系的变化过程中变化，节目也要应对这样的变化。"尹鸿认为。

《中国好声音》的原版——荷兰《The Voice》在给中方的产品说明书上花了二十多页强调了"声音是节目唯一的要素"。台上没有精致的妆容、没有华丽的台服，所有的一切只与声音有关。

### 困难重重

如今，《中国好声音》又犹如当年的《超级女声》那样，掀起了新一轮音乐类节目的厮杀。辽宁卫视的《激情唱响》、山东卫视的《天籁之声》、深圳卫视的《清唱团》，以及云南卫视的《完美声音》和青海卫视的《花儿朵朵》，都在这轮厮杀中角逐。但目前依然是《中国好声音》领跑着。

从早年火爆的《超级女声》，到近年大热的《中国达人秀》，以及今天的《中国好声音》，这些大红大紫的节目无不模仿或引入版权来自国外的节目。中国自己的节目怎么了？

雷蔚真指出问题的所在："中国文化创意创新能力整体上是比较匮乏的，没有几个特别合格的人才。""原创节目需要有土壤，丰富多元的文化和自由奔放的心灵，但我们没有这样的土壤和基础，"复旦大学新闻学院教授陆晔在接受本报采访时分析，"当然还需要完全开放的文化创意市场。"

而在尹鸿眼里本土不光缺乏创意，创意转变为节目形态需要一系列的检测、实验和开发，需要有专业的工艺流程来支撑它，中国需要具备专业模式的公司才可以，但现在少有人来做。

面对这样的局面，《中国好声音》节目宣传总监陆伟觉得眼下中国的节目制作最需要的就是学习，向国外成功的经验学习，《中国达人秀》《中国好声音》的诞生就是一个很好的学习过程。"我们的电视产业和国外的差距很大，我们的发展时间短，现在最重要的就是通过学习缩短差距，通过达人秀的打造我们学习了制作真人秀节目的经验和团队分工，我们只花了一年的时间就掌握了。"陆伟对本报记者说。

### 成功不是必然

从已经取得的成绩来看，买进国外的版权，学习国外成功节目的经验，似乎是本土娱乐节目能走向成功的一个模式。但成功不是必然。

各个国家购买电视节目版权也有失败的案例。让雷蔚真印象深刻的是日本花了几百万购买了美国火爆的真人秀节目——《生存者》，最后却在日本销声匿迹。归结原因雷蔚真认为节目赤裸裸的你死我活不符合东方文化。这正如尹鸿教授所说："最主要的是我们要选适合自己的模式。"

在谈到如何让节目出挑时，陆伟也谈到："所有的东西都要符合主流人群的情感与审美，因此节目的价值观很重要，它决定了整个节目的气质。"

当然在这个基础上引入的模式还需要经过本土化、适应性的改造。"和电影的跨国界不同,电视的本土化是立身之本,再弱小的国家其电视产业都能把本国的观众给占领,就是因为它的本土化,所以引入的模式还要进行一些改变和创新使其和本土文化更加接近,我们在购买模式时要注意这一点。"雷蔚真强调。此外,雷蔚真补充:"在复制过程中还需要人才和市场机制的匹配,《中国好声音》的成本是非常高的,要做一个名牌栏目就要不惜成本去做,这个观念也是市场观念的育成。用好的人才和配备把节目做到一定的质量,利润也会超倍地回报你。"

# 专家评析

《中国好声音》从开播以来就极具人气,并且慢慢赢得了好口碑。其品牌影响力也不是一朝一夕之间就形成的,除了节目组对节目质量的严格把关和精心策划,还有其成功的营销手段。正是它的好口碑和品牌号召力才促使了《中国好声音》的广受追捧。这说明大型演艺活动的策划过程绝对少不了对品牌的塑造和营销。

# 复习思考题

1. 阐述大型演艺活动品牌的内涵。
2. 树立大型演艺活动品牌的基本要素有哪些?
3. 大型演艺活动品牌的定位策略有哪些?
4. 大型演艺活动品牌定位的步骤是什么?
5. 大型演艺活动品牌经营应遵循的基本原则有哪些?

# 第10章
## 大型旅游演艺活动的策划与管理

**HUIZHAN**
会展经济与管理

【本章简介】

　　本章主要讲述了旅游演艺活动的基本概念、特点、类型、旅游演艺活动的发展趋势及其策划,等等。通过对本章的学习,可以更好地了解旅游与大型演艺活动之间的关系。

## 【案例导入】

《宋城千古情》，是杭州宋城旅游发展股份有限公司倾力打造的一台立体全景式大型歌舞，2009 年获得国家五个一工程奖、舞蹈最高奖荷花奖。该剧以杭州的历史典故、神话传说为基点，融合世界歌舞、杂技艺术于一体，运用了现代高科技手段营造如梦似幻的意境，以出其不意的呈现方式演艺了良渚古人的艰辛，宋皇宫的辉煌，岳家军的惨烈，梁祝和白蛇许仙的千古绝唱，把丝绸、茶叶和烟雨江南表现得淋漓尽致，给人以强烈的视觉震撼。大型歌舞《宋城千古情》推出至今累计演出 15 000 余场，接待观众 4 300 万人次，每年 600 万游客争相观看，是目前世界上年演出场次最多和观众接待量最大的剧场演出，被海外媒体誉为与拉斯维加斯"O"秀、法国"红磨坊"比肩的"世界三大名秀"之一。

《宋城千古情》拥有着持久的生命力。整台演出牢牢抓住了杭州文化最精髓的根和魂：《良渚之光》劳作生息的古越先民为本剧开了个头，《宋宫宴舞》繁华如烟的南宋王朝，《金戈铁马》慷慨激昂的岳飞抗金，《西子传说》感人至深的爱情传说，众多的杭州历史典故、民间传说和西湖人文景观融进了《宋城千古情》，它再现了"怒发冲冠，凭栏处""欲把西湖比西子，淡妆浓抹总相宜"的景象。一幕幕精彩生动的画面展现在大家眼前，一个缠绵迷离的美丽传说，一段气贯长虹的悲壮故事，一场盛况空前的皇宫庆典，一派欢天喜地的繁荣景象。

杭州，你给我们留下了多少神奇的故事、美丽的传说。

瞧！舞台变成了湖泊，断桥从舞台两旁缓缓往中间驶来，白娘子、许仙在断桥两边深情地望着对方，断桥合并，白娘子和许仙情意绵绵地将手搭在对方的肩上，另一只手向外打开，霎时间，电闪雷鸣，断桥开始断开，许仙离白娘子越来越远，越来越远，舞台一片黑压压，白娘子和法海打斗起来，著名的"水漫金山"便开始上演了——舞台上飞泻而下的水如瀑布般湍急，观众头上也下起了蒙蒙细雨，似乎我们进入了"水漫金山"这个故事。凌空悬下一座透明塔体，灯光透着雷峰塔内白蛇扭动的舞姿，更显之幽怨而凄清……

炫丽的灯光，逼真的背景，动人的故事，令人久久难以忘怀。哪怕是前年游览的我仍没有忘怀。世上绝对没有其他什么戏能与它媲美——屏幕不单在舞台前方，左右面也装上了屏幕，使画面更立体，让人感觉置身其间；它的舞台是多变的，可不是仅仅让一个屏幕摆在那儿的！它能瞬间变成湖泊、变成金山寺、变成城楼……这些可都是些货真价实的东西！光设备好，有何用？《宋城千古情》采取了民间最经典、最广为人知的故事加以运用，效果怎会不惊艳？

除了上述案例中提到的《宋城千古情》，当提到旅游演艺活动时，你还能想到哪些呢？本章主要介绍了旅游演艺活动的基本概念、特点、类型、旅游演艺活动的发展趋势及其策划，等等。通过本章的学习，可以更好地了解旅游与大型演艺活动之间的关系。

# 10.1　大型旅游演艺活动的涵义

## 10.1.1　大型旅游演艺活动的概念及特点

### 1）概念

国内对旅游演艺的研究最初是从对主题公园演艺活动的研究开始的。当时比较普遍使用的名称是"主题公园文娱表演"。此后的用法就比较多了，如：旅游景点景区文艺演出、主题公园文艺表演、（景区）舞台表演等，总的来说，在称谓上都没有使用"旅游"一词进行严格的限定。这可能和这一时期的旅游演艺还仅仅是依附于主题公园和景区而存在的产品类型有关。

近些年，随着旅游演艺的发展，特别是演艺产品规模和影响力的扩大，以及演艺业与旅游业相互渗透形成旅游演艺市场，使得旅游演艺在旅游业中的地位越来越高，体现在名称上就是"演艺"与"旅游"的结合更加紧密，出现了"旅游演出""旅游表演""旅游演艺"的用法。近一年来，"旅游演艺"的用法比较普遍，似乎有了约定俗成的意味。

正如目前学界对"旅游演艺"的概念名称没有统一的说法一样，对于"旅游演艺"的概念内涵，研究者们也从各自的角度给出了不同的诠释。主要有以下几种定义：

张永安、苏黎指出，主题公园文艺表演，是指在主题公园内开展的，一系列由专业演员参与演出的，围绕一定主题的艺术表演形式。这一定义，研究的范围局限于主题公园的演艺活动，且将表演者限定为专业演员。

陈铭杰认为，旅游景区的演艺活动是指，从游客利益出发，反映景区主题和定位、注重体验和参与的形式多样的具有商业性质的表演和活动。这一定义，研究的范围局限于旅游景区的演艺活动。

邓锡彬认为，舞台表演就是围绕着一个或几个主题，以宏大的场景、精彩的演出、热烈的气氛以及光电声等高科技包装而形成的充满特定色彩的大型广场或剧场演出。这一定义，研究的范围局限于舞台表演，摒弃了旅游演艺的其他的非舞台形式；同时，只针对大型演出，摒弃了其他中小型的演出。

诸葛艺婷、崔凤军认为旅游演出是旅游业与演出业相互渗透的结果，因而分别从旅游业和演出业不同的视角加以阐释：旅游演出，对于旅游业来说是一种旅游产品，是依托当地旅游资源、运用表演艺术的形式来表现目的地形象的精神服务产品；对于演出业来说，它是在演出产业整体体制改革的大环境下走入旅游市场的一种形式，是演出策划人组织在演出场所将节目表演给观众（主要是游客）欣赏的过程。这一定义，把表现目的地形象的高水平的大型旅游演出等同于各种内容、形式与规模的旅游演出了。

李蕾蕾等人认为，以吸引游客观看和参与为意图、在主题公园和旅游景区现场上演的各种表演、节目、仪式、观赏性活动等，统称为旅游表演。这一定义基本涵盖了旅游表演的内容，但忽略了另外一些虽然不是在主题公园和旅游景区现场上演，但以表现该地区历史文化或民俗风情为主要内容,且以旅游者为主要欣赏者的表演、演出活动。如在旅游城市的剧院、剧场、戏院、酒店、茶馆等内进行的主要针对旅游者的娱乐表演活动。

本书中所定义的大型旅游演艺活动是指在旅游景区(点)及旅游地定时定点上演的、投资在百万元以上的、演职人员达到百人以上的旅游表演活动。

## 2)特点

### (1)突出地方文化特色

文化是旅游的内容和深层次表述,旅游则是实现文化的教化和娱乐功能的良好载体。成功的旅游演艺产品十分重视对地方文化资源与内涵的挖掘,力图依托文化资源与演艺手段的有机融合,展示地方文化,凸显民族特色和地方特色,让游客感到耳目一新,享受到美好的体验。

如昆明的《云南映象》,是云南各民族民间乡土歌舞与民族舞重新整合的一台充满古朴与新意的大型歌舞集锦。全剧由序(混沌初开)、"太阳"、"土地"、"家园"、"火祭"、"朝圣"、尾声(雀之灵)7个部分组成,展现了云南彝、藏、佤、白、哈尼等10多个少数民族对自然、对生命、对爱的直接的原始表达。演出中所有的舞姿舞步和歌声都来自生活,且大多为民间"原创",如基诺族的太阳鼓舞,纳西族的面具舞、东巴舞,佤族的牛头舞,彝族的烟盒舞、打歌、海菜腔等,充满了浓厚的乡土气息和民族风情。

又如成都旅游演出市场每天至少有大大小小10多台演出,轮番为来自海内外的游客提供丰富多彩的文化佳肴。《蜀风雅韵》《芙蓉国粹》以特色川剧绝活为主打;《锦城云乐》将成都茶艺情景表演、川剧绝活、蜀宫伎乐舞蹈等融汇其中;音乐剧《金沙》则以气势恢弘的歌舞取胜……异彩纷呈的演出在向中外游客展示成都历史文化底蕴的同时,也激发了游客对旅游地的兴趣。

突出地方特色,不仅是对地方文化的尊重,更是对游客心理的迎合。杭州是我国的七大古都之一,有过吴越十三州的辉煌,也有南宋都城的积淀。海内外游客到了杭州,除了看美丽的西湖,最想了解的就是杭州的历史和人文。在欢欣愉悦中满足游客这一愿望是打造旅游文化项目的基点。对此,杭州宋城集团和杭州金海岸娱乐公司都有深刻的认识,同时在项目运作中也做出了积极探索和实践。宋城景区的《宋城千古情》是以宋文化的发掘和阐释作为演艺产品的切入和归属,杭州金海岸娱乐公司在东坡剧院上演的《"西湖之夜"——红磨坊秀》则以西湖文化为核心,试图将西湖的人文自然景观通过舞台的动态艺术加以表现。

### (2)演出内容与景区主题的一致性

旅游景区,特别是主题公园,一般都有着比较鲜明的主题形象。主题是景区的核心和灵魂,是景区成功与否的关键。创立主题的根本目的就是为了避免或减少重叠性的市场竞争,实现有序的、细致的市场分割。好的主题需要相应的好的内容、好的产品来表现。旅游演艺作为生动展现景区形象的重要手段,要在进行市场分析,了解游客需求的前提下,设计出能从不同方面表现、深化景区主题形象的产品来。也就是说,景区的演艺活动可以形式各异,但在内容上要与景区主题一致。如表10.1所显示的:

**表 10.1  无锡影视城、常州中华恐龙园主要节目内容及特色描述**

| 景区简介 | 节目内容 | 主要特色 |
|---|---|---|
| 无锡影视城。建于1987年,由唐城、三国城、水浒城景区组成,占地1 500亩(1亩=666.67平方米),可使用水域3 000亩,是我国最早规划建设的拍摄基地,年接待游客150多万人,是中国第一家兼营影视制作业和文化旅游业的A股上市公司。 | 《三英战吕布》 | 大型。马战场开阔壮观,阵容规模宏大,演技精湛,音响效果逼真。 |
| | 《武术集锦》 | 中型。舞台建筑风格独特,舞蹈设计合理,演技娴熟。 |
| | 《义取高唐州》 | 大型。演员阵容整齐,气势恢宏,特技手法及道具运用增添了视觉的冲击力,如爆破、火攻、现场的人声、马嘶、云梯、土炮、滚石等。 |
| | 《铁血丹心》 | 大型。影视特技表演。打斗激烈,场面壮烈,如空中对打,火烧"活人"。烟雾威哑、水炮、爆炸等影视特技手段的运用,增加了节目的可看性和技术含量。 |
| | 《兄弟相会》 | 中型。街头展示类,配音和道具的使用,增加了节目的感染力。 |
| | 《街头杂耍》 | 小型。传统民间艺术,演员技艺精湛,表演到位,精神饱满。 |
| | 《华夏古韵》 | 大型。集歌、舞和服饰展示于一体,舞台设计新颖,灯光效果醒目,人物形象刻画生动。 |
| 常州中华恐龙园,又称东方侏罗纪公园,建于1997年9月,2000年9月对外开放,历时三年。总投资3.5亿元,是一座融博物展示、科普教育、观赏游览、娱乐休闲于一体的主题公园。共6大主题游乐、50个游乐表演项目,年接待游客100万人。 | 《影视特效表演》 | 大型。声光电组合,科技含量高,设计集科学性、艺术性、仿真性于一体。 |
| | 《穿越侏罗纪》 | 大型体验型项目。神秘、震撼、惊险、刺激、快乐。 |
| | 《激光水秀馆》 | 大型情景剧表演。灯光、舞美、音响领先,舞台设计独特,演出形式新颖。 |
| | 《特技舞台表演》 | 大型。影视特技、爆破、杂技、武打、模型于一体。 |

(3)注重娱乐性

传统的文艺演出偏重于艺术性和思想性,而旅游演艺因其是为旅游者提供休闲娱乐的精神文化产品,所以在保证艺术性的前提下,更要注重娱乐性,让游客能够真正得到精神上的放松,达到愉悦身心的目的。

所谓娱乐性,首先是要综合运用多种艺术表现手法,如舞蹈、杂技、武术、魔术等,使演出欢快、热闹、幽默,雅俗共赏,使观众喜闻乐见。如杭州金海岸娱乐公司打造的"西湖之夜",节目汇集了杂技、武术、舞蹈、民间绝活、江南丝竹、越剧,将古都杭州"东南形胜,三吴都会"的繁华盛景再现在观众面前;还有那气势恢弘的"钱王阅兵",那惊险刺激的高空杂技,那用越剧、小提琴协奏曲、芭蕾演绎的"梁祝故事",以及后半段由乌克兰国家级艺术团50余位演员表演的踢踏舞、冰上芭蕾、土耳其歌舞、法国康康舞组合,让观众目不暇接。其次,要充分利用声光电等现代高科技手段,强化视听效果,营造娱乐氛围。如横店影视城在电影《英雄》的拍摄地——秦王宫景区,复原了部分经典场景,专门聘请了武打指导对进行表演的演员的动作一一锤炼,利用声、光、电等技术,再加上高空飞腾特技,生动地再现了电影中"水幕棋馆"打斗的激烈场面,并且利用电影原声烘托氛围,增加了表演的效果,吸引了众多游客的眼球。这种独特的娱乐形式极大地改进了传统的游乐方式,无疑是最具吸引力的。

此外,娱乐性也离不开参与性。参与性的活动容易调动游客的各种感觉器官,刺激游客的视、听、触觉等多种感觉,使游客对活动的感受更丰富,印象更深刻,从而获得更愉悦的体验。如甘肃省歌剧院打造的表现敦煌文化、丝路文化的大型乐舞《敦煌韵》,其旅游版与艺术版相比,不但节奏加快了,为游客新增了《供养人的祝福》《霓裳羽衣曲》,而且更注重与观众互动,演出当中演员会用中英文邀请观众上台许愿,让游客白天游览景点,晚上可以走进壁画,真切地体会敦煌的韵味。又如延安推出的大型模拟实战表演——《梦回延安保卫战》,不但运用现代高科技手段营造出真枪实弹的战争场面,而且突出了台上与台下的互动。演出后期在表现军民欢庆胜利的场面时,演员将花生、红枣等"胜利果实"送到了每一位观众的手里,那份喜悦让许多人不由自主地加入到欢庆队伍中去,扭起秧歌唱起来。

(4)具有独特的创意设计

独特的创意设计是为了形成产品的特色,即差异性。特色是旅游演出克服雷同、突破一般的不二法门。产品只有具备了特色,具备了差异性,才能在市场中获得较高的关注度,进而才有可能进入人们的消费领域。特别是在旅游业竞争日益激烈的时代,注意力经济甚至决定着产品的命运。因此,对旅游演出来说,在所有外在条件相对不变的前提下,关系到演出效果的创意设计就成为核心竞争力。如被称为山水实景演出的《印象·刘三姐》,突破了传统演出的舞台局限,以自然山水为舞台,把具有生活化的场景——捕鱼、拉网、荡舟、渔歌引入了演出当中,向我们展示了一种向旅游者集中讲述当地风土人情和种种"非物质文化"的可能方式,也展示了什么是"与自然同在的演出"。于是,成为一种嵌入在当地的、不可移置的旅游产品,成为了当地旅游的标志和旅游者不可不到的盛宴,甚至成为旅游者前往当地的主要目的。

创意不仅表现在舞台与背景的创新,也表现在主题选择以及具体的艺术表现手法的创新上。在《禅宗少林·音乐大典》的新闻发布会上,该剧策划人梅帅元说:"由于过去有关少林寺的一些艺术作品已经很好地表现了少林'武'的意蕴,最后我们决定以禅宗为主题,因为禅宗里具有深厚的文化内涵,是禅宗引领了少林功夫。"梅帅元认为,少林"禅"与"武"对于大众来说很有吸引力,通过音乐艺术的新形式来展现禅宗文化很有卖点,定能推动当地旅游业的发展。在打造这台节目之前,河南已经耗资2 000万元精心打造了作为"郑汴洛文艺精品工程"之一的舞剧《风中少林》。有关人士说:"如果说《风中少林》突出了武术与舞蹈的结合,那么《禅宗少林·音乐大典》就是突出禅宗与音乐的结合。"后者的创意由此可见。

有时候旅游演艺的创意会体现在一些细节上。如,产品的名称(或定位)上。近年来,云南各主要景点和旅游城市纷纷打造旅游演出项目,虽在选材上各有侧重,节目亮点不同,节目名称各异,但展示云南民族风情歌舞则是旅游演出的主要内容,各家在总体构思、节目创意、编导手法、制作手段上因大同小异而没有拉开太大距离。在这种高度同质化的演艺市场竞争格局下,《云南映象》能够脱颖而出,固然是和杨丽萍的名气、演出本身的"原生态"的风格以及其他等很多因素有关,但在进入市场的初期即能获得良好的市场反响,不能不说和它的有异于众多云南民族歌舞演出的新颖独特的产品定位——"原生态歌舞集",以及以这种定位作为演出宣传的主要亮点和卖点有关。《云南映象》的总策划人荆林认为,《云南映象》是被作为艺术产品,而不是艺术品来对待的。他解释这其中的区别是,当你把它当作商品时,你考虑的是购买者,而不是艺术家自己;这种观念甚至细化到了如何确定演出的名称(笔者认为用"定位"一词可能更准确些),这就是为什么《云南映象》被称为"原生态歌舞集",而不是叫做"大型云南民族舞蹈"。从他的解释中不难看出,这种细节上的创意,一方面对于演出成功推介,在第一时间即迅速抓住潜在消费者的注意力起到了很大的作用;另一方面,也可以清楚地看到,这种创意有着非常明显地迎合消费市场的意图。

(5)地域风情与文化内涵相结合

旅游演艺产品不管是以什么样的类型和方式进行表达,都是一种文化差异和文化内涵的审美诠释,目的是让游客在另一种完全不同于自己熟知的文化语境中感受异域民族文化的古朴、神秘,在异域文化及其生活节律中发现风土人情之美。

因此,目前国内的旅游演艺产品一般都依托当地奇特的自然旅游资源和传统的民俗旅游资源,运用传统和现代、天然或舞台的表演艺术形式来展现旅游目的地的形象和历史人文风貌。

(6)主题性和综合性相结合

通常旅游演艺产品主要就是将旅游地的人文历史、风土人情、神话故事、民间传奇、民族服饰等文化元素有机整合,以现代旅游者能接受和欣赏的各种演艺手段:歌唱、舞蹈、戏曲、说唱、杂技、武术、马戏、音乐剧、舞剧等加以综合性的诠释和表现,突出旅游地的文化主题,展现文化底蕴,追求文化品牌,强化文化市场竞争力。

(7)精品化与规模化相结合

优秀的旅游演艺产品必须实现精品化与规模化的高度统一,成为不可复制的旅游演艺精品,这是它的核心竞争力之所在。而精品化的旅游演艺产品则常常与演出场地、制作班底、巨资投入、演员阵容等规模化的商业运作相结合。从演出场地来看,舞台面积巨大,布景豪华,尤其是一些山水实景演艺产品,例如:《印象·刘三姐》专门建造的刘三姐实景歌圩,分为长两千米的山水剧场和占地4 000多平方米的风雨古楼两部分,创造了演艺舞台的世界吉尼斯纪录。从制作班底来看,目前绝大部分旅游演艺产品都由国内该领域顶级人物亲自担任,尤其是从作曲、灯光、音响、舞美到服装等几乎一律由国内一流专家全程指导,力求在视觉、听觉效果上造成轰动效应。巨额投资则表现在一场节目往往投资数千万乃至数亿元,并有不断加大的趋势。例如,云南大理的大型梦幻风情歌舞《蝴蝶之梦》投资2 000多万元,《金面王朝》则是由华侨城集团投资2亿元精心打造的,而且随着这些产品不断创新、改版、提升,后期需要追加的投资也较为庞大。例如,《宋城千古情》每年投入改进节目的费用就高达1 000万元。从演员阵容上来说,一台节目的演职人员动辄上百人,如《印象·刘三姐》就是由600多名当地演员组成的大规模演出阵容。

### 3）性质

#### （1）异地性

旅游演艺与普通演艺的区别就在于"旅游"二字。而旅游最根本的特征就在于异地性，体现在旅游演艺上就是其主要客源市场在于异地而非本地，也就是说其观众主体是异乡人而非本地人。或者节目在本地演出，但观众是旅游者，如《印象·刘三姐》；或者节目巡演到异地，观众为当地人，如《云南映象》。这个特点至关重要，它决定了旅游演艺本质特征。

旅游演艺的异地性还表现在节目内容、表演风格上要凸现相对于观众的异文化色彩，展现不同于观众日常生活的文化色彩，以营造超越寻常的旅游体验氛围。使观众在欣赏过程中，或神游千载，往来古今；或迷离恍惚，步入幻境；或寻幽访胜，采风观俗。

#### （2）长期性

由于旅游演艺是面向异地观众的，所以它的演出周期就比面向本地观众的节目长得多。

一台面向本地观众的节目，少则一两场，多则数十场，但很难经久不衰地演下去；但面向异地观众的节目，如果策划、制作得比较成功，却可以长年累月地演下去，因为观众不断在更换，对于第一次观看的游客，这台节目总是新鲜的。但通常情况下，为了延长生命周期、吸引回头客，旅游演艺节目也会每年进行适量的更新，以达到历久弥新的效果。

旅游演艺的长期性还体现在一般情况下，它的策划与制作周期会相对较长。大型旅游演艺节目的创作过程往往长达数年。

#### （3）娱乐性

旅游本质上是一种休闲娱乐活动，旅游演艺所要面对的是前来放松、娱乐与刺激的大众旅游者。因此，旅游演艺的定位应该是大众艺术、娱乐艺术，而非高雅艺术。即使出现古典的、高雅的节目，也要用时尚的、娱乐的方式来演绎，就如女子十二乐坊所演绎的中国古典音乐。

娱乐性的主要目的就是要追求视听效果，要想办法抓住观众的眼球。为了营造欢快、热闹、幽默、刺激的效果，很多演艺节目往往综合运用了戏曲、舞蹈、魔术、杂技、武术、特技乃至时装表演等各种手法。并且，通常比一般的演出更注重运用高科技手段来营造舞台效果，因此也就会对舞台设备提出较高要求。如《梦幻漓江》《宋城千古情》等节目表演都汇集了世界先进的灯光、影响、舞美表现手段，硬件投入往往高达数千万元。

#### （4）参与性

与娱乐性密切相关的就是参与性、互动性。参与性的活动能够调动游客的主动性，使游客获得更多的感受和体验，从而增加审美的愉悦和留下深刻的印象。主题公园内的小型表演，对场地和设施要求不高，往往比较灵活，分散于园内各处，近距离接触游客。游客常常被那些游走在园区内的卡通人物逗乐，不自觉地成为故事中的角色。旅游景区的民俗表演通常也会有参与性的节目，板鞋舞、竹竿舞、扁担舞，以及招亲仪式等是最常见的互动性活动。

#### （5）衍生性

旅游演艺产品开发周期长、投入资金多，开发者肯定会希望能继续开发衍生产品，形成产业链,以尽可能收回投资。同时,由于它演出场次多、生命周期长、社会影响大,客观上也有可能使得它有可能推出衍生产品。一般而言,其衍生产品可能包括音像制品、出版物、纪念品、工艺品、玩具,甚至有可能因为演艺产品而衍生出新的旅游线、旅游点。《云南映象》的策划者就希望利用已形成的品牌资源,提供更大的平台,生产"云南映象"的烟、酒、餐厅、服饰系列和音像制品,甚至因此推出"云南映象"专线旅游。

## 10.1.2　大型旅游演艺活动的类型

对旅游演艺进行分类,可以加深对旅游演艺活动及产品属性的认识,同时也是进一步开发、利用和研究的基础。

根据不同的标准和依据,可以将旅游演艺分成不同的类型。已有的分类角度有:从内容上划分,按表现形式划分,根据规模和提供频率划分,等等。由于旅游演艺内容丰富、形式多样,因而无论从哪一个角度、按照哪一种标准来对旅游演艺进行分类,都很难将所有的演艺活动及产品囊括进来。同时考虑到目前大型演艺活动影响日增,备受关注,因此本文将其作为旅游演艺分类的主要对象,同时兼顾中小型演艺活动。鉴于以上原因,本文根据演出场地的不同,将旅游演艺活动分为以下几种主要的类型。

1)广场类

主要包括景区广场类和社区广场类。

(1)景区广场类

①广场舞台类。

以深圳世界之窗每晚在"世界广场"推出的大型晚会为代表。该类演出一般运用先进的舞台灯光技术,采用氢气球、秋千、声控模型、鸽子等占据多位空间,并释放焰火、礼炮配合舞台演出。演出内容既有融杂技、小品、歌剧、哑剧、服饰表演、游戏娱乐于一台的综艺类节目,也有主题鲜明的音乐舞蹈史诗类节目,如深圳世界之窗的《创世纪》《跨世纪》《千古风流》等。

近年来大型晚会在灯光、舞美、特技运用上要求越来越高,因此,广场舞台类演出的舞台有向豪华型发展的趋势。如深圳世界广场大舞台,原有的功能比较简单,其顶部负重设计只有6吨,已经远远不能满足演出需要,而且舞台台面固定,演出使用大型道具不可能,要设计气势更为磅礴的场面更显不敷使用。2001年,为适应景区舞台表演艺术的日臻完善,让最美的艺术拥有最好的表演舞台,世界之窗斥资上亿元,建成了中国首座全景式环球舞台。该舞台能分能合,能上能下,伸缩如意,旋转自如,使舞台最大演出面积1 200平方米;整个舞台共有可移动构件40多块,可根据剧情组合拼接切换,可移动座椅中升起花道可以让演出从观众席展开,这些使表演更具动感变化;同时还拥有水幕、激光背景和阶梯表演区,为中外艺术家营造了广阔的创造空间。

②广场巡游类。

以深圳中国民俗文化村的"中华百艺盛会"游行为代表。该类演出是一种行进式队列舞蹈、服饰、彩车、人物表演,一般与节庆相结合,在景区广场进行,有的以民俗风情为主题,有的以传统神话为主题,有的以童话传说为主题,音响热闹,喧闹喜庆,服饰夸张怪诞,娱乐性强。

如民俗文化村推出的"中华百艺盛会"游行队列,汇集了高跷、秧歌、旱船、威风锣鼓、四大美女等民间文化娱乐;而世界之窗的大游行则汇集了皇家马队、扑克方阵、典礼仪仗、文化彩车等异国文化风情。

（2）社区广场类

在城镇乡村的社区广场内进行,以民俗表演为主要内容,形式多样,规模可大可小。

社区广场演出和景区广场演出相比,最大的区别在于其表演者即社区居民。在特定的社区环境背景下,社区居民参与表演,使演出呈现出浓郁的乡土气息,从而带给游客更丰富真实的审美体验。

社区广场演出的特点还表现在它的演出时间主要集中于特定的传统节日期间,是当地民俗活动的重要组成部分。以汉民族众多的舞龙民俗为例,盛行于广东丰顺县埔寨镇的舞火龙,在元宵节进行;四川洛带古镇除了在元宵之夜舞火龙,还在夏季伏旱时节舞水龙;而在广东湛江东海岛的东山镇,每年中秋节镇上居民都会自发组织"人龙舞",人人积极参与到舞龙活动中。因而,民俗表演与民俗活动密不可分,它在民俗活动中生存、发展,并履行着民俗活动赋予的任务。

近年来为适应旅游业发展需要,许多地方社区的民俗表演不再局限于某一特定的传统节日,如人龙舞的演出时间不再限于农历八月十五,只要有节日或重大庆典,它都舞动起来。民俗表演时间的灵活,演出频率的增加,必然使其原有的某些社会功能丧失,如在中秋之外表演的人龙舞,其"迎丰收"的功能自然就消失了;同时,频繁的演出也会削弱社区居民参与的积极性和真实情感的投入,一定程度上会影响表演的真实性。不过,总的来看,社区广场的民俗演出,由于社区居民的参与,仍然显示出较强的民俗色彩。

2）实景类

以桂林阳朔的《印象·刘三姐》为代表。

实景演出的概念包括广义的和狭义的两层含义。广义的实景演出是指一切在现实的真实场景中进行的演出;狭义的实景演出则是指以自然山水为舞台和背景的演出,即山水实景演出。本文采用狭义的概念。

实景演出突破了传统的舞台表演的空间限制,将真实的地貌环境转化为演出场地,将当地人和他们的日常生产、民俗民风、生活行为等转化为艺术素材。实景演出的本性,使它天然地具有唯一性和不可复制性。离开了当地的山水,就失去了舞台;离开了当地的人民,就没有了演员。同时,实景演出又是最浪漫的演出。它将现实的山水环境进行艺术渲染,观众置身其中,感觉如梦如幻;它将真实的劳动场景和生活景象进行升华,启迪人们。它的演出内容必须和自然景观相协调,所以它是唯一的、不可取代的。自然环境是演出的一部分,根据一年四季的不同,每天气象的不同,自然景观的变化,这个天然的舞台所表现的视觉感受也就不同,实景演出之魅力正在于此。此外,实景演出尤其重视生活中和演出现场的各种现实乐音和音效,创造性地将非常规的声音元素融入音乐,如将风声、拍水声等一些自然的音效元素纳入进来,成为有机的音乐语汇。

《印象·刘三姐》以方圆两千米的漓江水域为舞台,以十二座山峰为背景,将刘三姐经典山歌、广西少数民族风情、漓江渔火等元素创新组合,巧借春夏秋冬的自然景观,配以变幻莫测的灯光,创造出天人合一的艺术境界,在漓江山水间展现出一幕幕生动的艺术画面。《印象·刘三姐》的成功运作,表明一场好的大型实景演出是挖掘景区文化内涵、展示景区形象和魅力的一种新形式,同时也为挖掘、继承和发扬传统文化提供了一种有效形式。

《印象·刘三姐》的成功,带动了国内实景演出的热潮。之后,丽江推出了《印象·丽江》雪山篇,河南嵩山景区推出了《禅宗少林·音乐大典》;杭州也在打造《印象·西湖》。

实景类演出非常重视演出场地的选择。如《禅宗少林·音乐大典》项目选址在距登封市南面五公里的待仙沟,主表演舞台为一片峡谷,山呈竖状排列,近、中、远景层次分明,构成典型的中国山水画散点透视关系。峡谷内有溪水、树林、石桥等,可构成实景表演的要素。山峰的高度和层次适合灯光的运用,山谷内回音不大,对音响设计影响很小。山谷的入口为一片平地,大多为荒地,为大型停车场及项目配套酒店、景区商务、游客集散提供了很好的场所。不远处的马桩水库正好构成景区风光的一部分。具备了中岳嵩山自然剧场所需的良好条件。

### 3)剧院类

以杭州宋城的《宋城千古情》、丽江的《丽水金沙》、昆明的《云南映象》、贵阳的《多彩贵州风》等为代表。后两者又被称作"原生态"演艺产品,是近几年旅游演艺产品中极受关注的产品类型。

剧院类是比较传统的演出形式。和前两类演出形式相比,剧院演出受封闭空间的限制,舞台面积有限,因此,为了获得理想的视听效果,带给观众美好的体验,对舞台设施和舞美设计的要求很高。往往要投入巨资,配备高科技舞台设施。如杭州宋城剧院,斥资 200 多万元引进美国激光效果公司"梦幻色彩"系列 15 瓦全彩色激光灯。为配合激光演出,剧院还专门从美国引进价格不菲的室内水幕喷头,每平方米达 40 000 点的出水密度真实地在剧院内营造出云蒸霞蔚、烟雾朦胧的场面,使观众体验更加真切。为达到美轮美奂的逼真效果,又斥资 200 多万元引进世界顶级品牌摇头电脑灯。如此先进的灯光设备使得以往大面积普射、高亮度的灯光布置模式变为突出重点、虚化、烘托气氛的设计模式。除顶级效果灯外,剧院内还有三十多排、上千只 PAR 灯组成的总功率达 700 千瓦的灯阵,随剧情的变化营造出魔幻般的强烈灯光效果。最富创意的是舞台采用了最先进的长达 100 米的旋转幕布景,不仅便于场景的切换,还增加了舞台效果的流动感。

又如为打造《丽水金沙》,投资该项目的深圳能量实业有限公司先后投入近 800 万元人民币,不仅配置了国内一流的舞台硬件设施,在舞美、服饰等舞台设计方面也聘请了国内各方面的顶尖人物:晚会使用的电脑变色灯、换色器、操控台等是从意大利、美国以及中国台湾等国家和地区原装进口;舞美布景由中国歌剧舞剧院设计制作;各民族服饰由深圳合众合艺术设计公司设计制作;担任舞美、灯光设计的是中国歌剧舞剧院国家一级舞美设计、文化部优秀专家、中国舞台美术学会副秘书长。

剧院类演艺节目虽然对舞台硬件设施要求较高,但同时由于受舞台面积所限,和广场类特别是实景类动辄数百人的演出人员相比,演出队伍一般并不庞大,而且和实景演出相比,对演出随处的自然环境也几乎没有依赖性。因此,剧院类演出一般都可以形成驻演和巡演的双重模式。如《云南映象》从 2003 年 8 月在昆明开始公演到 2004 年 10 月全国首轮巡演结束,先后在昆明、杭州、上海、北京、广州、南京、成都等全国 15 个省市区 26 个重要城市进行了 210 场演出,观众达 30 万人次。除了国内巡演,《云南映象》还进行了海外巡演。2004 年 11 月《云南映象》作为国家对外文化宣传重要项目,即"感知中国—中国文化南美行"活动的主打内容,前往南美巴西、阿根廷演出;受"美国戏剧演出季"的邀请,于 2005 年 11 月开始在美国辛辛那提演出 16 场,初步签约未来 3 年在美国各地演出 500 场以上。国内巡演和海外巡演极大地提升了演出的知名度和影响力,使《云南映象》获得了良好的经济效益和社会效益。

4)宴舞类

以西安唐乐宫的《仿唐乐舞》、丽江玉龙吉鑫园文化饮食城的吉鑫宴舞《木府古宴秀》为代表。

宴舞类将餐饮与演出融为一体,既属于旅游餐饮类项目,又是旅游演出的另类。

作为旅游餐饮类项目,宴舞之美食要突出地方的、民族的特色,体现旅游地饮食文化的精华。如《木府古宴秀》"集中展示纳西民族的经典大餐"(《木府古宴秀》宣传资料);《仿唐乐舞》因主要面向海外游客,故集中展示中华美食。作为旅游演出类项目,宴舞之演出要突出表现旅游地独特的民族文化和民俗风情。如《木府古宴秀》展示了纳西族的东巴文化、纳西古乐、摩梭人走婚,以及丽江古城"放水洗街"和"放荷花灯"的传统习俗;《仿唐乐舞》则展现了唐代宫廷歌舞的韵味。宴舞之演出还有另外一个功能,即借助精彩的舞台表演、华丽的服饰及声、光、音乐、舞美等舞台艺术手段,烘托宴饮的氛围,愉悦食客的心情,使之既饱眼福又饱口福。

虽然一般在旅行社的报价单中,宴舞项目中的歌舞表演往往属于旅行社免费赠送节目,但这并不意味着歌舞表演只是餐饮活动的附庸或点缀。以《木府古宴秀》为例,从餐饮的价格来看,市场上的定价是普桌 160 元/位,贵宾桌 200 元/位,不菲的餐饮价格中很显然已包含了歌舞表演的成本,甚至很有可能歌舞表演本身已占了整个宴舞项目成本的相当比例。所以很难说,宴舞究竟是以"宴"为主,还是以"舞"为主。

此外,广义的"宴舞类"还包括一种在茶馆内进行的小型特色演出。在这类演出活动中,游客即茶客,边品茗,边欣赏富有民俗特色的传统艺术表演。如北京老舍茶馆的评书、曲艺和小型京剧折子戏表演,成都老顺兴茶馆的带杂耍特技的川剧小剧目演出。茶馆演出为游客提供了一个体味民俗、感受地方文化的极好的机会。

## 10.1.3 大型旅游演艺产品产生背景和发展历程

### 1)背景介绍

近年来,伴随国内旅游业的扩大发展和持续升温,文化旅游业日益显现出生机和活力,呈现出繁荣发展的生动景象。其中对旅游演艺产品的市场需求增长迅速,由此也就激发了旅游业与演艺业的良性互动发展。新兴旅游演艺市场的勃兴,已经成为国内文化产业中引人注目的新景观和新增长点,同时也为旅游产业发展注入了新的力量。从产生初期到如今阶段,不论是从景区内特有的小型旅游表演还是大型的实景演出,其带来的效应和作用是特有且显著的。最初景区的文娱表演只是一般的娱乐表演项目,是基于景区资源的浅层次开发与利用,如 20世纪 90 年代的武汉东湖风景区楚城的编钟演奏,河南嵩山少林寺的武术表演等都属于此类,在当时对于丰富产品种类和提高景区吸引力方面都具有重要的作用;又如山东曲阜三孔景区精心打造的大型广场乐舞《杏坛圣梦》在2001年9月份公演后,获得旅游业界和游客的高度认同,被赞誉为"不看《杏坛圣梦》,枉到曲"。《杏坛圣梦》已成为曲阜三孔景区活化了的孔子旅游品牌形象,被评为山东省文化旅游的精品,成为晚间常设的例牌项目常年演出,同时还被旅游主管部门和曲阜当地政府列为重点工程进行扶持和推广。因而可以看出一个旅游演艺产品对于提升旅游地知名度、强化旅游地形象也有着重要的作用。

面对发展势头如此迅速的旅游演艺产品,不难看出正是由于它在各方面及环节具备了良好的发展条件和基础,才形成了当今的良好发展局面和趋势。

(1)从资源层面看

它是新时期旅游资源深度开发的必然要求。传统的旅游产品大多是对资源浅层次且单一角度的开发,产品形式较为单调,缺乏新意。之前的观光产品系列早已无法满足当代旅游者的多元化需求,很多观光为主的景区日渐进入黯淡的生命衰退期,此时产品的创新以及资源的深挖成为其摆脱困境的关键,而旅游演艺产品是深化旅游资源开发、实现产品创新的有效途径之一。演艺产品的深刻文化主题性以及灵活多样的表现手法不论从资源的开发内容还是形式上来说都是一种深度且极具创新的方式,它极大地顺应了目前急需转换资源开发方式的新要求,是一种新的尝试。

(2)从市场层面来看

它符合新世纪旅游市场需求的现代特征。根据国家旅游局对美、英、日、德四国访华动机的综合调查,排在第一位的是为了了解当地民众的文化生活,占100%;第二位的是了解历史文化,占80%;第三位的是游览自然风光,占40%。而各国去欧洲的旅游者中,65%的人是进行文化旅游。从国内来看,我国的旅游市场也在不断地走向成熟,越来越多的旅游者开始选择有特色的文化旅游景观,而不仅仅停留在自然观光的层面上,文化旅游产品越来越受到旅游者的青睐,因而说其拥有着广阔的旅游市场和巨大的发展潜力。旅游演艺产品作为文化旅游产品的类型之一,除了具有深刻的文化性和鲜明的地域性,独特的新鲜感,强大的震撼力以及丰富的娱乐性使其更能成为游客喜闻乐见的文化旅游产品形式,更具市场吸引力。

(3)从产品层面来看

它特有的产品特性更具市场召唤力和发展潜力。依据地域文化特色民俗资源和市场需求特点而形成的大型旅游演艺产品具有独特的文化主题,突出的文化性、娱乐性以及时尚与传统相结合的特征使其产品更具魅力和市场召唤力,此种寓教于乐的产品是一种创新的旅游产品形式,是一种基于现代视角下的对传统文化的新解读。因而它既包含有传统文化的积淀,又兼具国际化的时尚元素,能够很好地满足游客求新、求奇、求趣的消费需求,可以说它符合了当下市场需求的特点,又符合了市场发展趋势。

(4)从宏观环境来看

政府政策的导向与扶持提供了强大的推力和保障。

任何一个产业的良好发展都离不开政府宏观层面的扶持与调控,作为旅游业与文化演艺业的结合体——旅游演艺业的发展当然也不例外。在文化产业发展政策目标及文化市场管理政策方面,《文化产业发展第十个五年计划纲要》是一个纲领性文件,其中指出中国文化产业发展目标是:初步建立与社会主义市场经济体制相适应、政府调控市场、市场引导企业的文化产业运行框架,使文化产业创造的增加值每年以 20% 以上的速度快速增长,把文化产业培育成为国民经济新的增长点,在优化国民经济结构中发挥重要作用。另外,《纲要》将文艺演出业列在了主要行业发展目标和任务的第一部分,突出了演出业在文化产业发展中的重要地位。

(5)从社会发展的大环境来看

文化体制改革营造了良好的发展机遇。20 世纪 50 年代以来,我国实施的是计划经济条件下的文化体制,政府对于公益性文化事业长期投入不足。与此同时,一大批的国有文化单位长期游离于市场经济之外,缺乏活力和竞争力。改革开放后,为满足文化产业发展的要求,我国开始对全国文化体制包括国有艺术表演团体和经纪中介机构进行深化改革,市场化的发展道路势在必行。文化体制改革的重点主要集中在以下几个方面:①理顺党和政府与文化企事业单位的关系。②重塑文化市场主体。一方面国有文化单位要进行转企改制,另一方面要放宽文化市场准入条件,鼓励非公有制文化企业发展。③改革文化投融资体制,逐步建立以国有资本为主导的投资主体多元化、投资方式多样化、投资机制市场化、投资准入区别化为特点,与国际惯例相接轨而又具有中国特色的文化投融资体制。

从演出体制来看,传统的计划演出体制正向市场演出体制转变,合资、合作、股份制等多种经济形式的许可证加快了演艺行业市场化的步伐,国有演出单位逐步实现政企分开、政事分开,由事业型、行政型向产业型、企业型转变,由福利型、供给型向经营型、效益型转变。专业演出团体普遍实施以市场为导向的内部体制改革,并且取得成效,正在由单纯的演出生产单位转变为市场经济体制下的演出生产经营单位。国有演出公司多数实现了管理权与经营权的合理分离,经营能力迅速提高,涌现了一批具有较强经济实力的大型演出公司,并且已经自成网络,形成了演出市场的基础构架,成为演出流通环节的中坚力量。近年来,一批文艺演出院团在文化体制改革的推动下,解放思想、大胆实践,创作生产了大量思想内涵丰富、艺术魅力独特的优秀作品,实现了经济效益和社会效益双丰收。《风中少林》将"舞""武"结合,实行市场化运作,已演出近百场,收入突破 1 000 万元。文化体制改革为文化演出活动的发展扫除了长久以来的体制障碍,市场调节机制得以发挥,从而为旅游文化演艺活动的发展创造了一个良好且公平竞争的市场环境。

2)发展历程回顾

旅游演艺项目最早的雏形是古已有之的集市杂耍,即通过音乐、舞蹈、魔术及博彩游戏等手段来营造气氛、吸引顾客。但这并非真正意义上的旅游演艺项目,与如今所说的旅游演艺产品有着本质区别。其实中国的旅游演艺市场尚处在一个摸索的阶段,对有关各个方面的认识都还很模糊,以下是对其发展历程的归纳与总结。

第一阶段:旅游演艺市场的开启阶段(20 世纪 80 年代初—1997 年)。关于旅游演艺市场开启阶段的标志性事件现存两种说法,大多数人认为是深圳华侨城集团创造性地将艺术演出与旅游文化完美地结合起来,开创了旅游演艺的新模式,即中国民俗文化村 1995 年 7 月推出的"中华百艺盛会"和世界之窗 1995 年 12 月推出的"欧洲之夜"。1995 年,在景区客源量呈现下降趋势的背景下,中国民俗文化村于 1995 年 7 月 8 日推出了"中华百艺盛会",它以民俗文化为主线,配合灯光、音响,在景区的中心广场上采用歌舞杂技表演与彩车队列大游行相结合的形式,展现了中国丰富多彩的民间杂技及民俗文化。当时参演人数达 500 人,总投资达 800

万元。同年为了迎接圣诞和元旦,充分发挥欧风街的效益,争取欧风街对外开放经营,深圳世界之窗投资400多万元对其进行改造,于12月22日起推出以"欧洲之夜"为主题的大型新年庆典活动。而也有少部分人认为中国的第一个旅游演艺项目是陕西省歌舞剧院古典艺术团于1982年9月在西安推出的《仿唐乐舞》。它融音乐、舞蹈、诗歌于一体,有较为强烈的审美感染效果,具备了旅游演艺项目的特征。但总的来说,这一阶段的旅游演艺项目主要集中于主题公园之内,是基于对景区资源的浅层次开发和利用上,只属于一般的娱乐表演项目,数量极少,规模很小,在景区的分量也不重,但它已开始成为一些以人造景观为主的主题公园突破静态局限、走向动静结合的主要方式。

第二阶段:旅游演艺市场的成长阶段(1998—2002年)。这段时间内,旅游业整体的高速发展和市场需求的变化使得一些旅游景区、旅游城市意识到了旅游者只能"白天观光,晚上睡觉",夜里无处可玩、无处可看的状况。为了弥补这一空白点,从旅游市场出发,主动打造了一系列的旅游演艺项目,形成了"白天观光,晚上赏秀"的全新旅游生活方式,"娱"在旅游中的重要作用日渐凸显。此时,旅游演艺项目只是依附于其他旅游吸引物存在,而且主要是以小型的游乐项目为主,数量多、增长快、投资少、规模小、无特色、质量低下等都是此阶段旅游演艺产品的主要状况。这些演艺项目在一定程度上丰富了旅游活动,增强了景区的吸引力,但由于只注重"量"而不注重"质"的发展,其中大多数项目很快就失去了生存的土壤。当然这其中也不乏一些旅游演艺精品,如杭州宋城推出的《宋城千古情》和深圳世界之窗的《创世纪6》,这些可以说是久经市场考验、时至今日还有很大吸引力的名牌产品,是此阶段旅游演艺产品的成功典型。

第三阶段:旅游演艺市场的成熟阶段(2003年至今)。在此发展期间,旅游演艺产品数量有所增加的同时,更加注重演艺产品特色和品质的提升。此外,旅游演艺产品类型明显增多,除了一些小型的特色节目,最为突出的即是大型主题旅游演艺项目。地域文化性、鲜明的主题性、极强的娱乐性和震撼力早已成为该类产品的突出特征和吸引要素。它已发展到完全可成为一个独立的旅游吸引物,其本身不仅是一景、一个旅游点,还能衍生出无数的主题活动与产品,更是地域文化的名片和所在地的"形象大使",成为旅游者趋之若鹜的"目的"所在。如由"铁三角"(张艺谋、樊跃、王潮歌)推出的大型实景演出"印象系列"("印象·刘三姐""印象·丽江""印象·西湖")以及由杨丽萍打造的《云南映象》等都是这一阶段的典型代表。

### 10.1.4　大型旅游演艺活动的作用及意义

1)旅游演艺活动的作用

随着旅游者旅游需求层次的不断提升,以及旅游演艺产品品种的丰富和质量的提高,旅游演艺在旅游地及景区的作用也逐渐凸现,已成为成功的旅游地和景区不可或缺的一个项目。

(1)演绎文化,深化主题

旅游是文化的载体,文化是旅游的灵魂,旅游离不开文化。现代旅游行为学研究表明,旅游本质上是旅游者寻找与感悟文化差异的行为和过程。而很多景区特别是主题公园失败的一个主要原因就是缺少文化底蕴,缺少文化的挖掘,缺少文化的包装。那么,怎样才能把景区的文化表达、演绎出来,让游客体验得到? 演艺活动就是一种很好的方式。通过演艺活动可以使景区的文化得以凸现,使之更立体化,更形象化,更艺术化,从而能够深化景区主题,使游客在艺术享受中加深对旅游地及景区文化的认识和体验。特别是对于那些历史文化资源非常丰富的旅游地来说,旅游演艺打破了游客了解历史文化仅仅依靠文物、景点等静态形式的传统,让"死"的资源"活"了起来,成为深度挖掘开发历史文化资源的一种生动新颖的形式。

杭州宋城就是通过每天多达 15 种民间杂艺表演、9 种宋史人物表演、17 种作坊表演和 4 种大型影视表演,使该景区成为 800 年前"东南形胜,三吴都会"的鲜活标本。又如西安的大唐芙蓉园,开业不久即快速走红市场,其原因之一就在于它以丰富多彩的演艺活动,让长期停留在书本上的厚重抽象的盛唐文化生动鲜活地走到了游客面前。大唐芙蓉园的盛唐演艺项目堪称一部盛唐宫廷文化集大成的经典之作。人们走进大唐芙蓉园,随处都可欣赏到盛唐帝国的特殊景观:清晨,大唐芙蓉园的宫门徐徐开启,《祈天鼓舞》鼓阵表演便奏响了这座大型景区全新的一天;白天,走在园区有《大唐仪仗表演》;走进凤鸣九天剧院有《梦回大唐》大型诗乐舞剧欣赏;在御宴宫、芳林苑,有宫廷佳肴表演品尝;在陆羽茶社,有高贵奢华的茶文化演艺;在唐市,有反映唐时"众商云集,内外通融"的唐朝通俗文化实景和《梨园百戏》助兴;在杏园,可观看展示中华武术精髓的《武仪天下》;在紫云楼,可看到《教坊乐舞》宫廷演出,如果遇到节日,还可赶上观看大型水舞《丽人踏浪》。到了晚间,这里则是一片水火奇观,旷世盛景,《大唐追梦》水景表演将现代科技与古典艺术完美结合,大型宫廷焰火表演让每一位观者目不暇接,情不自禁。

(2)完善产品结构,延长游客停留时间

游客在旅游地和景区的停留时间直接决定着旅游地的综合收入,与经济效益密切相关。因而,游客的停留时间一直是判断旅游地旅游发展水平高低的一个重要指标,也是旅游地有关部门努力解决的一个难题。但是,由于一些旅游城市和景区产品结构不尽合理,夜间文化娱乐项目匮乏,无法满足旅游者日趋多元的休闲娱乐需求,从而难以留住游客。因此,努力完善旅游产品的结构,开发适宜的旅游演艺产品,是丰富游客文化娱乐生活,繁荣旅游地夜游市场的有效手段。如丽江,20 世纪 90 年代末随着旅游人数不断攀升,原有的以纳西民族民间乐舞为表现内容,以小客厅传统表演为演出形式的纳西古乐、东巴乐舞已不能适应旅游市场的需求,于是,一台以满足游客夜间文化生活需求为定位的旅游歌舞精品晚会应运而生。这就是 2002 推出的反映丽江各民族最具代表性的文化意象和民俗风情的大型民族风情舞蹈诗画《丽水金沙》,它让游客在"一个美丽的夜晚",感受"一片神奇的世界"。又如桂林阳朔,以山水风光闻名,主打观光产品,除了西街,阳朔没有可供游客娱乐的其他景区景点。针对这一现状,阳朔打造了山水实景演出《印象·刘三姐》,弥补了旅游产品结构的不足,丰富了游客的文化娱乐生活,也延长了游客的停留时间。桂林旅游局正式发布的统计数字表明,该项目的巨大影响,使得游客在桂林的停留时间增加了 0.34 天。

(3)成为新的经济增长点,促进旅游地及景区创新发展

作为景区,特别是主题公园,它也像很多产品一样被认为有生命周期,即导入期、成长期、成熟期和衰退期。对于已过了开业高潮期的诸多主题公园而言,要避免衰退,保持良性发展,就要不断创新,给游客带来更多层面、更大程度的满足,激发一级市场和二级市场的重游率,提

高三级市场的到访率。由于在景区中,文娱表演相对于其他静态展示和动态机械类娱乐项目有更大的挖掘、发展和创新空间,因而演艺产品便成为旅游景区产品创新的重要切入点。对景区来说,每推出一项演艺产品,特别是大型的演艺产品,就有可能吸引大批游客的到来,从而成为景区新的经济增长点。如深圳世界之窗,1997年入园人数急剧下滑,但是在1998年推出大型舞台表演——《创世纪》后,景区入园人数又急剧回升,助世界之窗扭亏为盈。又如深圳中国民俗文化村,之所以至今拥有相对稳定的客源,保持强盛的生命力,一个关键因素在于这十几年来民俗村一直把文艺演出作为景区不可或缺的产品项目,在表演内容和形式上不断推陈出新。

而对于旅游地来说,成功的大型演艺产品的作用远不止于此。《印象·刘三姐》就给阳朔带来了多重的效益:催生一个颇具升值潜力的旅游新景点——阳朔东街,使一条原本幽静的山道因大量游客的出入和停留成为阳朔政府开发的热土;提供了大量的就业机会,转移农村剩余劳动力。如高田镇历村家家搞旅舍,人人做导游,年人均纯收入达5 000元以上。阳朔县部分农民通过直接参与演出获得稳定的收入,更多的农民在演出的带动下从事商业、服务业,迅速实现从农民到市民的转变。在《印象·刘三姐》这一龙头的带动下,阳朔县以优秀民间艺术积淀和西街旅游文化为载体的个体文化产业群不断发展壮大,成为全县经济发展的深层动力和经济增长点。

(4)作为营销手段,提升旅游地及景区的形象和知名度

旅游景区营销的主要目的是在潜在旅游者心目中构建景区形象,以激发他们的旅游欲望。形象是一个潜在顾客在对总体印象的选择性注意基础上形成的精神或内心上的认知与理解,它是在形象塑造者精心打造、不断充实与创新的创造性过程中形成的。形象之所以重要,在于它能向潜在旅游者传递目的地或景区的核心本质或具有代表性的事物,从而使游客对目的地产生预期的感受。研究表明,景区形象确实影响旅游者行为。在旅游决策过程中旅游者一般会选择和考虑具有强烈鲜明形象的旅游景区。由于旅游演艺产品能够以现代科技手段和精巧的构思策划,鲜明地展现景区和旅游地文化,生动地演绎景区主题,从而成为展示景区和旅游地形象的立体名片。加之大型演艺产品往往具有强大的主创阵容,聘请国内知名的编导人员和舞美设计人员加盟,因而易于引起公众和媒体的关注,达到注意力营销的目的。而景区的形象和知名度正是依靠注意力来提升的。如张艺谋执导的《印象·刘三姐》使山水甲天下的桂林旅游形象中增添了浪漫的人文气息,也使阳朔的知名度有了更大提升;登封嵩山景区推出的由梅帅元策划的《禅宗少林·音乐大典》以禅宗音乐丰富了嵩山景区的文化底蕴,也改变了许多人只知少林寺不知登封的情形,登封终于引起世人关注,知名度迅速提高。

此外,有些大型演艺活动由于依托旅游节庆活动、借助演艺明星的知名度,从而能够产生较强的轰动效应,对旅游景区聚集人气、提高旅游地知名度具有不可替代的作用。如2002年8月在丽江玉龙雪山下甘海子举行的雪山音乐节就是一次成功展示丽江文化形象的范例。它充分利用丽江自然与人文珠联璧合、旅游与文化互动发展良好的优势,借助崔健等名人的影响力和号召力,对丽江的旅游品牌、城市形象和文化资源等进行全新的包装和定位,不仅为丽江营造了一个新的旅游热点,还扩大了丽江在国内外的品牌形象。

还有些大型演艺产品,因其充分展现了地方多元文化和独特民族风情,而直接被旅游地政府用作在客源地进行旅游促销的手段。如2006年4月底,贵州省在北京举行了《多彩贵州风》

大型文艺演出文化旅游推介活动。这是贵州省以大型歌舞表演宣传贵州旅游资源、推动贵州旅游发展的重要举措。整台节目以一位苗家少女返乡所看到的新变化为线索,展现了苗族、水族、布依族、彝族、侗族等贵州各少数民族灿烂的文化,整场表演像是一幅浓缩了的贵州文化旅游地图,透过节目"坐游贵州",观众会对贵州的文化生态环境产生无限丰富的联想,并由此激发赴贵州旅游的愿望。国家旅游局副局长孙钢在观看演出后指出,"整场演出就是一场高规格的旅游促销活动"。

(5)成为保护和传承非物质文化遗产的重要手段

非物质文化遗产是指各民族人民世代相承的,与群众生活密切相关的各种传统文化表现形式,包括口头传统、传统表演艺术、民俗活动和礼仪与节庆、有关自然界和宇宙的民间传统知识和实践、传统手工艺技能等,以及与上述传统文化表现形式相关的文化空间。

我国各个民族都拥有各种不同样式和风格的非物质文化遗产,作为民族精神和民间智慧的结晶,它们共同构成了中华民族"多元一体"的鲜明文化特色和深厚文化底蕴。但是,随着时代的发展,人们的生产、生活方式和生活环境都发生了巨大变化,许多非物质文化遗产赖以生存的社会环境已经消亡或正在削弱,其原有的社会功能丧失;现代生活在带给人们日益多样化的文化娱乐方式的同时,也改变着人们特别是年轻一代的价值观、审美观。这一切导致以口传身授为主要传承方式的非物质文化遗传内在的传承动力遭到破坏,其中有些传承的链条出现断裂,最终发生变异甚至消亡。如皖南古老的戏曲音乐声腔——青阳腔,在当地民间的傩戏、傩舞班,现在已经很少有人能够再原汁原味地演唱,较多地则是以当地的民歌小调取而代之。仅存的几个民间目连戏班,不但不能再唱原汁原味的青阳腔,就是目连戏独有的某些仪式程序、禁忌与表演技艺也相继失传。因此,保护和传承非物质文化遗产是一件非常紧迫和重要的工作。

非物质文化遗产形成颓势的一个主要原因是其原有功能的丧失,因此,随着社会的发展,对其功能进行顺应现实需要的转换,不失为维持其生存和发展的一个好办法。如将娱神祛魅功能向娱人乐群功能转换,将单一的民俗文化资源向旅游文化资源转换,将文化价值向经济价值转换,等等。

而从旅游业的角度看,非物质文化遗产确实是非常丰富而宝贵的旅游文化资源。其中,口头传统、传统表演艺术、民俗活动和礼仪与节庆,以及传统手工艺技能等,由于它们的文化内涵基本上是通过人的活动展现出来,并直接传达给受众的,因此,它们属于"活态"文化。活态文化的特点决定了它们适宜通过表演的方式向观众展示其内涵。特别是包括音乐、舞蹈、戏剧、曲艺、杂技和竞技在内的传统表演艺术,更是具备开发成旅游演艺产品的天然条件。在联合国教科文组织业已批准的三批非物质文化遗产当中,日本的能剧与歌舞伎,以及印尼爪哇的哇扬皮影戏、意大利西西里岛的傀儡戏等富有当地民族特色的传统戏剧,早已经成为所在国家用以吸引外国游客的一个利器。而我国入选的昆曲、古琴艺术、新疆木卡姆艺术以及蒙古族长调民歌(与蒙古国共享)却已处于不同程度的濒危状态,它们和被列入第一批国家级非物质文化遗产名录的其他众多的传统表演艺术,都是独具特色的旅游吸引物,都可以通过旅游开发得到有效的保护和传承。事实上,有些地方在这方面已经迈出了成功的一步。如随着旅游业的迅速发展,大湘西兴起了傩文化保护与开发热潮。张家界、吉首、凤凰、沅陵、怀化等地在挖掘土家民族风情旅游资源的过程中,把傩文化中的傩技、傩戏等搬上了舞台,使傩文化进入了市场。

在非物质文化遗产面临生存困境,而旅游业又适逢大发展的时期,可以通过政府的扶持、民间经济的介入,将非物质文化遗产与旅游相结合,通过旅游演艺等方式,使其走入市场,走向大众,让更多的人了解它、喜爱它、拯救它。从目前来看,这无疑是保护和传承非物质文化遗产的一个有效方法和重要手段。

2) 旅游演艺活动的意义

随着大型旅游演艺产品种类的日益丰富和品质的不断提高,其重要地位及作用也日显突出,此外,产品所带来的多方面有利影响也成为当下众多景区及旅游目的地积极打造大型旅游演艺项目的主要原因。

(1) 对于游客的意义

旅游演艺产品作为旅游六要素中“娱”的重要组成部分,它有别于以静态为主的观光游览,是一种动态的旅游产品新形式,它能够满足游客的参与需求,带给游客一种全新体验;同时为游客提供更多的产品种类选择,激发游客潜在消费需求。旅游演艺产品通常都带有浓郁的地方文化特征和民俗特色,因而可以将其视为阐释当地文化的一种新方式。此种喜闻乐见的产品形式更有利于文化的传达,为游客提供了一个了解当地文化的新途径。

(2) 对旅游目的地的意义

有利于完善产品结构,增加目的地吸引力,延长游客停留时间,提高经济收益。游客在旅游地的停留时间直接决定着旅游地的综合收入,与经济效益密切相关。因而,近年来很多旅游地借助旅游演艺产品开发成为了一个有效方法,它有利于丰富产品种类、完善产品结构,从而满足旅游者日趋多元的文化娱乐需求,易于留住游客。由于其在很大程度上增加了目的地吸引力,特别是大型旅游演艺,已日益成为旅游目的地新的经济增长点。其中最具代表性和里程碑意义的大型旅游歌舞表演《创世纪》共演出 2 000 多场,许多游客都是单独冲着这台大型表演活动而去的,观众人次超过 600 万,演出场次和观众人数均居国内舞台演出行业之首,创造了“中国表演艺术史上的奇迹”,并入选中国企业新纪录。《印象·刘三姐》自 2004 年公演以来,已实现票房收入近 2 亿元,上交税费 760 多万元,推动了当地文化旅游业的繁荣发展。

有利于当地文化资源的深挖以及地域文化的弘扬。“真正的旅游一定是要看文化的,这种文化不仅包括景观文化、历史文化和传统文化,还要有时尚的、鲜活的、活力四射的现代文化。”中国对外文化集团公司总经理张宇说。文化是一个旅游目的地的特色所在,是旅游之魂。深入挖掘文化资源并加以全面整合,是旅游产品开发最重要的环节。当然对于文化的诠释与解读有多种方式,通过具有鲜明个性的演艺产品来演绎文化是一种十分有效且具特色的形式,使景区及地域文化得以突显,且更加立体化,更加形象化,实现主题的深化,使游客在获得感官享受的同时对深刻的文化内蕴拥有进一步的认识,从而达到弘扬当地文化的目的。《云南映象》以其“原生态”的文化艺术魅力在获得较大市场效应的同时,更强化了云南浓郁的地域特征和民俗风情,从而在全国掀起一阵“云南文化之旋风”。

扩大旅游目的地的国内国际知名度,成为旅游地形象的新名片。“演旅结合创造的并不仅是文化消费本身,还有旅游目的地的文化形象和文化品位,创造的是一个城市的品牌和恒久的吸引力。”中国对外文化集团公司总经理张宇说,“它使国内外游客流连忘返,口碑相传,这虽是无形的,但远比其他都重要。"旅游演艺项目,尤其是大型旅游演艺产品作为一种旅游产品形式,其不仅有着良好的经济效益,也具有广大的社会影响力,更有利于旅游目的地魅力和吸引力的增强,以及旅游地形象的提升。《印象·刘三姐》现早已成为国内外旅游知名品牌,不仅盘活了存量,还创造了综合性的产业高附加值。凭借巡演运作方式的《云南映象》在取得巨大产品收益同时,更提升和推广了云南独有的文化魅力和旅游形象。

(3)对当地政府和居民的意义

增加了当地的旅游收入,带动相关产业的发展,促进了整体经济的发展。旅游演艺产品独有的魅力和吸引力促进了当地旅游业的快速发展,同时对相关产业也产生了巨大的拉动效应。自 2004 年 3 月 20 日在桂林阳朔正式公演以来,《印象·刘三姐》深受观众喜爱,观众人数逐年增加。截至目前,观众已超过 100 万人次,年均演出收入近亿元。同时对阳朔的"利好效应"明显,每年到阳朔的游客有 20% 的增量,从而使桂林阳朔县旅游收入从 2003 年的 2.41 亿元飙升为 2006 年的 6 亿多元。此外仅演出区域及周边土地增值平均达到 5 至 10 倍以上。据有关专家测算,《印象·刘三姐》的演出给阳朔带来了 1∶5 以上的拉动效益。《印象·刘三姐》启动的 2003 年,阳朔县上缴税收 9 400 万元,第二年上缴税收就增加到 1.3 亿元,增幅达到 17.4%。阳朔县委副书记周永善表示:自《印象·刘三姐》推出后,越来越多的中外游客慕名而来,留宿的游客与日俱增,使阳朔全年大多处于旅游旺季,成为真正意义上的"旅游目的地"。

拓宽就业渠道,增加旅游地居民经济收入,同时提高当地居民的自豪感。大型旅游演出对于增加当地居民就业机会以及提高经济收入有着显著的作用。

《印象·刘三姐》每晚的演出有 200 多位固定演员是当地的农民,每一个农民的演出年收入可达 6 000 多元,多的上万元,由此带来的"农民增收"效应是明显的。由于演出带动了第三产业的发展,当地农民通过开办餐饮、出租房屋以及开办居家商店、家庭式旅馆、出售或出租小食品和望远镜、雨衣、棉衣、纪念品等,每年直接或间接从《印象·刘三姐》获得的收益约为 600 多万元;产业运作受益人口占目前全县劳动力人口的 5%。

除了经济收入外,演出为农民展开了一片崭新的生活空间,通过角色转换增加了艺术熏陶,让他们体验到了新的人生价值,拥有了新的发展平台。"我现在是演员。"许多农民就这样自豪地自我推介。兴坪镇渔民黄高祥还对一记者说:"像张艺谋这样的大导演和我们一边排练、一边生活,我们很自豪。"猫仔山村农民谢厚忠白天种水果、水稻,晚上在《印象·刘三姐》演出。他说:"观众对节目评价高,我很开心,越演越有劲。我希望演出红火,观众多,掌声多。"

(4)对于演艺业的意义

推进文艺演出团体的体制创新,增强其市场适应性,开辟出一条新的发展道路。与旅游市场的结合,不仅拓宽了文艺演出院团的舞台,调动了社会各方面参与文化建设的积极性和主动性,更进一步推动了文艺演出院团体制与机制的创新,增强了文艺演出院团的市场适应性,激发了艺术工作者的创作热情和创造潜力,促使演出院团更加自觉、主动地解放思想、深化改革、文化创新。20 世纪 80 年代,陕西省歌舞剧院在时代的变迁中遭遇了前所未有的困难和问题。然而,就在此时,西安的兵马俑等文物古迹吸引了世界的目光,四海游客盈门。但那时,外国游客白天尽兴而归,夜生活却不甚丰富。陕西歌舞剧院敏锐地从中看到新兴旅游业为文化市场提供的发展空间,决心开拓旅游演出市场。他们发挥自己的资源优势,创作了《仿唐乐舞》和

《唐·长安乐舞》,在皇城宫墙中复活了盛唐大曲,把一道"好吃"的旅游文化大餐端在了世人面前,在西安乃至全国率先搞起了"旅游演出",改变了游客"白天看庙,晚上睡觉"的现象,让游客在西安的旅游变得更加多姿多彩。北京歌舞剧院有限责任公司2006年的旅游演出创收已经占到全团年收入的三分之一,成为剧团创收的一个主要来源。总经理赵丽华介绍:"我们把旅游演出市场的一部分盈利收入,用于投入艺术创作,培育专业人才,增强技术设备,为更好地打造出精品剧目创造了条件。"

"与步履艰难的存量盘活形成了鲜明对照,演艺团体的增量萌生显得意气风发,特别是与旅游景观相结合的演艺生产。"文化部艺术司司长于平说。演艺业和旅游业因市场联姻,有效整合了演艺资源和旅游资源,激活了文化创造活力,带动了两个市场的发展,实现了双赢。广西壮族自治区文化厅副厅长李格训在分析《印象·刘三姐》的成功原因时表示,主要在于1+1的产业运作模式创新产生了大于2的效应。原河南省委书记徐光春也曾表示:"演艺业是旅游业发展的助推器,旅游业是演艺业繁荣的催化剂,二者互联共需、互利共赢。近年来,一批文艺演出院团在文化体制改革的推动下,解放思想、大胆实践,创作生产了大量思想内涵丰富、艺术魅力独特的优秀作品,实现了经济效益和社会效益双丰收。"

## 10.2　大型旅游演艺企业核心竞争力

### 10.2.1　大型旅游演艺企业核心竞争力内涵

企业的核心竞争力应该由两个部分组成即内部环境和外部环境。企业的内部环境包括:技术、知识、资源、组织、文化等;企业的外部环境包括企业所在的行业、市场、政府及相关产业等。这两者之间是相互影响、相互作用的。企业的核心竞争力具有延展性、价值性、独特性、持久性、可调整性等特性。企业的核心竞争力由多个因素组成的,每个因素互相支撑、相互影响,优化组合才形成了企业最具有其自身特色的核心竞争力。

旅游演艺企业也是如此。旅游演艺企业是旅游演艺产业的组成部分,要提高其竞争力,必须与环境相适应,同时注重内部各方面能力的提高。旅游演艺企业核心竞争力综合体现旅游演艺企业能力,具体表现在实现顾客体验价值上。本书认为,旅游演艺企业核心竞争力,是指在竞争激烈的旅游演艺市场中,旅游演艺企业通过长期积累所具有的、且是优于竞争对手的、能体现企业特质的、能不断实现消费者体验价值的企业综合能力的总称。

### 10.2.2　大型旅游演艺企业核心竞争力的作用

核心竞争力不仅是旅游演艺企业开辟新领域、寻求不断发展的重要手段,而且还是旅游演艺企业在本行业、本领域获得竞争优势的保障。旅游演艺企业可以凭借自身的竞争优势,为自己开辟一个独特市场,创建一种独特的市场运作方式。

1)增强旅游演艺企业适应环境的能力

旅游演艺企业在经营过程中常受到社会环境、经济环境、市场环境等变化因素的直接影响。那些具有适应环境变化的自我调节能力的企业往往可以生存下来,而那些没有适应环境变化调节能力的企业却遭到淘汰。究其原因,企业的核心竞争力是其关键。因为,拥有核心竞争力的企业往往具有更强大的适应环境的能力。

### 2)增强旅游演艺企业获取差异性优势的能力

一个具有差异性的企业可以为消费者提供独特的产品,往往可以为企业带来更多的利润。旅游演艺企业核心竞争力的其中一个特征就是产品的差异性,使企业拥有更强的赢利能力。旅游演艺企业核心竞争力越强,那么其获利能力就越强。

### 3)增强旅游演艺企业经营方向和策略的决定能力

具体来讲,核心竞争力可以从以下两个方面决定旅游演艺企业的经营策略和方向。一方面决定了旅游演艺企业经营范围。旅游演艺企业核心竞争力的战略观认为旅游演艺企业在考虑市场吸引力的同时,能够尽量在自身的优势领域附近经营;另一方面,旅游演艺企业核心竞争力的战略思想倡导旅游演艺企业核心竞争力的培养,从企业内部寻求竞争优势,把经营管理的重点放在企业文化建设、策划能力的提高、市场开拓能力的提高等上面。

## 10.2.3 影响大型旅游演艺企业核心竞争力的因素

旅游演艺企业核心竞争力由企业的市场分析能力、资源整合能力、营销推广能力、衍生品产品开发能力等要素构成,但是旅游演艺企业核心竞争力的形成还离不开一些其他因素的影响,如资源性因素、成本优势因素、企业差异化因素及相关性产业因素。

### 1)资源性因素

旅游演艺业是对资源依赖程度高,主要包括旅游资源、文化资源、人力资源、地域性政策资源等。

对于依附于旅游景点的旅游演艺产品而言,旅游目的的资源是构成其吸引力的一个部分。这些资源会影响旅游演艺产品的经营业绩,进而影响到旅游演艺企业的竞争力。旅游演艺企业的前期投入主要是寻找可依托的旅游资源,企业所要做的就是根据消费者的偏好,对资源进行创意策划,促进旅游资源的人文化,从而形成可以影响、吸引消费者的旅游演艺产品。

旅游演艺属于知识密集型行业,主要依靠人类的智慧来开发旅游演艺产品,如何有效利用和配置人力资本,对提升旅游演艺企业核心竞争力有重要意义。

### 2)成本优势因素

旅游演艺企业核心竞争力还体现在对竞争对手创造同样多的消费者价值,企业运用更低的成本。不同企业影响成本优势的因素是不同的,影响成本优势的因素通常有:企业规模经济、产品设计、投入成本等。

### 3)关联产业因素

迈克尔·波特认为,"企业的成功主要来源于两个方面:一方面是企业所属产业的吸引力,另一方面是企业在该产业中的相对地位。相应的企业的盈利能力也有两个方面,即产业效果及市场地位效果。"旅游演艺业的性质、特点及发展现状,影响和制约着旅游演艺企业核心竞争力的形成和发展。同时,旅游演艺业的发展涉及支持产业及配套产业等产业的发展水平,其在一定程度上也影响着旅游演艺企业核心竞争力的形成。

### 4)企业差异化因素

差异化是一个企业区别于其他企业的关键,如果这种差异化能为企业带来更广的市场,获得更高的额外收入,那么该旅游演艺企业就获得了差异化优势。

(1)规模差异

在企业竞争优势形成过程中,企业规模起到很大的作用。尽管大规模旅游演艺企业不一定都具有核心竞争力,但是通常具有竞争优势的旅游演艺企业是规模较大的企业。在旅游演艺企业经营过程中,产品的营销推广扮演着重要的角色。由于大规模的企业通常具有巨大的市场影响力。规模化的旅游演艺企业在经营过程中,拥有生产、销售、成本等多方面的规模经济效应,促成强大的利润流,扩大企业资金流,资源基础也会得到进一步的提高。同时,强大的资金流与资源流又会促进旅游演艺产品的生产、销售及促销,从而形成一个良性循环,为旅游演艺企业核心竞争力的形成提供有利的资源基础条件。

(2)无形资源差异

旅游演艺企业无形资源的差异主要包括企业在文化、信誉、品牌以及顾客忠诚等方面所具有的优势。企业无形资源的差异往往是旅游演艺企业难以在短时间内可以弥补的差异,需要企业在长期的经营过程中逐渐积累。

## 10.3 大型旅游演艺活动的发展动因和趋势

### 10.3.1 我国大型旅游演艺发展的驱动因素

#### 1)地域文化的源驱动

旅游演艺是从旅游者角度出发,针对旅游市场所开展的主题表演与活动。旅游者前往某个国家和地区观光游览的过程中,最希望能够了解该地的风土人情和历史文化。而游客对旅游目的地人文历史的了解,需要一种解读,不同的解读方式直接影响游客的感受程度。在旅游业的发展过程中,区域文化通过何种形式于旅游产品中反映出来一直是个行业难题。随着新型的旅游演艺产品的发展,通过一场富有地方特色、具有鲜明个性的文艺演出,能使游客全方位了解一个地方的民俗风情。因此旅游演艺注定必须要有地域性的文化符号。只有在充分挖掘当地的历史文化、民族文化等地域文化的基础上,将主题、艺术形象与地方文脉相结合,并通过不拘一格、多姿多彩的表演形式展现出来,旅游演艺项目才具有生存力,才能在旅游市场中占有一席之地。

我国旅游演艺历经了20多年的发展历程,有些地方的旅游演艺一直保留并长演不衰,如桂林、杭州、昆明、丽江、西安等城市,成为我国旅游演艺发展较早较好的地方,并形成国内知名品牌。而有些地方的旅游演艺项目虽然进行了大投入,然而历经了开头的短暂繁荣便销声匿迹了。探其原因,成功的旅游演艺项目大多都是依托当地优质自然山水资源,并充分挖掘地域文化的基础上,进行了独具地域特色的旅游演艺产品开发,从而使其成为了增强本地区旅游竞争力的一张王牌旅游产品。著名的《印象·刘三姐》是将刘三姐传说以及相关的广西民间文化、少数民族风俗,通过与漓江实景山水的有机融合,形成一个具有国际性、时尚性的文化产品;云南丽江市依托纳西族、傣族、摩梭族、彝族、藏族、白族、傈僳族、苗族等丰富多彩的民族文化,成功推出了大型民族风情舞蹈《丽水金沙》;湖南张家界在挖掘土家族、苗族风情与历史文化的基础上,推出的《土风苗韵》将绚丽的民俗文化风情演绎得动人心弦;《禅宗少林》形象生动地展示、阐释了少林禅武文化,打造了一个全新体验少林文化新的旅游目的地;《宋城千古情》演绎了白蛇与许仙、梁山伯与祝英台、岳飞抗金等众多杭州历史典故、传说,形象地再现了千年杭州历史文化;《仿唐乐舞》则似一幅流动的盛唐画卷,掀开了陕西历史文化资源的一角。

纵观这些成功的旅游演艺产品,无不是深度挖掘和通俗表现了地域文化的精髓,让沉默、静态的历史文化变得生动鲜活,满足了旅游者在欢娱中领略地域文化的期望,增加了人们对久远历史的理解与敬重,从而也有效激活了旅游演艺市场,增强了本地区旅游观光业的市场竞争力。所以地域文化是旅游演艺产品的核心竞争力所在,地域文化是促使旅游演艺发展的源动力。

2)民营资本的全面介入

旅游演艺产品,尤其是大型旅游演艺产品创作周期长,投资巨大,因此资金是旅游演艺得以发展的根本保证。在文化体制改革前,我国文化演出资源和人才主要集中在国有文艺院团,由国家和地方两级财政拨款,民营资本根本没有可能参与。这也使得既往的演艺产品由于十分强调其意识形态的属性而成为地道的社会公益产品,忽视市场的培育和开辟,形成我国演艺产品"有观众,无市场"的局面。随着国外各类演艺产品纷纷抢占中国市场,导致我国演艺产品"国际贸易"的巨大逆差,由此也使得我们开始反省既往产品中"事业体制"的积弊,在很大程度上制约了我国文化演艺的发展。实行文化体制改革后,国家在文化演出领域逐步开放,文化部于2002年修订了《营业性演出管理条例实施细则》,大幅度调整了演出市场准入政策,取消了演出单位主体资格的所有制限制,全面对内资开放,只要符合规定的单位或个人,均可依法投资兴办演出单位,举办演出活动。所有制和行业壁垒的破除,吸引了大量社会资本、民营资本涌入旅游演艺市场,使之获得充足的资金支持。

民营资本对旅游演艺市场的切入有两种方式,一种方式是在比较著名的旅游景点进行演艺产品的生产和营销。《禅宗少林》《宋城千古情》《云南映象》等都是由民营文化企业投资,从演艺产品的生产组织全面投资,然后通过产品的品牌包装和营销推展来获取回报。另一种方式是盘活原国有艺术表演团体来进行生产,这些团体在新的机制下不仅解决了自己的生存而且为民营资本创造利润。如《丽水金沙》的运作就是一个最典型的例子。

民营资本以其灵活的机制和良好的运营策划能力,成为撬动旅游演出市场的有力杠杆。民营资本介入旅游演艺后,在追求社会效益和经济效益的过程中,更加注重管理,注重成本核算,讲求投入产出的效率,这对旅游演艺项目的成功是至关重要的。云南众多旅游演艺项目的成功,民营资本的介入发挥着不可忽视的作用。据云南省文产办统计,截至 2005 年 9 月,仅昆明市就有 13 000 余家文化企业登记在册,其中民营企业占 84.6%,从业人员超过 10 万人。从目前全国旅游演艺的发展现状来看,成功知名的旅游演艺品牌,无不与民营资本的介入有关,民营资本涉及了演艺业的各个领域,已成为旅游演艺项目运营中最为活跃的因子。

　　3）国有文艺院团的转企改制

　　国有文艺院团的转企改制为我国旅游演艺的发展提供了重要的人力资源保障。旅游演艺是依托旅游景区景点,表现地域文化背景、注重体验性和参与性的形式多样的主题商业表演活动。旅游演艺活动的商业性,决定了参与表演的演艺团体必须按照市场机制来运作。长期以来我国文艺院团是以事业单位的形式存在,政府拨款扶持创作生产,管理以行政手段为主,计划经济体制框架下的文艺院团,与市场结合不够紧密,缺少市场的活力和竞争力,因而很难融入市场经济过程中。

　　随着我国文化事业的发展,为大力促进文化产业的迅速崛起,国家实施文化体制改革,要求经营性文化事业单位转变为企业,单一的国有企业改制为股份制企业,这就迫使文艺院团寻找与市场的接轨。正是在这种背景下,许多的国有文艺院团纷纷与民营企业联合,共同打造演艺公司涉足旅游演艺。从我国旅游演艺的参演团体看出,一部分是民营演艺团体直接参与,绝大部分是国有文艺团体改制后成为了旅游演艺的重要演出力量。

　　《丽水金沙》的成功就与丽江市民族歌舞团的转企改制密不可分。丽江市民族歌舞团改制前有演职人员 63 人,每年由财政拨款 80 多万元养演员养节目,一年的演出集中在"文化下乡"期间,加起来只有 10 多场,节目的质量也不高,基本上没有商业演出,体制僵化,职工收入低,队伍人心涣散。为适应文化产业发展的需要,政府牵线搭桥,引进具有较强经济实力和演出市场管理经验的深圳能量公司,与丽江市民族歌舞团联合组建了"丽水金沙演艺有限责任公司",原丽江市民族歌舞团原来的事业编制依法核销,整体转制为股份制企业。新组建的公司按照现代企业制度,自主经营、自负盈亏,成为了独立的市场主体,并按照市场规则开始商业化演出,于 2003 年推出了大型民族风情舞蹈《丽水金沙》。据统计,从 2002 年 5 月开演到 2007 年 5 月,已累计演出 3 500 多场,接待观众 240 万人次,总收入近 2 亿元,实现税利 3 000 多万元,节约财政开支 500 多万元。连续几年一台《丽水金沙》的年收入超过云南省属六大院团(省歌舞团、滇剧院、杂技团、花灯团、京剧院、话剧团)全年的票房收入。《丽水金沙》已经成为绝大多数游客来丽江必看的节目,也成了丽江市文化旅游市场的一大"亮点"和全国重要的文化品牌。

　　4）地方政府的强力支持

　　在旅游演艺的迅速发展中地方政府起到了重要的推动作用。地方政府对旅游演艺的推动主要表现在以下几个方面:

　　一是资金支持。旅游演艺项目运作经验显示,地方政府提供的前期启动经费是旅游演艺成功的一项较为重要的前提基础。《丽水金沙》的打造过程中,政府一次性拿出 100 多万元,对丽江市民族歌舞团进行转企改制,解决人员身份置换及社会保险问题。市财政为此还设立了发展专项资金并纳入预算。《印象·刘三姐》项目运作过程中广西壮族自治区政府在1998年即拨款20万元作为前期启动经费。《禅宗少林·音乐大典》项目开发,郑州市、登封市从2004年至2006年先后投资1.2亿元,扩建改建通往实景演出现场的道路,绿化美化演出现场周围的环境,补充完善水、电、环保等配套设施。

二是政策支持。为促进旅游演艺的快速发展,政府往往会把旅游演出作为专项文化产业列入当地的文化发展规划中,有重点地加强培育和引导。为促使文化企业在旅游演艺行业的发展有个良好的成长空间,政府也会制定若干政策予以支持。如在《印象·刘三姐》项目运作过程中,广西区党委、政府的自治区和桂林市以及阳朔县的文化、旅游、环保、建设、交通、银行等部门为该项目下发的文件就有近百个,扶持力度前所未有。桂林市旅游局还将此项目纳入来桂旅游团队必选的重要内容之一。

三是对旅游演艺项目的积极宣传。项目公演后,地方政府会大力向国内外媒体进行推介,以扩大项目的知名度。《丽水金沙》刚进入市场时,观众甚少,当地政府和相关部门及时采取措施:文化局、广电局等部门进行广告宣传,组织导游促销,并向学校、机关等社会各界送票。通过政府的积极宣传,知名度日益提升,逐渐成为了全国旅游演艺行业的一个知名品牌。《禅宗少林·音乐大典》一经问世,政府即充分利用省内各级各类新闻媒体进行广泛宣传报道,各级旅游部门也把它作为重要旅游项目大力推介,提高了知名度,有力开拓了市场空间。

四是对旅游演艺市场的研究。旅游演艺项目往往是大投入工程,如果不能开发出适合市场的项目就会失败,导致的损失很大。为了找准项目的市场定位,地方政府都会组织相关部门对旅游演艺市场进行调研:国内旅游文化演出市场的投资建设情况、文化演出种类和规模、演出公司的经营模式和发展前景、所在区域的重点文化旅游活动、旅游演艺市场客源结构状况、游客的消费需求、旅游演艺市场发展的制约因素等情况,从而提出本区域旅游演艺开发的思路和对策。

此外,政府在演出场地、节目内容主导等方面也都会发挥作用。

5)旅游产业的转型升级

旅游演艺是旅游产业转型升级过程中产生的旅游新业态。近些年来,一方面由于地方政府对旅游业的高度重视,纷纷将旅游业作为增加消费、调整区域产业结构的重要切入点。另一方面随着我国人均GDP突破3 000美元所带来的居民消费结构乃至旅游消费结构的巨大变化,这些因素促使我国旅游业正面临着产业转型升级的时期。2008年,在全国旅游工作会议上,推进转型升级被作为国家层面推动旅游业快速发展的重要战略,这也确定了今后数年促进旅游产业的转型发展和升级换代是我国旅游业发展的基本目标和方向。旅游产业的转型升级是为了满足多元化、多层次、复合型的旅游需求,旅游产业的升级转型是旅游市场需求发展到一定阶段的必然产物。

旅游产业的转型升级,要求转变旅游产业的发展方式、发展模式、发展形态,实现旅游产业由粗放型向集约型方向转变,由注重规模扩张向扩大规模和提升效益并重转变,由注重经济功能向发挥综合功能转变。因此,旅游业态创新会是实现我国旅游产业转型升级的必由之路。

所谓旅游业态创新即通过围绕着旅游产品的生产、经营和流通等各环节上的具体方法和过程的创新。旅游业态创新的形式是多种多样的,业态融合是旅游业态创新的最主要形式和发展趋势,如会展与旅游业的融合而成的会展旅游业、工农业与旅游业的融合而成的工农观光业、文化休闲业和旅游业融合而成的文化休闲旅游业,等等。正是在这种背景下,新兴的创意产业与旅游产业融合,促使一种新的旅游业态旅游演艺的产生。旅游演艺产品的生产、经营都与以往旅游业的发展有很大不同,旅游演艺的发展是旅游业态创新的一种典型类型,是伴随我国旅游产业转型升级过程中的必然产物。

### 10.3.2 大型旅游演艺活动发展趋势

#### 1)总体发展趋势

近年来随着人们对现代旅游体验性的深入认识和文化产业的快速发展,文化成为第一营销力,以区域文化为主调的商业演艺与旅游产业迅速结合,有力地促进了旅游演艺市场的发展和繁荣。旅游演艺迅猛发展,就在于它具备旅游与文化的双重魅力。既可以顺应旅游需求、丰富旅游内涵、增强旅游吸引力、提高旅游者的停留时间和消费水平,做到以文化产业化促进旅游发展;又可以张扬区域文化、彰显区域形象,做到以旅游发展带动文化产业化,从而深深吸引了政府、企业和游客的注意力。以《印象·刘三姐》为例,一经推出即引起轰动效应,不仅将桂林的自然美、民俗美和艺术美表现得淋漓尽致,而且在不到一年的时间内就形成了3 000万的门票收入,并吸纳附近600多名农民就业,拉动当地GDP增长了两个百分点。好的旅游演艺产品的市场穿透力和社会经济效益可见一斑。

正是基于旅游演艺的上述魅力,各地纷纷抢占这一高地,使旅游演艺的发展出现了三大趋势,即"大投入""大制作""大场面"。大制作表现在从演艺项目的策划到作曲、灯光、音响、舞美、服装等一律由国内顶级专业人士亲自担纲,从舞台硬件设施到节目力求精益求精;大场面表现在常常突破传统舞台的概念,实景类往往以山水为背景,观众目之所及皆为舞台,所动用的演职人员动辄数百近千人。而剧院类的动态舞台常常将声光电水雾等运用到极致,给人以震撼性的感官刺激。大制作和大场面需要大投入,表现为一台节目往往投资数千万元乃至上亿元,并有不断加大的趋势。对"大投入""大制作""大场面"的极度追求,刺激了大型演艺活动的兴旺发达。

作为文化与旅游的有机融合,旅游演艺一经诞生就表现出旺盛的生命力。但在加快发展旅游演艺的同时,我们应该保持清醒的头脑,牢记当年主题公园热所造成的巨大损失。当时全国所建的2 500家主题公园,沉淀了1 500亿元人民币的投资,到现在仅有10%左右赢利,20%持平,其余70%都处于亏损状态。对于同样具有高度资产专用性的旅游演艺项目,应切忌"滥""俗""套":一是要防止泛滥。旅游演艺需要相当数量的外来游客支撑,否则就无法生存。二是要避免庸俗。通俗不等于庸俗,粗制滥造、缺乏文化内涵的旅游演艺是没有长久生命力的。三是要不落窠臼。旅游演艺贵在创意,如果像当初"主题公园热"那样纷纷模仿抄袭,不仅会引发恶性竞争,而且会带来惨重损失。

#### 2)市场发展前景

(1)从节目内容上看

1998年,由深圳世界之窗推出的大型音乐舞蹈史诗《创世纪》,以世界文化为主题,再现了世界文明发展史上古中国、古埃及、古巴比伦、古印度、古希腊最辉煌的篇章，展示了人类文明发展的壮阔历程。2004年，桂林阳朔推出的《印象·刘三姐》是我国首个山水实景演艺秀，其以"印象·刘三姐"为主题，将刘三姐的山歌和漓江的秀美通过艺术的手法巧妙融合，不仅展示了人与自然之间的和谐之美，还更好地传播了广西少数民族文化。九寨沟的歌舞宴《藏王宴舞》以吐蕃藏王松赞干布迎娶唐朝文成公主，藏汉联姻为故事背景，融入了男女声独唱、舞蹈、民族弹唱等具有典型藏族特色的表演，在讲述历史的同时向游客们展现了地方民族文化的精髓。

从以上几个例子中，我们可以很清楚地看到，旅游演艺在作品的创作上都有一个深邃的主题，主创者在创作的过程中更是紧紧围绕主题而发展故事。现如今，这些旅游演艺秀或是在展现祖国的大好河山、或是在讲述悠久的历史、或是在传递我国丰富多彩的少数民族文化，让游客在享受表演所带来的美感和震撼时，更上了一堂绘声绘色的文化课。

（2）从演出场地上看

深圳世界之窗的大型史诗音乐舞蹈晚会《创世纪》和大型音乐舞蹈史诗《千古风流》的成功，其独特的环球升降舞台起到了画龙点睛的作用。这座当时被誉为亚洲规模最大、功能最全的全景式舞台采用了国内外最先进的舞台设备和技术，舞台主体造型为世界版图，银灰色椭圆形球体合拢是一个精美的景点，打开则是恢弘的舞台。环球舞台可向横向和纵向打开，使广场形成360度全景式表演区域，并具有多板块升降、平移、旋转、倾斜等功能，使表演更具层次感，中心区观众席移动打开后，可从地下升起花道，连接主舞台和广场喷泉舞台，使表演空间得到延伸，如此巧妙设计的舞台带给游客的是前所未有的视觉享受和感官上的巨大冲击力。

《印象·刘三姐》《印象·西湖》《印象·丽江》《禅宗少林·音乐大典》更是将山水实景作为演出舞台，这一大胆的创新使得整个演出天人合一，不仅极大地宣传了秀美的自然景观，也打破了传统的演出模式，带给游客的是耳目一新的艺术体验。

旅游演艺在舞台上的大胆创新引发了演艺市场对于表演舞台的探索，无论是景区的经营者还是演艺秀的主创者都开始注重舞台本身带给演出的收益与效果，别具一格的舞台设计也是演出的一大卖点。

展现中国山水的实景舞台、可以观看到全景的旋转舞台、能让观众零距离感受演出实况的伸缩升降舞台，这些独具匠心的舞台更体现了我国文化演艺市场的一个飞跃性的发展。

（3）从制作水平看

《印象·刘三姐》的创作可谓汇集了国内外各方大师级的人物，总导演张艺谋自不必说。总导演王潮歌，中国话剧研究院话剧研究所导演，曾执导过数十部舞台剧。总导演樊跃，当今中国最有创新精神的舞美设计大师和舞台剧导演，国家一级舞台美术设计师，创作出了近百台优秀作品，其中许多作品获得了"文化奖""星光杯""全军创作一等奖"等国家级大奖。同时还有国家一级编剧梅帅元、国家一级作曲刘彤等67位中外著名艺术家加盟创作。

由华侨城集团投资近2亿元打造的大型舞台精品秀《金面王朝》同样拥有不俗的制作班底。总导演林树森是国家一级舞蹈编导，曾获得十余次市级、省级、国家级舞蹈编创奖。灯光、舞美总设计鞠毅，自1991年以来，任中国歌剧舞剧院舞美灯光设计，一级舞美设计师，中国戏剧家协会会员、中国舞台美术学会理事，曾荣获文化部优秀专家称号，素有"中国舞台第一灯"

之称。音乐创作是多次参加"中央电视台春节联欢晚会""中央电视台春节歌舞晚会"及各种重大节日电视晚会的国家一级作曲家刘钢宝。

旅游演艺之所以可以在短时间内迅速发展成为备受游客热捧的精神大餐，其强强联合的制作班底、具有国际级别的制作水平起到了关键性的作用。像这样将几十位各方专家汇集一起取众家之长的佳作，相信也只有旅游演艺才能做到，对于观众来说这无疑是一次难得的艺术体验。

（4）从社会效益上看

党中央、国务院提出要解放和发展文化生产力，要大力发展文化事业和文化产业。旅游演艺的出现正是积极响应国家号召的举措。

首先，制作精良的演艺秀打开了夜晚娱乐的市场，丰富了人们获取精神文化生活的方式，让人们在白天创造物质文明的同时可以在夜晚享受精神文明。

其次，以山水实景打造的演艺秀在打出自我品牌的同时，让该地得天独厚的旅游资源被世界所了解，带动了经济的繁荣与增长。

再次，旅游演艺展现了我国悠久的历史文化、丰富多彩的民族风情和秀美的大好河山，这要比任何广告宣传来得更有效果。优秀的旅游演艺秀更是一个城市最好的宣传方式和手段，在吸引游客的同时更能引起外界对城市的关注，从而招揽到更多的商机。

（5）从传播效果上看

旅游演艺的传播首先展示了我国在文化演艺市场的进步与发展，也反映了我国对于艺术市场的开放。旅游演艺的传播大量引进了国外在舞台、灯光、舞美等方面的先进技术和顶级设备，极大地丰富了我国在演艺市场上的硬件设备，根据我国的国情和自身文化特点，中国走出了一条具有本国特色的文化演艺之路。

正所谓音乐无国界，旅游演艺的出现也让各国的文化无国界。用这种歌舞剧的形式诠释各国文化，更直观、更直接地去讲述文化，让文化"动起来"，让沟通无国界。

形式各异的演艺秀很多，但有旺盛生命力的又有多少呢？

从华侨城集团探索出的以打造品牌的方式探寻演艺与景区的结合的经验之路可以看出，只有打造出品牌才能使旅游演艺长盛不衰。经久不衰的《创世纪》，好评如潮的《金面王朝》，百看不厌的《龙凤舞中华》，叹为观止的《E 秀》等，这些都是目前在我国旅游演艺市场上最具代表性的优秀演艺秀。据悉，华侨城集团还将推出两台形式各异的精品演艺秀，因其优良的品牌效应，还未出炉的两台晚会就已经备受社会各界的关注。

品牌意味着高质量、高信誉、高效益，有着优异品牌的产品无论在何时都会得到广大消费者的信赖，旅游演艺更应该紧紧抓住品牌所带来的巨大财富效应，使其立于不败之地。

从《仿唐乐舞》到《中华百艺盛会》再到"印象"系列，旅游演艺已经走了 20 个年头，随着经济的发展，文化市场的开放，演艺市场政策上的放宽，旅游演艺带动了文化产业的发展进程，使得我国的文化事业做得有声有色，也相信在国家的扶持下，逐渐建立起具有品牌化的旅游演艺市场定能打造出一个演艺史上的神话。

# 10.4 大型旅游演艺活动的策划

## 10.4.1 大型旅游演艺活动开发原则

### 1)市场需求的原则

从经济效益出发,市场需求永远是第一位的。旅游演艺产品的开发,同样要坚持市场需求的原则。一方面要了解什么样的旅游地最需要旅游演艺产品,另一方面,要了解旅游地最需要什么样的演艺产品。一般来说,除了生态环境脆弱的自然和人文景区外,绝大多数旅游地和景区都需要旅游演艺产品来丰富游客的娱乐生活,延长游客的停留时间,刺激游客消费;或展示地方文化,甚至借助知名度较高的旅游演艺产品提升旅游形象,吸引更多游客。但不同的旅游地和景区对旅游演艺产品的需求度是不一样的,需求度决定了演艺产品开发的数量和规模。以下两类旅游地和景区对演艺产品的需求度更高一些。

一是主题公园。主题公园大致可以分为两类:一类以静态景观展示为主,如深圳锦绣中华、世界之窗,杭州的宋城,西安的大唐芙蓉园;一类以动态的游乐项目为主,如上海的迪士尼乐园,深圳的欢乐谷,桂林的乐满地。前者需要借助演艺产品弥补其动态不足,强化景区的休闲娱乐功能;后者则需要借助演艺产品增添景区的文化底蕴,渲染游乐氛围。有研究者指出,富有特色的表演类游乐项目将成为支撑游乐业市场的热点和卖点。而演艺产品与主题公园相结合,产生了良好的市场叠加效应。特别是近年来一些主题公园积极开发大型演艺活动,由于其制作精良,场景恢弘,一经推出就大受热捧,不仅为主题公园带来旺盛的人气、良好的经济效益,甚至成为主题公园产品的核心和灵魂。有游乐业专家就认为,深圳世界之窗之所以取得巨大成功,主要应该归功于气势宏大的演出。

二是中小型特色旅游城市。也可分为两类:一类是以山水风光闻名的城市,如桂林;一类是以鲜明的地域文化、民族文化闻名的城市,如丽江。前者需要借助演艺产品展现其地域文化,弥补其文化旅游产品的不足;后者因其特色鲜明的人文旅游资源,具备了旅游演艺产品开发的天然条件。加之这两类城市的特征是:游客以观光客为主,而又以旅行社组织的团队占绝大多数;城市提供的娱乐活动少,可供游客主动选择的活动项目少。因此,其夜间演艺产品主要针对旅行社组织的团队,由于它们往往是游客夜间活动的唯一选择,所以相对于其他城市而言,旅游演艺产品成功相对容易。决定其能否成功的关键因素已经不在于市场需求规模,而在于演艺产品是否个性化、本土化和具有知名度,归结为一点,就是是否有吸引力。

除此以外的其他一些大型旅游城市,如北京、上海、杭州、成都等,一方面,城市晚间娱乐文化活动比较丰富,服务业发达,游客可以寻找到多元化的夜间活动场所,因此对旅游演艺产品的需求相对不那么强烈。但另一方面,由于游客众多,旅游演艺产品的潜在消费市场实际上仍然很大,可供开拓的市场空间依然存在。鉴于这种复杂情况,因此,这类城市的旅游演出市场最难成功。

近年来一些大型演出产品的开发非常注重研究市场,往往选择知名度高,且对大型演出有强烈的市场需求的热点景区。这样既能拥有充足的客源,同时又填补了市场空缺。如桂林阳朔山水田园风光独特,每年吸引大批国内外游客到此旅游,但阳朔除了西街,没有其他可供游客娱乐的景区景点。《印象·刘三姐》的出现填补了这方面的空缺,同时也以其实景演出方式区别于桂林的其他演出产品,从而在旅游市场上具备了垄断性。而《禅宗少林·音乐大典》的打造也迎合并引导了市场的潜在需求。许多考察过嵩山旅游的专家认为,嵩山需要对历史鲜活的解释,需要一个大型文化表演项目来释放肃穆的庙宇给游人的压力,使之达到某种审美的平衡。从旅游的角度上说需要一种全新的产品,使嵩山从中原地区单调的庙宇旅游的概念中解脱出来,摆脱厚重的困惑,走向飘逸浪漫。这也是禅宗的理念。而且,如果把演出项目设定在晚上,就能很好地解决整个嵩山旅游缺乏夜间大型项目的问题,它对整合嵩山旅游资源,拉动地方经济,提升城市品格都有积极的意义。

对市场需求的重视使得一些大型演出的主创人员十分关注游客对产品的满意度和认知度。如《印象·丽江》雪山篇在试演阶段,每天进场的观众都会被要求填写一份意见调查表,调查内容包括:你喜欢哪里? 你认为哪一段好? 音乐好吗? 音响好吗? 你认为这个演出有什么不同吗? 你认为演出是原生态吗? 你会再来看吗? 会推荐给朋友看吗? 你认为票价多少钱合适? ……因此,把握市场需求的原则,努力打造游客需要的演艺产品,是演艺产品成功的重要因素。

### 2)打造精品的原则

旅游地及景区在把握演艺产品特点的基础上,还必须自觉构筑精品工程,打造景区的品牌化演艺产品。

时至今日,品牌已经上升到企业经营中最为重要的因素,品牌经营已经成为一种发展趋势。旅游产品的生产与消费同时进行的特征,使游客无法在购买之前辨别产品的优劣,因此品牌对旅游者的选择行为有巨大的影响。演出作为一种特殊的商业行为,品牌更为重要。在选择观看哪些演出的时候,人们对演出品牌几乎是依赖的。而品牌的打造要靠精品,只有精品才能对旅游者形成强大的吸引力。比如深圳世界之窗的大型舞台表演《创世纪》和《跨世纪》,很多游客就是冲着这两台表演节目去的,可见艺术精品对景区的作用和影响。实践证明,成功的旅游景区都有着品牌化的演艺产品,如深圳锦绣中华和中国民俗文化村的《龙凤舞中华》,杭州宋城的《宋城千古情》,丽江的《丽水金沙》,桂林阳朔的《印象·刘三姐》等。

演艺活动品牌化还是景区实施品牌战略的一个重要组成部分,体现着景区品牌体系完善与否。从企业战略高度上制定品牌化演艺活动策略,既保障了策略的制定与实施,又使企业总战略得到完善。深圳锦绣中华将演艺活动项目纳入企业战略发展规划之中,以精品理念强化演艺活动效果。从第一台晚会《请到锦绣中华来》开始,到《七色花》《中国风韵》《东方霓裳》,再到《龙凤舞中华》,无不体现着景区演艺产品的不断开拓创新,而正是这些精彩的大型晚会才使锦绣中华能够长盛不衰。

构筑精品,打造品牌化演艺产品,需要两个基本条件:一是技术上的支持。高新技术越来越多地应用在景区的演艺活动项目中,如声、光、电、烟雾、水幕等技术,这些技术的应用使演艺活动的质量得到了大幅的提高,艺术性也在技术应用中得到完美的体现。一些表现传统文化的演艺产品,经过高科技手段的包装,给游客带来新颖的感官刺激。更为重要的是游客对新奇罕见的舞台技术、器材技术十分好奇,也就是说技术应用使演艺项目具有了非同一般的吸引力。如在深圳世界之窗新版《创世纪》之第五幕中,特技效果让人惊心动魄:舞台上,太阳神阿波罗伫立在雅典神庙和众神之间,突然张弓搭箭,一道飞火流星径向人群射来,"轰"的一声,烈焰腾天,观众循声回头,发现身后的舞台上已燃起熊熊的圣火。这极大地突出了节目的观赏性,增强了晚会的震撼力,营造出好莱坞大片式的视听效果。

二是人力资源的支持。要实现演艺活动品牌化,关键是要有高质量、精品化的演艺项目,而后者的获得离不开高素质的演艺员工队伍。现在,我国的文化事业得到了长足发展,各类艺术院校培养了大批优秀的演员、剧务、灯光师、配音师等演艺界人才,而优秀的导演和策划人也不罕见,所以景区要组建高素质的演艺员工队伍并不困难。如今,很多景区都认识到大型演艺项目要想成功,离不开强大的主创阵容和名人效应。以在旅游市场上大获成功的《印象·刘三姐》为例,其主创阵容包括著名导演张艺谋,被誉为中国最具创新精神的中国艺术研究院导演王潮歌,著名导演、总政歌舞团一级舞美设计樊跃,制片人梅帅元本身既是广西壮剧团和杂剧团的团长,也是一名策划师。如此强大的主创阵容,既在质量上保证了演出产品具有独特的创意设计和较高的水准,又因其主创人员本身已有的知名度而极具市场号召力。名人的参与对于演艺项目的成功确实起到了十分重要的用。因此,在《印象·刘三姐》之后,丽江、杭州等地也纷纷邀请张艺谋导演组去为他们打造"印象"产品;河南登封也邀请梅帅元等名人去打造实景演出产品。

如果将演艺产品作为总产品的话,那么大型主题晚会就是主导产品,就是核心产品;如果将演艺活动作为一个品牌的话,那么大型主题晚会就是这个品牌的核心,就是品牌骨干。要打造一个品牌化的精品演艺项目,势必要花大成本,这可能成为中小型景区的主要顾虑;但演艺活动一旦成功推出,就可能会带给景区比成本投入更多的产出收益,特别是溢出收益相当可观。

3）强强联合的原则

旅游地或景区要引起公众关注,进行有效营销,一个重要的策略就是采取强强联合共同开发产品的方式。所谓强强联合,包括两种形式:一种是知名景区与有影响的媒体或社会力量合作开发演艺产品;另一种是著名的旅游地或景区与名人合作打造旅游演艺产品。对旅游地或景区来说,强强联合的目的是为了"借势"宣传,既借对方之势,也借双方共同制造的有热点新闻效应的事件之势;其意义是既保证了产品的品质,又有效地降低了营销成本,是低成本投入、打造强势品牌的好方法。

前一种情形是,旅游景区充分利用自身的演出资源,为电视台或社会团体提供场地,合作举办大型晚会。由于借助了强势媒体和团体的影响,这种演艺活动很容易吸引各类媒体和社会公众的关注,从而起到良好的品牌宣传作用。从 1998 年以来,每年都有合作举办的大型文艺晚会在深圳世界之窗举行,先后成功地举办了首届中国国际高新技术成果交易会开幕式文艺晚会《拥抱未来》、1998 年和 1999 年中央电视台春节歌舞晚会、1999 年昆明世界园艺博览会宣传文艺晚会《我们与世界同在》、第五届和第六届"康佳杯"中国音乐电视大赛颁奖晚会、凤凰卫视"千禧之旅"凯旋特别晚会《龙凤呈祥》等大型晚会和活动。2001 年世界之窗斥资近亿元,新建中国首座全景式环球舞台,更是吸引了中央电视台 2001 年、2002 年元旦晚会,广东卫视"万马奔腾迎新春"2002年春节联欢晚会,中央电视台2002年春节联欢晚会等近20台大型晚会在此举行。这些活动在借助景区资源举办的同时,也因自身的影响力为景区做了免费的广告与宣传。又如,在1999年昆明世界园艺博览会后,昆明世博园与政府、企业和中央电视台等新闻媒体合作,举办了国际旅游节开幕式、《世博之夜》大世界吉尼斯颁奖晚会、《同一首歌——手拉手,共同走过的日子》、中华才艺大赛、中央电视台春节歌舞晚会等大型文艺演出活动,增加了世博园的吸引力,提升了世博园的形象,强化了世博园的知名度。

另一种情形是,本身知名度很高的旅游城市或景区,虽然有著名的山水风光或悠久独特的历史文化,但缺乏有影响力的演艺产品来丰富游客夜间的文化娱乐生活,从而在旅游产品结构上出现了空缺,影响了游客在旅游地的停留时间和消费水平。由于这类旅游地本身知名度很高,因此要想通过打造演艺产品来进一步提升景区知名度,最好的选择就是"品牌"借势"大牌",强强联合。《印象·刘三姐》充分体现出"强强联合"的巨大优势——以闻名世界的桂林山水、家喻户晓的"刘三姐"为品牌,以知名度很高的张艺谋做导演。桂林打造《印象·刘三姐》是借势张艺谋,登封打造《禅宗少林·音乐大典》借势梅帅元、谭盾以及易中天等名人。丽江本来已有《丽水金沙》这样优秀的大型演艺项目,但还要打造《印象·丽江》,固然有舒缓众多游客在玉龙雪山排队等候索道的压力这一因素,但更重要的原因恐怕还是因为《丽水金沙》没有大牌,在这个讲究眼球经济的时代影响了它的知名度和吸引力的提升。

### 4)不断创新的原则

不断创新演艺产品的表现形式和内容,是在激烈的市场竞争中取胜的法宝。创新就是要有新思路、新思维和新视角,追求的是人无我有、人有我特、人特我奇。《印象·刘三姐》就是在创新思维引导下,打破传统的剧场表演形式,大写意地将刘三姐留给人们印象中的经典山歌、广西壮瑶苗等民族的民族风情、漓江渔火等元素创新组合,形成自然风光与人文景观交相辉映的状态,开发出特色鲜明的动态实景歌舞旅游产品。对此,有研究者指出,自然景观资源、传统文化资源即使本身有很高的价值,也必须经过某种创意的激活,才可能被创造为具有广阔市场前景的文化产品。

创新还体现在旅游演艺产品自身的不断改版更新上。如今演艺市场上令人眼花缭乱的特技、花样翻新的表现手法,把观众的胃口吊得越来越高。演出的组织者要想调动观众的"视线",为消费者提供更具吸引力的产品,就要不断对创排的演出进行创新改版,这是树立演出市场品牌的关键。桂林的大型旅游演艺产品《梦幻漓江》以芭蕾结合特技、演艺融合山水的独特的艺术表现手法,抒写着漓江的万种风情,赢得了无数游客的好评。面对演艺市场越来越激烈的竞争,唯有创新才能更好地生存,才能形成自己真正的品牌。因此,《梦幻漓江》在已经成功走过4个年头之后,瞄准了更高的艺术理想和标准,进行了全新改版,以期在业内占得先机。

创新有时也表现为在继承传统艺术的基础上,对其进行现代性表现,使其具有一定的时尚性,以适应和迎合现代观众的欣赏口味。如《印象·刘三姐》对《刘三姐》电影音乐进行了现代性表现。音乐、歌词的创作把古今中外的因素融为一体。《藤缠树》基本上使用的是电影《刘三姐》的旋律,《打开吧,歌神的大门》是典型的美声艺术歌曲风格,《对歌》则是将电影《刘三姐》的歌词、旋律与HIP-HOP、RAP等现代流行音乐歌词、旋律节奏元素进行了拼贴式的结合,形成一种浓烈的后现代艺术风格。在语言上,有意识地把汉语和英语混合起来。如《蝶恋花》既有中文版,也有英文版;而《多谢了》《对歌》干脆就是中英文合璧。这种融合古今中外艺术元素的做法,显然有着争取国内年轻一代观众和国外观众的意图在。

当然,有些民族传统文化在进入旅游市场后,为迎合当代消费者的审美需求而进行的一些创新也引起了人们的争议甚至批评。以源于内地洞经音乐的纳西古乐为例。20 世纪 90 年代以后,丽江旅游业的飞速发展为纳西古乐的复兴提供了经济支撑,也促使其由文化资源向文化商品转化。为了适应舞台演出的需要,考虑商品购买者——游客,这一大众性消费顾客的喜好,纳西古乐的表演形式发生了一些变化。以前演奏洞经音乐时,唱的是大洞仙经。虽然也演奏一些细乐曲牌,但只奏不唱。此外,演奏洞经音乐属于男人的活动,客观上是排斥女人的。现在,这些细乐曲牌成了纳西古乐的最大卖点,为了增加视觉、听觉效果,还增加了女声演唱唐诗宋词。本来大研古乐会对外宣传中强调的"三古"之一就是由一群年逾古稀的老者演奏,但对于面向大众的旅游演出来说,舞台显得有些单调、沉闷。如今,这些身着改良了的鲜艳的纳西民族服装的年轻姑娘使舞台生动、活跃起来。而且,在国内受过一般教育的人对这些诗词都有所了解,因此很容易接受并产生情感共鸣。

纳西古乐的种种变化,涉及旅游业中的文化商品化与文化真实性的问题。宗晓莲认为,被当作一种可供消费的文化商品后,富有个性的纳西古乐将逐渐趋同于游客能够接受的一般大众文化,失去其原有的丰富内涵而发生变化。但她同时也承认市场化、商品化的文化与生活中的现实文化是有差别的。走向市场的文化必然要遵循市场规则、适应舞台表演的需要。为了保持、增强它的市场价值,保证、增加经济收入,通常要对原有文化作一定的抽离、改编,这是可以理解的,也是无可指责的。

保持民族文化的真实与完整是必要的,但民族文化自身也需要发展和延续,不能因为保护的需要而原地不动,止步不前。设计北京国家大剧院的法国建筑师 Paul Andre 说,要保持传统,最好的方式莫过于发展传统。因此,我们要积极地看待民族文化在旅游商品化过程中的真实性问题,把它看作是动态的,而不是静止的。这样,我们才有可能开发出既有传统文化内涵、又有现代特征的、能满足现代游客需求的旅游产品。

### 10.4.2 大型旅游演艺活动开发思路

1)主题公园类大型旅游演艺活动产品开发思路

结合主题公园的已有文化定位以及目标市场的需求特点,确定适宜的特色化主题,使之成为大主题框架下的重要支撑和深层延伸;根据主题特色,采取创意手法,实现产品"内容"与"形式"的有机统一,突出个性;此外以高品质的"软、硬件"为保障,注重节目质量,塑成精品,保证节目的娱乐性和参与性,适时创新,不断增强市场影响力;采纳以私有资本为主的企业化。集团化运作模式,促进文化资本的快速增值;还应注重品牌塑造,加强衍生产品开发与产业链的延伸,实现盈利的多元化。

2)实景类大型旅游演艺活动产品开发思路

突出地域自然与人文特色,确立兼具资源优势和市场感召力的文化主题;注重内容中的"传统要素"与形式中的"时尚因子"相结合的创意设计,制造亮点;着重突出产品的大手笔、高科技与精制作,追求轰动效应和强大震撼力;重视多元化营销策略和促销方式的运用,多层次、多方面扩大影响力;应建立合理的利益分配机制,平衡各参与方的利益协调,实现经济与社会效益的双赢;采取"政府引导、企业运作、社区参与"的一体化运营模式,为产品的可持续发展建立保障机制。

### 3)剧场类大型旅游演艺活动产品开发思路

挖掘具有地方文化特点和民俗特征的资源要素,要格外重视旅游者求奇求新的心理特性,选取具有独创性的文化主题;突出节目的高质量和演出团体的高水平,结合多种艺术表现形式,展示独特魅力;重视节目内容的参与性和娱乐性设计,不断创新,增加产品"卖点";最好拥有专门且固定的演出场馆,注重演出内容与场馆配套设施的协调利用,以实现特有的艺术效果和视觉震撼力;此外还应大力开发衍生产品和增加相关产业链,实现利润来源的多元化和企业的持续发展;积极发挥各投资方的资源优势,通过股份制企业运作实现效益的最大化。

### 4)巡演类大型旅游演艺活动产品开发思路

根据市场需求发展特点和民族地域文化特征,确定文化主题,尤其注重在产品内容和形式两方面都应突出产品的文化本真性,全方位地诠释主题;重视产品的不断创新,可根据不同巡演地特有的文化市场需求适当进行调整,以实现"适销对路",产生更大影响力;应格外重视品牌的塑造和推广,以实现持续发展;制订专门且多元的营销策略和促销方式,制造声势;充分运用政府力量获得良好发展机遇,采取科学的企业化运营与管理模式,保证项目的顺利推展。

## 10.4.3　大型旅游演艺活动开发途径

### 1)提供鲜明的主题

主题是景区的灵魂,鲜明的主题可以凸显旅游地及景区文化,增强游客的体验,使游客对景区产生深刻的印象和持久的记忆。旅游演艺产品由于能够以生动形象的艺术手段演绎旅游地文化、深化景区主题,因而它本身也具有明显的主题化特色。因此,通过挖掘、分析旅游地有代表性的历史文化资源,把握景区的文化特色,并在研究旅游者的心理需求的基础上,提炼恰当的旅游演艺的主题,运用创新的艺术手法表现出来,可以使游客在轻松愉快的氛围中感悟旅游地的文化魅力,体会景区的文化内涵。不同类型的演艺产品,表达主题的方式也不同。

有些演艺产品,以人们熟知的历史或文学故事为表现内容,通过生动的故事情节为观众提供了鲜明的主题。如深圳世界之窗打造的大型音乐舞蹈史诗《千古风流》,以"生命与爱情"为主题,从5部世界名著中选取5个动人悱恻的经典爱情故事,通过《特洛伊》《罗摩衍那》《楚魂汉风》《源氏物语》《天方夜谭》5场戏展示爱情的美丽、热烈、凄婉、无奈,以及主人公所处时代波澜壮阔的历史风云变幻、所在国家特色鲜明的民俗民情。又如陕西华清池景区推出的实景剧《长恨歌》,以唐明皇与杨贵妃在华清宫许下的"七月七日长生殿,夜半无人私语时,在天愿作比翼鸟,在地愿为连理枝"的爱情誓言为主线,以恢弘磅礴的气势,生动再现了帝妃巡游、贵妃出浴、贵妃醉酒、宫廷宴乐、七夕盟誓、安史之乱、马嵬兵变等场景,诠释了历史长诗《长恨歌》的深邃内涵,演绎了主人公悲欢离合的爱情故事,使游客对景区的历史文化有了更深的感悟。

还有些演艺产品,虽然没有具体的故事情节贯穿其中,但各部分之间存在内在的联系,通过音乐、歌舞等多种表现形式,表达一个共同的主题。如《丽水金沙》分:序、水、山、情4场。"序"中展示了古老的东巴文字、神秘的东巴祭司和威严慈爱的雪山女神,将人们置身在一幅古老久远的历史场景中;"水"展现的是傣族优美的音乐舞蹈和有着水一样柔情的傣家姑娘的生活、恋爱场景;"山"会聚了纳西族的"棒棒会"、花傈僳族的"赶猪调"、藏族的"织氆氇"、各民族的"找姑娘"及"火把节"等滇西北山区最为精彩的民俗片段;"情"表现的是丽江最具卖点的两种文化现象:丽江泸沽湖畔摩梭人夜访晨归的阿夏走婚习俗和近年来文化界炒得很热的纳西族玉龙第三国的殉情故事。通过短短1个小时的演出,让游客领略到丽江古老的历史文化和滇西北各少数民族的独特风情。

### 2)提供幻化的时空

主要体现在以历史文化为题材的主题公园及影视城演艺产品中。这类产品往往以某一历史时期仿古风格的建筑为表演背景,以影视手法演绎这一时期的历史文化、民风民俗,渲染出一种生动的历史氛围,带给人一种如梦似幻的体验。如杭州宋城是以一千多年前的宋朝为背景,以宋朝著名画家张择端的《清明上河图》为蓝本建设而成。"给我一天,还你千年"是宋城的宣传口号,也是宋城的精髓。宋城要展现的,是千年古城的旧貌。围绕这个主题,宋城从时间、空间、技术、真实性等多方面加深游客对古城的印象。宋城的建筑严格按照《清明上河图》建设,青砖砌成的城墙,泛着青光的石板路,古风古韵的月老祠,小吃一条街等,逼真地再现了千年古城的建筑风貌。漫步宋城街巷,打铁的、刺绣的、弹棉花的、制陶的、酿酒的、磨豆腐的工坊一个接一个,身着宋人服饰的工匠在作坊中忙碌地工作。而开封盘鼓、杨志卖刀、水浒好汉劫法场等参与性很强的民俗节目就散布于宋城的街头巷尾,隔不多远可能就会碰上。置身宋城,让人感觉好像真的生活在一千多年前的宋朝。现实生活在栩栩如生的宋代场景中淡化,游客获得了一种有异于日常生活的全新感受。

又如无锡影视基地,其中3个城——唐城、三国城、水浒城分别代表了3个朝代的文化特色。基地在产品的创新上依托其不同的文化内涵来开发各具特色的演艺产品。最早建成的唐城已经形成了"盛唐文化"的品牌效应,因此,这里开发了许多深受游客喜爱的、与展示盛唐文化有关的文化娱乐活动,如最能体现大唐威仪的皇帝上朝等节目表演。为拍摄《三国演义》而兴建的三国城建筑恢弘大气,因此,三国城的表演节目就侧重表现汉代雄风,如火烧赤壁、三英战吕布、大战长坂坡,以及场面宏大的汉宫乐舞等。这些演出依托相关影视作品和所在景区的仿古建筑,为游客营造出穿越时空的异样的体验。

### 3)提供游客参与的平台

增强游客体验的重要措施就是提高游客的参与性。游客主要通过两种途径参与景区的旅游活动,即精神参与与身体参与。游客的精神参与是指游客通过各种途径获取旅游吸引物的信息,增强游客对旅游吸引物的感知和理解,从而在旅游活动中得到更丰富的知识、美感和情感交流。游客在游览中,既可以借助于对自然风光、建筑古迹等了解旅游地和景区的文化,更可以借助观看歌舞表演、情景表演等,直观形象地感受旅游地及景区的民风民俗、历史文化,获得更深刻的印象。

　　游客的身体参与是指游客参与到景区组织的旅游活动中,用自身行为获取所需信息,体验旅游活动的真谛。身体参与容易调动游客的各种感觉器官,从而使游客对活动的感受更加丰富,印象也更加深刻。一般在影视城旅游演艺产品开发时,可以根据相关影视作品,为游客设计和提供一些可以充分发挥想象力、体验影视剧情、拍摄经历和乐趣的参与性项目,让游客由被动体验转为主动体验,获得更丰富、更有趣味性的感受。如横店影视城借势影视剧,推出相关演艺产品。"清明上河图"是横店拍摄影视剧最多的景区,《杨门女将》《大宋提刑官》《聊斋》《宝莲灯》等收视率极高的影视剧均在此拍摄取景。横店影视城借这些影视剧的影响力,适时地推出《杨门女将》"辕门斩子"演艺表演、宋提刑巧断瓜果案、聊斋鬼屋、用《宝莲灯》精彩片段进行后期制作的"与你同录"等参与性极强的旅游活动。

### 4)提供丰富的衍生产品

　　把旅游演出作为龙头项目,延伸带动其他相关项目开发,既是对演艺产品品牌效应的充分利用,也是大型演艺产品产业化开发的重要途径。相关产品的开发,衍生了《金沙》的文化产业链条。成都演艺(集团)公司充分利用现代文化传媒优势,积极开发《金沙》音像制品,《金沙》音乐剧纪念画册已发行三版,推出了首批纪念品,如《金沙》音乐剧人物卡通服装、宫廷古扇、"太阳神鸟"标志的水晶制品,红木雕塑等。下一步将依据详细的开发计划,完成《金沙》音乐剧CD开发销售,推出更加适应市场和群众喜爱的《金沙》旅游纪念品。打造"金沙"2008国际概念服饰体系,将《金沙》服饰设计作为专门产业进行开发,力争成为2008年奥运会期间展示古蜀文化的重要项目。

　　《云南映象》的持续火爆也带动了衍生产品的开发。早在2004年4月《云南映象》首次进京演出大获成功之际,其总策划荆林就声称只有完成了4个条件,才能标志《云南映象》的最终成功。其中一个条件就是形成产业链,《云南映象》形成品牌和资源,能够提供更大的平台,生产"云南映象"的烟、酒、餐厅、服饰系列,甚至因此而有"云南映象"的旅游。两年后,在第三次进京演出之后,《云南映象》终于朝着最终的成功迈进了一大步:据了解,《云南映象》DVD即将面世,以"云南映象"为商标的系列产品在陆续推出。在昆明,一个占地1 200亩的"云南映象"主题文化社区正在兴建,社区建成后将集文化娱乐、休闲、餐饮于一体,凸显云南风格和《云南映象》的文化价值,从而形成以《云南映象》为品牌、多元化发展的产业模式。有关人士预计,"云南映象"的品牌效应可以达到10亿元。不难看出,衍生产品的开发有力地扩大了《云南映象》的品牌效应,反过来也提升了《云南映象》的品牌知名度。

　　实景演出由于对演出环境有着很强的依附性,因而策划者在打造演出项目的同时,往往就有意识有计划地对演出地进行延伸开发,结合演出内容,将其打造成风格独特的旅游景区。如桂林阳朔在推出《印象·刘三姐》后,相继编导了漓江女儿、鼓楼大乐,开发了世界上最大的鼓楼群和阳朔东街。《禅宗少林·音乐大典》演出地——距离少林寺7千米的待仙沟,原来是个荒凉的山沟,3年内该项目将耗资3亿多元,把这里打造成禅宗休闲区。将在演出现场周围600亩地的范围内,陆续建设男女分住的禅院和素斋餐饮,将这里打造成体验少林禅宗文化的旅游目的地。按照梅帅元的设想,景区将弱化少林寺过去刀光剑影的概念,将来的人们可以在这里同和尚一起吃斋饭,听禅师讲中国文化。此外还能换上禅袍、挂上禅杖,去看这场关于禅宗的演出,获得一种轻松、愉快甚至圆满的感觉。

### 10.4.4　大型旅游演艺活动的开发模式

旅游演艺产品从不同的角度出发,根据不同的标准和依据,可以分为不同的类别。不同类别的旅游演艺产品,在开发中有其各自的开发特点和模式。本书试以近年来受到较大关注的以下三类演艺产品为例,探讨其开发模式。

1)主题公园演艺产品的开发模式

(1)小型常规表演与大型主题表演相结合

成功的主题公园内部的演艺活动往往自成体系,包含了多种艺术门类,形成了小型常规表演与大型主题表演相结合的格局。以我国主题公园密集地华侨城为例,它开创了以大型、晚会式、巡游式、歌舞史诗形式旅游表演为核心的、融合多种艺术门类的旅游演艺产品体系。其中,主题公园的小型常规表演是旅游景区长期提供的娱乐表演活动,规模较小,游客每次得到的娱乐时间不长,其中一些比较简单的对人数限制不大的舞蹈往往在演示过程中邀请游客模仿参与,成为一种很能活跃气氛的大众性游戏。如深圳世界之窗的毛利民居、非洲民居和印第安民居,除了风情表演,都有游戏参与表演的内容。

小型表演由于其规模小,对场地和演出设施要求往往不高,因而可以灵活分布于景区各处,近距离接近游客,对于渲染欢乐的游园氛围,增加游客的参与性有着很好的效果。有的主题公园甚至把小型表演看作是为游客提供个性化服务的一种方式。如深圳欢乐谷提出并倡导"零距离"表演的概念,有活泼可爱的欢乐谷七星卡通人游走在园区各处与游客嬉戏,装扮夸张的小丑做着滑稽的动作与游客逗趣。游客往往在不经意中被表演者逗乐,并不自觉地成为故事的角色,不再是局外人,而真正与欢乐融为一体了。欣赏者与表演者之间的这种"零距离",使游客一进入欢乐谷就能感受到景区的人性化服务。如今,欢乐谷进一步进行服务创新,推出"等候娱乐化",受到广大游客的普遍好评。所谓"等候娱乐化",即在游客排队等候的时候,让滑稽明星、小丑、工作人员在项目排队区进行互动搞笑表演,缓解游客焦虑枯燥的心情,让排队也娱乐起来。

大型主题表演是旅游景区经过精心策划组织、动员大量员工和设备推出的大型娱乐表演活动,一般在推出前进行较高频率的广告和媒体宣传,全力营造特定气氛,激发人们观看的兴趣,从而引发入园高潮,深圳世界之窗的《创世纪》《千古风流》即属此类。近年来大型主题表演由于在提高景区产品竞争力,提升景区形象,创景区名牌上作用日益重要,而备受各主题公园的重视。

由于小型常规表演和大型主题表演在主题公园中有其各自不可替代的作用,因此,在开发主题公园演艺产品时,要注意把小型常规表演和大型主题表演有机结合,使表演项目布局合理,形式多样,让游客获得更丰富的娱乐体验。

(2)表演与节庆相结合

节庆活动通过围绕某一主题,充分展示景区的自然风光、人文景观和文化风情,营造出与平常迥异而浓厚的旅游氛围,因而成为景区吸引游客、聚拢人气的重要手段。一般的节庆活动都有艺术表演的参与;一些节庆活动中,各种形式的艺术表演占据了活动的大部分内容;还有些节庆活动,如音乐节、歌舞节、滑稽节等,本身就是表演与节庆合二为一的。表演与节庆相结合,一方面,节庆活动通过艺术表演展示和丰富了主题,充实了节庆内容,活跃了节庆气氛,有利于吸引更多的游客进入景区;另一方面,艺术表演以节庆为依托和载体,通过节庆主题将众多的艺术表演节目有机地组织起来,而不至于给人以杂乱无章的印象。

面对竞争日趋激烈的旅游市场,深圳世界之窗结合景区的发展和游客旅游需求的变化,除办好每年的圣诞节、春节、国庆节等活动以外,利用景区深厚的文化内涵,以文化为主题,以活动为载体,把世界各地最具特色的民俗活动引进景区,推出了啤酒节、狂欢节、世界歌舞节、樱花节、埃及文化周、印度文化周等一系列精彩的主题节庆活动,与景区互为补充,从而更充分地展示了世界风情。2002年以来,更把关注的目光从民俗风情扩大到文化潮流的发展,又推出摇滚音乐节,深受游客欢迎。

深圳欢乐谷坚持将贯穿全年经营的"五大主题活动"作为欢乐谷大品牌下的子品牌来经营,五大主题活动的市场定位、主题立意鲜明:新春滑稽节强调欢乐吉祥,五一极限运动精英挑战赛强调动感时尚,暑期玛雅狂欢节强调激情狂欢,十一国际魔术节强调梦幻神秘,圣诞流行音乐节强调温馨祝福。每年,在大主题下,策划不同的次主题,一方面实现了资源的重复利用,另一方面有利于活动品牌的确立。同时,寻求与媒体的合作,使每一大型节庆活动都能借势宣传,真正强化自身的品牌地位。从节庆活动收益看,2005年全年,五大节庆活动给公司带来的收入,约占全年经营收入的50%。可见,欢乐谷节庆活动的策划创新已成为乐园立足市场、参与品牌竞争的重要因素,以此培育了市场的卖点、消费的热点和经营利润的增长点,推动了乐园经济的高速增长,并形成了初具规模的节庆强势品牌,成为乐园较量市场的制胜法宝。

因此,在主题公园演艺产品开发时,有意识地以节庆为载体打造演出产品,可以突出演艺产品的主题,从不同角度展示主题公园的文化内涵,从而增强演艺产品对主题公园发展的积极作用。

### 2)实景类演艺产品的开发模式

实景演出是将真实的地貌环境转化为演出场地,将当地人和他们的日常生产、民俗民风、生活行为等转化为艺术素材,依托实景剧场表现当地民俗文化的演出活动。因而在产品的开发模式上有不同于传统演出之处。

#### (1)将地方文化融入山水实景中

舞台与布景,在传统的戏剧艺术中,一直局限于室内封闭环境。而实景剧则突破了封闭环境的限制,并进而突破舞台局限,使山水间的空旷地、水面等都可作为舞台。舞台布景,是戏剧情境化的重要基础,舞台的变化,使背景变成了现实的场景,而现实场景的大背景,形成了戏剧真实的背景,使得演出所要演绎的题材有了更生动的基础。

艺术家们总是想利用著名景区的美丽景色、深厚文化、原始民俗等,使其艺术表现升华。从《英雄》中九寨沟的梦幻水景,到《卧虎藏龙》中的蜀南竹海,到《十面埋伏》中重庆永川翠绿无边的茶山竹海,从长城上举办的世界明星演唱会,到紫禁城(太庙等)的尼雅、三大男高音、《图兰朵》的演出,再到布达拉宫广场上的时装秀,旅游景区似乎成为艺术表演最佳的舞台和背景,也成为许多艺术家钟爱的"超级大秀场"。

以上这些演艺活动由于在现实的真实场景中进行,因此都属于广义的实景演出。其中,在自然山水中进行的演出属于本书讨论的范围。对于山水实景演出来说,舞台实景化只是构成实景演出的要素之一,更重要的是,实景演出不仅要以当地具有代表性的自然实景作为演出剧场和展示的主要对象,还要依托实景剧场反映当地民族传统文化,将地方经典文化与自然山水有机结合,融为一体。《印象·刘三姐》以方圆两千米的漓江水域为舞台,以 12 座山峰为背景,把广西举世闻名的两大旅游、文化资源——桂林山水和"刘三姐"的传说进行巧妙嫁接和有机结合,让自然风光与人文景观交相辉映,从而成为实景演出的典范。

(2)组织社区居民参与演出活动

著名旅游学研究专家 Murphy 认为:"地方的友好,居民的文化、生活方式等都属于旅游产品的成分",因此,强调社区参与是旅游开发的重要内容。社区参与的意义就在于塑造真实的旅游地文化氛围,减少旅游开发与社区之间的矛盾,增加社会效益,确保旅游的可持续发展。

相对于传统的剧场演出,实景演出更需要社区居民的参与,以表现真实的地方民俗与生活。《印象·刘三姐》因为有了社区居民的参与演出,才能带给游客一个真实的文化事象。社区居民的表演再现了漓江两岸百姓拉网捕鱼、日出而作、沐浴婚嫁、繁衍生息的民生民俗。而以音乐和武术表现禅宗文化的《禅宗少林·音乐大典》,据说参加演出的 600 多位演员大多是少林寺武僧和乐僧以及少林寺武校的学生和当地农民。此前在该项目的新闻发布会上,该剧舞蹈编导黄豆豆也曾介绍:这场演出不使用任何职业演员,所谓"演员"基本都是武僧和乐僧,还会在当地选拔既懂武术又具有乐感的人才。而且她还强调,演员们都是自己演自己,武僧练武,乐僧奏乐,这是他们平时的生活,她也不会编排专门的舞蹈,观众观看演出时会感受到天人合一的自然境界。

社区参与演出还使当地居民增加了收入,改善了生活。对于阳朔镇木山村的许多村民来说,白天下地干活,下河捕鱼,晚上参与《印象·刘三姐》演出,是眼下他们的生活写照。木山村临近演出场地,全村 66 名村民参加了演出,占了全村总人数的 10%,占了全村年轻人的 60%。经过培训,他们已逐步进入角色正式当上了《印象·刘三姐》"挽裤脚演员",开始吃上了"演员饭",整个村成了"渔民演员村"。由于演出内容反映渔民真实生活,演出时间又是晚上,不影响白天忙农活,既丰富了农民的文化生活,又做到了生产、工作两不误。通过给《印象·刘三姐》当演员,木山村全村每年增加几十万元收入。据了解,《印象·刘三姐》每晚的演出有 200 多固定演员是当地的农民,每一个农民的演出年收入可达 6 000 元,多的上万元,由此带来的"农民增收"效应是明显的,一个文化品牌拓宽一条农民致富路。

同样,据《禅宗少林·音乐大典》项目执行负责人介绍,参加项目演出的 500 名演职员中,仅当地农民就有 100 多人,他们白天在田间劳动,晚上就成了剧组的专业演员。此外,参加《印象·丽江》雪山篇演出的 500 多名演员全是来自纳西族、彝族、普米族、藏族、苗族等 10 个少数民族的普通农民,他们的家乡分布在丽江、大理等地的 16 个村庄,很多演员来自没有经济来源的贫困户,而《印象·丽江》使他们走上了新的生活道路。

社区参与演出不仅给当地居民带来利益,而且也会给演出投资方带来好处。演员的本土化以及参加演出的农民的非职业化,可以减少管理以及福利方面的很多开支,从而有效降低演出的成本,提高项目的经济收益。这种双赢局面有力地促进了演出项目的可持续发展。

(3)以环保促进演出与环境之间的协调融合

近年来一些影视制作和大型实景演艺活动存在追求大投入、大制作、大场面的倾向,有的不惜以过度消耗资源和破坏生态环境为代价来换取高票房收入,因影视拍摄导致自然保护区、风景名胜区、文物保护单位生态破坏与环境污染的问题日益突出。针对这一情况,今年2月国家环保总局、建设部、文化部、国家文物局四部委联合发布通知说,为有效保护生态环境、自然资源和人文景观,在自然保护区核心区和缓冲区、风景名胜区核心景区内,禁止进行影视拍摄和大型实景演艺活动。在自然保护区实验区、风景名胜区核心景区以外范围、各级文物保护单位保护范围内,严格限制影视拍摄和大型实景演艺活动。

实景演出以自然山水、真实地貌为舞台,较之传统的剧院或广场演出,和自然环境关系更为密切,而且出于演出需要一般会选择风景优美之景区为演出场地,并搭建舞台,安装演出设施,因而在开发过程中就有可能会造成景区环境的破坏。特别是一些大型的实景演出,更有可能出现过度消耗环境资源甚至对环境造成较大危害的情况。因此,从某种意义上说,山水实景演出最大的问题是环保。

从《印象·刘三姐》到《印象·丽江》,再到如今的《印象·西湖》,由张艺谋领衔打造的"印象"系列山水实景演出,近年来屡屡成为人们关注的焦点,而关于山水实景演出是否破坏生态环境的话题更是每每引发激烈的争议。

2006年桂台大学生夏令营中来自中国台湾的大学生在观看《印象·刘三姐》演出时最关心的一个问题是:这个旅游项目有没有经过环保部门的评估?他们担心强烈的声光、纷至沓来的游人可能会给周围的生态环境带来负面影响,甚至给当地环境造成难以恢复的危害。

其实早在《印象·刘三姐》筹备之初,有关专家就对演出有可能造成人文环境和自然环境的损害表示担忧。当时广西壮族自治区计委在批复该项目的同时也明确指出:不准破坏漓江原有景观,不能对漓江的环保造成危害。在环保方面,《印象·刘三姐》可以说做得很成功。投资者和政府达成了默契,高度重视环境保护。现在,歌圩几乎全部被绿色覆盖,里面种植有茶树、凤尾竹等,加上所植草皮,绿化率达到了90%以上。灯光、音响系统均采用隐蔽式设计,而且经过环保部门检测,不对环境造成影响。水上舞台全部采用竹排搭建,不演出时可以全部拆散、隐蔽,对漓江水体及河床不会产生不良影响。观众席依地势而建,梯田造型,与环境协调,同时也考虑到了行洪的安全。就连所设的两座厕所也是引进韩国技术建成的目前国内领先的生态环保厕所,厕所的污水不直接排入漓江而是循环使用。

《印象·丽江》的演出在当地引起了很大轰动,但人们同时也担心这会破坏玉龙雪山的环境。对此,张艺谋和他的团队承诺:这绝对是一台绿色演出。据了解,《印象·丽江》雪山篇演出场所的配套设施都是玉龙雪山游客集散中心原有的,没有新建任何建筑。在20公顷的土地上没有伐过一棵树,没有铲掉一块草皮。为了保护环境,演出用的上百匹马没有集中圈养,而是分养在4千米外的一个村落中,每户分养4匹,演出前由各家送到现场。当地还专门修了一个马道,用栅栏把草地和马隔开。此外,也没有为演员修建新宿舍,而是租用附近高尔夫球场的房子。演出现场的8组音响全部隐藏在演出的各个地方,箱体全部朝向观众席。观众席的坐墩是水泥制作的,里面呈蜂窝状,可以折射和吸收声音,并会根据观众的多少控制音量,这样极其震撼的音响效果就不会传到场外了。"我们宁可牺牲效果,也不能牺牲雪山",张艺谋和他的团队如是说。

在杭州宣布要打造《印象·西湖》之后,在此起彼伏的各种议论中,杭州本地网站钱塘论坛和人民网强国论坛上相继出现了反对者的声音。其中,有人对这样的实景演出提出了环保方面的质疑,认为可能会影响到水底生态和周边环境。为此,2006年11月3日,杭州市委、市政府在西湖岳湖景区现场,召开了有各部门负责人和文保、环保、风景园林等方面专家出席的专题新闻发布会。据介绍,从一开始,"生态优先、保护第一"就被作为《印象·西湖》的首要原则,并在方方面面严格坚持。在项目建设中对岳湖景区进行了排污设施完善、岳湖底泥疏浚、游船码头建筑拆除、商业设施立面整治、植被充实调整等综合整治,岳湖区块原有自然特色和历史风貌不仅没有受到破坏,而且通过整治优化了环境,提升了景观质量。《印象·西湖》的舞台等演出设施建设至今已投入资金4 000万,每个细节都动足脑筋,周密考虑,做到科学、环保、安民、可靠。例如,看不见的"水下舞台"、白天停车场而晚上成观众席的"移动看台"、直接用西湖湖水的雨雾系统等,丝毫不会影响西湖水质、岳湖景观和游览秩序;观看演出用的一人一套独立耳机、隐蔽式灯光和用绿色透空帐幔来遮蔽演出场所等,以确保周围居民生活和来往游客通行不会受到影响。

总之,运作大型实景演出,环保是景区必须重点考虑的问题。只有高度重视环保建设和生态保护,降低并努力消除演出可能对环境造成的不利影响,才能使演出与环境协调融合,这也是保证实景演出可持续发展的重要条件。

### 3)原生态演艺产品的开发模式

近几年,随着各种中国传统的民族民间艺术表现形式在社会主流文化生活中的不断凸现,包括传统的中国民族民间歌曲的演唱形式在内的一些民族民间艺术表现形式常被冠以"原生态"之名,在舞台、剧场、媒体上展演与宣传。从中国南北民歌擂台赛,到轰动海内外的少数民族"原生态"歌舞集《云南映象》,再到中央电视台第十二届青年歌手电视大奖赛首设"原生态唱法",文化艺术界吹起了一股"原生态"之风。

"原生态"这个概念是从自然科学上借鉴而来的。"生态"是生物和环境之间相互影响的一种生存发展状态,"原生态"是一切在自然状况下生存下来的东西。当"原生态"这一源自自然生态保护的字眼,成为界定文化艺术的一种特征或标记时,它在某种程度上就有了"民间的""原汁原味的"这样的内涵和色彩。因此,笔者认为,所谓原生态艺术应该是指人民大众在长期的生产生活实践中创造的、至今仍在民间流传的且较少受到外来文化影响的传统艺术形式,它是我国非物质文化遗产的重要组成部分。

在文化艺术领域,"原生态"这一新概念的出现,是由于近年来全球化、现代化越来越直接而深刻地作用于我们的文化观念和社会文化生活,在时尚、快餐文化流行的社会背景的挤压下,个性、独创性、地方性越来越多地被标榜着规范、统一的科学体系和无所不在的市场所异化或整肃,传统处于不断地边缘化的过程之中。原生态文化作为我们的文化母体,因为不适应所谓的科学体系和评价标准,已经难以进行良性的文化传承,无法进入主流文化的评价、传播体系。于是,产生了带有强烈文化诉求的"原生态"概念,以此表达对主流文化、时尚文化以及文化市场中传统因素或自我意识严重缺失状况的担忧,强调对中华民族文化多样性的尊重。

原生态艺术进入旅游市场后,因其鲜明的民族特色、深厚的人文内涵和独特的审美价值,成为旅游项目吸引力的重要构成部分。其中原生态音乐、歌舞,如缅怀祖先业绩,增进民族团结,表现祖先崇拜的彝族打歌、土家族摆手舞、侗族踩歌堂,表现青年男女爱情,歌颂幸福美好生活的回族花儿、汉族秧歌和花鼓灯，以及源于原始先民图腾崇拜的朝鲜族鹤舞、汉族龙舞等，更是以其浓郁质朴的民俗风情和灿烂精深的文化底蕴，成为独具魅力的旅游演艺产品。

原生态演艺产品主要是从艺术风格和表现内容上进行界定的，因此，它和前面提到的主要根据场地进行分类的广场类、实景类、剧院类、宴舞类演艺产品在概念的外延上会存在着交叉的情况。从目前国内原生态演艺产品的开发情况来看，舆论公认的以及影响比较大的原生态演艺产品当首推由著名舞蹈家杨丽萍执导的大型原生态歌舞集《云南映象》。此后贵州推出的大型民族歌舞《多彩贵州风》也因相同的风格被普遍认为是"原生态"。此外，实景类演艺产品中的《印象·刘三姐》，有研究者也将其看作是"原生态"。虽然《印象·刘三姐》把当地渔民拉网捕鱼的日常生活引入了演出，但考虑到《印象·刘三姐》音乐、歌词的创作把古今中外的因素融为一体，甚至把传统山歌的歌词、旋律与 HIP-HOP、RAP 等现代流行音乐歌词、旋律节奏元素进行了拼贴式的结合，形成一种浓烈的后现代艺术风格，笔者认为还是不宜把它看作"原生态"。而张艺谋执导的另一部实景演出《印象·丽江》雪山篇则在报纸广告中明确打出了"原生态大型实景演出"的牌子，可谓把当前最抢眼的两种演艺类型一网打尽。鉴于以上情况，下面将主要以《云南映象》和《多彩贵州风》这两种比较有代表性的原生态演艺产品为例，试总结原生态演艺产品在开发中应注意的问题。

（1）在艺术手法和风格上坚持"原汁原味"

"原生态"民族歌舞为《云南映象》的品牌定位注入了最具地方特色和市场竞争力的文化内涵，突出了民族文化的多元和丰富，不加过多修饰的"原生态"歌舞把民族现实生活中活形态的文化艺术搬到了舞台上，给观众带来的是新奇和震撼的体验，切合了现代文明冲击下人们渴望体验朴素真实感的精神消费需求。

《云南映象》是云南各民族原创民间乡土歌舞与民族舞重新整合的一台充满古朴与新意的大型歌舞集锦。全剧由序（混沌初开）、"太阳"、"土地"、"家园"、"火祭"、"朝圣"、尾声（雀之灵）7 个部分组成，展现了彝、藏、佤、白、哈尼等 10 多个民族对自然、对生命、对爱的直接的原始表达。

演出中所有的舞姿舞步和歌声，全部来自生活，且大多为民间原创。如基诺族的太阳鼓舞，纳西族的面具舞、东巴舞，佤族的牛头舞，彝族的烟盒舞、打歌、海菜腔等，都是对原始先民生殖崇拜、宗教祭祀和青年男女择偶活动等内容的原样再现。一些服饰和转经筒、牛头、玛尼石等道具都是从云南山里各民族村落带来的"原始物件"，演出服装全是各民族生活着装的原型。参加这台原生态歌舞演出的表演者，70% 以上是来自云南各地的普通农民。古朴的民族风情、奔放的肢体动作、抽象的画面构成、空灵悦耳的音乐、清亮具有穿透力的村寨山歌，将人类对于心灵回归、生命激情、灵魂升腾的情感渴望表达得淋漓尽致，从而一举夺得第四届中国舞蹈"荷花奖"舞蹈诗作品金奖等 5 项大奖。《云南映象》从 2003 年 8 月在昆明开始公演到 2004 年 10 月全国首轮巡演结束，在 15 个省市区 26 个重要城市进行了 210 场演出，观众达 30 万人次；此后受"美国戏剧演出季"的邀请，于 2005 年 11 月开始在美国辛辛那提演出 16 场，初步签约未来 3 年在美国各地演出 500 场以上。它的成功告诉我们，原生态的民族歌舞可以在保持其"原汁原味"的艺术手法和风格的前提下，以其突出的民族特色、深厚的民俗文化内涵赢得当代社会的艺术市场。

《多彩贵州风》由于没有杨丽萍这样的名人参与，在演出的知名度上显然是受到了一些影响。不过,其鲜明的原生态风格仍然使其获得了不小的成功。从侗族大歌到苗族飞歌,从水族的俫嘟到布依族的八音坐唱,再到彝族的阿且朵,《多彩贵州风》尽纳贵州各主要少数民族的民间文艺经典之作,令观众耳目一新,好评如潮。据了解,2005 年 10 月 1 日《多彩贵州风》初次与观众见面。原本只打算在黄金周期间上演七场的演出,至当年 12 月底已演出 70 余场,五六万人次的观众中,外省观众占了约 1/3,票房收入达 250 余万元。此后,《多彩贵州风》开始了巡演之旅。据悉(至 2006 年 11 月底——笔者补充),该剧已在全国各地连续商演了 300 多场,观众达 40 万人次。

(2)在灯光、舞美等舞台技术的运用上突出现代感

近年来大型旅游演出对舞台设施和舞美设计的要求越来越高。往往要投入巨资,配备高科技舞台设施,如电脑变色灯、换色器、操控台等,在灯光、舞美设计上也聘请名家,精益求精。这既是为了满足并迎合现代观众的审美需求,也是大制作本身的必然要求。对于在音乐、旋律、舞姿、服饰等方面都追求“原汁原味”的原生态演艺产品来说,在舞台设施和舞美设计上紧跟时代步伐,体现时代特色,不仅是对文化消费市场的迎合,也是提高自身艺术表现力和舞台视听效果的必然选择。

《云南映象》和《多彩贵州风》的现代舞美、灯光设计以及帕尼灯、电脑灯等高科技的介入,使这些原始古朴的民间歌舞充满了时代感。民族传统文化内涵与现代化舞台技术完美结合,无论在感官视听上还是在精神内涵上都给观众带来震撼的体验。这为传统民间歌舞更好地适应旅游市场开辟了一个有效的途径。

总之,市场的认同说明了原生态演艺产品的开发:一方面不能偏离传统,要保持民族民间歌舞艺术的基本形态和基本特征,充分展示其古朴的风格和丰富的内涵;另一方面,又不能脱离时代的发展、科技的进步,无视当代观众的审美心理和审美需求,要善于根据自身的特点,在艺术实践中找到传统与现代、本土与外来、继承与创新之间的契合点。

【案例】

# 横店影视城

横店影视城由横店集团投资兴建并管理,位于中国浙江中部东阳市的横店镇境内,距省会杭州 160 千米,处于江、浙、沪、闽、赣 4 小时交通旅游经济圈内。自 1996 年以来,横店集团累计投入 40 多亿兴建横店影视城,现已建成广州街/香港街、秦王宫、清明上河图、明清宫苑、梦幻谷、屏岩洞府、大智禅、明清民居博览城、华夏文化园、红军长征博览城等近 20 个跨越千年时空,汇聚南北地域特色的影视拍摄基地,是中国首个“国家级影视产业实验区”,是亚洲最大的影视拍摄基地,被誉为“东方好莱坞”,也是首批国家 4A 级旅游景区,是影视业和旅游业的聚集地。2009 年横店影视基地先后接待取景拍摄的剧组 106 个,业务已基本涵盖从投资到剧本创作,再到拍摄、后期制作等完整的产业链,实现影视产业收入 20.23 亿元;接待国内外游客达 690 万人次,实现门票、酒店、餐饮、演出等各种旅游收入 35 亿元。

国内很多影视旅游基地由于宣传工作做得不到位,直接影响了基地的知名度和影响力。

横店影视城很有品牌意识，非常注重宣传所产生的品牌效应，通过电视广告、公交车广告、网络、报纸等各种途径展开对景区的宣传。横店影视城不仅通过"买门票，送住宿"的优惠措施、"自驾车卡套餐""快乐横店之旅"的旅游消费卡等各种旅游营销活动吸引游客注意力，提升景区知名度，还放眼国际市场积极推广横店影视城的品牌形象，扩大影响。例如，到戛纳、东京、威尼斯的影展发放横店影视城的宣传资料，通过主动宣传吸引国外的剧组来横店拍摄。

在影视城主动宣传品牌的同时，横店影视城也因其得天独厚的场地资源和明星资源，吸引了电视台制作方的投资。横店影视城目前与湖南卫视达成合作意向，双方将在横店的梦幻谷景区附近共同建立一个影视基地，基地将配合电视台完成多项节目的拍摄，这无疑是对横店影视城品牌的进一步推广。

横店影视城旅游区内有管理到位、功能完善的旅游服务设施，拥有十余家星级宾馆，有7 000余个床位，包含按五星级标准建造的贵宾楼、度假村、四星级标准的国贸大厦，三星标准级的旅游大厦、影视城宾馆和一大批基地宾馆。无论是高档酒店，还是基地宾馆，游乐园、夜总会、健身中心等娱乐休闲设施配套齐全。不仅如此，横店影视城还不断投入资金对景区里的各项旅游基础配套设施按5A级景区要求进行翻新和改造，严格实行"质量标准化，服务个性化"。从景区引导标识系统、景物介绍牌、语言服务、免费借雨伞服务到在检票口配备免费婴幼车和残疾车、残疾人通道和无障碍道路等，为游客提供周到而具有人性化的各项服务，在细节中提升了旅游服务的质量。

横店影视城有限公司从事影视旅游经营，公司下属影视拍摄基地、旅游景区、饭店、旅游营销、制景装修等21家子公司，经营业务综合性强，影视拍摄、旅游服务等各种功能十分齐全。随着横店影视城影视文化旅游资源的不断整合和旅游产品的不断升级开发，横店影视城从单一经营"影视基地"旅游向打造影视主题旅游公园转变，旅游产品也由观光型向休闲体验型转变。横店影视城10多年的发展历程表明了以旅游业支持影视拍摄才是影视基地正确的发展道路。

横店影视城凭借其综合性的经营模式和人性化的服务向中国超大型影视旅游主题公园和中国娱乐休闲之都的目标发展，同时为了进一步扩大经营的范围，横店集团将业务延伸到影视教育层面，与浙江传媒学院合作创办了浙江横店影视职业学院。一方面为影视产业的需要培养各类专业人员，另一方面也能更好地服务于影视旅游业。

横店影视城综合性经营模式及人性化服务不仅为其赢来了众多剧组的拍摄，同时剧组的到来为影视城带来名气，从而吸引了更多的游客。从2001年游客不足百万人次，到2009年游客多达690万人次，横店的影视旅游产业逐步走向成熟与繁荣。成功的经营模式给横店影视城带来了经济效益，形成双赢的效果，在此基础上也形成了其独特的经营模式。

横店集团的盈利模式就是根据市场需求的变化转变营销策略，根据细分市场的需求开发功能多样的旅游产品，紧跟市场，不断创新。横店集团提出"影视为表、旅游为里、文化为魂"的影视旅游开发指导方针，遵循"以影视元素为基础，以互动参与的理念为核心"的原则，通过"借""挖""仿""引"等手段，积极开发具有市场号召力的旅游产品。从2008年到2009年，横店影视城相继开发了具有欧陆风情的表演节目"魔幻风情"、大型影视特技真人秀——《大话飞鸿》、"香格里拉秘境"游乐区、实景演出"梦幻太极"等，不断为游客献上一台又一台艺术盛宴。不仅如此，横店影视城在巩固老市场的基础上还注意充分挖掘潜在市场，对于周边地区的老年市场、农村市场、学生市场等着重推广和促销,对于海外市场、散客市场等加大力度传播品牌。这种差异性的市场营销策略和专业化的影视旅游产品,保证了横店影视城稳定的经营业绩与盈利。

# 专家评析

横店影视城深入挖掘当地的旅游资源特色,并结合当地其他一些旅游资源,举办大型的旅游演艺活动,这对于当地的旅游业来说无疑起到了巨大的促进作用,无论从经济效益还是社会效益来说,都是有利可图的。由此可见,大型演艺活动在带动旅游业发展、促进经济增长等方面具有不可小觑的作用。

# 复习思考题

1. 旅游演艺活动的特点和性质有哪些?
2. 旅游演艺活动的类型有哪些?
3. 简述旅游演艺活动的发展趋势。
4. 旅游演艺活动的开发原则有哪些?
5. 旅游演艺活动的开发模式有哪些?

[1] 杨坤.大型活动项目管理[M].天津:南开大学出版社,2010.

[2] 杜学.大型活动的组织与管理[M].北京:旅游教育出版社,2003.

[3] 郑建瑜.大型活动策划与管理[M].重庆:重庆大学出版社,2007.

[4] 邱灿华.运营管理[M].北京:化学工业出版社,2011.

[5] 季建华.运营管理[M].上海:格致出版社,上海人民出版社,2010.

[6] 李幼常.国内旅游演艺研究[D].成都:四川师范大学,2007.

[7] 余琪.国内大型主题性旅游演艺产品开发初探[D].上海:华东师范大学,2009.

[8] 罗曼丽.国内大型旅游演艺产品开发现状研究[J].黑龙江教育学院学报,2010(29):
200-202.

[9] 王伟年.我国旅游演艺发展的驱动因素分析[J].井冈山学院学报,2009(30):87-91.

[10] 陈叶萍.基于价值链的国内旅游演艺企业核心竞争力研究[D].上海:上海师范大学,2010.